不如意の身体

病障害とある社会

立岩真也

青土社

不如意の身体――病障害とある社会

序

障害や病を捉え、考える際の基本的な視座を示す。過去に書いたものの再録を含み、繰り返しが幾度もあるが、あってよいと判断して、本を作った。

I

『現代思想』での連載から、かなり順序を変えるなどして構成した（その詳細は「あとがき」に記した）。ごくごく単純に考えることにし、病・障害には、苦痛、死（への傾き）、できないこと、異なること、加害性、この五つの契機があるとする——病は主に前二者、障害は主に次の二つ。そしてそれが与えるものは、本人に対してと、幾種類かの他人たちに対してと、異なる。例えば痛いのは、死ぬのは、まずは本人だけである。人が病・障害に関わり感じること言うことが様々であること、そして議論における混乱のかなりの部分は、複数の契機があって、ときに何のどれを言っているのかわからなくなっていることに起因するだろうと考えている。その例をあげ、まずは、分けて組み合わせ考えていくことを提案する。以上を第1章で述べる。

第2章では、「（障害の）社会モデル」について述べる。幾つかその理解の仕方があるが、できないことに関わる不利益を軽減・解消する義務を負うのが「社会」であるという主張として捉えるのがよいことを述べる。

第3章では、まず、障害や病をなおすことについて——これについて基本的なことは第11章に記した——考えるためにどんな場でどんなことを調べるとよいかを述べる。もう一つ、「環境が整えば私はできるようになる」という構えが常によいのか、その構えのもとに存在する言葉遣いをそのまま受け入れるのがよいのかを考えてみる。

第4章では、多くの場合連続的でもあり、また種々多様であるできる〜できないから「障害」を取り出すことが、この社会を維持する仕組みであると捉えることができることを述べる。取り出されること、どのように取り出されるか自体が現実を作っているのであり、それを見る必要がある。だから基本的には、「障害とは何か」という問いの立て方はしない方がよいと述べる。

第5章「三つについて・幾つか」では、「異なること」「苦しむこと」「死ぬこと」について、いくつかのことを述べる。ただそれはたんなる覚え書きのようなものであり、きちんと論じたものではない。じつは、はたしてなにか有意味なことが書けるのかと思い、書けないと思っている（後に引用する[201602:43]）。それでも少し述べ、また別途考えようとは思っている。

第6章では「加害（性）」について。とくに精神障害者が問題にされる。一定のことは『相模原障害者殺傷事件』に収録された[201609b]（改題して「精神医療の方に行かない」）で述べたが、それに加えて、基本的なことを確認する、というより前提的ないくつかを記す。

II

一つには、障害を避けてしまう議論について、うまく扱えないか不当に扱っていると私は思う議論について、一つには、正面から取り組もうとする議論を検討する。

第7章「非能力の取り扱い――政治哲学者たち」では、ロールズ、ヌスバウムといったよく知られている人をとりあげる。前者は、理論から除外してしまう。結局それは分配的正義に関わる議論として使えないことを意味すると私は考える。後者は人が人たるに際して達成するべき水準があることを言う。それは間違っていると考える。そして、なぜそのような議論をしてしまうことになったのかについてすこし考え、代わりにどのように考えるかを述べる。

第8章「とは何か?と問うを問う」、第9章「普通に社会科学する」では、星加良司の『障害とは何か』と、榊原賢二郎の『社会的包摂と身体』を検討する。前者についてはほぼ一冊分を、後者についてはごく一部を取り上げる。ときにさきの二者を批判しつつなされる論の多くに共感しつつも、障害をどう捉えるかというその構えとそこから導出される議論には同意できないところがあることを述べ、関連して、社会（科）学がどのように議論を進めていくかについて記す。

III

過去に書いたものを収録する。かなり以前のものも含めて再録した。かなり「アウェー」な感じがする本であっても、私は断ったりはしてこなかった。ときにはかなり苦労しながら書いてきた。もとの本のそれぞれに目を通してほしいから、その紹介、各章の題名や著者名等の情報も記した。本文も註も基本的にはそのまま再録する。（したがって文献表示としては立岩［2001→2018］というようにしていただくことになる。）とくにここに繰り返しが相当にある。しかし、それでもよいと思った。

第10章は「ないにこしたことはない、か・1」［200210］。できないことがないにこしたことはないか、について考えて、考えていくと、自分自身にとっては、そうでもないと言えることを述べたものだ。「社会モデル」についての見解も述べている。

第11章は「なおすことについて」［200107］。「臨床社会学」についての本に収録されたもの。編者達からテーマを与えられたものではない。第3章は、次の仕事に向けてのこの稿への補足。

第12章は「存在の肯定、の手前で」［201406］。作業療法士で作業療法学の大学の教員でもあり、私の勤め先に博士論文を出した人でもある田島明子編の『「存在を肯定する」作業療法へのまなざし――なぜ「作業は人を元気にする！」のか』に収録された。「元気にしないこともあるだろう」、と思って書いたものでもある。

第13章「障害者支援・指導・教育の倫理」［201612］。「自閉スペクトラム症」についての職業人向け教科書のような本の一章を依頼されて書いた。『自閉症連続体の時代』に書いたことを、「専門家」に向けて、短く書くとどうなるかという文章。そのような努力も必要ではあろうと思っている。編者の一人は生存学研究センターの客員研究員。

第14章「リハビリテーション専門家批判を継ぐ」［201709］。多田富雄について、というより多田が上田敏を批判していることをやりすごすべきでないと考えて書いた。

Ⅳ

二〇〇一年から二〇〇九年まで『看護教育』（医学書院）で一〇一回続いた本を紹介をする連載から障害（学）に関係するものをいくつか再録した。それ以外にも障害学に関わる本を並べて紹介した。なお、ⅢとⅣについては本書再録にあたって註を追加してある。凡例にその方式を記した。

凡例

※ 本書の著者（立岩真也）の単著については著者名を略し、［201305］というように発行月まで記載する。他にも、読者にとってのわかりやすさ等を考慮し、通常でない文献（名）表記をする場合がある。

※ 原文における改段落の代わりに「／」を用いることがある。

※ Ⅲ・Ⅳは既発表のものを再録した。文献表示に関わる変更以外、漢字の使い方等も含めそのまま再録した。今回加えた部分は〔 〕の部分、そして☆印の註。文献表示の際は、基本的に初出を記し、頁を表記する場合には、立岩［2002 → 2018:342］などとしてもらいたい。

不如意の身体——病障害とある社会　目次

Ⅱ

第7章　非能力の取り扱い——政治哲学者たち　162

Ⅲ

第10章　ないにこしたことはない、か・1　［200210］　298

I

第1章　五つある

1　不如意な身体に五つある

たしかに社会は社会的に構築されているのだろう。ただ、そこにも、そう簡単にはどうにもならないものが種々ある。それに区切られ制約されたり、それを扱ったりものを言ったりし、そうしたことごとが絡まり堆積して、社会がある。その簡単にどうにもならないものとして身体もある。厚みのある不透明な物体としてあり、その物体には種々の制約・限界があり、衰弱があり、消滅がある。[★01] 身体と身体の外は仕切られ、複数の身体は離れており、その全体あるいは部品の移動・交換の不可能性あるいは困難がある。[★02] このことに関わるできごとを、一つにここしばらくの間の時期について記述すること、一つに事態を捉える枠について検討すること、ここでしようとしているのはそんな仕事だ。

前者について、この国の敗戦後から六〇年代、とくに国立療養所というごく限られた場に起こったことについて書いた後、いくらか間を飛ばし、八〇年代に起こったそこからの脱出について書いた。ごく限られた地の歴史を記した『病者障害者の戦後』とした（[201812]）。[★03] もう一冊、後者について書いたのが本書になる。

私たちは身体「とは」何であるのかという議論をするつもりはない。ただそこに個別性という契機はあるだろう。「その人ができる」「あの人はできない」という区別はおおむね可能である。そして、身体は時間的にも空間的にも有限である。そうした条件が外されていったらどんなことが起こるかといった主題は、ある人たちにとっては興味深いものであるかもしれない。★04

その個々の人の身体に存在する／しない、そのように言われたり思われたりするものが、どれほどか、どのようにかは多くの場合わからないのだが、人のあり様、社会の中でのあり様に関わっている。障害という捉え方のもとでは、身体に存在する契機は「インペアメント（impairment）」ということになるのだろうが、それより広く、個々の身体において存在する事態があり、その差異があり、それがもたらすものがある。さしあたり五つあげることができることを述べてきた。★05 そのことをもう少し説明しながら進める。

身体――それを、知能とか精神と呼ばれる広い範囲を含むものと考えよう――とその個別性・差異に関わって起こることはどんなことだろうか。列挙すると、（1）機能の差異があり、（2）姿形・生の様式の違いがあり、（3）苦痛があり、そして（4）死の到来がある。加えれば、（5）加害性がある。それはもちろん、身体をめぐるできごとの全体ではない。例えば苦痛とともに快楽がある。そして生まれることや産むことがある。ただ、障害と病に関係する契機はまずこの五つであると考えてよい。

日常的な言葉の用法としてもこの言葉の使い方は、各言語間でも、さらに同一言語内でも、多様であり整合していないが、障害は、いま挙げた五つのうち、（1）機能・能力、その有無・差異、（2）姿形・生の様式、その差異に関わり、加えて（5）加害性が懸念されてきた。障害は英語ではdisabilityで、「できないこと」ということになり、（1）できる／できない（のうちのできない方）を指す。ただ、できないこと全体のその一部が「障害」として取り出される。その行ないをどのように見るのかが重要であり、その行ないを評定し、別の方向が妥当で可能であれば、そうした方がよい。そのように考えていこうと私は思っている。第2章でそのことを述べる。差や差の由来が、身体においてわりあいはっきりしている場合にそれは障害と呼ばれる。そうして一部が取り出されることこそがまさに社会的な構築であって、それについて調べたり考えたりするのは必要なことだが、わざわざ自分（たち）でそれを取り出すこと、「障害とは何か」を定義するといったことは必要ないのだと第4章で述べる。ただ、私がこのように言うことは、そのできる／できないが、個々の人、人の身体に帰属することと両立する★06。

加えて、実際には、（2）姿や形の違いを人はずいぶん気にもしている。障害（者）と呼ばれているもののなかのかなりの部分は形・行動・生活の様式が異なることにも関わっている。disability としての障害についてはそれは明示的に含意されないが、同じく日本語では障害と訳されることのある disorder が示すのは主にこうした側面だろう。それは不調を指す言葉だが、それに連続して、秩序から外れていることを意味する。『自閉症連続体の時代』（[201408]）で取り上げた自閉症にしても、その主要な部分は、生の様式の違いとでも言うべきものである。そして様式の違いのある部分は、（この社会においてできるとよいとされることが）できないことに結びつけられ、できないこととしての障害として現象することにもなる。

そして、（3）痛み・苦しみが生じたり、そして／あるいは（4）死に至ることがある。苦痛や死を起こすものはふつう病と呼ばれる。

さらになにかあるだろうか。人は暴力を振るい、人を害することがある。そして相当部分は誤解・偏見によって、しかしまったくの間違いというわけでもなく、（5）加害性（をもたらすもの）として障害・病が捉えられることがある。通常障害を規定するものとして、（5）加害性——加害は「自傷」として起こることもあるが、それはむしろ（3）の中に入れることもできるかもしれず、ここでは他者に対する害——が組み入れられることはないだろう。障害、とくに精神障害と加害性、犯罪とを結びつけることと自体が誤解であり、不当であるという理解はあり、それはかなりの程度もっともではある。しかし、現実には、歴史的にも現在も、このことはとくに精神障害者について、そして発達障害者について、まさに社会的な問題とされてしまってきている。その人たちはずっと「社会防衛」の対象であってきた。だから、そのことについて検討することは必要なことである。本書では第6章でいくらかのことを記す以外は、重要であるにもかかわらず、この契機が存在するという以上のことを述べることはできていない。

2　五つについての必然的でない事情、関係・併存

なぜこのような範囲から見ていくのがよいと考えるか。全体を割っていくと五つになるということではない。五つにし、五つから始めるべき論理的な必然はない。ただ、全体を網羅しようということがあってもよいが、それは膨大な作業になり、そこに現われるのはとりとめのないものになりがちだ。境界や複合や、境界に関わる混乱が生じている部分を、ある程度の範囲でまず大括りに括って、それから見ていくのがよい。社会的事実の形状に合わせるのである。

まず、人が死ぬことがないのであれば、死という項目もない。苦しむことがないのであれば、この項目もない。しかし実際にはその事実はあり、人々に気にされている。そこであげられることになる。

また差異には様々がある。できる／できないも差異の一つであると言える。それを二つに分けたのは、この社会において、できることできないことが大きな位置を占めているからだ。それで、できる／できないとそれ以外の差異の二つに分けてみてもよいだろうとなる。

これらは独立に取り出すこともできるが、一人の人に並存することもあり、また互いに関連する部分もある。例えば痛くて動けないこと、（3）苦痛が（1）ある機能を遂行することを困難にすることがある。またとくに因果関係はなくとも、痛いこととできないことは並存するし、できないことと変わっていることも並存することがあり、それらに例えば脳の損傷といった同一の要因が関わることがある。

こうして、障害と病とがどのように重なりどのように分かれるかは、言葉の使い方次第でありつつ、両者は多くの場合に並存する。二つは分けることができるが、同時に、それは一つの人において、また同一の要因によって、ともに現われることがある。同じ例としては、痛みとともにどこかが動かないといったことがある。ただ他方、おおいに重なり、同時に生じることを認めた上で、分けることはできる。実際に現象するのはほぼ一方だけという場合もある。例えば、（1）機能においては自らの身体によってはたせないことがあるが、他にはとくに何も支障はないといった場合がある。

これらの契機を、ディスアビリティと、ディスアビリティに相関するものとして立てられたインペアメントという二つで語るのには無理がある。むろん、その限定された部分だけを問題にしたいのであれば、それはそれでかまわないが、多くの論者は実際にはもっと広い範囲を問題にしている。そのより広い範囲で話は始まりそして絡まってしまっているのだから、この範囲ぐらいは見た方がよい。

「障害学」は、障害と自らが括ったもの、それを有する人たちを対象にするものだとなっているが、私（たち）は、病と呼ばれ位置づけられてきたのではあるがそこに生じているのは障害について起こってきた問題ではないかと思ったりすることがあった。精神病と言われたり精神障害と言われたりものについて調べたりする人たちもいる。また、身体をどれだけ眺めてもまずは何も見えない「障害」がある。これらは多様ではある。しかしそれはただ様々であるというだけのことではない。それらがつながったり、境界を接しているところを見て考えていくことが大切でおもしろいと思ってきた。★07

3　各々について、誰にとっての正負

そして、その各々の意味・得失が、本人と周囲の人々にとって異なる。すくなくとも異なりうる。そしてその周囲の人々についても、家族と家族でない人たち、なおす職業の人たち、等々、幾種類か分けようがある。言われれば、言うまでもないことだ。だが実際には、この言うまでもないことがしばしば看過されてきてしまっている。だから確認しておく。そして大切だと考えるのは、五つあげたものについて、本人の得失と周囲の得失との配置が異なることである。

病者は、またそれを得る可能性のある人は、まず一つ、(3) 苦痛から逃れることを求める。(このことはもちろん、痛みそれ自体は生体の当然の反応であり、危機に対応すべきことを知らせる信号であり、たんなる緩和が根本的な解決でないといったことを否定しない。) また一つ、(4) 死に至ることが遅くなることを求めている。これらが実現するのであれば、つまり病気にならないなら、なったらなおれば、それでよい。それはなかなかかなわないとしても、状態の悪化がとどめられるなら、あるいは悪化の進行がいくらか遅くなるなら、よいと思う。他方、とくに本人にあまり関わりのない人たちにとっては、他人＝本人の病はあまり気にならない。素朴な意味でその人の死を別の人が死ぬことはないし、その人の苦痛を別の人が直接に感じることはできない。

他方、障害はまず一つ、(1) できないことだが、それはそれ自体としては苦痛ではなく、多くの場合に他の手段を用いることで代替可能である。自らの身体を動かしてできるのと、別の方法を取るのと、本人にとってどちらがよいかは予め決まっていない。他方、他人たちにとっては、(1) については、本人が苦労してでも機能を回復してくれるなら、自分たちとしてはその人のためのことをする負担がなくなるわけだから、そして／あるいは生産する側の人間になってくれて貢献してくれるのだから、それ

は歓迎されるだろう。
（2）差異についても、そのあるものが人々に嫌悪されたりすることがあるとして、そんな感情を抱いたりそれを表出したりさらに排除したりするのは、そんなふうに思い排除する側である。その人の姿形や行動の様式が、人々の美醜に関する感覚や価値観に合致するものになったら歓迎するのは他人たちである。自分はそれに左右され迷惑を被る。自分たちの側を変える必要はないと反駁することはできるが、それはなかなか難しい。
そしてもう一つ、障害（病にも）に関連づけられて（5）加害性が言われることがあるのだが、これも少なくなってもらう方がよいのはまずは加害される（可能性のある）他人たちである。

以上を合わせると、五つについて、本人とその他の人々について各々の得失を見ておくべきだということになる。そしてその周囲の人たちが一様でない。負担のことだけを考えても、本人に近いとされる人たちとそうでない人たちがおり、そのことにつなげられて、法的・政治的に多くの権利や義務を有する／有しないとされる人たちがいる。前者はまず家族ということになるのだが、その家族について、その思いの語られ方は型通りのことが多いが、人により場合により、思うことや利害は一様でない。後者には多くより軽い義務しか課せられないが、それでも税を負担する人たちであったりする。そして、それをときに収入源とする医療や福祉といった社会サービスの供給者たちがいる。

すると五つについて、各々に関わる人たちが少なくとも今みた場面でも四通り以上はいるのだから、それらを掛け合わせるなら、ずいぶんな数になってしまう。事態を整理しようとして、結局いくらかは複雑に煩雑になってしまう。ただそうして複雑であっても、そうやって分けて、あげつらっていく必要がありそうだということだ。

4　できないこと

本来は、（1）から（5）の各々について検討する必要があるのだが、（1）機能・能力に限り、そしてその捉え方の一つについて見ていく。それには他と異なるところがある。

人がみな同じにできるのであれば、分配といった主題も現われないだろう。しかし、学校の先生は努力次第だと言うが、そう言うのは学校の先生だからであって、差はあってしまう。[★08]つまり一つ、できないこと自体は変更が容易でない。また、できる／できない自体はある人・身体から別の人・身体に容易に移動はさせられない。

しかし、それは、本来は、他と比べて大きな問題にならない。本人はとくに困らないことがある。ここが特異だ。できること（／できないこと）は多く手段の水準にある。手段は多くの場合に複数ある。また同じことでも一人の人だけしかできないということはたいへん少ない。自分ができなくても誰か他の人たちができる、ならばそうすればよい。社会的な対応が一番簡単だということだ。その簡単にできるはずのことなのに、この社会はできていない、それで暮らしが困難になっているなら、腹も立とうというものだ。障害者運動・障害学がまずその方面を問題にし運動してきたというのももっともなことである。

ただ、得られるものにその人自身の身体が関わる場合には困難が生ずることがある。私の足が動かなくとも、他の人が動かしてくれればどこかに着く。私の目が見えなくとも、文字はわかる。ただ目で見ること自体を他人から得ることはできないということだ。

もう一つ、他人から得るという時のその他人にも身体があり、身体と身体との接点に例えば羞恥が生ずることがある。とすると、ときに代替も容易でないことがある。ただそれは、得たいものは、因習にこだわらなければ、さまざまに得られる、ということでもある。

そしてできる／できないことは、機能としてできる／できないだけでなく、美醜にまつわる価値にも関わる。別の機会に考えようと思うのだが、とりあえず、一般的な方法・様式が定まっているとして、しかしそれと別の方法を本人が自らがより好ましいものとして採用しようとするなら、それを拒絶すべきでないとは言えるだろう。そんなやり方は普通でないからいけない、手で食べられ、書けるようにならなければと言われてもそれに従うことはない。そのようにしたときに、べつように得たいものが得られることがある。

こうして得失は様々であり、なにかをどのようにか行なうことの快や価値は、その行ないがどのような社会の中にあるかによって変わってくる。ただ少なくとも言えるのは、自分でできないこと、その代わりに他の手段を使うこと、他の人にさせることは常にその本人にとってマイナスではない、これは明らかだということだ。

5　各々について

このようにおそろしく単純に分けてみると何が言えるか。身体障害、知的障害、そして精神障害と並べられ、さらに近年この国では発達障害が加えられ並べられるのだが、各々にはだいぶ異なる部分があるように思う。

身体障害は、多くの場合それ自体が苦しいわけではない。また生死に直接には関わらないものもある。動かず、不便であるだけだ。そして、機能においてもまた姿形においても大きく異なる障害もある。脳性まひについてそのことが自覚され、言われてきた。他方で機能としてはさほどの違いがない「軽度障害」については、「できない」よりも「異なる」の方が大きな意味をもつことがある。また障害があるのかないのか、障害者であるのかないのかがはっきりせず、それでかえって居心地の悪さが感じられることがある。そして、できる／できないにしても、違うことの受け止めにしても、生まれた時からの人と中途からの人は異なる。前者の人は、違いを意識するのは他人との比較のときで、自分については他人と違っている状態が初期値で通常の状態であって、その自身においては「同じ」である[★09]。

知的障害と呼ばれるものは、認識や表出に関わる性能の度合いの差異、能力におけるできなさであり、同時にそのことに関わる世界の受け取り方や世界に向けられる様式の異なりであるとされる。それは不便であることはある。ただそれは苦しくはなく、直接に死がもたらされるわけでもない。第7章（199頁）で少し続ける。

そして日本で発達障害と呼ばれるものは、やはり世界・人に関わるときの差異であり、差異に関わって現象するこの社会でのできなさと受け止められる。これらは必ず辛いというものではないのだが、とくに別の様式を有する多数派との接触面において困難が生ずる。このことに関わって私が書いたものとして『自閉症連続体の時代』（[201408]）[★10]がある。

精神障害・精神疾患にはこれらのすべてがある。一つに括られるものの中にかなり違いがある。それがことを複雑にさせている。まず（1）端的に苦しい。気持ちが落ちて、また混乱して、不安になって、苦しい。そして、（2）直接に死に至らせるということではないにしても――自身に対する「加害」と言う方がよいのかもしれないが――死に追い込まれることはある。（3）（この社会でとくに必要とされる知的能力、また身体的な機能自体も奪われるわけではないにしても）、外での仕事や生活ができず、暮らしていくのに不便が生ずる――そして隠しようのない障害と異なり「できない」ことをなかなか認めてもらえないこともあり、他方で認められてしまうとその仕事から外されるといったことも起こり、両者の間で、そんなことで悩んでいる場合ではないのに悩んでしまうといったことも起こる。そして、（4）ときに気づかれないが、ときにはっきり表情や身体の挙動に現われる。知的障害にしても発達障害にしても、気づかれる、気づかれないは、その人が置かれる状況にも相関して様々だ。そして、ここがずっと厄介であったきたのだが、とくに精神障害や発達障害のある部分について（5）「（自傷）他害」が問題にされてきた。

　例えば、苦しいことは確かにあるが、しかし誇りをもっている、もとうと言うとはどういうことか。「マッド・プライド」という言葉があり動きがある。それを調べるという仕事がある。そこには、苦しんでいる、にもかかわらず生きていることを言い合い、讃え合うということがある。それは社会に向かうこともあるが、苦しみをみなそちらに転嫁するのも難しいように思われる。自分たちが苦しいことに耐えられていることを互いに認め、誇りに思う、思おうというところがある。そして、世界が多くの人たちとはどうも違っているというその違いを認めよう、認めさせようという契機もある。★11

　いったん分けてみることは、その間の関係を知り、各々の重みを考えることでもある。例えばハンセン「病」と呼ばれてきたものは、多く異なることと、そして――感染が誤って危惧されてきたことによる――加害性をもつものとして社会によって扱われ、そして「防衛」の対象になってきた。精神「病」もまた加害性という札を貼り付けられてきた。なにか身体的なものに関わるよからぬもの全般が「病」という札を貼られ、その中で「機能」に関わる部分が「障害」と括られてきたのかもしれない。そして同じ施設にハンセン病療養者が入り、結核療養者が入り、結核が流行らなくなると、重症心身障害児と呼ばれる人が入り、筋ジストロフィーの子どもたちが入り、そして大人になっていった（［201812］）。ここで加害性（からの防衛）と負担（の軽減）は明らかにつながっている。そして「狭義の」加害性〜社会防衛は現実にはどれほどの重みをもっているか。一般に反体制的な気分の社会運動においては治安が問題にされるのだが、いったい実際にはそれはどれほどのものであるのかは考えておいてよい。

★註

★01　いっとき身体論の本が幾つかあった。書かれたものの多くは、身体の可能性を言うものだった。実際に可能性はあるのだろうから、それは間違ってはいなかったのだろう。そして本来の姿、本来の共同性や関係性を言うものが多かった。『関係としての身体』（管［1982］）とか、野口晴哉とかを見田宗介が授業で取り上げたことがあったように思う。また、舞踏、身体芸術を論ずるものもあった。『精神としての身体』（市川［1975］）、『〈身〉の構造——身体論を超えて』（市川［1984］）等。ここに書くことにつながる題名を有するものは『翔べない身体』（三橋［1982］）ぐらいのものだ。ただこの本も、この時代・この社会において「翔べない」ことを書いた本であって、私のここでの構えとは異なる。実際私たちの身体はなにか押し込められているようには感じられ、そこから解放された方がよいのではあるだろうし、その可能性があることを否定はしない。ただそうであっても、同時にどうしても、身体は制約のもとにあり、有限であり、脆弱である。

そのことを捉え、その上で例えば病人を肯定しようというのが小泉［2006］だ。私には思いつかないから、そういう哲学があったらよいと私は思う。その本の紹介といくらかの検討として『唯の生』（［200903］）第7章「『病いの哲学』について」。また、天田他［2009］。そして小泉［2012］他が続く。ただそれがうまくいっているのかどうか、後で考えようと思う。

★02　移動の不可能は、生体が異物を排しようとする働きによるところがあり、その生体の反応を薬（免疫抑制剤）などで弱めることができると、臓器の移動が可能になったりする。すると例えば「生存籤」

が議論されることにもなる（[199709→201305:104-109]）。ただ、誰かが死ぬことで誰かが生きられるといった状況は、とくに技術の水準云々に関わらず、倫理学が好む救命ボート的場面を設定すれば、どこにでも生じうる。ここでこの誰かを殺すしかないといった場合が現実にどれぐらい起こるのか、また起こることを防げないのかが問題になる。起こらないようにできるというのが野崎泰伸が述べていることであり（野崎［2011］［2015］）、私もそのように考える。

★03　『現代思想』連載第一四〇回（二〇一七年十一月号）のこの箇所の註は以下。「それから三十年以上経って、この十月十一日、以前紹介した四〇歳代中盤の筋ジストロフィーの人が日本海側にある旧国立病院から退院して金沢の街に暮らし始めた。その施設で死亡退院でない退院者はその人が初めてだと言う。またお知らせする。」その、旧国立療養所医王病院から出て暮らし始めた古込和宏は『病者障害者の戦後』（[201812]）に何度か出てくる。

★04　生きた臓器の移動可能性の出現に伴って起こることについて［199709→201305:104ff.］で少し考えてみた。

★05　『みすず』連載の［200807-201005］、その一部をもとにした『自閉症連続体の時代』（[201408]、第7章「社会がいる場所」）で述べた。英語になっているものとしては［201108］。そして『造反有理』（[201312:326-354]、第5章「何を言った／言えるか」）。書籍の一部を分担執筆したものとして「障害論」（[201105]）、「存在の肯定、の手前で」（[201406]、本書第12章）。

★06　星加の本には次のようにある。「たとえば、「あらゆる人にどのような程度かできないこと＝障害disabilities がある」（立岩［199709:323］）というような言い方も可能ではある。しかし、本書ではこうした立場を採らず、ディスアビリティをある種の特有な現象として特徴付けることで、ディスアビリティについて特に問題化することの社会的・社会学的意義を主張することが企図されている」（星加［2007:99-100］）。

立場・方向の設定は学の世界ではまずは自由であるとされている。いま記された道を星加は行こうとする。その道行きを紹介し、そしてそれがあまりうまくいっていないと評価したうえで、別の同定の仕方を提示するというのが榊原［2016］で行なわれていることの一部である。その評価に私も同意するが、私はそれとは別に、「障害」を自分で（研究者の方で）取り出そうとするということの意義がどこにあるだろうかと思っている。第4章・第7章でさらに説明を追加する。

こうして、私はとくに「障害」に関心があるわけではない。ただ同じことを次のようにも言える。「私は、狭い意味での「障害者」に格別の関心があるわけではない。「誰もが障害者になる可能性がある」といったことが言われるが、そんなことの手前で、誰でもできる／できないことがあって、そのことについて書いてきた。ただ、その普通の意味での障害者の人たちの言うことややっていることにいくらかの関心を払ってきたのは事実だ。それはつまり、できないことがより多い人は、より大きく損をする人で、そのままだと損をし続ける人で、文句を言うのだが、文句を言うだけでも損はし続けるから、社会が変わってもらわねばならず、社会とけんか別れをしてすむわけではない。具体的にどんな社会がよいかを面倒でも言わねばならない。となると――しばしば、考えてものをいうのが仕事のはずの学者たちより――考え続けること言い続けることをせざるをえない。（実害がそれほどでもない人たちは、文句を言ってみるとしても、結局、社会のことを考え、社会と付き合うことから逃れることができる。）／それは当人たちにとってみれば疲れることだが、まともに人・社会に対しているから、聞くべきことがあると思う。」（［201105］）

★07 「ALSは障害なのか病気なのか。ALSの人は病者なのか障害者なのか。むろん、言葉は様々な意味に使うことができ、それぞれの言葉が示す範囲を変更することができるから、それによって答は変わってくる。ただ一般に、病は健康と対比されるものであり、苦しかったり気持ちが悪かったりする。また死んでしまうこともあり、よからぬものとされる。また障害とは、身体の状態に関わって不便であったり不都合であったりすることがあるということだ。病によって障害を得ることはあるから、両方を兼ねることはある。ＡＬＳは病気ではある。そして同時に機能障害が生ずる。ＡＬＳの人たちは同時に、病人・病者でもあり障害者である人たちだ。答としてはまずはこれでよい。／そして制度との関係でもＡＬＳの人たちは両方である。」（[200411:57]）

たしかに苦痛はあるのだがそれをうまく除去したり軽減したりできるのであれば、またやはり適切な対応をとれば死に至るものではないのだから、ＡＬＳはむしろ重度の（そして他の固定された障害とは異なった）進行性の障害であると捉えた方がよいだろう。そして、そうではあってもその人たちはなおることを求めているし、そのことにもまたもっともな理由がある。そしてもちろん、このことと、医療や医療的ケアと呼ばれるものをこの人たちが必要としていることとは矛盾しない。身体の状態を維持するために技術が必要であり、その技術を医療者（だけ）がもっている場合がある。ならばそれは必要である。また他方で、しかるべく技術を習得すれば、医療や看護や介護の資格をもっていなくても対応できる。にもかかわらず資格による制限がなされたり、なされようとしているために、それに反対せざるをえないことになる。

『生存学の企て』（立命館大学生存学研究センター編［2016］）の「補章」［201603］の2「両方・複数がいて考えられる」に、幾人かの幾つかの研究について紹介した。まずはその補章を読んでいただければと思う。一部を第3章（77頁）で紹介する。

★08　さらに、そのできる／できないことに関わる生産物を必要とし欲する人々の選好のあり方の可塑性が、社会の変革の可能性とその方法とに関わっている。後でこのことについても再説することになるだろう。

★09　軽度障害について『軽度障害の社会学』（秋風千惠［2013］）、『障害・病いと「ふつう」のはざまで』（田垣正晋編［2006］）。中途障害者が題名にある研究書として『中途肢体障害者における「障害の意味」

の生涯発達的変化』（田垣正晋［2007］）。

★10　専門職者のための本に、その本に書いたことを示した文章として［201612］、本書第13章に再録。

★11　関連する文献はたくさんあるはずだが、例えば伊東［2018］。伊東香純は精神障害者運動の国際的な動き、ネットワークについて研究している（伊東［2018a］［2018b］）。私には関連する二冊の本があるが、そこで断っているように、そこには本人たちの動きは出てこない。調べて考えるべきことを列挙した文章として「これからのためにも、あまり立派でなくても、過去を知る」（［201207］）。

第2章　社会モデル

1　短く言ってみようとする★01

起こってきたこと起こっていることを記述し、分析し、これからの道筋を考える。そのために、広すぎはしないが、狭くはない範囲をとって、複数のものの輻輳や、それらの間の境界線について考えるのがよい。まずこのことを述べた。ただその道を行けばよいと思うから、これまでなされてきた議論の混乱を整理することにはさほどの関心はない。しかし第1章に記したことは、「障害の社会モデル（the Social Model of Disability）」、「インペアメント（impairment、「損傷」と訳されることがある）」とディスアビリティを巡ってあってきたという議論に関係はするから、いくつか述べておく。私は、この社会モデルの主張を基本的に支持する立場に立つ。だがその社会モデルとは何か。あるいはどのようなものと考えたらよいのか。私が述べようと思うこと、述べられると思うことを簡単に列挙する。

個々の人の身体に存在する／しないものが、どれほどか、人のあり様に、そして社会の中でのあり様に関わる契機として、すくなくとも五つ、（1）機能の差異があり、（2）姿形・生の様式の違いがあり、（3）苦痛があり、そして（4）死の到来（の可能性）、加えれば（5）加害性があると述べた。

そしてその各々について、これらのこと、またこれらのことに関わってなされることの得失は、その本人と本人でない人にとって異なる。そのことに関わって、社会的な対応のあり方も違っている。このことの自覚・理解が重要であり、このいずれかがなにか専ら生理的な次元にあり、別のものが社会的な次元にあると考えるべきではない。五つのいずれかを「インペアメント」(impairment、「損傷」「機能障害」などと訳される)に、いずれかを「ディスアビリティ」(こちらが「障害」と訳される)に割り振るといったことも適当ではない。この全ては身体に関わりつつ、人間・社会に関わっている。

ごくごくおおざっぱに——というのも日常的な言葉の用法としてもこの言葉の使い方は、同一言語内でも、また各言語間でも多様であり整合していないからだが——捉えるなら、障害は、いま挙げた五つのうち、(1)機能の差異、(2)姿形・生の様式の差異を示し、加えて(5)加害性が懸念されてきた。それに対して病は——伝染の可能性等によって(5)加害性が恐れられ「社会防衛」の対象になってきたのでもあるが——(3)苦痛と、ときに(4)死の到来をもたらすものである。これらは独立に取り出すこともできるが、また互いに関連する部分もある。例えば(3)苦痛が(1)ある機能を遂行することを困難にすることがある。[★02]ただ他方、(1)機能においては自らの身体によってはたせないことがあるが、他にはとくに何も支障はないといった場合がある。

このうち社会モデルが問題にしてきたのはおもに(1)機能である。それは他の契機について——その存在を認めなくはないのだが——中心的に問題にし議論することをしないことにもなり、このことが後で問題にされることになったことを次項で紹介する。その提起は正当なものではあった。ただ、(1)機能については、自分の身体以外のもので代替することが実際に可能であり、またそれがなされるべきであることを主張し、それがなされていないことを指弾することにおいて、その主張は正当であり、また実践的な有効性を有するものであった。ここでもまず(1)に即して検討することにする。[★03]

「社会モデル」は、「「障害」をインペアメントとディスアビリティという二つの次元に分けて考えて、社会的に形成されるディスアビリティについて社会的責任を追及していく」（杉野［2007:117］）考え方であるとされる。英国のＵＰＩＡＳ（Union of the Physically Impaired Against Segregation、隔離に反対する身体障害者連盟）の一九七六年の定義では次のように言われる。

　我々の見解においては、身体障害者を無力化しているのは社会である。ディスアビリティとは、私たちが社会への完全参加から不当に孤立させられたり排除させられることによって、私たちのインペアメントを飛び越えて外から押しつけられたものである。このことを理解するためには、身体的インペアメントと、それをもつ人々の置かれている社会的状況との区別が不可欠であり、後者をディスアビリティと呼ぶ。（UPIAS［1976:3-4］）★04

また、「社会モデル」の説明として、知られている人にはよく知られており、よく引用されるマイケル・オリバーが作った、国勢調査局（ＯＰＣＳ）の調査の質問のリストとそれに対する代替案のリストがある。

　質問１　ＯＰＣＳ：「あなたの具合の悪いところはどこですか？」
オリバー：「社会の具合の悪いところはどこですか？」
　質問２　ＯＰＣＳ：「どんな病状によって、物を持ったり、握ったり、ひねったりすることが難しくなりますか？」
オリバー：「瓶、やかん、缶のような日用品のいかなる欠陥によって、持ったり、握ったり、ひねったりすることが難しくなりますか？」（Oliver［1990:7-8］、十個ある問答のうちの最初の二つ、訳は星加

［2007:47-48］★05）

このモデルを巡ってはこれまでに相当の議論がなされてきた。そのかなりの部分は杉野［2007］、星加［2007］に紹介されているのだが、ここではそこに紹介されたり検討されたりしていることとすこし別のことも含めて述べようと思う。

ＵＰＩＡＳの定義では、インペアメントは「手足の一部あるいは全部の欠損、または手足の欠陥や、身体の組織または機能の欠陥」のことであり、ディスアビリティとは「現状の社会組織が身体的インペアメントのある人々のことをほとんど考慮しないために、社会的活動のメインストリームへの参加から彼らを排除することによって引き起こされる活動の不利益や制約」であるという（UPIAS［1976:3-4］）。そしてこの組織は身体障害者（肢体不自由者）の組織であったから定義が身体に限られているのだが、後にその範囲が広げられることになる。

私は、社会が問題にされるべきであるというその主張に基本的には賛成するが、いくつか加えて、あるいは言われていることに代えて述べるべきこと、検討するべきところがあると考えている。

まず、これは障害者は病人ではないという――言おうとすることはもっともだが、字義通りには正確ではない――言明をどう理解するかにも関係し、身体の状態・差異に関わる契機として、どんなものがあるのか、障害と病はそのどの部分を占めるのかを確認する。以上を十全に述べるためには、五つはあるとする各々の契機についてそれぞれいくらかは詳細に検討しなければならない。ここではごく簡単に記すに留めるが、身体に関わり、その中で障害に関わる契機の中で「社会モデル」がそのうちの何を問題にしているのか（していないのか）は簡単に確認しておく。それは「インペアメント」の軽視という批判をどのように解するのかということにもつながる。このことについては別途検討する。

2　インペアメントを言う人には苦痛と死を言っている人がいる

ひとまず五つ列挙したうちの一つは苦痛だった。社会モデルに違和を感じ、それを表明した人たちの一部は、苦痛のことを言っている。またもう一つ、死（の恐怖）のことを思っている人たちもいる。星加良司がその人たちの言ったことを紹介している。[★06]

モリスは、「社会モデル」があらゆる身体的な差異や制約を社会的に作られたものだと見なしているとして批判する。環境的障壁や社会的態度がディスアビリティの経験の主要な部分を占めることは認めても、／「それがすべてだと示唆することは、身体的・知的制約、病、死の恐怖といった個人的な経験を否定することなのである」（Morris［1991:10］）と主張するのである。

またクロウも、「社会モデル」によるディスアビリティの焦点化が絶対的なものであるために、インペアメントの経験が過度に軽視されてしまっていることに対して、反省的な眼差しを向ける。障害の経験の複雑さを考慮しない運動において、インペアメントは無関係で、中立的で、肯定的なものとして表象されてきたが、そこには常に違和感が存在していたというのである（Crow［1996］）。こうした彼女らの批判は、ときに否定的でありつつ重要な意味を持つ「個人的な経験」について「社会モデル」は十分に把握しきれない、という点に向けられている。（星加［2007:63］）

まず一つ、社会モデルを言った人たちにおいて、インペアメントはできないこと、できないことを巡る不利益としてのディスアビリティに対応して存在するものである。それ以外の身体的な部分はその捉え方のなかでは、インペアメントではない。[★07] こうして突き放してしまうこともできなくはない。

次に、いま限定された意味におけるインペアメントとは別のところに気にかかるものがあるのは実際のところだ。ただ、気にされているものは、物理的・生理的状態と関係はするだろうものの、それそのものではなく、それが人にもたらしているもの、あるいは人に受け取られているものであって、それをインペアメントとは呼ばない方が、話が面倒なこと、混線したことにならないですむはずだ。

そして批判されている人たちも本当にディスアビリティとそれに対応するインペアメントだけがあると言っているか。それが問題のすべてだと言っているか。そう言われたら、そんなことはない、あるいはそんなつもりはないと返すだろう。

そして（英国の）障害学の人たちが、できないことを巡る不利益に専心したのにも事情があるだろう。そこで言われるディスアビリティは社会的、社会政策的に対応可能であり、対応すべきである（のになされていない、ゆえに対応を主張する）部分であった。それはそれとしてもっともなことであった。私自身もまず話をつけられそうなところを先にするとしてその部分について書いて今日に至っている。★08 ただ、死や苦しみについていったい何を書くことができるかとも思ったからだった。そのことは後述するが、星加はさきに引用した「「社会モデル」は十分に把握しきれない、という点に向けられている」の後を「さらに、こうした「社会モデル」によるインペアメントの無視は、障害者に対して否定的・抑圧的に機能すると主張される」と続け、以下を引用している。

> 障害の経験は、人体の脆さの経験である。もしこのことを否定するなら、我々は障害の個人的な経験が孤立的なものであることに気づくことになろう。我々は自らの差異を個人的で特異なものとして経験し、個人的非難や責任といった感覚を共通に経験することになる。（Morris［1992:164］、星加［2007:63］に引用）

この（訳）文はわかりよくはないが、「脆さの経験」があることをないことにするなら、それはまったく孤立した個人のものとしてあることになってしまう（それはよくない）といったことを言いたいのだろうか。だとしたら、そのことは理解できる。苦しみ・痛みや死（の恐れ）は、そしてまた身体の差異に関わる経験を語り合い共有したりすることに意義のあることがあるだろう（第5章・116頁）。それにしても、それ以上に何を言うことができるか。

あるいはその手前をまず確認しておいた方がよいかもしれない。それは私的なことであると言われる。どのような意味においてそのことが言えるか。公的／私的という区分には様々な意味がある。ここにはまず、代替・交換・交代不可能という契機があるように思う。

自分の身体でできる／できないことはある。しかし移動するというだけを考えるなら、自分の足によってであろうとなかろうと、たいして変わりがないように思える。見ることそのものは代替できない。しかし視覚という手段でなくても、文字を読むこと、知識を得ることはできることがある。それでも、代替できないもの、移動させられないものは、できる／できないことについても、ある。また他人の身体の接近・接触という契機にも関わり、代替がそうすんなりといかないこともある。そう単純でもないのだが、それでも、多くは補うことができる。その人自身の身体を要しない部分が多々ある。その意味で、できないことは最も代理可能、容易なものである。だから、そこに照準したのはまったく合理的なことではあった。そしてできるはずなのにできないことに怒りもまた生ずることになる。

他方、個人的であるというのはまず、そのものを委譲したり共有したりすることができないということである。誰かの死を別の人が死ぬことはできない。苦痛も同じだ。そして身体を変更することは多く容易でない。さらに、その姿やその姿を受け取る側の「感情」もそのようなものであると、すくなくとも思い通りに変更することはできないとされる。だとすると、いったい何を言ったらよいだろうということになる。さきの人は、まずは表出すること、事実や感情（があること）を共有することを言っていたのだろうか。きっとそれはよいことだ。ただそれ以外となると、どんなことがあるのか。

ある身体の状態がごく普通の意味で実在すること、それが「生理的次元」に存在するものであると言うことはできよう。そして苦痛は人間でなくても感じることがあるだろう。ただ他方、それが感じられ知られ名指されるといったことも含め、人に受けとられ、人に価値づけられ、対処される。すべては人間的であり、そして社会的・社会内的なできごとである。そのうえで、その人に内在し、転移できないもの代替できないものがある。それらはこの意味で個人的である。他方に補ったり代替できる部分があり、その部分について実際に社会が担うべき役割を主張してきたのが「社会モデル」を言う人だということになる。このような具合に、個人的なことと社会的なこと（であるべきこと）とが別れる。

だが前者についても、あるいは容易に制御し操作できないからこそ、なにか人間的なことが語られてきた。死もただたんに訪れてしまうものであるとしても、結局人為によって止めることはできないものであるとしても、よく言われることではあるが、死を人は経験することはなく、観念する。そうやって観念しながら、あるいは観念してしまうからこそ、人はおおく死を恐れ病を恐れ、その除去や軽減を求める。さらに、死や病を受け入れることが語られる。このように、再度、社会に言説は引き入れられる。とすればやはり、その全体を見ていく必要があると思う。

3　インペアメントがある、と言う必要はない

インペアメントについて。インペアメント／ディスアビリティという図式が採用される場合、障害学・社会モデルを唱える論者たちはインペアメントの契機を小さく位置づけるのではあるが、しかし、同時

にそれは必須の契機でもある。そしてインペアメントがここに置かれることによって、「できないこと」について明示的に語ることをしなくてすむことにもなる。足がないとなれば（足で）歩くことができないのは自明なことなのである。

他方、私が気になり考えてきたことは、できる／できないこと、例えば勉強ができないことや仕事ができないことと社会との関わりについてだった――それで要するにどんなことを言ってきたのか、言えると考えているかについてわかりやすくまとめたものとしては『人間の条件』（[201008]、増補新版が[201805]）。このできる／できないの差にしても、些細な差である場合から、大きな差である場合と様々があり、そう考えていけば――差の大きさをおおいに考慮するべきことがあることをもちろん認めながら――誰もが幾分か障害者ということになる。だから、いわゆる「障害者問題」というより広い大きな部分について考えることになる。そしてそのように捉えることに意味があると私は考えてきた。能力はこの近代社会の制度と現実の作動に関わっている大きな要素であり、また能力を巡る教説はこの社会の制度と現実を正当化し維持する大きな役割を果たしているからであり、人によっては得失は様々であるにしても、人々はその影響を受けており、そして少なからぬ人が大きな――そして私の考えでは不当な――不利益を受けていると考えるからである。格別――狭い意味での――障害や障害者に関心があってきたわけではない。ただ、障害者は――広義の――できない（あるいはできなくさせられている）人たちの代表のような存在でもあり、この主題について考え、そして行動してきた人たちだから、その思考や行動について知ろうとしてきた。

するとまず、私（たち）にとっては、原因はすくなくとも第一次的な問題ではない。人々に様々にできる／できないの差があるからには、それにはなにか要因があるのだろう。しかし多くの場合、様々に推定はできるとしても、結局その原因について特定はできない。また、それを特定する必要がない場合も多くある。とにかくできないものはできないのだから、それを前提とした上で、様々を考えることはできるし、実際に行なうこともできる。

だから、私たちにとっては、できる／できないに関して、インペアメントという契機を（軽視しつつも）必要とする定義は、それ以外の「できない」ことは除外されることになるから、必須とはされない。むしろ（どの程度にか）「できない」ことを基点に考え、そのある場合になにかしらのインペアメントが作用していると考えた方がよいということになる。

そして、原因・要因を知ることは、例えば治療するとか教育するといった社会的な対応と連動しもするから、社会的な関心事であってきた。様々に要因を知ろうとし、知ったとし、語ることがなされてきた。だから、インペアメントは前提であるというよりは、それ自体が検証・考察の重要な対象となる。

私も、ときに原因を特定することが必要であることを認めないわけではないが、それは常に必要ではない。原因がなんであるのか、その成分が確定していない場合にも、できる／できないを巡る問題は起こる。そしてできる／できないことにインペアメントが関わっているのか関わっていないのかという線引きの問題に自らが関わる必要はあらかじめはないということだ（第8章・240頁）。

4　原因と解する必要はない

社会を問題にする主張は、インペアメントを「個人」の水準でなく、また「医療」によって解消するのではなく、「社会」の側が対応するべきであると言った。この主張の含意をもうすこし詳しく検討してみるとどうなるか。

まず第一に、インペアメントの「原因」としての生理的なもの／社会的なものという区別はときに有効でありまた必要でもあるが、それが、社会モデルおける個人／社会、医療／社会という二分法の本義であると考えることはできないし、またそのように受け取られることがあったとしたら、それは誤解である。戦争や公害によって生ずる障害はたしかにあるが、そうして生じた障害についてだけ社会的な責務が存在するなどとは言われていないし、また言うべきでもない[★09]。

　第二に、不利益の「原因」が個人にあるのかまた社会にあるのかという区分をしていると考えるのも正確ではない。もちろんそれは「原因」という言葉をどのように理解するかによるが、その不利益の解消・軽減を妨げるもの、また不利益を解消させるために有効なものを原因・要因とするのであれば、例えば移動について、足が動くようになることによって移動できることもあれば、車いすその他を使うことによって移動できるようになることもある。足のインペアメントがあることが移動できないことの原因であると言うこともできるし、車いすや車いすが利用できる環境がないことが移動できないことの原因であるとも言える。

　そしてこのことは、第三に、不利益の解消のための「手段」が予め指定されてもいないということである。まず、考えようによってはある事態（あるいはその不在）については無数の原因・要因があるとも言える。その中で原因として私たちがあげるのは、多く、作ったり消したり変えたりできる要因であり、その意味で、原因（の認識）と手段とは関連しあっている――どうしようもない与件を原因として数え上げることをあまり私たちはしない。

　ただ、注意すべきは、問題を解決すべきであるとしても、それはそこに見出される原因を除去すべきことを必ずしも意味しないことである。このことを確認しておくことも重要である。例えばある人に内在するとされるその原因を除去することが――ある問題を解消するとしても――その人に別の不利益を与えることがある。しかし現実には原因を見出そうとする営みはそれを除去する営みとつながってしま

うことがある。障害者のある部分はそのことを警戒し、原因について語る言説に懐疑的さらに批判的であることがあった。★10

まず、そのことをふまえた上で、次に、身体への介入と身体と別の水準での策を取ることとが、まず事実の上でも連続していることを確認しておこう。例えば補聴器や人工内耳——その是非についての賛否の議論はあるがこのことはまた別に取り上げる——や人工関節は身体に装着あるいは埋め込まれるものであるが、人工的な装置である。なおすこととなにか別のもの（人や機械）でおぎなうことの間に明確な線を引くことは時に困難である。そしてこれらの手段は様々あることがあるし、そしてその中のいずれがよいのかは予め決まってはいない。

けれども、障害学は、そして社会モデルの主張は、なおすこと、障害を除去すること——それを全面的に否定したわけではないにしても——より、社会の側の人や機器・設備の配置を主張した。それはなぜか。次節で答える。

5　だれにとってのできないことの得失

ここで私たちは、先に述べたこと、すなわち誰に得失をもたらすのかを考えるべきである。

まず、多くの障害者にとって、その障害はなおしようのないものである。これまで様々な療法が開発され、実践されてきたが、すくなからぬ人たちにとってそれは効かないものだった。最もそれがはっきりしていたのは脳性まひの人たちだった。その場合、なおすとか、もしなおせるならものならなおした方がよいだろうといった言明は無意味であり、また実践的になすべきこともない。他の手段しか取りようがないし、またそれが取られるべきなのである。

にもかかわらず、医療・リハビリテーションとしてなされてきたことがあり、そう称するものによって痛い目に会わされたわりにはよいことがなかった人たちがいた。その無益なことのために苦痛を強いられ、医療の専門家やその施設で管理される生活を強いられることがあった。[★11] その筋の専門家にいろいろと自分の意に添わぬことを指図されてきた障害者たちから医療・リハビリテーションに対する怨嗟の声が発せられたとして、実際発せられたのだが、それは不思議なことではない。

ただ、いつもなんの効果もなかったわけではない。いくらかの、あるいは顕著な効果のある場合もある。その場合には問題はないのか。ここでも得失を見ることだ。得るものはあるとして同時に、時間の損失やある空間に留められることや身体の苦痛が伴うことがある。そして、そうした損失は、外部の人たちにおいては直接に感じられず、多くの医療やリハビリテーションの効果を示す研究等でも計算に入れられることはない。[★12]

これは、なおすことがなされる場合の本人の得失だが、それだけでなく、他の可能性、つまり「社会的対応」と比較した場合にはどうか。なおすための努力をする場合だけでなく、ともかく自力で行なう場合に比べ、他の手段を用いた場合の方が、本人にとって容易であり、楽であることは多々ある。それは、苦痛や死と異なるところがある。苦痛や生命はその人から他の人に移動させることができないのに対して、機能のかなりの部分は他人そして他のものによって補うことができ、ほぼ同じものを手に入れることができることも多い。あるいはそのように代替できるもののことを手段と呼ぶこともある。とすれば、補われた場合にはということではあるが、それは本人にとっては予め負のものではないということである。

ただ、機能の中にも、他によって代替できない機能はある。またここには他人が身体に近づく、接触するという契機が存在することがあり、そこには例えば羞恥といった感情が生起することがある。それには慣れていって気にならない部分もあるが、慣れればすべてなくなるといったものでもない。[13] これらのことは無視できないし、その各々について考えるべきことも多い。けれども、すくなくとも、以上をさほど気にしないですむ障害、人、場合があるのも事実だ。

そしてこのことは、「障害はそもそもない方がよいのか?」——という問いを問う時、[14] この「障害」という語をインペアメントとも（英国障害学の用法における）ディスアビリティとも訳しがたい（80頁）——という問いに対する一つの答えを与えるものでもある。すくなくともこの場面だけを見るなら、障害（できないこと）はない方がよいとは言えない。簡単なことで、自分で行なうより、別の手段で、例えば他人が行なうことの方が、当人にとって楽な場合があるということである（[200210]、本書第10章）。

他方、他人たちにとってはどうか。その人の生活のために、例えば介助といった行為を行ないそして／あるいは経済的負担をすることは損失である。その人自身が行なえるならその方がよい。

それに対して、（3）苦痛と（4）死をもたらすかもしれないものとしての病は、通常——と言うのは、その一端をごく短く［201010］に記したのだが、そう単純でない場合もあるからだ——その本人において避けたいものである。（そして、とくにあまり関わりのない人たちにとっては、他人＝本人のそれはあまり気にならない。素朴な意味でその人の死を別の人が死ぬことはないし、その人の苦痛を別の人が直接に感じることはできない。）ここでも、障害と病とは異なる。それを——繰り返せば両者が重なることが多々あることを認めた上でなお——いっしょにするべきでないという主張は、このことを見たときにも当たっている。

つまり、一般に思われていることと異なり、（1）できないことは、本人にとっての不幸でないことがあり、他方社会にとっての負担であるということになる。そのことを看過し、本人の不幸であるとすると言うなら、それは間違っている。障害学は、また社会モデルの主張はそのことを指摘していると考えることができる。

6　分岐は規範の水準にある

　このように考えた場合、では何がなされるべきであるのか。述べたようにできないものはできないと言うしかない場合がある。この場合には議論は不要であるように思える。その本人のために、本人の代わりに必要なことがただなされるべきであるということだ。ただ、そのことも否定する主張はある。また、いくらかのあるいは多大な苦労をすればできること、できるようになることもあるだろう。どのように考えるべきか。これは正義、「分配的正義」に関わる基本問題である。

　その人にとってよい方を自分で決める、自己決定という方法はある。むろん自己決定、自律は大切な契機である。しかし十分ではない。というのも——障害学においても正当に認識されているように——決定は、社会の中でなされているからである。二つの選択肢のうちの一つが実際には困難であるような状況において、また現実には不可能であるような状況において、その二つを並べて、いずれを選んでもよいと言っても意味がない。

　では二つの選択肢が「等価」なものとしてその人の前にあればそれがよいのか。しかしここで等しいとはどういうことか。あるいは等価というのでなくとも、その選択の対象になる選択肢群はどのようにあったらよいのか。やはり問題は規範的な問題なのである[★15]。

　つまりどのような規範を置くのかであり、そのもとで、その——選択が大切であると語る人たちの言う——選択肢がどのように存在しており、それがどのように評価されるのかである[★16]。

　ごく単純に言うが、基本に置かれるべきは平等・公平であるとしよう。むろん細かな議論は様々になされており、私もそのことについていくらかのことを述べてきた——平等の導出の仕方と、差異への対応の仕方について批判してきた——が、ここでは細部は省き、障害の有無にかかわらず、この社会において余計にかかる費用の加算の部分も含めて、普通の生活が送れるだけの資源が得られるべきものとしよう（[199709→201305]［200401］、これらに述べたことをより易しく述べたものとして［201008］）。

しかし、もちろん人によって、したいことは様々に異なるし、そのことは認められるべきだろう。そして言うまでもなく人の身体のあり様は各々で異なる。その場合に、人々はどれほどのことができるのか。どれほどのものが得られるべきなのか。

［201206］で述べた。つまり、まず、労働に対する報酬の追加を別として、一人ひとりは同じだけの暮らしができるだけの収入が得られるべきであるとする。ひとまずここでは障害の有無は算定されない。その上で、一人ひとりはその総額を、自分の望む生活の仕方に応じて使う。その上で、その際に、その使用においてこの社会において障害に関わる追加的な支出は社会的に、つまりは税金を使ってなされるべきものとする。例えば、その総収入から（他の消費を削って）年に二度海外旅行に行きたい人については それに関わり、身体の状態に関わって、追加的に必要な費用が税から支出されるものとする。では労働・負担についてはどうか。このことについても基本的なことは別に述べているので略す。

一方でこのように言える。ではさきほどの問題、つまりなおすことと、以上のような仕組みでおぎなうことの関係はどうなるのか。たしかに今述べたのは社会にとって追加的負担である。そのことについて資源についての問題が起こるとは考えられない。とくに人的資源については、必要なだけの追加的な労働を供給することは十分に可能である。示されうる疑問としては、そうして社会が提供する追加的支出が相当のものに達するのに対して、それと等しく達成できる状態が個人のさほどでない努力によって可能になる場合に、前者、なおすことを推奨することは正当化されうるのではないかということである。

つまり、私たちが自身が採用した公平という基準からしても、つまり、他人たちの負担と、本人の負担との公平もまた必要であるという主張がありうるということである。

理論的には本人に対して要請することがありうることを私は認める。苦しく長い時間の訓練にもかかわらず何も得られないといった場合だけがあるのではない。比較的に短いさほどの苦痛を伴わないリハビリテーションによって自力で様々ができるようになり、その分、他の人々の負担がなくなるといった場合はたしかにあるだろう。そのことを知らせ、そのことを推奨することがあってよいだろう。

ただ一つに、訓練などして自らの機能を回復させ高めようとしてなされることがその人に何をもたらすかわからない場合も多くある。成功をもたらすかもしれないがそうでないかもしれない。そして一つ、その苦労はその人のものである。それがどれほどのものであるか、それを他人たちが直接に経験することはできない。そしてもう一つ、そうした営みの多くは、あらかじめできてしまっている人、あるいは素早くできるようになる人に比べて、十分な水準に達することなく終わることが多い。そしてさらに一つ、そのことに対して、人々が、そしてその人々の価値観を自分のものにしているなら自らが、否定的な価値を付与することがある。他方、自らの身体の機能の回復・向上が、以上にも簡単にいくつか述べた事情によって、それに伴って支払うものを考慮にいれた上でも得策であると考えるなら、その人はその方を、機能を社会的におぎなう態勢が十分に取られていたとしても、選ぶだろう。

以上を考えるなら、まず変わる／変えるべきは社会であるという主張には十分な根拠と合理性がある。

7　社会モデルの本義

以上から医療モデル・個人モデルに対置される社会モデルをどのように解することができるか、むしろ解するのがよいのか、基本的なことが言える。

社会モデルの主張が意味のある主張であるのは、それがその人が被っている不便や不利益の「原因」をその人にでなく社会に求めたから、ではない。少なくともその言い方は不正確である。医療モデル・個人モデルが「足がないからそこに行けない」と主張するのに対し、社会モデルは「車椅子が通れる道がないからそこに行けない」と主張するという対置は、わかりやすそうだが、正確ではなく、かえってわかりにくい。目的地に着くことが可能になる条件としてはどちらもそれなりに当たっている。問題は因果関係ではない。また、何をするのがよいのか、医療やリハビリテーションを受けるのか、それとも別の手段によって機能を補うのがよいのか、その選択肢の前者を常に採用するべきであるという主張であると受け止めるべきでもない。

二つのモデルの有意味な違い、あるべき対立は、社会の基本的な所有と分配のあり方に対する態度に関わっている。分岐は、一つ、ある人ができる／できないこととその人の生活の水準とを基本的に別のことと捉え、可能で正当な手段がある限りにおいて――どのようにしても差異自体がなくなることはないのだが――それを用い、人々が暮らせるべきであると考えるのか、それとも、一つ、生産し貢献する者は基本的にその産物を取得してもよい、貢献に応じて受け取ってよいと考えるのかという立場の分岐である。

後者の立場は、政治哲学、厚生経済学その他の規範論的な議論において、様々に変形され、そこに生ずる不平等の是正がはかられるのではあるが、依然として基本的なところで肯定され維持されている――その半端さを指摘し、それではだめであることを示すことが私の仕事の一部であってもきた。

それに対して、以上のように考えてくるなら、私は、障害学の主張、その社会モデルの主張は、この後者の立場を基本的なところで是認せず、一人ひとりの身体の差異に関わってこの社会――それは後者の立場が基本的に是認する社会である——に生ずる不利を、当然のこととして、あるいは仕方なくではあっても、甘受すべきものとすることを容認しない主張であると捉えるべきであり、その時に、それは最も整合的であり、ありうる批判に有効に抗することのできる主張であると考える。その立場は私自身の立場でもあるのだが、それはその「学」が立ち上がったそのもとにあるものと、私が見てきてそこから（も）考えてきたものとが基本的には共通したものであるということでもある。

その上で、医療や専門家に対する批判は、そして個人に対して社会を対置しようとする主張は、社会がこの立場が批判するような社会である時、そこから派生して、しかし必然的に派生して現れるものである。すなわち、その社会においては、自らの、個人の能力を維持し高め回復すること、そのことによって生きていくことを当然とし、またそのように自らを仕向けなければ実際に生き難いのだから、自らを修繕し機能を高めることを優先させるだろうし、自己決定という選択が与えられたとしても、その方向に向かわざるをえないことになるだろうし、そのことに関わる仕事をする人たちに力を与えてしまうことになるだろう。そうでなければならないのではない。別様に社会はあることができるし、あってよいはずだ。社会モデルの主張はそのことを言ってきたのだと思う。

以上ごく手短に、しかも障害の（1）機能という側面だけに即して、言えるはずの概略を述べた。さらに詳しく検討するべきところが多々ある。また、少なくとも五つはあると述べたその全てでないとしても幾つかについて、検討すべきことがある。それらの作業は別のところで行なうことにする。

註

★01　本書第10章に再録した［200210］で「社会モデル」にふれており、その後『現代思想』連載の第五七回から第五九回が「「社会モデル」・序」「1」「2」（二〇一〇年八～十月号）——これらがもとになったのが［201108］（英語、全文をHPで読める）。それは完結せずに、連載は「社会派のゆくえ」に移っていった。しかし連続性はある。社会を言い、社会モデルに理解を示す、業界の指導者たちをただ肯定し、歓迎すればそれでよいのか——それは違うだろう——と思ってきた。その最初の方で上田敏らについて書いたが（cf.［201007a］［201709］、後者は本書第14章として再録）、その二回分は本書には収録していない。別の本に収録しようと思う。また「社会派のゆくえ」の第三回以降は『造反有理』（［201312］）になった。本章では連載でいったん途絶えた話をすこし続けた。

★02　だから身体に外形的な損傷がなくとも（見えなくとも）、行動・生活に支障がある限り障害であるという主張は当然である。「複合性局所疼痛症候群（CRPS）」の人たちの生について大野真由子の研究がある（135頁）。

★03　そしてそれは私自身が取ってきた道でもあった。移動させ分配できるもの、またすべきものについて、所有や分配のあり方を考えようというのである。ただたしかにその手前に、移動や分配が事実可能であったとしてもそれをなすべきでないものがあったとしたらそれは何か、またどうして私たちはそう思うのかという問いはある。このことについては『私的所有論』でいくらかのことを考えている。ただ、そうして代替したり交換したりできないあるいはするべきでないものについて、たんにそれは仕方のないことだと言うのでなければ、それらについてさらに具体的にどのように考えるべきであるのか、またどのように対するべきであるのかという問いは当然残される。第5章（116頁）と第7章2節6（196頁）で少しだけ述べている。

★04　杉野［2007:117］にOliver［1983:24］からの引用として掲載。訳文は杉野、「無力化している」は「disables」。次のように解説される。

「「障害」をインペアメントとディスアビリティという二つの次元に分けて考えて、社会的に形成されるディスアビリティについて社会的責任を追及していくというイギリス障害学の社会モデルの考え方は、もともと一九七〇年代に「隔離に反対する身体障害者連盟」Union of the Physically Impaired Against Segregation（UPIAS）によって採用された障害の定義を基盤として発展したものである。その意味でイギリスの社会モデルは、障害者運動実践のなかで形成された概念であり、その主旨は、障害者個人に問題の責任を帰するのではなく、障害がもたらすさまざまな問題を社会の問題として社会的解決を模索する方向に、障害者の意識と健常者社会全体の意識を転換させていくことだった。」（杉野［2007:117］）

UPIASについてはまず以下。より詳しくその歴史を辿った著書に田中耕一郎［2017］。

「一九六〇年代後半、イギリスの障害者施設のなかでも「進歩的」と目されていた「チェシャーホーム」の一施設である「ル・コート」において、施設入居者による自治活動が施設批判へと展開し、ついには入居者による施設の「自主管理」という「異常事態」へと発展する。この運動の中心となったのが入所者のポール・ハントだった。その後チェシャーホームの経営側による「正常化」によって、ハントは施設を退去する。そして彼は一九七二年に、全国紙『ガーディアン』の投稿欄にて施設批判を展開し、施設入所している障害者たちに対して利用者主権運動の結成を呼びかけた。このハントによる呼びかけに呼応した人々によって結成されたのが「隔離に反対する身体障害者連盟」Union of the Physically Impaired Against Segregation（UPIAS）である。」（杉野［2007:155］、ここで杉野が参照を求めているのは杉野［2002］）

一部を本文に引用した文書、「障害の基本原理」については以下。

「UPIASが一九七六年に発表した歴史的文書Fundamental Principles of Disability（『障害の基本原

理』）は、オリバーによって編集されたバージョンではあるが、Oliver［1996:21-28］に一部が再録されている。フルテキストは、リーズ大学のCentre for Disability Studiesのホームページからダウンロードできる。」（杉野［2007:155］）

ほぼ同じ箇所がShakespeare［2010:267］にも引用されており、リーズ大学・障害学センターのHPのURLが記されている。ただそこではUPIAS［1975］となっている。これは、この「原理」が発表された「障害連盟」（Disability Alliance）との討論（一九七六年公刊）が一九七五年に開催されたことを受けているのだろう。「「障害の基本原理」の討論のドキュメントは、改良主義者の「障害連盟」（Disability Alliance）との不一致を記録しつつ、次のように記される」（Shakespeare［2010:267］）として、シェイクスピアはその箇所を引用している。

また社会モデルとそれを巡る議論を紹介する同じ文章では、一九七四年のUPIASの方針（policy statement）の「目的」の最初の部分が引用されている。すこし「青い芝の会」ふうにすると——しかしやはりどこに怒っているのかその雰囲気はいささか異なるのだが——次のようなかんじになる。

「我らは、階段、不適切な公的また私的な移動手段、不便な住居、工場での厳格に決まった勤務規定（work routines）、最新の援助や設備の欠如といったものによって、孤立化され排除されている者たちとして、我らを自覚する。」（Shakespeare［2010:266］）

★05　長瀬［1999］、星加［2007:47-48］、Barnes & Mercer［2010:32］、等。

★06　星加の著書で言及されているのはMorris［1991］［1992］、Crow［1992］［1996］、Hughes & Paterson［1992］［1997］。私はこれらの「もと」に当たっていない。『社会モデル』（立岩編［201610-］）の引用を増補している。『障害学のリハビリテーション』（川越・川島・星加編［2013］）の紹介も加えた。他に北島加奈子［2017］［2018］等からTremain［2002］［2017］等の議論を知らされた。ただなされている議論は果たしてうまくかみ合っているのかとも思い、勉強を怠っている。物体としての身体という契機を無視できないことに関わって見附陽介［2016］。

★07　本質主義という言葉がしばしば使われる。

「ヒューズとパターソンは、「社会モデルにおいては、身体はインペアメントないし身体的機能不全と同義である。それは、少なくとも含意としては、純粋に生物学的に定義されるのだ。身体は非歴史的である。それは本質的で、時間を持たず、存在論的な基礎である。したがって、インペアメントはディスアビリティと対極的な性質を持つことになる」（Hughes & Paterson［1997:328-9］）と述べ、「社会モデル」によってディスアビリティには社会的排除が、インペアメントには生物学的機能不全が割り当てられ、インペアメントが本質化されたと主張する。その上で彼らはインペアメントが本質的に定義されることを拒絶し、インペアメントの社会的構築性を指摘するのだが、社会的文脈においてインペアメントとディスアビリティとがどのように関連しているのかについての理論的探求はなされていない。」（星加［2007:95］）

インペアメントが社会的に構築されると言うことはできる。ただそのことと、本文に引用した記述がうまく対応するかというと、そうでもないと考える。さらに、本質主義／構築主義を対置させ、後者を支持するようである論者が、できごとの社会性をうまく扱えているか。星加たちの論を紹介するなかでこのことについて述べる。

★08　簡単な方から、費用対効果のよさそうなところから考えていく、考えてきたと幾度も述べている。他方、（5）加害と責任・罰といったことをどう考えたらよいのか。そして（2）美醜、好悪といったことをどう考えたらよいのか。気にはなっていないわけではないのだが、なかなか難しいと思って、手をつけてこなかった。（5）については、精神障害／精神病と犯罪との関わりについて少し書くことを始めている。（2）については［201109-］いくらか考え始めて、中断した状態になっている。再開することがあるかもしれない。

★09　社会の側に（インペアメントとしての）障害をもたらすものがあり、であるがゆえにそれが批判され、改革されるべきであるという主張と、障害を否定的に見るべきでないという主張とは折り合いがつくのか。つくとしてどのようにつくのか。

例えば戦争によって、戦争の後に残された地雷によって、また貧困によって、障害者が大量に発生するということが指摘される。それはそのとおりだ。とくに「低開発」の国・地域と障害との関わりが語られる時にはこうした側面が指摘される。それは当然のことであると思う。しかしそのことと「障害を否定しない」こととはどう関わるのか。それは、水俣病の人たちをどう捉えるのかどう描くのか——企業や政府は糾弾されるべきであるとして、それは水俣病の人が悲惨であると言い切りたくない気持ちとどのように折り合うのか——という問いとしてこの国に現れた。このことについては［200809］（第2章4節「会ってしまうこと」）ですこし述べたことがある。またその後にも、原子力発電所への反対運動が盛んだった時、その問題をチェルノブイリの被害者の像をもって示すことがどれほどよいことなのかが問われたことがある——［200210］（本書第10章）で堤［1988］［1989］といった文献を示してこのことにふれている。私は糾弾・告発と肯定（少なくとも否定しないこと）とは基本的には矛盾しないと考えている。ただその矛盾しないはずのことをどのように言うのかということである。それで本書も書いている。

例えば「先天性四肢障害児父母の会」という会がある。この会は、生まれた時に手や足の指がない、少ないといった障害をもつ子どもの親の会として、一九七五年に設立された。その障害の原因は不明だったのだが、環境汚染が様々に問題にされていた時期でもあり、環境要因が疑われ、会は当初「原因究明」を訴える活動をする。ここでは、当然、その障害をなくすことが目指された。だが現に障害があって暮らしている子どもがいる時に、障害を否定的に捉えてよいのか。そうしたことを考えていくことになる。例えば、『シンポジウム先天異常Ⅰ——人類への警告』、『シンポジウム先天異常Ⅱ——いのちを問う』（先天性四肢障害児父母の会編［1982a］［1982b］）と、『これがぼくらの五体満足』『わたしの体ぜんぶだいすき』（先天性四肢障害児父母の会［1999］［2003］）に書かれることは同じではない。またこの会に長く関わってきた野辺明子の『どうして指がないの?』（野辺［1982］）と『魔法の手の子どもたち――「先天異常」を生きる』（野辺［1993］）に書かれることとの間にも変化がある（cf. 野辺［2000］）。この会の歴史の記述・分析として堀［2007］［2008］。

★10　第4章に述べることの一つはこのことである。社会モデルの主張はインペアメントを重くみないし、それが特定されない場合があることも認めるはずだが、しかし、その論理構成においては必須とされる。しかしそれが特定されないことはあるし、また特定する必要も常にはないのではないか。ともかくできないことがあるのであれば、その理由を詮索されることなく、そのことがおぎなわれるべきであるという主張がある。とすれば、まず――この社会において――できないこと、それに関わる不利益があり、それがおそらくは個々の身体のなにがしかに関わってはいるだろう、そんなものとして障害を捉えるのでよくはないかということである。私は、基本的には、この主張を支持する。

そしてこのことは前の註に記したことにも関わる。補償・保障を受けるために、自分の今の状態がしかじかによるものであることを証明することが求められることがある。また、その今の自分の状態がいかに悲惨であるかを言わねばならないことがあり、そして、それを受け取るために悲惨を誇張しているのではないかと疑われてしまうことがある。

他方で、自分の置かれている状況が何であるのか、その名を得ることが当人に利をもたらすことも事実ある。ではそれはどのような利益なのか。そしてそのことを考慮に入れた上でなお「わかる」ことについてどのようなことが言えるのか。自らが「自閉症」であることがわかったことが自らに益を（益も）もらたしたと語る人たちの書いたものから引用などしつつ、そのことを『自閉症連続体の時代』ですこし考えてみた。

★11　『現代思想』に掲載されたものとして、自らが理学療法士でもある古井透の「リハビリテーションの誤算」（古井［2003］）、また医師杉本健郎に私が話をうかがった杉本・立岩［2010］中の脳性まひ者への療法（の失敗）の歴史に関わる部分。本書第3章（71頁）に続く。

★12　このことをまず述べたのは「なおすことについて」（［200107］、本書第11章）でだった。その文章は理学療法士を目指す学生に対する科目を受け持っていた時期に書かれた。まず治療する、それが一段落したら（いわゆる、言葉の狭い意味での）リハビリテーションを行なう。それでも回復しない部分は残る。そこに「社会福祉」が関わる。それが当然のこととされ、実際そうした手順でことが運ぶ。それが有効である場合があることを否定しない。しかし常にそのように考えるのがよいのか、そうとは限らないはずだ。そのことを話していた。そのことを文章にした。

★13　身体に触れられること、見られることがある。排泄のことがある。介助の場面における性的な契機、また性的な行為の介助のことがある。『セクシュアリティの障害学』（倉本編［2005］）に収録されている、草山［2005］、前田［2005］。また前田［2009］に関連する記述・分析がある。

『人間の条件』（［201008→201805:51-58］、Ⅰ「できなくてなんだ」の6「他人がいてしまうこと」）では、自分が暮らしていた施設の看護婦長（今なら看護師長と言うのだろう）に男性によるトイレ介助について「男女の区別を乗り越えるのが本当だ」と言われ、「だったらなぜ、現在男のトイレと女のトイレを別にしてあるんですか」と抗議した三井絹子の手紙のこと（三井［2006］に収録）、「動かない手足が現実なのだから、自分のお尻を堂々と他人に預けるというのが、私たちの自立となるのだ。［…］プライベートとか個人のテリトリーとかいう考え方は、障害をもった人の現実にはまるで役に立たない考え方であり、ときには害をもたらしさえする」（安積［2010］）という安積遊歩の文章を引いた。二人が言ういずれもがもっともなことであるはずだ。そのことをどう言うかということになる。いくらかのことはその本のその箇所で述べている。さらに本書381頁でもう一度引いている。

★14　［200210］（本書第10章・298頁）でも引いた箇所だが、例えばピーター・シンガーは次のように言う。「動き回るためには車椅子に頼らざるをえない障害者に、奇跡の薬が突然提供されるとする。その薬は、副作用を持たず、また自分の脚を全く自由に使えるようにしてくれるものである。このような場合、障害者の内のいったい何人が、障害のある人生に比べて何ら遜色のないものであるとの理由をあげて、その薬の服用を拒否するであろうか。障害のある人たちは、可能な場合には、障害を克服し治療するための医療を受けようとしているのだが、その際に障害者自身が、障害のない人生を望むことは単なる偏見ではないのだということを示しているのである。［…］／歩いたり、見たり聞いたりできること、苦痛や不快をある程度感じないでいられること、効果的な形で意志疎通できること、これらはすべて、ほとんどどのような社会状況でも、真の利益である。これを認めるからといって、これらの能力をすべて欠いている人々がその障害を克服し驚くべき豊かさと多様さを持った生活を送ることがありうるということを否定することにはならない。」（Singer［1993:54 = 1999:65］）

土屋［1994a］でこの部分が訳され、検討されている（関連して土屋［1994b］）。引用したこの文章において得られるものに伴う不利益がない――「副作用を持たず」――とされていること、そして、「歩いたり、見たり聞いたりできること、苦痛や不快をある程度感じないでいられること」と、本稿でまずは分けてみようとした幾つかの契機が――一つひとつ検討されてよいのに――列挙・並列されていることに留意されたい。

★15　星加［2007］がこのことを正当に指摘している。星加は、私と同様に、問題は事実の水準の問題ではないこと、原因という事実の水準の問題でないこと、この部分に錯誤があると指摘する。基本的に私が星加と同じ立場を取ることは本文に述べた。ただ、英語で「のせいで（due to）」という言葉が使われる場合、それはただある事象が生起する（あるいは生起しない）原因・要因を指すだけではないだろう。なすべきことがなされない（あるいはなされるべきでないことがなされる）「せいで」しかじかが起こってしまう（あるいは起こらない）といった使われ方もされる。例えばさきに引いたマイケル・オリヴァーが示す例（38頁）もそのように解することはできる。ただその上で、どこに問題の核心があるのかについて曖昧さの残る記述・主張がなされてきたことは問題にされてよいと（私も）考える。

それとともに、星加は［200210］（本書第10章）における社会モデルの把握について批判をしている。本文に述べることはそれに対する応答でもある。星加の論の紹介とその検討は第8章・第9章で行なう。

★16　医療や（狭義の）リハビリテーションによってなおすことと社会的に補うこととの両方が必要であることを言い、後者だけを主張するのは誤っていると言う、革新的で良心的なリハビリテーションの指導者たちの言論は、それ自体が間違っているとは言えないと考える。しかし、まず一つ、そのように極端とされることをなぜ言うことになったのかである。そして一つ、両方が大切だから併用すればよいとか、本人に決めさせればよいという主張が、現実に何をもたらすかである。このことについての検討が十分になされないなら、それはよくない。そして、その部分が曖昧にされるなら、あるいは言論の水準においては十分に正しいことが言われたとしても、その言論が実践の場に移されていったり、政策化されていく場合に、たんに偶然的にではなく、「現場」で言われること、なされることは別のものになっていくだろう。多田富雄たちのリハビリテーションの打ち切りに対する反対運動（とリハビリテーション業界・学界やその指導者たちとのいささか複雑な関係）についての文章（［2010007a］）をも受けて書いている一連の文章は、このことを述べ、それをより具体的に明らかにするものになるはずである。またそれは、『現代思想』連載の第五六回（二〇一〇年七月号）「過剰／過少・1」に課題だけを示した、医療や福祉の「過剰」「過少」を巡るいささか錯綜したあるいは混乱した言論を整理し、結局はどんなことを言えるのかを言うことにもなるはずである。

第3章　なおすこと／できないことの位置

1　なおすことについて

1　なおすことについて

障害者運動・障害学は医療（モデル）を批判した、なおす（なおされる）ことに抵抗したと言われる。それはすくなくとも一部に実際にあったこと、あってきたことだ。ではそれは何を言ったのか。何を言ったと捉える時に反批判に耐えられる主張であることができるのか。

まず第1章で述べたこと、五つのうち何がなおす対象、なおらないとしてもよくしたりわるくならないようにする対象として想定されているのかである。死からしばし遠ざかるための、苦痛の除去あるいは軽減のための処置は否定されないように思われる。そしてこれはその次に述べたこと、誰にとっての得失かということに関わる。本人はたいがい、痛くなく苦しくないのがよく、そして死にたくない。次に、周囲の人たち。その多くもまた人の死や苦を願わないとしても、しかしまずやはりそれは他人のことではある。中ではその人に近い人たち、例えば家族は願わない気持ちがより強いとされるが、その人たちの中には負担の大きい人もいて、そのために「延命」を願わないといったこともある。そんな具合になっている。そうした利害の配置を普通に捉えたうえでものを考えようと述べてきたのだが、まず本人に限れば、病は遠ざけたいものとしてある。苦痛は、しばしば逃れがたいのだが、逃れたい。死も、結局は避けられないのであるが、避けたい。他方で障害はどうか。

　詳しくはこれから述べていくが、うまく補われるなら辛くないことがある。自分をなおそうとするにあたっての負荷を考えるなら、自分の身体はそのままのほうがよいこともある（［200107］、本書第11章）。そして身体の形状や様式は他人たちの評価を介して自分にとって辛いことはあるが、それを脇に置けば、置ければだが、自分にとって辛くはない。だからなおす方向に向かおうとしなくて当然と言える。

　こう見ていくなら、障害者が（病の部分については医療を是認しつつ）障害をなおすことに否定的であること、障害を否定的なものとして見ることに懐疑的批判的なことがあるのも当然ということになる。そしてそれは実際言われたのでもある。幾度か盛んなことがあった反原発運動の一部で、障害者が生まれるから原発に反対という言い方があった。それに対する疑義・批判がいくらかなされたが、堤愛子は、障害者が生まれるから原発に反対というのは間違っていると、生命が奪われること、苦痛を与えることだけが問題なのだと言った。死ぬのはいやだ、痛いのはいやだ、しかし障害者であることは肯定されてよいと言うのだ（堤［1988］［1989］、本書第10章298頁）★01。

　そのうえで、堤のようにすっきりわりきれるのかとも思うとしたら、次に、さらに何があるのかを考えていくという筋道がある。評価する他人の問題だと言ったとして、しかしでは現実にその他人たち（である私たち）は変われるのかとも思われる。できないことは人が、社会が補えると言っても、そう簡単にいかないこともあるのではないか。すぐに、実際には手伝ってもらえないこと、それが迷惑だと思われることはある。そこに問題を生じさせないようにしても、自分でできたほうが面倒でない場合もある。単純に、自らの身体は自らの近くにあって、それが動けば最も手軽であるとはいえよう。また、多く、他人が関わり、身体やその近傍への接近・接触が起こる。そのときに、たんに人に代わってもらえばそれですむということにはならない場合はある。気にしなければよいとも言えようが、それだけを言うのも乱暴に思える。日本の障害学はそうした近くて微妙な関係を記述することを得意にしてきた。★02 そして、なおすことに補うことが対置されることがあるが、両者はそうはっきりと分けられるものなのか。区別できなくはないとしても、境界は連続的になっているのではないか。★03 結局、さきに述べたこと、得るものの失うものの両方をきちんと見積もっていくよりない。何を得たいのか。死なないことか、痛くないことか、できるようになることか、…。それらは何をどれほど失うことによって得られるのか、結局得られないのか。★04 それらを見ていくのである。

2 例えば脳性まひ

一九五〇年代から六〇年代生まれの脳性まひの人たちから私が聞いたことがあるのは、親に連れられて訓練の場に通わされ、あるいはそのための施設に入所させられ、いろいろとさせられて、しかし痛いばかりで結局よいことはなかったという体験だった。その実際の経験についてもっと詳しく調べるとよいと思い、そのことを呼びかけたのが、第11章に再録した「なおすことについて」だった。

脳性麻痺という障害がある。出生の前後に脳が損傷され、それによって四肢や言語に障害がもたらされる。一九六〇年代から一九七〇年代にかけてということになろうか、その「治療」、「リハビリテーション」としていくつかの方法が流行ったらしい。そのころの話を、いま四〇歳代から五〇歳代の何人かの脳性麻痺の障害のある人から聞いたことがある。小学校の頃、あるいはそれ以前にさまざまな「療育法」が流行し、その人たちはそれをやってみた、というより、その人たち自身はまだ小さかったから、親からやらされた。そしてすべて空しかった、けっきょくぜんぜんなおらなかった、かえっておかしくなったところもあったという。[☆05] そしてこうしたことは脳性麻痺に限ったことではないようだ。

私に時間があったら聞き取っておきたいと思うのはたとえばこういうことについてである。ただその仕事は行われていない。[☆06]（［200107］、本書第11章342頁）

☆05　文献でこのことに言及があるのは石川憲彦［1988］。［…］ホームページの（「50音順索引」→）「脳性麻痺」に引用を掲載している。

☆06　というわけだから、「障害者と医療」等々といったテーマについて、調査（聞き取り調査・文献調査）を（場合によったらいっしょに）やってくださる人を求めています。問合せ等、TAE01303@nifty.ne.jp 立岩までお願いいたします。（［200107］、本書第11章353頁）

それから十七年経った。当時四〇歳代から五〇歳代の人にはその時間が加わった。ただ結局、研究・書かれたものはさほどはない。だからもう一度繰り返し、再度呼びかけつつ、私のほうでも少し、ということが一つ。

そして一つ、その際、本書で述べてきたごく単純な並列、組み合わせから発することにも意味があるだろうと思う。例えば「できる」ようになるのはわるくはないとして、なおらなくとも他に手段があれば本人はあまり困らないが、そのために「痛い」のはまずは本人（だけ）で、その痛みはあまり考慮されず、なおすための行ないが、ときにはたいして効果がないとわかってからも続くということがありうるだろう、実際にはどうだったのだろうか、と考え調べてみる。また、「姿・形」をなおすことは誰にとってどのような意味合いのものであるのか。精神の方面の「苦痛」が和らぐのはまず本人にとってよいことではあるとして、同時に、知的・精神的な作用が全体に鈍麻するのは、やはりまず本人にとってどうなのか。また、「加害性」が仮になんらかの薬物等によって軽減されるとして、そしてそれは加害の対象者たちにとってはよいことであるとして、やはり精神の作用の全体が鈍麻したり今までの自分とまったく違う感覚がしたり不快な状態が自らに現れる本人にとってはどうか。等々。

こうして考えていくと、「なおすとは?」という問いは、様々を一括りにしてしまっていて、まずはよくないということになる。一つひとつについて事情が違う、と同時に、幾つかの間に共通性もある。それを見ていく必要がある。

3　考える場はあること

そしてもう一つ、調べるのに適した場に私たちはいて、調べを進めていくのだと幾度か述べてきた。次のものは天田城介との対談より。

「多様性」自体はこちらの方が〔「障害学」の研究センター等より〕高いんじゃないでしょうか。そもそもなおりっこないのに痛いこと無駄なことをいろいろされたらそりゃ嫌ですよ。「病人扱いするな」っていう言葉も、一つにはそこから出てくる。でも、痛くってなおりたい人もいる。それも当然のことです。天田さんがさっきおっしゃったように、それはこの拠点だか研究科でおもしろい、よいところだと思います。／こちらの院生では〔…〕こういうところが他にあまりないおもしろいところだと思っています。「なおす」「なおる」ことと「補う」の間の、あるいは「病気」と「障害」の間の、「あわい」というか関係というか、そういうことを調べたり考える場所にもなっている。これは「障害」の方に特化した場とも違うし、最初からなおしたり援助したり等々をすることに決まっていて、そういうことについて勉強することになっている場所とも違う。

そしてこういうことはちゃんと調べて、わりあい普通に考えていけば言えると思っているんです。多くはまだ途上ではありますが、それらがもっときちんとした論文なりになっていけば、それらは十分に国際的な水準のものになっていく、既に幾つかはそういう質を備えていると思っています。（立岩・天田［2011a:13-14］）★05

［…］に関係者とその論文他を並べた——後で一部紹介する。ほぼ同じことを、同じ語を使い別のインタビューで繰り返している。

僕は病気については、社会学者が何を書いても無駄だろうと本当は思っています。／字を書いて病気が治るのなら、いくらでも書きますが、もちろん治らないし、死ぬときは死ぬし、身もふたもないようですが、どうしようもない。病気のことについて人文社会科学がそんなに大したものを書けるとは今でも思ってないんですね。

もちろん慰められたり、人が悲しむことを共有したり、共感したり、そういうことでちょっと和らいだり、あるいは残された自分が何か癒されたり、ということはあるでしょうけれど。

［…］病気や障害は、医者やリハビリテーションの専門家から「治すべきもの、治さなきゃいけないもの」というふうに見なされ、いろいろ試みられてきた。しかし、すべてがそう簡単に〝治る〟ものではない。脳性麻痺、あるいは頸椎損傷や脊椎損傷による障害にしても、「治らないものを治れと言われるのはどうなのか」という当事者側からの捉え方が出てきます。

医療社会学やあるいは障害学にしても、ある意味、治らないことに居直っている部分はあります。

しかし、今まで治らなかったものがこれから治るかもしれないし、本当は治りたい人もいる。そういうことを全部ひっくるめて考えたときに、治る／治すことはよいことなのだろうか、明日にでも治りたいという人もいれば、ひとまずはこのままでいいやという人もいる――そういうあわいというか境といったものをちゃんと考えましょうというのが「生存学」のスタンスです。（［201602:43-44］）

同年三月刊行の『生存学の企て』の「補章」の第2節が「両方・複数がいて考えられる」で、その項の一つが「なおりたい／そのままでいい」。

序章で、人々が一定の数ぼつぼつと集まってきたこと、しかも違う人が集まっていることに意味があると述べた。以下［…］いくつかその実例をあげていく。［…］

障害がある身体には手をつけず、社会が補えばよいというのが、ごく単純化した障害学の主張だと述べた。ただこれはむしろ少数派の主張であって、だからこそ意義があるのでもあるのだが、いったん驚き、そしてその意義を認めたうえで、やはりなおりたいことはあるし、それは不当なことではないようにも思われる。そう言えば、それはそうだと障害学者も障害者運動家も答えるだろう。例えば病人はなおりたいだろうし、それはもっともだ、しかし私たちは病人ではない、障害者だといったことを言う。しかしその病気と障害はどこがどう異なっているのか。そして近年は――と言ってももう長いこと――専門家の方から「障害受容」を勧められることがある。これももっともであるとともに怪しげでもある（cf. 田島［2009］）。例えばそんなことを考えていくという方向がある。

［…］それを一人で考えてもよいのだが、実際になおりたい人たちとそれほどでもない人たちがいるから、その人たちやその人たちが言っていることを調べてみるという手もある。（［201603］）

4　例えば脳性まひ・続

こうして場はあって、いくつかの研究がなされて、その成果が出ていることを後に記す。ただ、一七年前に脳性まひをなおすことについて調べようと呼びかけた分についてはまだだ。ごく基本的なことは、さきのように、例えば「できること」と「痛い」ことを分けて考えていくだけで、ある程度は言える。ただ、現実が辿ったその経過、例えば疑わしい療法が長く廃れることのなかった事情は、実際の言論・実践を辿っていかないとわからない。

理学療法士でもある古井透が『現代思想』に書いた「リハビリテーションの誤算」（古井［2003］）はあり、熊谷晋一郎の『リハビリの夜』（熊谷［2009］）で自身の体験が語られ、「戦後のリハビリ史」といった文章はある（熊谷［2012］）が、まだ本格的な研究はないように思う。そこで、すこし文献を並べていく。そうした研究が現れるまでの「つなぎ」をまずここで少し行ない、『現代思想』連載とそれを受けた次の本で少し加える。

まず、脳性まひの人たちがなおす（なおさせられること）に反対ばかりしてきたかというとそんなことはなかった。二日市安[★06]の『私的障害者運動史』（二日市［1979］）には、一九六〇年代、国立身体障害者センター（一九七九年から国立身体障害者リハビリテーションセンター、二〇〇八年から国立障害者リハビリテーションセンター）で、脳性まひの人たちが手術を求め、それが妨げられることに反対した運動のことが記されている。なおるためのことを求めた時期があったということだ[★07]。

そしてボイタ法、ボバース法、ドーマン法といった方法が導入され実践された。小児科医の石川憲彦は『治療という幻想』（石川［1988］）でボイタ法の隆盛と、しかしそれに効果がなかったことを記している。他に篠原睦治［1986］がある。この時期にまず推進し後に消極的になった人として児玉和夫がいる（著書に浅田・児玉［1989］等）。ドーマン法についての本が八三年に訳されて出る（LeWinn［1969＝

1983]）。ボバースの著書は八五年に訳されている（Bobath［1980 = 1985］）。ボバース法についてリハビリテーション学の代表者の立場に長くいた上田敏は次のように言う。

たとえばライトらは四七例の六歳以下の痙直型脳性麻痺児を二群に分け、一方にボバス法を実施し、他はまったく訓練をおこなわず経過だけを追って、一年半の期間の前後で二群を比較した。しかし結果は両群で運動発達に差はなく、どのようなサブグループ（病型、程度、付随型症状別）に層別化して検討してみてもほとんど差はなく、わずかに、運動年齢が六〜一二月の間にあった四肢麻痺型のみが、訓練群のほうが対照群より発達がよい傾向を示したにとどまったのである。［…］これは［…］きわめて不十分な結果といわなければならないものである。もちろんこれをもってボバス法の価値をただちに否定してよいわけではない。ただ、このような対照試験をもっと本格的に、多数行なう努力をしないで、自己の臨床経験［…］だけにもとづく「信念」にとじこもりあるいは権威者の言のみにたよって、「適応」と「禁忌」を定める努力もしないで、いぜんとしてすべての脳性麻痺児にボバス法を適用していくのでよいとしたら、それはその人の主観的善意がどんなに大きかろうと客観的には反倫理的なことであるという他はない。もちろんここでボバス法というのは単なる一例であって、この点についてはボイタ法も動作訓練法も、あるいは成人脳性麻痺その他についての、さまざまな「特異的」技法もまったく同じことである。論理的でないものは倫理的でありえないのである。このように治療の専門家である以上、自分たちの治療の有効性について論理的・科学的にたえず反省し、常に客観的により確実な治療の有効性を求めていこうとする姿勢こそ、専門職に要求される最低限の職業倫理だと言ってもよいであろう。（上田［1983:297-298］）

しかし、『標準リハビリテーション医学』(上田・大川・明石編［1986］)に収録されている「脳性麻痺のリハビリテーション」(穐山富太郎［1986］)ではボバーズ法、ボイタ法について次のように書かれる。編者の上田はそれを認めているということになる。

Bobath は治療中や家庭での母親の態度の重要性にふれ、「母親は子どもをかわいそうに思うあまり、その子を泣かす療法士に敵対心を持つことさえある。もし、母親がそのような気持をあらわすと、子どもは敏感に感じとり、すべての子どもがそうであるように、子どもは自分自身を可哀そうと思う以上に母親にあわれみを感じるものである。そして母親と一緒になって、療法士や治療に対抗していこうとするのである。母親と療法士は協力して合わなければならない。子どもに対してはやさしくそして厳しく接し、治療をするかしないかを子どもにまかせるようであってはならない」と述べている。［…］Bobath 法は乳幼児発達学を基盤にした最も普遍的で、すぐれた神経生理学的アプローチである。全人間的発達促進を目標に理学療法のみでなく、作業療法、言語療法的アプローチも同時に実施する総合的な脳性麻痺療育アプローチでもある。［…］

「ボイタ法について」Vojta の治療テクニックで気づかれる点は、触刺激、圧刺激に敏感な乳幼児において、生理的な反応として、正常運動パターンの促通が容易であるが、一方では、強すぎる刺激や異常な対抗により筋緊張の亢進をもたらすことである。全身的な姿勢緊張の変化を掌握できることと、治療手技を十分身につけておくことがセラピストに望まれる。(穐山［1986:242,244］、cf. 穐山［2001］、穐山・川口編［2002］)

上田はまた九四年には次のようにも言う。

脳性麻痺は［…］発達に伴う障害像の変化が著しいためもあって、生後三か月以内に確実に診断することは難しい。しかし行動面の発達スクリーニングと［…］運動反応のテスト（数種を併せ行って総合判定する）によって、少なくとも「脳性麻痺の疑い」のあるケースをなるべく早期にとらえ、「疑わしくは訓練する」の原則で早期にリハビリテーションを始めるべきである。（上田［1994:5］）

この辺り、さきにあげた年代の人たちであれば、一九七〇年前後にはなされていた療法、そしていま三つをあげた療法がどのようになされ、どのように評価され、何をもたらしたか（もたらさなかったか）を調べておく必要があるということだ。しかしそれがさほどなされることはなく、二〇〇〇年を超えて、ドーマン法の訓練を受けているという日木流奈（著書に日木［1998a］［1998b］［1998c］［2000a］［2000b］［2000c］［2000d］［2002］［2004］——［1998c］にはドーマンのメッセージとその日本語訳が付されている）のことがNHKスペシャル『奇跡の詩人』で報道されると、母親が手をそえて本人が文字盤の文字を指しているというそれ——FC（ファシリテイテッド・コミュニケーション）——が事実であるのか疑義が出され（滝本・石井編［2002］他）、いっとき話題になったことがあった。障害学研究会関西部会で古井透そして古井（旧姓は鎌谷）正代に話してもらった（古井・古井［2002］）のがそれに関係があったかどうか記憶にない。そしてさきに紹介した古井［2003］が「争点としての生命」という特集だった『現代思想』二〇〇三年十一月号に掲載された。

　その時には疑義の方がもっともであるということにはなったはずである。ただ、その後にもこうしたFCを広める動きはあってきた。また、この事件の以前、ドーマン法の講習会等がかなりの数の新聞記事などによって知らせられていることは、植村要が明らかにしている（植村［2011-］）。そして二〇〇二年の時には、ドーマン法が正統なものと認められていない「民間療法」であるという批判のされ方があったが、そこだけで足りるものなのか。

　そしてかつての経験も記憶もなくなったわけではない。相模原での事件の後の『現代思想』のその事件の特集号では、熊谷［2016］尾上［2016］で施設がなおされる（がなおされたわけではない）場であったことが再び語られてもいる。まず私のほうでできるのは、こんどインタビューを一つ加える（永山昌彦［2018］）ぐらいのことだが、こうした主題に関わる調査・記録も今のうちにやっておいた方がよいことの一つだと考える。

　こうしたことがずっと気になってはいて、かつての医療、リハビリテーションについて、医師の杉本健郎へのインタビューの中で聞いてもいる（杉本・立岩［2010］）。それも一つのその時期についての証言ではある。それは「医療現場への問い」を特集した『現代思想』二〇一〇年三月号に掲載された。それに対して「人工呼吸器をつけた子の親の会〈バクバクの会〉」の批判があった（人工呼吸器をつけた子の親の会〈バクバクの会〉［2010］★08）。その親たちが自分の子を家に連れ戻そうとして、身体・健康面をあまり顧慮しないことがあったと杉本が発言したのに対して、そんなことはないと反論がなされたのであり、杉本は不正確な発言だったと認めた。

　本人、ときにその家族が医療を軽視することがあるのに対して、医療者の側はその必要を言う（言わざるをえない）という構図がある。そんな場合があることを私は否定しない。しかし、多くの場合には、本人（そして／あるいはその家族）は死んだり苦しんだりしたくはない。そのうえで、同時に、住みたいところに暮らしたいと思っている。二者のいずれかを選ぼうとするのでなく、二つともが欲しい。ここでも、誰にとって何が大切なのか、得るものと失うものは何か、と単純に、しかし分けて考えていくべきだということだ。

5　ほぐしていくこと

本書に多田富雄について書いた短文を収録した（[201709]、本書第14章）。多田は必要なリハビリテーションができなくなってしまうことを危惧し、それは予算を増やしたくない政府の意図によるものだと、単純に明快に批判した。ただ、その批判が、多田と似たような境遇になった鶴見和子に手を差し伸べてあげたことによって感謝され、各種仲のよい対談やら鼎談やらをしている上田敏（たち）に向けられてもいたことはあまり気にとめられていないように思う。それはよくないと思い、そのことについて書いた。

上田は期間制限の根拠とされた研究会の座長であり、その報告書が役人によって誤読され利用されたといったことではなく、上田たち自身が無駄なリハビリテーションがあることを認めている。だから事態はすこしだけ複雑になっているのだ。障害者運動のなかにはリハビリテーションに批判的な流れがあり、その期間を限定すべきだという主張があった★09。そして、かつて障害者運動（のある部分）が批判したリハビリテーションの専門家が「社会モデル」を言っている、ように見える。運動の尖り具合が減ったように思われることにはこのことも関係する。運動の側が言ってきたことを「敵」が認めてしまうのである。

だから、このような時世においては医療やリハビリテーションの「過剰」を言ってまわるだけではだめなのだ。それで連載で、「過剰／過少」について、「社会モデル」について、そして上田たちは社会改革を主張し「当事者」やその親の組織にも協力した人たちであるから「社会派」について、考えることになった。その流れで、「左翼」の間の争いとも捉えられる精神医療（批判）を巡る歴史を辿ることになり、それが『造反有理』になったといういきさつだ。その本に出てくる秋元波留夫や臺（台）弘といった人たちも「社会」を言い、「改革」を言った。それらを総括し、なにがしかを言うことぐらいのことは「社会モデル」を言い出した側が、それを支持する側が、せねばならないと思う。だが、そうした構図の存在自体あまり気づかれておらず、気にされていないようだ。鶴見が上田を讃える対談の本『患者学のすすめ』（鶴見・上田［2003］）の後に二〇〇六年のリハビリテーション期間短縮というできごとが起こり、鶴見がその年七月に死ぬと、多田は期間制限が鶴見を殺したのだと糾弾するのだが、その『すすめ』新版（上田・鶴見［2016］）の「新版への序」では、そんなことにはいっさいふれず、上田は「リハビリテーションは全人間的復権」であるといういつもの話を繰り返し、鶴見の辞世の句などを紹介した「鶴見さんを悼む」を終わりに置いて終わりにしている。

言論の空間がこのようにぬるくてよいのかということだ。なにかはっきりした悪人がこの世にいて問題が起こるのではない。それほどにはわかりやすくないがしかし現実に存在し現実を動かしているものを見る必要がある。この度のもう一冊『病者障害者の戦後』（［201812］）で医学者・医師たちの言説・行動を描いたのもそんな意図があってのことだ。★10

6　近辺でなされた仕事の例

こうして全般的に研究が進んでいるとは言い難いのだが、それでも私が働いている場はそんな仕事がしやすい環境にはあり、いくらかの作業はなされてきたと、さきに幾つか引用した。例示する。

「聾文化」という言葉、「手話は言語である」という主張は一部の人に知られている。日本手話による教育を行なうフリースクール「龍の子学園」の活動が始まりそして「明晴学園」という学校になった経緯、そこでの実践についての博士論文に基づく単著としてクァク［2017］。他方に、クァクと、そして聾者でもある甲斐更紗（センターの研究員を務めた、甲斐［2013］［2015］）と時々小さな勉強会をしてきた田中多賀子は、その息子が人工内耳を初期に使い始めた人でもあり、日本で人工内耳が普及してきた経緯を調べている（田中［2013］［2014］［2015］他）。他方それらの人たちの前、かつて『たったひとりのクレオール』（上農［2003］）を書き、聴覚障害をもった子たちに対する医療の特質について、医療が何を見て何を見ないかについて博士論文（上農［2010b］）を出した上農正剛は『現代思想』には「医療の論理、言語の論理――聴覚障害児にとってのベネフィットとは何か」（上農［2003］）、「人工内耳は聴覚障害者の歌を聴くか？」（上農［2010a］）を書いている。

植村要は、粘膜他を冒されるスティーブンス・ジョンソン症候群（ＳＪＳ、薬の副反応が主な要因だと言われる）で失明した人だが、ＳＪＳで視力回復の手術を選んだ人に、その前、決めた時、その後を聞いた。そのままで暮らしている人にも聞いた。そして「視力回復手術を受けたスティーブンス・ジョンソン症候群による中途失明者のナラティブにおける「治療」についての障害学的研究」（植村［2014］）という長い題の博士論文にした。結局、なおす／そのままにする、どちらにもはっきりとは落ち着かないという、当初の彼の感覚とそう違わない話になった。しかしその「どちらとも（簡単には）言えない」ということを説得的に言えれば、それはそれで意味がある。答が出ない条件を一定の精度で示すという論文には存在価値があるということだ。

また自身が脊髄損傷者でもある坂井めぐみが研究しているのは、脊髄損傷の人たちとその団体とその活動なのだが（博士論文である坂井［2018］が書籍化される予定）、その一つ「日本せきずい基金」は脊髄損傷がなおるようになるための基金である。事故である日突然障害者になるという事情もあり、多くの人はなおることを強く望む。しかしその上で、変な（なおらない、危険な）なおし方を受けいれるわけにはいかないということはある。そしてなおらない間は、障害者として必要なものを得ようとする。そうしたまずはまっとうと思える動きを追ってもいる。他方で、ひたすら治療法を求めだんだん暗くなっていくという、バランスを欠いている活動、組織もこの世にはある。むしろ世界的にはその方が普通かもしれない。拙著『ALS』（[200411]）でも、また今度の『病者障害者の戦後』（[201812]）でも述べたことだが、なおすための営為がよくないというのではないけれど、そこにだけ力が使われ、他のことが進まないことがあるということだ。

そして、心理や精神が入ってくるとさらにやっかいになりそうだとさきに述べた。『私的所有論』では、『「早期発見・治療」はなぜ問題か』（日本臨床心理学会編［1987］）等をあげ、「これらはごく一部にすぎない。主張されたことを検証する別の作業が必要になる」と記した（［199709→201305:535］）。こちらは、さきの脳性まひについて言った一七年前より前、二〇年以上は前に、調べることの必要性を言ったということだ。

ただこれについては、研究は現れた。日本臨床心理学会の「改革」と、その後のいくらかの「現実路線」への転換について堀智久が調べ、論文を書いて、博士論文の一部になり、書籍（堀［2011］）の一部になった。資格化等を巡って分裂、反対した少数派は日本社会臨床学会を立ち上げた。臨床心理学会に長く関わった山本勝美へのインタビューとして山本［2018］がある。[★11]

そしてその堀の本には二〇〇二年に、やはり調べたらよいと述べた（本書第10章）「先天性四肢障害児親の会」についての章もある（杉野編［2011］に堀［2007→2011］が再録）。指の数が少ないといった「奇形」があったとして、それはどのようによくないか。機能としてはさほど不便ではない。自分だけが、あるいはそういう指の数の人たちだけがいるのなかから、気にすることではないと言われればそうだ。しかし、実際に社会はそうはなっていない。他人が気にするものが自分の気になる。さて、というのが第4章ですこしだけふれた差異、姿・形を巡るできごと、問題だ。

だから調べること、その後で、あるいは調べながら、考えるべきことがたくさんあって、その一部についての仕事は進んでいるが、大部分についてはそうでない。だから、こちらの仕事を仕上げるというその前に、再度呼びかけようと思って、この本(たち)を書いたのでもある。

2 できないことの位置

1 できないことは何と言うか

社会モデルの話をまず聞き、インペアメントとディスアビリティという対置のさせ方を知ると、まずはこれでいけるような気がする。だが、しばらく考えていくと、どうも都合がわるいところがあるようにも思える。★12

「ないにこしたことはない、か・1」([200210]、本書第10章)という題の文章を書いたことがある。その場合何が「ないにこしたことはないのか」かといえば「障害」なのだが、「障害=ディスアビリティ」とは「不利益」のことを言うのだとすれば、ディスアビリティは(本人にとっては)「ないにこしたことはない」に決まっているわけで、この問いには意味がない、というか間違っていることになる。ではその文章にある「障害」とか「できないこと」といった語をすべて「インペアメント」とすればよいのだろうか。他になければ置き換えてもかまわない箇所もあるのだが、やはりうまくないと思えるところがあり、いくらかでもずれてしまう部分があるように思う。

「できない」とはどんな事態なのか。まずそれは、インペアメントそれ自体ではない。理由はときにはっきりはしないが、できないことがある。例えば「勉強ができない」「スポーツができない」「仕事ができない」ことがある。それはたぶんインペアメントに関わってはいるが、インペアメントそのものではない。「勉強ができない」「仕事ができない」は、脳に機能的な損傷があることとは別のことである。ときにその損傷が関わって、その個人の広義の身体——心的なものも含まれる——に関わって起こることではあり、その身体の観察から想定されることではあっても、それは身体そのものに存在するわけではない。そしてそれは人（本人・他人たち）によって欲せられたり避けられようとしたりするものである。その意味で、生理的次元にあるのではない。ある姿・形が嫌われたりするのも、インペアメントがそのように受け取られるという人間的・社会的契機によってである。それと同様に、ここに存在するのも、自分や他人が欲することができる／できないという事態なのである。（そしてむしろ、これまでも指摘されてきたように、この次元が存在するから、そしてそこに個体間の差があるから、生理的な状態は着目されるのでもある。人々にとって意味のないできる／できないは気づかれもせず、ないも同じであることがある。すべての人に同じく存在するものも関心の対象にならないことがある。）

ならばそれは（不当な）不利益（としての「ディスアビリティ」）だろうか。必ずしもそうではない。この「できない」こと自体は――繰り返せば社会的な次元にありつつ――まずは事実であり、それ自体が不当な不利益であるわけではない。それは、その人において――たしかにインペアメントがその人に存在するという事情にも関わりはして――例えば「私ができない」「Xさんができない」というように、その人の個別性をもって存在する事態である。

例えばXが「難しい字が読めない」ということがある。これを他の人が代わって読むことはできるし、それをすればよいのに、しないことがXに不利益をもたらしているとも言うことはできる。そのことは認めよう。ただ、「Xが難しい字が読めない」という事態は、Yがそれに代わって何かをすることとは別の事態として存在し、観察される事実である。また、その事態を、Yが代わってしないことによってXが不利益をこうむるという事態とも分けることができる。だとして、この不利益をディスアビリティと呼ぶことにした場合に、この「Xは難しい字が読めない」という事態は何と呼べばよいのか。そして私は、さきの文章でそのような場面のことを言うために「障害＝できないこと」という言葉を使った。

その状態を指す言葉がないのは私には困ったことだと思える。日本語では「頭に（あるいは知能に）障害があって勉強ができない」と言う。前者の「障害」はインペアメントということになる。後者の「できない」は、ディスアビリティの語を使ってかまわないと私は思うが、不利益としてディスアビリティを規定することにした場合には、不適切になる。そして二つしか言葉がないのなら、ここに当てはまる言葉がなくなる。ここで言いたいのはまずは単純なことであり、この事態を指す言葉がないと不便だということである。

だから、やはり——インペアメント・ディスアビリティ・ハンディキャップという以前にあった三つに戻れということではなく——「その人ができない」という位相を捉える言葉はあった方がよい。それは英語であればディスアビリティでかまわないと私は思う。不利益の方は、例えば「disadvantage」といった語をその都度、使えばよいということになるだろう。

「障害学」について。障害学という言葉に思い入れはないが、ここでの障害が不利益を指す言葉であるとすると、障害学は不利益全般を問題にする学ということにもなって広くなりすぎる。そこで、不利益全般からインペアメントが関わっている（とされる）不利益を取り出し、そのことに関わる研究・学とするということであれば一応辻褄は合う。ただ私自身は、第一に、インペアメントが見出されようが見出されまいが「できない」ことと社会という主題（系）があり、それは調べられ考察されるべきであると考えている。それに対して、障害学はもっと狭い範囲を研究するのだという言い方はあるだろうし、それにとくに反対はしない。ただその場合にも、第3章でも述べるように、インペアメントが想定され言及されるそのことによって、「できないこと」の一部について免責がなされるといった社会の行ないを見るべきであるとは考える。ここは譲る必要はないだろう。以上述べたことはその方向に合致する。

2　A：できないがべつに・対・B：あればできる

ここで、なぜ生理的水準にあるインペアメントと不利益としてのディスアビリティという二つになったのかを考えてよい。なぜあった方がよいと思う言葉がなくてもすむと思われたのだろう。この発想は、あるタイプの身体障害の人たちの現実、現実の理解とそこに生ずる運動・主張（B）から来ていると考えることができると思う。

「足に障害があって歩行ができない」という言い方がある。「足に障害があって移動することができない」という言い方がある。前者の文については、下肢がなく（あるいは下肢の運動に関わる神経が機能せず、等）、下肢が動かない、ここまでをインペアメントとしてもよいだろう。他方、後者の文については、足の障害はインペアメントであり、移動できないのは、（足に障害があっても移動できるようにするべきであるのに、そうなっていないことによる）不利益であり、ディスアビリティだということになるのだろう。その限りでこの話はすむように思われる。とすると、先に述べたこととどこでずれているのか。

ここでは、移動する「人」と、それができず不利益を被る「人」とは同じ人である。ある行為の主体がその人であるような場合ということになる。手段であって、目的の行為を行なう行為者はその人であるとされる。その手段が社会に存在しないから不利益を被り、その手段を社会が提供すれば、「その人」は不利益を被らない。

これは消費の場、というより生産の場面以外の生活の場面では一般に言えることだ。得られるものを得たいのは「私」である。得ることができる／できないは、すなわち利益／不利益であり、それが社会環境によって可能であれば／困難であれば、益を得る／不当な不利益を得ることになる……γ。

そんな場合でも、β「その人ができない」ということは言える。ただ、α：損傷があって、それはその人のできないこと・不利益γにつなげられている。そこで、αとγで足りるということになる。

それで都合がよくない一つは、さきにあげたαが特定されない場合である。普通障害者政策と呼ばれるものは、αがあることが前提になっているからその限りでは困らない。しかし、できないわけがそうはっきりしない場合がある。下肢が事故によってあるいはポリオによって動かせないことと歩けないことを区別する必要はあまりない。障害や疾病の名がつかなくとも、下肢がないのはあるいは動かないのは見ればわかる。だがそうでなく、できないことをインペアメントによって表現することには無理のある場合がある。というと、そのような問題の捉え方はあるのかもしれないが、それは障害者の問題から離れると言われるかもしれない。だが私はそう思わない。インペアメントという本人にとってどうにも動かしようのないものがあることを言うことによって、それに関連して必要な費用等を得ることに成功するとしよう。しかしその人たちはその証明を求められ続けるだろう。もう一つ、そうして限定しようとすることから離れてよいという答もある。その方が多くの人たちに関わることであり、そしてそこに免責のための証明を得られる人と得にくい人との「分断」を設ける必要もまたないと考えるからである。

もう一つ、誰ができる／できないのかが問題にされる場合がある。生産・労働の場面は「寄与分」が関わってくるので、β：自分ができるのか、別の人ができるのかが問題にされる。

しかじかの手段の提供があれば、自分自身ができるという場合がある。点字受験ができれば試験を受けることができ、そして試験に合格するだろう。職場が車椅子が使えるようになっていれば仕事ができる。そうして「私はできる」。社会環境がないと私はできない、私は不利益を被るが、求められている「中心的な行ない」については（社会環境があれば）私はでき、利益を得る。

ただそれは、求められている仕事の「本体」ができる場合のことだ。例えば、ある種の知的能力を要する、それが仕事の本体であるとされる仕事をする人が求められている時に、それができないのであれば、それは、β：その仕事をその人が「できない」とされる。

以前にも引いたことがあるが（[199709 → 201305:611] 第8章・註03）、北村小夜がそのことを言ったことがある。北村は普通学校・普通学級への就学を求める運動を長く支援してきた教師だったが[★13]、目が見えない人に点字の受験が認められるのであれば、それと同じに、試験の問題が解ける知的能力が足りない人がいるのであれば、誰かの「頭」を借りればよいではないかと言った。

これはおもしろいことだ、よい考えであるとも思えた。しかし、結局受け入れてもらえないだろう。ここでは学校の入試が問題になっているが、場面を別にしよう――学校であるから学力による選抜が当然であるのかは、多くの人が思うほどには自明でなく、選抜そのものの正当性を問題にしうる。他方の雇用・就労の場面を考えてみる。雇用する側が、働き手にある職務の遂行を求めている場合に、その職務のできない人を雇い、その「介助」をする人としてその職務のできる人がその仕事を実際にはするといったことは――障害者の作業所にはそれに近い実態がないではないのだが――なされない。ならば後者の人を雇用するだろう。このような意味で、誰か代わりの人ができることであっても、「その人」ができるかどうかが問題になることがある[★14]。そしてそのこと自体を不当な不利益を与えていることと言えるだろうか。なかなか難しいはずである。

まず起こっている事態として、その人ができるのかそうでないのかは確認できる。他の人の状態や行為、その状態を維持したり行為を行なうことのできる能力から分離できてしまう。「その人」ができることが求められる場面がある。それは生産が問題になり、選抜が問題になる場面である。ここでは、こうして「できない」こと、「私はできない」ことが取り出される。

では、この認識Aは「できない」ことに悲観的な認識ということになるだろうか。それはたぶん違う。北村小夜は、私が試験ができるようになったらよいことだと言いたいのではなく、それは手伝ってもらったってよいようなものだと、誰かが代わりにできたってほんとうはよいようなものだと言っているのだと思う。「できない」ことを認めたうえで、自分ができなくとも、誰かができて、それで（自分は）不利益を被らないことはある、しかし気にすることはないということを言いたいのだ。「できない」、だが「生きていける」ことがありうるし、それが望ましいから、実現されればよいとする。

するとこのなかの「自分はできない」の「できない」を示す言葉はあった方がよい。そしてその上で、できなくても「よい」、補助があってもやはりできないかもしれないが、それでもよいと言うのだ。そしてこのできないことを気にしないことを言うためには、「できない」ことを言うことがいるということである。でないと、「（私は）できない」けれども「（私は）不利益を被らない」ことを言えないことになる。

他方の人たちBは、「環境があればできる」と言う。その局面を専ら見る。だから、「できないが、不利ではない」とはあまり言わない。そういう部分は除外したり、差別ではないとする。二つの言葉で済むと考えてきた側は、補助的な手段を得ることができれば、自分ができると考える。その、社会が適切に介在すれば求められていることができる人たちにとっては「私は○○ができない」と言う必要のある場面はない。米国流の差別禁止法（ADA）はそういう構造になっている。

Aの人たちは「能力主義」を差別だと言った。拙著を英訳する時にもこの語の訳語としてどの英語にするのか困ったが、結局、言葉の使用法についてことわりを述べた上で「ableism」の語を使った。ただ、普通にはこの語は、インペアメントを有する「障害者」であることが前提された上で、その人たちに対する嫌悪・偏見のようなものを指すことが多い。指すものが実際にはかなり狭いのだ。

だからBは「できない」ことを言わず、Aは「できない」ことを言うのだが、Bの方が（環境があれば、自分は）「できる」という意味で自分ができる／できないにこだわっており、Aの方がこだわっていない。あるいは現実にはこだわらざるをえないが、基本的にはこだわるようなことでないと言おうとしている。

これはおそらくものを考えものを言っていく時の基点に関わっている（cf.［200711-201709］等）。私はAの認識・主張の方が現実に即しており、正当な認識・主張であると考える。

そしてその上で、Aではすこし複雑なことを考えていくことになる。それは考えていくことができるということでもあり、いかざるをえないということでもある。すっきりした勇ましい話がそうでもなくなるが、仕方がない。できないことを認めたのだから、できることを求められる場所に入っていくという話にはならない。ではそこはあきらめて、所得保障一本で、となるか。必ずしもそうはならない。そこがおもしろい。次節でもそのことに関わることを書く。

そして、誰ができるのか／できないかを識別することが可能であっても、それがさほど問題にならない場合、ならないようにする道もある。例えば、必要なことをみなが勝手にやってしまって、それでみなの必要が満たされるといった場合には、誰がどれだけしたか、できるかは問題にならないだろう。そしてその方が本来はよいのだという視点を取ることはできる。そしてすくなくとも一時期、社会理論のなかにそういう方向を見るもの、実際にそんな社会が来ることが望ましいと考えるものがあった。その条件の一つとして、人が働き受け取り、暮らす場所の形態がある。その形態によっては、「共働」においては、貢献の個別性が存在しない、見えないという話があった。もう一つは、欲望の形状である。誰がどれだけできるか取れるかといったことをあまり気にしない心性もあるだろうと言う。そして一つ、生産力である。社会にある財が十分であれば問題ない。さらに、一つめの「みんな」が十分に達成されるなら、二つめの「自分が」という心性もまた増長されないだろうといった話もあった。こうした話はもう長く流行らないのだが、それでも捨ててしまえばよいということではない。ものを考えるときの極点にはなる――そのことに関わることを『現代思想』連載の二〇一二年から一三年「制度と人間のこと」に書いたが、ここの部分はこの度も本にはならない。

生活できること自体は否定される必要がないとする。そして、こうして生産は生産として切り離すという術だけでなく、生産の場も緩くすることができれば、それはそれでよい。他人の半分しかできないから離脱するという方向とともに、半分のまま入っていくというやり方もありうる。半分の時間しかできない人、いつできないかがわからない人、等々を含めて生産の場に入れるようにすることは、多くの場合にはそう極端に困難なことではない。

3　存在証明という方角もあるが

このように見ていくと、それと対照的な方向であると気づくのだが、もう一つ、自分が作ったと言いたい思いが（すくなくとも一方では）あることがある。そしてそれも言われればもっともな思いではある。天畠大輔がそういう思いの人である（自伝として天畠［2012］、論文として天畠［2013］、天畠・村田・嶋田・井上［2013］、天畠・黒田［2014、天畠・嶋田［2017］）。彼は、世界で一番？、かもしれない身体障害の重い大学院生で、発話できず、身体の細かな動きはできないので、通訳者が「あかさたな」と唱えるのを聞いて身体を揺するのを通訳者が読み取り、次にあ行なら「あいうえお」と唱え、「う」で確定といった具合に話す。想像するよりはずっと早く進むが、しかし時間はかかる。視覚障害もある。長い文章、とくに博士論文といった長く面倒な文章を書こうとなると、どうするか。

彼には長い時間をかけて育ってきたきわめて優秀な通訳者が複数いる。普通の意味での通訳にも熟達しているが、長年付き合ってきて、何を天畠が考えているかもわかっているし、この通訳という仕事がどんなものであるかもよくわかっている。だから、このコミュニケーションを主題に書かれるその博士論文について、本人の意を察するという以上のことができることがある。それで天畠はかなり助かっていて、その人たちの介在がないよりははるかに楽ができていると思うとともに、そして依存する気持ちのよさを味わうとともに、自分の仕事が自分の仕事として認められたいと思う。そういうジレンマを抱えているのだと書く。

それをジレンマと言えるのかどうか。自分でやっていると言いたいが、手伝ってもらってもいる。そしてそれはそれで心地よく、楽でもある。他方、彼自身が寄与しているのも間違いない。そもそものアイディアを出すということもあるし、そのチームを作ったのも、彼、彼の身体である。どれだけと確定はできないが、彼は寄与している。同時に手伝ってもらって論文はよくなっている。それだけのことである。だから共著ということにしたいのであれば、すればよい。論文も学会報告も、ほとんどすべてがそのようにして発表可能である。

ただ学位は個人に対して与えられる。個人を評価したその結果が学位であって、その成果には、もちろん環境があり、人との関係があったうえであること等々を承知しつつ、一人に一つ出すというものである。その合理性はあるか。例えば職を得る／与えるための指標であるとしたらどうか。普通、人は一人採用するということになるから、その際の指標は、一人について一つということになりそうだ。このように一人につき一つが必要とされる場合があり、そのように求められることにつきあってもよいという人はその世界の流儀に従うことになる。これ以上ついても仕方がない。他方、同時に、仕事は共同で行なったと言って何も問題はない。

ときに自分がやっているか誰がやっているかが曖昧になる。それは当然のことであり、それ自体はよいことでもわるいことでもない。主体性が常に大切であると決まったものではない。本人と介助者の間のそんな、自律であるとか依存であるとかのマイクロな部分を記述することがなされてきたが、もうだいたいのことはわかっているように思う。たいがいのことはまかせてなんとかはなる。その範囲で支障なく生活が成り立っているなら、問題はない——ということは他方では、自分の身体の痛みが他人には看過されやすいといった看過すべきでないことがあることも認めるということだ。それをさらに繰り返すことにどれほどの意味があるだろうか。

ただ天畠の場合は、言語が関係しているから一定の複雑さがあり、種々の工夫もなされているだろう。それは十分に稀少な珍しいできごとではある。それを調べて書き出すことにまず意義はあるだろう。それをきちんと行なえば、それはそれでよい。

そこでいったんこの話は終わり、止まるだろう。★15 ただ、仕組みをどのようにしていくかという問題は残るはずだ。誰かと組むことによって仕事ができるという場合はある。教員の場合であれば、客である学生に伝わるものとしては一人分のものである。学位取得においては、仕方なく一人が取り出されるとしても、二人で一人分なのであれば、二人を一人分の仕事をする二人として雇ってもよいはずだ。それは二人でいっしょの方が、他の一人ずつの人たちよりも勝っているからだと言うことになるか。そこまでがんばって言う必要はないだろう。一人分ができればそれでよしとする。すると、二人なら雇う費用が倍かかることになる。それを雇用主の側が支出することになると、そうした場合の雇用差別を禁じても、密かに、差別は実行されるだろう。とするとどうするか。一つには、もう一人分の給料は雇い主が支出しなくてすむように別途公金から支出するといったやり方だ。するとこの場合には、本人がいて誰かがその介助者でいる――すると、介助に対する費用は、現在の制度はとても不十分にしか対応していないが、出させることはありうる――というより、二人（以上）で一つであることを十全に示せた方が説得力が増すということになる。そしてその時、天畠（たち）の論文で示される、その仕事の製造過程の記述は人々の理解を助けることになり、再び意味を有することになる。それは、天畠が（一方で）望んだ自らの名誉と自尊心を獲得するという方角とは少々異なるかもしれない。その気持ちはわからないではないが、それは自分で言いたいように言えばよい。わかってくれる人はいるだろう。それも言いながら、傍目からは不思議に見える共働を詳細に描いた方がまずおもしろいし、職に結びつくかもしれない。ではこのような仕事の仕方、させ方は、あらゆる職種に及んでよいことであるのか。簡単にはそうは思えないとするとどうしてか。次にそうした問いを考えていくことになる。

註

★01　そこで、土屋貴志［1994］の主張もこれに近いこと、出生前診断・選択的中絶について考えた［199709］第9章でほぼ同じことを述べたと記した。また水俣病に関わり企業や国の責任を問うた時の病・障害の表象に関わる議論がいくらかあったこともこのことに関わる。『良い死』（［200809:176-177,227-230］）で述べた。苦痛や悲惨について語れることは少ないが、苦痛や悲惨について語られることについて語ることができることは時にある。

★02　岡原正幸［1990］以来、本人と介助者との間の関係、本人と家族との関係についての調査・記述は、他の研究に比してずいぶんなされてきた。単著としては前田拓也［2009］等、［201212］他で紹介しているのでここでは略す。政策、社会運動に関わる書籍もやはり［201212］でいくらかはあげている。その後に出た書籍では岡部耕典編［2017］等々。

★03　そして、このようにして、なおすこと／なおさないことについて言われたことと、医療批判……、医療化批判として言われたことはどこまでが同じで、違っているか。勇ましい人は昨今は少ないとしても医療社会学が懐疑的な視線を向けてきたのは何に対してであってきたのか。そうしたことも考えることができる。一つに、苦痛や死（の軽減）という普通の病（医療）とは捉えられない部分、例えば出産、生殖補助医療と呼ばれるものが取り上げられた。つまり死と苦から遠ざける行ないとして許容される範囲外の行ないがなされることが問題にされた。その限りでは、今述べた利害の範囲に収まっているということになる。ただそれだけのことではないだろう。とすると何が残るか。このように考えていくことができる。

★04　星加は「責任帰属によるディスアビリティの特定化」の難点を二つ挙げている。その二つめが医療に関わる論点である。まず私は、ディスアビリティを特定化することに目的があるわけではないから、出発点・目的が異なるのだがそれはいったん置いておく。

「責任帰属によるディスアビリティの特定化は、「社会モデル」の提起に当たって焦点が当てられた問題と、完全には重ならない部分を持っている。これについて考えるために、従来のディスアビリティ認識が「個人モデル」として批判された際のポイントについて、今一度確認してみよう。「個人モデル」への批判の主要なポイントが、個人の身体に介入し、インペアメントの消去を目指す医療的な処置に向けられたものであったことは、既に見た［…］。そこでは、医師などの専門家が障害者を医療の対象として捉え、「健常」「正常」へと近づけようとする磁場の中に障害者をからめとっていったことが批判され、そうした社会の「医療化 medicalization」（Illich［1976 = 1979］）の中で障害者が受動的なサービスの受け手として無力化されていったことが告発された。」（星加［2007:57-58］）

ここではさらに、医療（化）を批判した文献として他に Oliver［1996a:129］、二日市［2001:180］が挙げられている。ただ、私は、星加が引いている［200210］（本書第10章）において、また別の文章（［200107］、本書第11章）で、医療に否定的・懐疑的な主張、動きがあったことを記し、そこにはまっとうな理由があったこと、意義ある主張であることを認めている。

と同時に、まず一つ、なおすことと補うことの境界設定は困難であることを述べている。「身体への介入と身体と別の水準での策を取ることとが、まず事実の上でも連続していることを確認しておこう。例えば補聴器や人工内耳――その是非についての賛否の議論はあるがこのことはまた別に取り上げる――

や人工関節は身体に装着あるいは埋め込まれるものであるが、人工的な装置である。なおすこととなにか別のもの（人や機械）でおぎなうことの間に明確な線を引くことは時に困難である。そしてこれらの手段は様々あることがあるし、そしてその中のいずれがよいのかは予め決まってはいない。」（本書47頁）

そしてなおさないほうがよいとすくなくとも常には言えないことを述べている。よって「社会」を言う主張を、身体をなおすことと社会をなおすことを対比させ、後者を肯定する主張と解する必要はないと述べたのである。よって星加の批判はあたらない。他方、榊原は両方ともに認められることがあるとしている（榊原［2016:171ff.］第2章10「社会的処遇と医学的処遇」）。

★05　この対談（あるいは天田の私へのインタビュー）はたいへん長いもので、後半は立岩・天田［2011b］として別に収録されている。両方が収録された一般書店で購入できる雑誌としての『生存学』は第九号で終刊となり、二〇一七年創刊の『(立命館大学）生存学研究』がその後を継いでいる。

★06　一九二九～二〇〇八、職業は翻訳家、脳性まひの人だった。障害者の生活保障を要求する連絡会議（障害連）、障害児を普通学校へ全国連絡会等で活動。星加良司の本で、なおすことに対する批判がなされている文献の一つとして二日市［2001］が引かれている。

★07　『生の技法』第7章「はやく・ゆっくり」には以下。

「施設への運動が障害者あるいは障害者を巡る運動の一つの中心をなしていた頃[☆17]、施設内の運動はどのようなものだったのだろうか。戦後、各地の病院・療養所に起こった患者運動をここで別にするなら、六〇年代前半の運動として、国立身体障害者センターでの外科手術の制限、それをめぐる人事の問題に関する長期間の闘争がある。ここで、五六年前後を頂点として盛んに行われていた外科手術を伴うリハビリテーション医療を、六三年以降、センターの方針として控え始めたことが手術による機能改善・回復に望みを抱いていた人々の反発をかい、また、一方的な決定を行い、抗議にも関わらず方針を改めようとしない管理側に対する批判を招いたのである。[☆18]

この運動自体は、必ずしも成功が保障されず、かえって以前より悪化することもある、そしてあくまで障害の軽減を志向する外科的リハビリテーションが主題となっている限りで、後の障害者運動と直接につながるものではない。だが第一に、賃労働にすぐに結びつかない者に対してもリハビリテーションの機会を要求した点で、職業への復帰という施策とは別の方向を目指したものだった。またなにより、施設での生活、施設運営に対して、障害者自身が要求を行った闘争としての意義をもつものだった。闘争自体は、手術を行ってきた医師との考えの違いが表面化したこともあって、結局敗北に終わるが、その闘争と敗北の中で、後の障害者自身の運動、運動者の形成がなされていった。[☆19] だが、施設・家族を批判的に捉え返し、さらにそこから出て生活しようとする試みが本格的に始まるのは六〇年代末以降である。」(［199010→201205:266-267］)

「☆18　正式名称は国立身体障害者更生指導所。四九年に当時唯一の肢体不自由者更生施設（現在は四八）として開設、後に所沢市に移転した。開設当初は傷痍軍人が多かったが、次第にポリオ、脳性マヒ、脊椎カリエス等の障害者が多数を占めるようになった。文献として主に二日市［1979］等、他に若林［1986:45-58］、『しののめ』六三年一月号、青い芝の会との関係について岡村［1988:119-124］、また当の医師が当時を省みた文章として和田博夫「国立身障センター物語」（『根っこの会会報』一〇号から連載）。」(［199010→201205:335］)

このセンターでの手術のことにごく短くふれているのは河合［2011:23-24］。そのセンターに務めて手術を行なったり関わったりした和田博夫と田中豊は、センターを辞めた後埼玉県で「まりも会」という法人に関わった。埼玉の障害者たちが要求して建設が認められた「しらゆりの家」が、約束が反故にされたうえで、その法人が経01 Tra 委託を受けると、対立が生じた。『病者障害者の戦後』で、福嶋あき江が、たぶんその争いのことは知らずに、そこに見学に行ったりもしていることを記した。こうした埼玉での動きについて増田洋介が研究を始めている（増田［2019］）。

★08　私たちは二〇一一年の会の会員に公開インタビューを行ない、その記録が『季刊福祉労働』に収録された（人工呼吸器をつけた子の親の会〈バクバクの会〉［2011,2012］）。

★09　ＤＰＩ（障害者インターナショナル）はＲＩ（リハビリテーション・インターナショナル）に対抗して結成された組織だが、そこでリハビリテーションを限定的なものにすることが主張されている（その組織の誕生と初期の活動についてDriedger［1988＝2000］）。Coleridge［1993＝1999］にもその主張が紹介されている。日本では、私もその作成に加わったヒューマンケア協会地域福祉計画策定委員会［1994］がリハビリテーション期間の限定を主張している。

★10　個人について、さらには医師たちについての関心があるわけではない。しかし、ただ礼賛するというのでない記述・分析は必要だと考えてきた。上田とはだいぶ違うところにいた医師、早川一光（一九二四～二〇一八）へのインタビュー、私と西沢いずみの文章で編んだ早川・立岩・西沢［2015］。西沢は早川の娘でもあり、早川たちが働いた京都の堀川病院について博士論文を書いて、それが書籍になる（西沢［2018］）。

★11　著書に山本［1999］。許可が得られたらインタビューの全体を公開する。

★12　このことは、インペアメント・ディスアビリティ・ハンディキャップという三つの語を使う以前の図式について、［200010］に収録された［199802］――『現代思想』の「身体障害者」の特集に掲載されたものだった――でも述べたことがある。

★13　これは北村の著作にあったのではなく直接聞いた話だったと思う。北村が関わった著作はたくさんあるが、北村についての本として、北村小夜が語り、北村小夜と語る集い実行委員会編［1988］、志澤左夜［2010］。

★14　雇用する側が「本質的機能」以外の部分について補うことに関わる費用も考慮するなら、費用のかかる人を雇用しようとはしないだろう。そこで法的にこの部分について差別を禁止し、雇用する側に「合理的配慮」を求めようというのが「障害をもつアメリカ人法（ＡＤＡ）」の基本的な発想である。そこではもちろん「本質的機能」において劣る人は雇用されない。ゆえに「能力主義」がやはり存在すると指摘された（[199802]）し、それはその通りではある。しかし、ならばこうした枠組み自体を廃棄するのがよいかである。ここでは説明しないが、私はそうは考えない（cf.［199709→201305］第8章「能力主義を肯定する能力主義の否定」）。

この枠組みを基本的に肯定した上での問題は、雇用者側が費用を負担する場合、雇用者側が負担を回避しようとして、「本質的機能」において差があるから雇用しないとすること、そして雇用されない側がそれを反証することが困難であることにある。実際ＡＤＡはうまくいっていない（坂本徳仁［2011］）。とすれば一つの手だては、雇用主側の費用負担を軽減すること、さらにはなくすことである。また他の仕組みも採用されうるし、併用されうる（[200112]［201403］［201404］）。ＡＤＡや「障害者権利条約」における合理的配慮について、また合理的配慮を巡る日本の状況・議論について杉原努［2010］。

★15　「（介助者）手足論」がしばしば取り上げられてきた。まず、この言葉がどんな文脈にあったかについて小林敏昭［2011］。そして、後藤吉彦［2009］、熊谷晋一郎［2014］、石島健太郎［2018］、等。日常の生活において自律をどれほど求めるかと、社会運動において誰が主体となるべきかはまずは分けられる。後者について、あくまで本人たちが主体であるべきだという主張と行動がなされる由縁は理解できるしあってよいだろうし、同時に、それと異なる方針の組織・運動もあってよいとまず言えるだろう。前者については、専ら手段として位置づける場合とそうでない場合と、これも両方があってよいとまずは言える。そして一つ、いちいち細かに指図すること自体がとりわけ大切だというわけではない。また天畠のように、そんなことをしていたら手間がかかってよくないという場合もある。その上で、一つ、介助者自身が人であり、手段に徹することが困難であること、またそのように振る舞うことを求めてはならないこともある。

第4章　障害（学）は近代を保つ部品である、しかし

1　近代、とその次？

何度か、近くは「でも、社会学をしている」（［201804］）等で、近代は続いている、昨今大きな変化があったと思わないと述べてきた。まず新しいと言われたことのいくつかはそう新しくもなかったと見ることもできるのではないか。例えば消費社会論があり、それが捉えた現実はたしかにその時代にあった。しかし、そこでなにか格別に新しいことが起こったようには思われない。

むろん例えば技術の進展がもたらす変化（の可能性）はあり、私も幾つか関連するものを書いてはきた。社会にたしかに変化は様々にあってきたし、これからもあるだろう。つまりは、そのどれを、何と比べてどれだけ大きなもの重いものと見るかということであり、そこそこに大きなこともあったとは思う。ただ、私があまり変わらないと言う時、それは、この社会がその基本に「能力」に関わる価値と規則を有している社会だと捉えることによっている。それは一つの捉え方であるけれども、この社会にこの契機が大きく存在していることは事実であり、またそれは、社会（科）学がまず捉えた近代（化）でもある。つまり、属性（原理）の社会から業績（原理、あるいは達成原理）の社会へというのはまったく古典的な

把握なのであり、私が「でも、社会学をしている」と述べてよいと考える理由の一つもそこにある。

二つがある。一つは、この社会における所有に関わる規則とそれに関わって生じる現実の財の配置である。一つは、人とその行ないと行なうことのできることの間の関係を巡る価値――能産的であることにおいて人は価値を有するという価値――である。近代を問題にするとはこの二つをともに問題にすることであると私は考えてきた。

価値の方は、単純にそれを否定すればよく、そしてそれは簡単なことのように思える。しかし、近代という時代は自らを反省し懐疑する時代であるという話もあるのだが、意外にさほどでもないようにも思える。政治哲学や生命倫理学と呼ばれるものをいくらか勉強してみると、その信心はいつまでも強固であり、その信心が保たれている普通の近代がずっと続いてきたと思う。

それに対して、ポストモダンの思想は、一つに、ともかくそこにあるものを信じないという傾性を有している。これは、信じないほうがよい者たちにとってよいものだった。大学院生などしていた一九八〇年代はそのポストモダンが流行していた時期ではあった。たくさんの翻訳書等々があって、読まれたと思う。それはなにかしらのものをもたらしはした。ただそれは多くの人たちにとって「気分」「勢い」のようなものであった。それは一度もらえればそれでよいようにも思われた。難しくややこしいところを様々にぐるぐると経巡って、ようやくすこしもといた場所から離れられる、そんなものでなければならないのだろうかとも思えた。同時に、心底、信じているらしい相手は消滅しない。それに対してポストモダンの思想はどれほど有効であったか。それ以前に、モダンのとされる信心がどうしてこんなに確固としたものであるのか、わかりかねる。こうして不思議なところは残るのではある。ただ、この価値の場面では、どうしても基本は単純であると思う。信じることはないということだ。そしてそれは病者障害者の運動においても、たいがいはひどく単純で単調な標語によって、示されてきた。すくなくともこの部分はそれですむようなことではないか。もしなにか人が考えていることががらりと変わらねばならないというのでないのだとすれば、この時、この場面だけをとれば、すでにこの時代は崩されたと言ってもかまわない。このように考えることは意外に大切なことだと思う。

一つ誤解を招く可能性があるとすれば、それは、能産的であることを人の価値とすることと、市場において能力・業績に対応する取り分の差が生ずることに関わる人の選好とは別のものであるということだ。別のものであるが、関係はしている。その関係を、ごく低い水準の分析的理性によって——つまりここではポストモダンがどうとか言う必要なく——明らかにしつつ、社会の現実の構成・構制をどのようなものにしていくのかを考えることが必要だと私は思った。思って考えようとしてきた。

こうして、社会の組み立てを考えることになるのだが、その変わり方はどれほどのものでありうるか、あればよいか。かつて「がらっと変わる」という予測・希望があった。もちろん、マルクス主義の主張がそこにはあった。近代の後の時代を言う最も有力な主張であるとされ、その退潮は、一方では近代が終わりそうにないことを示し、他方では、別様に「ポスト」を言おうという動きを生んだ。それをどう受け取るか、その主義は依然として重要であると私は考えている。ただ、がらっと変わるはずだという前提がある時、それが実現しないことは停滞と倦怠を生じさせることにもなる。それは、かえって現に存在している力や起こっている闘争をないことにしてしまわないか。ないことにしないまでも、軽くみることにならないか。そのことについても合わせていくらか記そうと思う。

私は基本的には退屈にものを考えていこうと思うし、いけばよいと考えている。ただそれは、「ラディカル」な案とされたものがどのような仕組みのものであるのかをふまえてなされるのがよいだろう。また私は、マルクス主義（的なもの）のなかにまったく肯定的に受け取ってよい部分があるとも考えている。それも『現代思想』の連載でまとめきれず本になっていない部分である。「素朴唯物論を支持する」

（[201301]）を間にはさんで、二〇一二年から一三年にかけ九回、「制度と人間のこと」と題した部分を書いた。いったいこういうものに読み手がいるのかわかりかねるが、まとめることがあるかもしれない。また、それより前、連載の初期、二〇〇六年から七年にかけて労働について書いた部分がある。分けて考えていこうとする時、労働と、それ以外の財を分けて、各々考えていく必要がある。後者についてはいくつか本になっているが（立岩・村上・橋口［2009］、立岩・齊藤［2010］、立岩・堀田［2012］）、前者についてはまだになっている。

本章で述べることを短く記した文章（抄録）を以下引用しておく。

第一に、ポストモダンが語られた前世紀から今の世紀にかけて基本的な変化は起こっていないと私は考えている。つまり、近代を自己所有権（self-ownership）の時代・能力主義の時代（the age of "ableism" ＝A）とするなら、その時代は続いている。だが、同時に、常に、別の原理・現実Bは併存している。Aの時代の後にBが来る、来てほしい、来るかもしれない、と考える必要はない。常に二つ（以上）の間の抗争がある、それに社会運動も、またときに学問も関わっているのだと考えることである。Bは社会に現に存在する契機むしろ社会の基底であり、またAを批判し続ける位置でもある。それをポストモダンと呼びたければ、そう呼んでもかまわない。そしてBは、ポストモダンの思想と一定の親和性を有するものではある。私も以前いくらかは読んだ。ただ、その思想・言説がなければ成立しないものでなかったことも言えるとも思う。私はむしろ障害を巡る社会運動とその言葉から、Bを受け取ったと思う。（そして「post」と呼ぶ必要もないだろうから、私はその言葉を使ってはこなかった。）

第二に、近代社会とdisabilityはどのように関わるのか。ここで私たちは、多様で連続的なability / dis-abilityのなかに相対的に位置づくdis-abilityと、impairmentとセットのものとしてあるdisabilityとをいったん分ける必要がある。そして近代社会は、近代社会であるというその条件のもとで、disability の一部を disability として括りだし、ときにそれに一定の保護・免責を与えてきたのだと考えることができる。さらにそのことによって近代社会は自らを維持しているのだとも捉えることができる。とすれば障害学もまた近代社会の維持に貢献してきたのだと見ることもできる。

そしてそれと同時に、障害を巡る社会運動と障害学は近代と別のものを提示したともさきに（第一点として）述べたのだった。第一点と第二点、この両者はどう関係するか。報告原稿の各国語のフルテキストをできるだけ早く用意し、私どものサイトに掲載する。また本報告のとくに第一点については、拙著『私的所有論』［…］に詳述した。その英語版が二〇一六年に電子書籍で出版された★01。やはり当方のサイトから購入できる。またセミナー当日にも持参する。（［201707］）

2　障害とは何か、とは問わない

こうして記すべき大きな部分をすっかり略してしまうことになるが、その近代の社会において、「障害」という捉え方はどうなのか。多くの場合連続的でもあり、また種々多様であるできる〜できないから「障害」を取り出すことが、この社会を維持する仕組みであるとも捉えることができることを述べる。

その前に、それとすこし異なったところで、これまでの障害をめぐる議論ではすこし都合のわるいところがあることを示す。障害学は、「個人モデル」や「医療モデル」を批判しつつ、インペアメントとディスアビリティという対は基本的に維持し、一方では、前者の契機を小さくしながらも必要な要素としていることがそれでよいのかと問われるとともに、他方では、インペアメントの契機を無視あるいは軽視しているとも言われる。どうもすわりがよくないことは感じられているようだ。このことをどう考えるか。

第1章・第8章、その前には［201105］［201108］［201408］［201710］等でも述べていることは、「障害とは何か」という問い方をするのではなく、身体に関わる（関わるとされる）いくつかの契機を取り出してみることだった。そして、できないこと、異なること、加害的であること、苦しいこと、死に至ること、ひとまずこれら五つの契機があるとした。これは身体に関わることのすべてではない。なかでは否定的とされる契機ということになろうが、その対とされる肯定的な契機、例えば苦しむことに対するところの快を感じるといったことを含めれば、全体のかなりの部分を占めることにはなるかもしれない。ただ全体を網羅することはここで意図していないから、これらでまずはよい。そのうち障害はおおむね前の二つを、病は後ろの二つ、あるいはそれを惹起させるものである。そして真ん中の加害（の可能性）も歴史的現実的には相当に大きな部分を占めてきた。そして、述べたように、これは全体を五つに割ったといったものではない。例えば、動かなくて同時に痛いこともあり、痛くて動けないといったこともある。

この、かくも素朴な列挙にいくらかの意味があると思っている。一つ、社会に起こってきたことを見ていけば、そこには複数の契機がある。さきにこの時代にあって重要とされてきたと述べた、できる／できないだけではない。そして、そのあるものは、あるときには「病」と呼ばれ、あるときには「障害」と呼ばれた。その仕分けは、多くの場合さして整合性のないものだった。述べたように（24頁）、痛くまた動かないといったように複数の契機が重なることが多くある。さらには担当するのが医療者と呼ばれるかそうでないかによって分けられること、つまり医療者が担当するからそれは病・疾患であるとされることもあった。そうしたことに引きずられて混乱するよりも、言葉の幅が変化したり、別の言葉との境界が曖昧であるといったことがいつも珍しいことではないことをわかった上で、使われ方を整理し、必要であれば自らの使い方を提示するという構えで当たるのがよい。だが意外に、構築主義の流行以後においても、障害を他から分けて取り出そうという営みが絶えていないのは不思議だ。このことは第8章で述べる。

この度のもう一冊の本『病者障害者の戦後』（［201812］）で記したこの国の戦後の歴史においても、いまあげたものがそのときどきに取り出された。

まず、それ以前から、加害性（の可能性）ゆえに囲われた人たちがいた。国立療養所にハンセン病の人たちが収容された。結核療養者の収容も隔離策の一環としてあった。ここで、既に症状が収まりあるいは固定し、健康と日常に直接の影響を与えられることのない人は病人とは位置づけにくい。施設の名称に合わせ療養者と呼ばれもする。そして、精神障害者もまた危険だとして収容された。そしてそれが……、と続いていく。一九七〇年頃になると「難病」といった言葉が政策用語として現われ、それが日常用語の用法にも影響する……等々。これらのうちのしかじかは障害であるとかないとか決めようとする行ないにいかなる意味があるのか。行政的にはあること、あるとされることもある。むしろ、そこにどんな事情があるのかと問う方が、別の決め方を示すよりもよいことであると考える。

次に、なおす／なおさないことを巡る多様さ、混乱も、このことに関係している。何をなぜなおしてほしいのか／ほしくないのか。病人でなく障害者であると名乗る人たちのなかにはなおされる必要がないと主張した人たちがいた。まずはそれは簡単なことで、痛みは軽くしてほしいし死ぬのはいやだが、自分はそんな境遇にはないというのだった。そして、ときに痛いだけでそうよいこともない(こともある)「できるようになること」は願わないといったこともあった。こうしたことを、この単純な並列から発して整理し配置してみようというのである。

そして「インペアメント」について。例えば英国の障害学の発祥の頃に多かった脊髄損傷などの中途障害などでは、そのインペアメント＝損傷は可視的でわかりやすい。その人たちは自分たちのインペアメントを身体の水準においてなおそうとするより——そもそもなおらない——社会を変えた方がよいと主張したのだが、この時そのインペアメントの存在自体は明らかなものだった。それは身体的・物理的なものとして、あるいはその不在としてあった。しかしそんな場合ばかりでもない。所謂「内部障害」の場合には、外からは見えない。身体的なものといっても、多く多層的であり、身体の表面に現われているものもあるし、その形状や機能に因果的に作用するとされる遺伝子の水準での異なりもある。そして、（今のところ）とくだんのものは発見されていないが、きっと脳のなかになにかあるとされる「発達障害」といったものもある（cf.［201408］）。そうしたものが存在するか否か、ときにはその問いに答える必要があることがあるとしても、まずはその問いがなぜ発せられるのかを考え、そしてその問いに答えようとすることがどんなことであるのか、必要であるかどうかを考えることではないか。

そしてインペアメントの「軽視」が言われるときに何が言われているのか。苦痛は、普通あるとかないとか問うても仕方なく、存在するだろう。そしてその痛み自体は、普通、「社会的」な仕組み・所作によって解消されることはないだろう。しかしそのことは、できないことのかなりの部分が解消・軽減可能であることとまったく両立するだろう。そしてまた、身体の作動や様子の異なりについて。これらもまた、それ自体は、なくしたりすることはできないか容易でないだろう。ただそれ自体は、他人（たち）や自分によって感じられるものである。こうしてあげていけば、それらをインペアメントといった言葉で括ることはできないし、その必要もない。人・身体の水準において捉えられるできごとがあり、その帰属先がときにその身体の内部や表面に見いだされることがある。まずはそのように理解することで足りるはずである。そして、その帰属やさらに帰責が、いかなる事情のもとで、どのようになされるのかを観察する、それでよいはずである（第2章・45頁）。

3 非-能力／障害

この全体のなかの一部、さしあたり五つあげたその五つのうちの一つに、「できない」が位置づく。「非能力者」の差別を差別としないのが近代社会であると言うことができる。教科書にも書いてあるようなことで、身分・門地その他「属性」による人の扱いが異なることを差別として否定し、能力・業績を原理として成立したのが近代社会であるとされる。

なぜそれは差別でないのか、正しいことなのか。それをかつて『私的所有論』で検討した。できる人に多くを与えるならできることが増え社会にとって望ましいという機能主義的な答の他には、自分が原因となったものについて、原因・主体であるがゆえに、自分は権利（と義務）を有するという答があった。「ゆえに」がどうして言えるのだとその本（の第2章）では述べたが、ここでは言われたとおりに受け入れるとしよう。だとしても、「自分のせい」と言えないものについては、権利と義務は正当化されないことになる。障害はどうか。それは偶々もって生まれたものであったり、事故によって生じたことであったりする。となると、免責されて当然であるということにもなる。しかしそうして権利・義務を解除していったら、その部分はずいぶんな広さになるのではないか。どこまでも、とは言えないとして、自分でどうにかなる／ならない、の境界は定かでない。そうしていくと近代が正当とした領域は浸食されていかないか。

その境界はまったくはっきりしない。その境界に関わる障害はその境界を脅かすもの、すくなくとも潜在的に破壊的であり、なにか口ごもる対象なのである。例えばロールズがその理論から事実上障害を追い出しているとされることにもこのことは関わっているかもしれない。ただ、だからこそその領域の学者たちに気にもされるようであり、近年ではヌスバウムが扱っている。（だが、その扱いにはずいぶんおかしいところがあることを第7章で述べる。）

こうして、扱いたくないのかもしれない、安定しない部分に障害はあるし、障害者はいる。たんにそれを見ないことにするという手もある。しかし訴えがある。作るのが私である、作ったものが私のものであるとされる、しかしそれを私は作っていないと言われる。

としたとき、できないほうからの浸食を防ごうとすれば、「できないこと」全般から「障害」を切り離すという手があるのではないか。そしてその切り離した「障害」をときにいくらかは特別扱いすることによって、そこに入らない「非 - 能力」についてはそのままにして、差別してもよいことにして、能力主義を維持してきた、近代社会を維持してきたということにならないか。その人のせいでないものによって不利益を被ることを認めることは、近代が否定した種々の差別を肯定するということにもなる。すると、はっきりとその人のせいでない部分、所与のものとして身体に刻まれているものから救済の対象にするというのである。

このように社会を主語にすると、その話は怪しげに思われる。しかし、実際にはその社会という場所に人々がいて、その人たちが行なってきたことを確認できる。これはたんに理屈のうえのことではない。理論的に想定されるといっただけのことではない。

もちろん多くの時代・社会において、種々の身体と身体に関わる状態は、種々の名称を冠され、区別されてきた。そしてある部分は差別されてきた。その一部に近代社会と障害の関わり方がある。その関わり方（の始まり）には複数があり、地域、国の事情による異なりがあり、偶然的な事情も関わる。一様でないとともに、共通した部分もある。この社会の歴史において、なぜ「狭い意味での障害」が取り出されてきたのかと考える必要がある。そして取り出されるとは、排除されることと反対の意味の言葉ではない。排除されるものとして取り出されたということもある。そしてその取り出し、排除し、そして包摂する方向、いきさつは様々である。

一つ、資本主義の勃興・進展、労働、労働の場のあり方の変容との関連を言う議論がある。英国の障害学の人ではマイケル・オリヴァーらがその線を言う。ごく簡単に紹介したことがある（[2006.12]、本書435頁）。かつて生活と労働の場が分かれていなかった時に目立たなかった人たちが、労働の場が分けられることによって、その場から排除される範疇として障害者が区画されたのだと言う（新しい重要な研究として高森明［2018］）。

他方で、労働の場への「包摂」が目指されることもある。これは、不運を自らの力で克服する、それを社会の側が助けるという図式になるから、近代の教義において許容され歓迎されることでもある。日本では「職業リハビリテーション」と呼ばれたような部分である。

さらに、他人たちの生産を維持するため促進するために、施設に収容するなどすることがあったはずだと言われる。これは日本では戦後精神病院とそこへの収容者が多くなっていくことを説明するときに言われた。他方では、世話する仕事を家庭に閉じこめることが、生産にとって都合がよかったのだという説明もあった（cf. 立岩・村上［2011］）。例えばここ数百年のいつごろについて、どちらの説明がどれほど有効なのかという問いがあることを述べた。『現代思想』での二〇〇五年からの連載は、もとは、そんなところから始まった。

次に、いまみたように生活の保障と労働とは最初からつながっているのだが、前者について。ある部分を障害として取り出し、その部分については業績原理・能力主義的でない給付を認める。デボラ・ストーン――星加の本にも榊原の本にも紹介がある――が見ているのはそんな場面だ。労働に参加しようとも働けないとされる人たち（のある部分）を障害者とし別途給付がなされることになったと言う（Stone［1984］）。

そうした人のなかでも対応が望ましいあるいは余儀ないとされる人たちと後回しにされる人たちがいる。そしてその事情は、人々が「運動」や「学」に向かうかどうか、またその強度を左右する。

たいがいの近代国家で、傷痍軍人の生活の保障、例えば年金の支給が最初にあったと多くの教科書の類に書かれている。さすがにその人の障害をその人の「せい」にすることはできない。その人たちは当然に免責される存在であり、国家としてはむしろ厚遇せねばならない。この部分には対応し、その人たちは特別に扱われることになった。

傷痍軍人たちもこの社会が起こした戦争の被害者であるとも言える。ただこの人たちは予め社会が名誉の人として対応することにしている人たちである。それに対して、被害者であることを主張し、そのことを社会が認めることを主張し、合わせて生活の保障を求める人たちがいた。例えば公害・薬害等の被害者である。この人たちにとっては、国家は生活を求める相手であるとともに責任を追求すべきその相手でもある。

そしてこの国では、無辜で重度の子どもたちが取り出された（[201812]）。その家族、親たちが救済を求めた。その負担の深刻さは明らかであり、そのやむをえぬ事情は理解された。そして「なおす（ためのことをする＝研究する）」ことも政策的対応の正当化の理由とされた。理解・同情と、原因・治療法の解明という目的とともに、筋ジストロフィーの人たちと重症心身障害児が、結核療養者が減っていった国立療養所に収容されていったことを記した。それを求めた親たちにも、それは権利であり、お願いするようなことではないと思っていた人がいただろう。しかし政府から金を引き出すためには、お願いせざるをえない。そこにあるのは、また思ってなくても繰り出さざるをえないのは、わりあい単純な心情を捉える言説である。それを反省的に捉え、社会に対していくという戦略は取られにくい。

こうして、免責が容易に得られそうなところ、免責と援助を正当化しやすい困難があり無辜である人たちから、認定され、いくらかのことがなされていく。

4　批判者である障害学は願いをかなえもする

傷痍軍人は体制の側にいることによって生活を保障される。重い障害をもつ子の親たちは同情と理解を求めるのだから、その限りではそれを進めていくだけだ。被害者たちは社会・国家を問題にするが、それは加害の被害者であるというう
えでのことだった。ここでは当然に障害は否定的な経験とされる。

そこから、より大きく社会を対象とし問題にする流れはどうして出てくるか。一つには、できる、のにできない、という層からである。英国の障害学、障害学につながる障害者運動の人たちは教育も受けたりしていて、できることが多々ある。中途障害で、頭脳や言語には障害がなく、発話が可能である、すくなくとも発言・主張が可能である。ただ、身体の方のリハビリテーションは効かなかった。身体をよくすることによってできるようにはならない。しかし例えば車椅子で移動できる環境があればできるようになる。可能であるのにそれが実現されていない。まず「社会モデル」はこの辺に位置づく。社会を変えよ環境を変えよというのがその主張になる。

その人たちは社会に批判的である。この社会において不遇であるからにはそれも当然に思われる。ただ、必ず、強く批判的でなければならなかったか。その主張が現われた時期があり、そこで集団を形成した人たちの層がある。例えばその時期の中心人物の一人であるヴィック・フィンケルシュタインは反アパルトヘイトの闘士でもあった（英国における運動と学の形成について田中［201607］）。★02

そして、できるのに、社会の不備のせいで、その不備は是正可能であるのに、できないようにさせられる。この主張自体は単純なものではあるが、しかし社会の側に強く帰責する部分がある。それは単純

に、多数派に対する環境は提供するが、そうでない人たちには対応しないというのは不当だという話でもあるが、労働が別様に社会に組み込まれる社会・体制であればこうはならないと言うのでもある。資本主義が問題にされることにもなる。それをきちんと言うために、理論を組み立てることになる。それは「学」になる。

ただ例えば、個々の雇い主が障害者を労働者とするためのコストの支払いに自発的に応ずるということにはなかなかならないだろうが、政府の介入によって、例えば一定の条件をみたす場合には雇い主に支払いが義務化されるとか、公的支出によってコストの負担がなされるとしよう。結果、より多くが労働者となる。それは生産の増加をよしとするなら、そしてそれがコストに見合うのであれば、歓迎してよいことにもなる。個々の雇い主も、自らの企業だけが受けいれるのは難しいのだが、そうでければ受けいれることにもなる。そしてそれは、実際に主張されたことでもあった。コストに見合う便益が生じることを運動側が言うことがあった。

これはこの社会にとって、社会の価値にとってマイナスではない。だから、それは社会を批判し要求する運動だが、近代社会の教義に反するものではない。

まず一つ、一部を取り出しその部分になにがしかを与えることによって帰責の問題を処理し、すくなくとも曖昧にし、無情で無慈悲でないことを示す。ただその、より能力のある人たちの主張は、自らも努力しまた社会もそれを支援することによって、できるようになることにつながり、ここでも、あるいはさらに、この社会とうまくやっていくことになる。

5　しかしとどまることはしない

こうして批判から始まるのだが、しばらくすると（意外と）この社会（の多数の人たち）とうまくやっていけるといったことにもなる。それはフェミニズム他のある部分が逢着した場所でもあった。それでどうなるか。すっかりうまくいってそれで終わりになるか。むろん、皆がうまくいくのであればそれにこしたことはない。しかしそうはならない。

運動のすくなくともある部分と学問のある部分には似たところがある。それは個別の特殊な利害にとどまらず、普遍的であろうとする。運動が正義を掲げるなら、その正義が及んでいない部分にもその正義は及ぶべきであるということになる。学は、それがある程度まともな学であればだが、論理と事実をもって提起されたその提起が妥当なものであれば、それを受けいれることになる。積極的に関わり協力しようとすることもある。積極的でなくとも、批判されたり突き上げられたりすれば、いくらかは受け止めることになる。

これもまた実際に起こったことだ。例えば日本で、戦後に強い運動を形成したのは、集住させられ利害を共通にすることによって要求を展開していった結核療養者たちでありハンセン病療養者たちだった。後者は外での活動が困難にさせられ続けたが、前者は施設を護ろうとするとともに、また護るためにも、外に出ていった。その人たちは、別の疾患・障害の人たちにも、その運動を支持する政党の思惑もあってだが、関わった。薬害スモンの被害者たちもそのように動くことがあった。社会に抗議し主張する人たちは、その姿勢や運動の方法を他の人たちにも伝えることになる。その連合組織ができたりすることもある。地方においても、いちはやく運動を形成し要求を通した人たちは、他の疾患・障害の人たちの運動・組織の形成に力を尽くすことがあった（葛城［2017］、加筆・修正されて葛城［2018］）。

そうして学や運動が関わる障害の範囲・規定も変わってくる。それを二つに分けることができる。一つ、わかりやすく可視的な障害だけを取り出し、それを有する人たちだけに所得を保障し、サービスが供給されるのは不当であると言われれば、それはその通りだ。そもそも、身体に現われるものとして、医療者・専門家の判定をもってその存在が認められるというインペアメントを重くみないのは、社会モデルを唱える障害者運動障害学の人たちの主張でもあった。★03

そして一つ、「重度」の人たちから、環境を整えればできるようになると言うが、それはそんなに簡単なことでないと言われる。言われなくてもわかるはずのことだが、あらためて言われるとそれはそうだと言うしかない。環境が整えばみながてきるようになる、貢献できるようになる稼げるようになるとは、そう単純には、言えなくなる。

こうして、論理と正義に忠実であろうとすれば、始まった話も変化していくことになる。

6 ではどんな方向に行くのか？

それで、ではどうなるのか。運動はどうなるのか。運動家はそんな面倒なことなどたいがい考えない。考える暇がない。世界のどこでもそうだが、やれるところからやる、後退には抵抗する、といったところだ。ただ、一方で、半端に「包摂」されている感じはある。そして他方で、「解放」と言うと、それは遠くにあって何であるかわからないもののように感じる。間違ったことはしていないと思うが、すっきりしない感じがする。もうすこしすっきりしたい、それは無理だとしても、どこがどうなってすっきりしない感じになっているかはわかりたいと思うところがある。今すぐすべきことは仕方なくはっきりしているが、もうすこし見通しをもちたいと思える。

それに比べれば、「学」がすることのほうが単純だと思う。障害学は何をしているのか。その実際をよく知らないが、身体の形状・事情によって様々に異なる部分は多いから、普通の意味の種々の障害に即して、調べればいろいろなことは出てくる。政策も種々あり変化している。調べることにはこと欠かない。だからそれらを片端からやっていけばよいのではあろう。ただときどき、どんな方角を向くかを考えるのはよいことだと思う。大きくは二つの方向になっていくはずである。

一つ。「障害」から発している限り、身体的なもの、「インペアメント」へのこだわりはやはりあるかもしれない。その気持ちはわからないではない。ただ、論者においてそこのところの理論的な着地がうまくいっているようにあまり思えない。それに対する基本的な路線は前記した。その上で、身体に関わる種々の契機、そのなかの一つの契機として（まずは、できないこととしての）障害を捉えるという方向がある。ひとまず五つはあると述べたものの交錯や重なりを見ることができる。例えばそのどれを身に纏っているかによって、なおる・なおすことに対する態度が異なることがある。一方になおりたい人たちがいる。他方にそれをよしとしない人がいる。両方を同時に思っている人たちもいる（植村［2014］等・78頁）。どうなっているのか、それを考えることが重要だと思う。偶然始まって続いている「生存学」という企画は、その実質において、そんなものにもなっている（生存学研究センター編［2016］、渡辺編［2017］）。

それがまずは身体の方に向かっていくものだとすれば、もう一つ、おおまかに身体からより広いところに話をもっていくという方角のものがある。それは社会理論の方に、その更新の方に行く。まず、「無能力」の「障害化」をどんどん進めていけばそれでよい、とはならないだろう。例えば人口の半分が発達障害だということになるとする。定義によるが、ありえなくはない。ただ、そうすることによってなにかよいことが起こるのかといえばそうはならないだろうということである。これも障害だ、だから対応していくという主張・要求の仕方では、その範疇に囚われない人はいつまでも残ることになる。分ければとてもたくさんの種類の人たちがいるのだし、なんとも名づけられていない人たちもいる。将来は見いだされるかもしれないとしても、見いだされないものもあるだろう。またそのような詮索自体が好ましくないということがある。こだわらないようにしたほうが「障害者」と他の困難な人たちとの間の分断をもたらすことも少ないだろう。インペアメントにこだわらない、その生活においてできないこと不便なことに注意するべきであるというのは社会モデル・障害学の主張でもあった。

そこで、疾患・障害名によって資格を得るのではなく、生活上の困難によってという流れにはなってきた。この道を進むと、障害という範疇をこえていくことになる。（目にみえる）障害がなくても、生活上の必要に応じた対応がなされるのがよいということになる。

そのように考えて社会政策について考えることになる。そしてそれは、身体から離れていくということではない。むしろ、判定されること規定されることに対する懐疑・批判は、判定や診断を求められてきた側から示されたのである。それを受けて、ではどうするかという議論に寄与することができるはずなのである。ここで、社会科学や社会学全般は意外に仕事をしていないのであり、するべきこと、できることはいろいろとあると思う。私は、そんなつもりで、障害者運動において言われたことを思い起こしながら、所得や資産について、税の徴収と配分について、個々の差異に応じた社会サービスの提供について連載に書いて本にしてきた。そして労働について書いた部分はまとめられていないことは先に述べた。続きを書いてまとめられたらまとめる。

註

★01　私たちは「東アジア障害学セミナー」と称する催しを毎年行なっている（207頁）。二〇一七年の開催地は韓国で、テーマは韓国側の発案で「ポストモダン期における障害学と概念的理論研究」となり、報告することになった。また「障害学の方向性」というテーマでも報告することになった。いずれも私なら考えつかないものだったが、だから考えることにもなったし、また同時にそれらは以前から気にはなっていることでもあった。引用したのは、前者についての「抄録」として送ったもの（[201707b]）。報告用原稿は［201710a］で、本章のもとになった『現代思想』連載の第一三七回（二〇一七年九月号）を短くしたもの。後者の報告は［201710b］。

最初の著書以来、同じことを繰り返している。HP上の本書の文献表から［199805］［200811］等々、短くあるいは少し長く、近代／脱近代について等、種々を繰り返して書いた文章にリンクさせてある。

★02　他の国・地域ではどうか。例えば日本ではどうか。ここでは略するがすこし違った道を辿ることになった。このことについては［200711-201709］の一部でも少し述べた。一九七〇年代からしばらくの運動を担ったのは、高等教育を受けたという層ではなかったし、そう簡単に就労にも至らない人たちだった。ただ、その人たちのなかには、学校でないところで文字や論理を操ることを学んだ人たちもいたのではある。こうした場合に論理と運動はどういう道筋を辿ることになるか。それもまた考えどころであると思ってきた。

★03　例えば日本では、「難病」の範囲の拡大が、すでにその指定をうけた疾病・障害の人たちによっても、求められてきた。ただ、(研究対象としての) 疾患別の指定という枠組みがいったんできてしまうとそれを崩すのは難しい。このたびの歴史篇（[201812]）はそのような枠組みが作られていった経緯の一端を記すものでもある。

第5章　三つについて・ほんの幾つか

1　異なることについて

（2）姿形や振舞い、生の様式がありその違いがある。それらは他の人に移動できず、多くの場合その人にとどまる。代替することが、多くの場合に、不可能であるか困難である。そしてそれは好き／嫌いに関わることがある。そしてそれに対する人々の好悪の感情も動かしがたいと言われる。それは差別者の居直りの言葉でもある。しかし完全に否定することはできない。じつは社会的なものだ構築されたものだと言えばすむことでもない。

考える際には、不如意でありながらもいくらかのことはできることも含めて考える必要がある。できないものはできないし、異なるものは異なる、と述べたが、それでもいくらか見た目を操作することができることはある。できる／できないのある部分は隠せる。服を着たり、姿を見せないことによって、吃音者が話さないことによって、隠したり別様に見せることができることはある。それがそこそこにうまくいくこともある。だがうまくいかなければ、またときにはうまくいっても、それが苦痛であることがある。★01 これは機能のように「代替」という方法によって補うことができない、少なくとも難しい。しかし社会的な対応は正当に求められる。

ただ、身体が不透明で実在するものとしてあることによってそれは可能になるとともに、限界もある。隠せることも隠せないこともあるというだけのことだ。こうした人々の営みについての社会学の文献があるが、有名だからあげる必要もないだろう。それ以前に、人々はすこし変えて見せたり隠したりする毎日を生きているから、既に多くを知っている。そのうえで、その先を考えることは残る。

整形等々が可能な部分もあるとして、そうして変更すればそれですむということではないだろう。人々の選好・好悪がからりと変わるということでもないだろう。だとして、どの程度のことがどこでできるのか。これは自分ができないことは誰かが補えばよいという単純な——しかし実現していないから依然として大切な——話よりは面倒な話だ。だから私(たち)はもたついているのでもある。そんな事情があって、この主題について途中で止まっている河出書房のサイト上の連載「好き嫌いはどこまでありなのか——境界を社会学する」([201109-])がある。再開するかもしれない。

「違い」が見出され、そして価値づけられ、それが生活を左右するのもまた、他者たちがいてのことだ。世界にいるのが一人だけであれば、あるいはそこにいる人たちが皆その属性を有しているのであれば、そのことがとりたてて取り出されることはない。

姿形・好悪について、「制度」によって「法」によって対応することは、できなくはないが、それで「解消」することは難しい。(1)の場面での、とりわけ法的・制度的対応にだけ焦点が当てられるとき、ここに残る困難が見逃されてしまう。そしてそのことが言われてきた。例えば英国の障害学においてはこの契機が後で言われるようになった(196頁)。私にはその学を興した人たちには脊髄損傷者が多かったという印象がある。とすると、まずはこの部分ではそう困っていない人によって始まったということになる。それでその点の指摘がなされるのも当然のことである。[★02] ただ始まりはそうであっても、当然それだけではないということは意識される。身体障害に限っても、機能だけでなく姿形についても大きくことなる障害もある。日本で七〇年代以降の障害者運動を牽引したのは脳性まひの人たちだったが、その脳性まひについてそのことが自覚され言われてきた★03。

しかし事実存在するのはその通りであるとして、どう対するか。むしろできないことに比して、変更や代替が困難であることが大きく関わっている。だから論じようが難しく、論じられなかったという事情もあったと思う。

つまりそこには二重の変更の困難が関わっている。まず一つ、人の好悪はその人（たち）に備わったもので仕方がないとされる。あるいは、変更すべきだとしても、それが不可能であるか困難であるとされる。そしてもう一つ、人々の差異、そして好悪の対象となるものもまた、その人に張り付いていて変更ができない、すくなくとも困難であるとされる。そして場合によっては可能でも変更することはよくないことだともされる。すると、どちらも変更することができず、それで何も言うことがなくなる、することがなくなることになりそうに思える。

できること／できないことに関わる選好にも固定したものはあると言うことはできる。しかしそれを誰から受け取るかはさして重要でないことも多い。必要なものが生産されなければ困るが、それを作る人はその人でなくてもよい、人間でなくともよいということも多いということだ。それに対して、ここでの属性はその人に貼りついており、その関心や無関心はその人に向かうことになる。

それは一方で喜びをもたらすこともあるのだが、不快や不幸がもたらされることもある。差別や偏見はよくないなどと抗議することもあるが、するとそんなことを言われても、嫌いなものは嫌いで、気持ちのわるいものは気持ちがわるいと返される。

そして異なることは、できないことと合わせ、多くの場合いっしょくたにされ、否定的に語られることがあったし、今でもそうだろう。

姿形を巡って何が起こったか。やはり、書ける人に書いてもらいたいと思っている。ここではまず簡単に、すぐに現在に至る道を。「対抗文化」といった脈絡のもとで異形を称揚するといったことが起こる。また、肯定などしないが、それでも自らを示すという行ないが、『さようならＣＰ』（一九七二年）等には出てくる。その後、このような流れもいくらかは関わりながら、「寛容」は言われる。「自由」もまた大切であるという状況の下で、自分自身による手術や化粧による変更は認めながら、自らを語り、社会に対して主張しようという動きが起こる。

そう以前からのことではない。外見に関わる違い、そのことに関わる差別を指摘したり社会的理解を訴える書籍が、まとめて続けて出る時期がやってくる。それは「ユニーク・フェイス」（一九九九年結成）という組織の成立や活動にも関わっていた。石井正之（単純性血管腫）はその組織の結成に関わり代表を務め、しばらく専らこの主題に関わる書き手として多くの本を出した。また短い期間いっしょに活動したこともあるらしい藤井輝明（海綿状血管腫）は、「容貌障害」を言い差別を問題にしつつ、人々に自分を示し、実際優しい人なのだが、ほがらかに明るく人々の理解を求める本を書いていく。列挙だけすると以下のような具合だ。

『顔面漂流記――アザをもつジャーナリスト』（石井［1999］）、『迷いの体――ボディイメージの揺らぎと生きる』（石井［2001］）、『顔とトラウマ――医療・看護・教育における実践活動』（藤井・石井編［2001］）、『見つめられる顔――ユニークフェイスの体験』（石井・藤井・松本編［2001］）、『知っていますか？ユニークフェイス一問一答』（松本・石井・藤井編［2001］）、『肉体不平等――ひとはなぜ美しくなりたいのか？』（石井［2003］）、『運命の顔』（藤井［2003］）、『自分の顔が許せない！』（中村・石井［2004］）、『顔面バカ一代――アザをもつジャーナリスト』（石井［2004a］）、『顔がたり――ユニークフェイスな人びとに流れる時間』（石井［2004b］）、『さわってごらん、ぼくの顔』（藤井［2004］）、『この顔でよかった』（藤井［2005］）、『人はあなたの顔をどう見ているか』（石井［2005］）、『「見た目」依存の時代――「美」という抑圧が階層化社会に拍車を掛ける』（石井・石田［2005］）、『笑う顔には福来る――タッチ先生の心の看護学』（藤井［2006］）、『あなたは顔で差別をしますか――「容貌障害」と闘った五十年』（藤井［2008→2011］、文庫版の題は『笑顔で生きる』、副題は同じ）、『てるちゃんのかお』（藤井・亀澤［2011］）。

それ以前から、とくにフェミニズムから、外見の問題は論じられてきた。現状が気にいらない人たちは何を言ってきたか。

社会学（的な人たち）は、好き／嫌いといったことは文化によって社会によって異なっている、社会的に形成されているといったことを言ってきた。するとそれに対して一つ、本当にそうだろうかと反論することもできる。多様性を認めないわけではないが、生理的な嫌悪といったものもあるのだろうと言うのだ。そう言われるとそれも全面的に否定できないように思える。

そしてもう一つ、「社会的」だとして、だからどうしたという反論もある。私はこの社会に生まれて、そこでの価値観を受け入れている。それはどんな時代でも社会でもそうだろうし、そしてそのこと自体は悪いことではないはずだと言われる。それはたしかにそうだ。価値観が社会的・歴史的・相対的であるということは、その価値観が――社会的・歴史的・相対的であるがゆえに――よくないことをそのまま意味しない。それはそのとおりだ。そのことを「社会的」（［200412］）等で述べてきた。

それで別の言い方をするとしよう。変わっており、評価される側について、責任がないから免責されるべきだと言う。できないことについても同じことが言われることがあるが――そしてそのことによって免責される部分を狭くするのが障害というものの位置であると述べたのだった――その属性やそれに関わりのある行ないは「わざと」作られ為されたものでないこと、だからそれに自分は責任がない、だから差別するな、と言ったらよいのだろうか。そして、好き／嫌いの対象になるものの多くが、そしてまた障害と呼ばれるもののほとんどが、わざと作られたものではないのは明らかである。

そのように主張して、免責されること、免責される場面はあるだろう。例えば罰を受けたりはしないかもしれない。けれども――さしあたりよしあしは別として――「恣意」が認められている領域がある。好き嫌いが認められている場がある。それを許容するなら、好き嫌いの対象である本人は結局それで楽になるわけではない。やはりこの辺でいったん止まってしまう。

ただ、ここで好き嫌いを通すべきでない部分はあるという主張は維持されている。市場、労働の場であれば、求められている財に関係がないとされる部分については差別してならないというきまりを政策的に採用することはできる。これは能力～障害について、職務の中核的な部分については差別してよいが、それ以外はだめだとするという（米国的な）障害者差別禁止法と相同の構造になっている。そして、当初そうしたところから調べたり考えたりすることをしなかった人にも、そうした流れがあることを知りそうした主張をすることになる人もいる。例えば西倉実季は顔にあざのある女性たちについて調べて本（西倉［2009］）を書いた人だが、外形に対する差別を法によって機制するべきことを言う（西倉［2011］）★04。

人は人を差別してしまう。それは望ましくないが、あらゆる場でそれを除去することはできそうにない。とするとどうするか。［201109-］などで述べたことの一つは、差別嗜好（taste for discrimination、［199709→201305:606］）による差別を例えば雇用の場において禁ずるという方策である。せめて公私のうちの公の部分について、その場は情緒的紐帯によって作動されねばならないわけではないのだから、だめなことはだめだとしようというのである。

できそうなこととして以上以外のことをあまり思いつかない。私はこの方向は有効だと思う。ただむろんそれはあらゆる場で使えるわけではない。すると次に、そうした解がどこまで有効で正当かが問われる。他に何が言えるのか。さきにあげた本を書いてきた人は何を言ったか。言わねばならないから同じことを言い続けることになるが、止まってしまう感じはしてしまう。[★05] そこからどこか別のところに行けるのかである。第7章ですこしだけでも続けてみようと思う(196頁)。そしてやがて、なにか言えればと思う。

そうしてなにか言うためにも、もう少し時間を遡ったところから、人々がどんなことを語ったり書いたりしてきたのかを見ておいてよいと思う。それでこれまで幾度かふれたことがある。『相模原障害者殺傷事件』(立岩・杉田[2018])の第1部第2章「障害者殺しと抵抗の系譜」で、一九六一年にベルギーでサリドマイド児を親が殺した事件——裁判では有罪になったが世論は親を支持した——がきっかけとなって、『婦人公論』での座談会(石川他[1963])があったことを紹介した。障害者殺しが議論され、重い障害を有する子どもが生まれた時の生殺を決める審議会を作るべきだといったことを水上勉や石川達三が言った。ここには見せ物小屋についての言及があり、奇形のおぞましさが言われ、殺すことがそれにつなげられている。

この六一年、松山善三(一九二五〜二〇一六)は、聴覚障害者の夫婦を描く映画『名もなく貧しく美しく』を撮り、同じ年に「日本全国の子を持つ母親たちを恐怖のどん底におとし入れた」ポリオの流行のこと、そして脳性まひの人について、取材記事を書いてもいる。映画では清く美しく生きる人を描く。何が恐怖の対象になったか。むろん亡くなってしまうことがあって、そのことが恐れられた。ただ、例えばサリドマイド児については、手が短く、手が使えないということはあるが、それはまず「アザラシっ子」というように奇形として現れる。脳性麻痺者も、身体の形状や動きからして異なる人たちだ。ルポルタージュでは恐ろしい障害のこと、けれども懸命によくなろうとする人たちを描く。

そして小児麻痺や脳性麻痺の悲惨とその「回復」への営みを称揚した文章を紹介した松山は、その二〇年後、八一年に『典子は、いま』というサリドマイド児として生まれた女性を主人公にした映画を撮った。旅行したり水泳したり、より自然に生きる姿が映される。そしてその人は手の代わりに足を器用に使ってそれが映されるのだが、たしかにそれは感心させられるものだ。この年は「国際障害年」で、明るく強い障害者の姿を多くの観客が観た。この八一年に、六一年のできごとは忘れられているか、知られていない。ただ、八一年の映画の主人公は肩からすぐに出ている手を、生まれてすぐに手術でとってしまっていて、奇形はあまり感じさせない。変わった手があるというよりは、肩から手がないだけ、の人でもある。こうしておどろおどろしいことは軽減されている。

その間に何が変わったのか、また変わらなかったのか。なぜこのことを本に記したのか。やはりもっとくどくど書いたほうがよかったかもしれない。たしかに変わったことはある。社会は障害・障害者により肯定的になった、と言ってもよい。ただそれは、忘れることによって、ないことにして、そして過剰と思われるものを実際になくすることによって、欠損だけがあるものとすることによって得られている。それは、この事件を引き起した人のその行ないに抑制的に作用するだろうか。そうはならないはずだ。その人は、「そういう「普通の障害者」は問題ない、問題だと言うのは……」と言うだろう。それを私たちは受け止めることができる。

他にもたくさんのことがあっただろうし、その幾つかをとりあげたことはある。一度は、水俣病を巡っての（表象の）こと、また原発について、また「先天性四肢障害児父母の会」でのことについて（第2章註09・59頁）。ただ否定的に表象され、語られたというだけではない。それに対する疑義が提出されもした。かといってそれは、とくに肯定しようということではなかったのだが、「でもよいではないか」という言葉は肯定的でもある。そして、それは姿形、その差異について否定的に語ることを問題にしたというだけでなく、否定されるべきものがそこにはないのだが、別のものが否定されたり批判されたりするべきなのだが、その否定を代表し代理するものとして姿形、その差異が持ち出されることについて、それは違うのではないかと言われた。これらを見ていくことは大切だと考えて、取り上げてきた。他にも様々にあったしこれからもあるだろうことについて記録し、考察する、その仕事がある。

2　苦と死

人はわりあい簡単に人を殺すことはできるし苦しめることもできるし、実際に行なってきた。死なないようにすること苦しくないようにすることは、それより難しい。

むろん、人・社会の行ないによって、社会の変更によって、現状の変更は可能である。人が死なないため苦しまないために多くのことができる。社会科学のある部分の発祥もそこにあるだろう。依然として、これから書くことよりも、そのことの方が大切であると考えている。このように言うと大げさだが、関係することを、ただ書くだけでは仕方がないのだが、書いてもきた。

そして次に、直接に人の身体・生命に関わる医療等の技術があって、それが救命・延命等に寄与することがある。そして、むろんそれに社会がどれだけ金を出すか出さないかといったことがあるのだから、以上二者は関係している。

ただ、そんなことをしても、死んだり苦しんだりすることがすっかりなくなったりはしない。やはり人は苦しむし、結局すべての人は死ぬ。できることに限界はある。

病は、(3)痛み苦しむことで、(4)死が訪れることがある。あるいは病によって痛み、死に近づくことがある。私たちは病という語を様々に使うが、日常の用法からそう離れてはいない。

病者は苦痛から逃れることを求める。また死に至ることが遅くなることを求めている。それが実現するなら、つまり病気がなおればそれでよい。それはなかなかかなわないとしても、状態の悪化がとどめられるなら、あるいはその進行がいくらか遅くなるなら、よい。病は避けられてよいものである。それに対する対応は痛みを軽減することであり、死から（しばし）遠ざけることである。

身体的な苦痛の次に、心理的な、社会的な苦痛と並べられるのだが、その後者の苦痛は多く、できる／できないこと、そしてできる／できないことの価値に関わって存在している。差異に関わる苦痛も、加害性があるとされることによる苦痛もある。これらは、実際には混ざり合っているとしても、いったんは分けて、これらは外し、しかし不快や不安や焦燥感や絶望といったものを含むものとする。例えば、精神障害と今日呼ばれるものの大きな部分は苦痛であるように思われる。★06

そして、病という契機と障害という契機が無造作に一つに括られてしまうことも多い。分かれ目はそう単純ではないが、両者、正しくは両方の契機は別のものである。★07 障害者の言論・運動は病気をなおすことを否定することはなかった。障害と病気とは異なると述べてきたのである。障害と病気とは、実際には同じ人において、多くの場合に重なっている。病者の多くは障害者でもある。しかしその違いの強調もまた当然のことだった。苦痛は取り除いてほしい、少なくとも軽減したい。他方、できないこととしての障害はそれ自体として苦痛ではなく、多くの場合に代替可能である。ならば、同じようになおしてほしいということにはならない。それを一緒にされたら困るということだ。

その人の苦痛自体は、移動できないし、代替されない。なくなること軽減されることは、別の人からも願われることがあるだろうが、できないことのように、他の人が直接に引き受けたりはできない。ここには一つ、非対称がある。苦痛はまずその人にしか感じられない。むろんその苦しんでいることを別の人が感じて、その別の人が苦しいことはある。後者の人の方がかえって苦しそうだということもあるだろう。「共苦」は語られてきたしその辛さは代わってあげられないことにもよることがあるだろう。

しかし、辛いから、あるいは辛いだろうから、遠ざかることはできる。その場から去って見ないことができたり、忘れることができる。予め近づかないこともできる。

また、頻繁に接しているとかえって、あるいは避け方に慣れることによって、慣れることもある。それは必ずしもわるいことではない。むしろ、慣れることは必要なことである。近くにいても遠ざけ、やりすごすことができる。苦や死に接した職を行なっていくに際しても必要なこと、ないと困る才覚ではある。このことは見落とさない方がよい。ただ、そうした場において苦しむ人は、自分だけが苦しみのもとに、例えば自分では動かせない背中や腰や尻の痛みのもとに、残されることはある。★08

そして一つ、苦痛は軽視されることがある。それはまず単純に、今述べたこと、つまり他の人はその人の苦痛を直接に感じないからでもある。さらに、この社会は即物的な快の追求によって支配されているなどと言われることもあるが、たぶんそれほどでもない。苦は襲ってくるものであり、受動するしかないものだ。苦しむことは文明的なことでないかもしれない。苦しむことや苦しみに耐えることは低くされることがある。不快は、それを克服することに比して軽く見られる。「たんなる緩和」は、治療することではなく対症療法にすぎないとされてしまうことがある。たんなる緩和でいっこうにかまわず、それこそが求められているのだが、それはたいしたことでないという倒錯がときに起こってしまう。

3　表わすこと

こうして、隠されたり無視されたりするのだが、他方で、まただからこそ、語ること、語られざるをえないことがある。本人が語ることもある。他人（たち）が写真や動画を示したり、語ることを促したりということもある。

隠されてならないこと、明らかにされ示されるべきであることがたしかにある。例えば相手の不正を糾するために、その証拠を示そうとすることがある。そうしたことはとても大切であることがあって、その意志や行ないが妨げられてはならないことがあるだろう。ただ、同じ目的のためにであっても、自らの窮状を訴えたり、そして賠償や給付を得るために、苦しみを表出せねばならないとなれば、それは辛いことがある。

一つには、よく言われるようになったように、自分（たち）にとって悲しいこと苦しいことが再び呼び出されてしまって、辛くなってしまうからだ。

そして、自分（たち）において負であることが知らされること、知られることが辛いからだ。そしてここでは多く、一切が一緒になったものが提示されるのであり、実際に示されるのは、受け取られるのは、苦痛だけではない。例えばその人の顔や身体は歪んでいるのだが、それは苦痛に歪んでいると必ずしも言えない。たいがいのものが混ざり、全体として悲哀や悲惨を伝えるものになっている。示されるのは悲惨だとして、その悲惨の成分は何であるのかということである。本当は悲しくも苦しくもないこともまたその中に含みこまれ、悲惨なこととして伝わることがある。

そしてまた、ときにはその悲しいこと苦しいことの真偽や程度が疑われることになるからである。示し知らせることによって不正を訴えたり取るべきものを取ろうとするのだが、すると、そのために辛いことが強く言われ誇張されている、さらに作られていると疑われることがあり、当人は、そうでないことをさらに示さねばならず、語らねばならないといったことにもなる。それは障害を証明しなければならないというのと似ているが、ときにはもっと辛いことであり、ときには難しいことである。足がないのは見ればわかるが、痛いのはどれだけ痛いのかわからない、痛いと言うが本当かどうかわからないと言われる。[★09]

それでも、語り示すことによって得られるものの方が大きいのなら、苦痛を言うことを巡る苦痛を減らす工夫をしながら、言うことができるようにすること、それを妨げないことが求められる。ただ、そうして示すことが本来不要である場合、不要であると考えることができる場合がある。痛いので働けない時、そのことを認められるために、また休む間の給付を受けとるために、痛いことを証明せねばならないとされる。しかし、その証明をすることなく、休んだり給付を受けたりすることは不可能なことではない。

するとそれでは虚偽の申請・受給を妨げることができないと言われる。それにはもっともな部分がありが完全には否定できない。「ミーンズテスト」全般を否定する立場に私は立たず、そのテストが「屈辱的」であるからそれを行なわず一律給付の「ベーシックインカム」がよいという主張に与しない。世間に広く知られるのでないかたちでの申告は可能であり、さらに社会において収入が少ないことが屈辱的であるとしてしまうことの方が間違っている（cf. 立岩・齊藤［2010］等）。ただこれらをわかったうえでなお、不要なものは不要である。自動的な給付、自己申告に基づいた給付が妥当でありまた可能であることを述べてきた（立岩・堀田［2012］他）。

以上は、自らにおいてよくないことを語ること、語らざるをえないことについてだった。連続しつつ、しかしいくらか異なるところのある行ないとして、例えば私の死について、私の病について、その意味・意義を語る、問うという行ないがある。やはりここでも、その全体を否定するのでなく、しかしときにそんなことをしなくてよいのに、と言うことはできるし、言った方がよいことがある。★10

私自身もまた、これまで、死について語ることなどないと思いながら、安楽死尊厳死と呼ばれるものについて書いてきた――『良い死』（［200809］）、『唯の生』（［200903］）、『生死の語り行ない・1』（立岩・有馬［2012］）、『生死の語り行ない・2』（［201708］）。語られ主張されることの中味・論理を取り出し反験することをしてきた。既に語られてしまうことがあって、それが違うと思うならそれについてさらに何かを言うことをせざるをえない。ただ、それとともに、それ以前に、語ってしまうことはどんなことであるのか。

二〇一七年に電子書籍としてだけ出した四つめの本（[201708]）で、死が隠されているというこの時代にあって、どれだけ多くの同じことが語られてきたのか、書籍（名）を並べることをした――各々の本の紹介はリンク先のページにある。「良い死」「美しい死」といった題の本が、私のものを含めて一五冊。「死を見つめる」「死に向き合う」といった題の本が一七冊。「私の死」「自分らしい死」といった題をもつ本を二五冊。「私が決める」といった類を――安楽死尊厳死とはそういう死だが、それら全般は省いて――一四冊。

なぜ並べたのか。それは説明を要しないと思ってしまっているところがある。言われている多くはもっともなことの一つひとつについて書くことの徒労を思うところもある。ただ書かれることについて書くことから逃れることができないのなら、結局、明示的に語るべきなのだろう。ただここでは簡単に。

多く、「これまで死について語ることがタブーになってきた」が枕詞にされる。忌避されてきたという判断がある。そうかもしれない。ただ、そのように語られる根拠といえばずいぶん曖昧だ。これまで語られてこなかったというのは書き出しとして定型的だが、ここでは、語られてこなかったという既にある語りが、自らの語りにおいて反復されている。書き出しが紋切り型であることにこだわらない、むしろそうでなければならないとさえ思ってしまっている人がいるということでもあるのだろう。

そして、たしかに私が死ぬのではあるし、その私は苦・不快が少ないなかで死にたいのももっともなことだ。そのうえで私の死を語ることについて。「主体化」という言葉があった。『性の歴史』（Foucault[1976＝1986]）の中に出てくる性という言葉を死に置き換えても意味の通る箇所があることを［200505］という短文で述べ、［201708］に収録した。「私の」とされることによって、その私が私にとって大切な私であるなら、私はその対象をなにかよいものとしたい、しておきたいと思い、その対象に対して責任を負うことになり、そのことによって、私はその対象に規定されてしまい従属してしまうことになる。こうして派生していくその全体を受け入れるのがよいのかということである。

さらに、さすがにこの時代であるから、答えは予め用意されていないとされる。「良い」とは言われるものの、何が良いかは決まっておらず、それは「探求」される（べき）ものとされる。決まっているなら話はそこで終わるのだが、探求されている間ずっとそれは私に纏わりつくことになる。それは必要なことでもよいことでもない。そのことをもっと言葉をつくして説明する必要があるということなのだろう。★11

4　慰めること

結局死は訪れるし、苦からも完全には免れえない。なおること、死を避けることがここで望まれているのだが、それは多くの場合に、また最終的にはすべて、果たされえない。

社会をただ語る者たちはその望みに答えることなど、さらにいっそう、できはしない。それでも苦痛と死についていろいろと語られてはきた。「受苦」であるとか「受容」といった言葉が言われてきた。★12そうしたことが「人間学」の営みとされる。なおらないのなら慰めようというのである。

それはきっと大切なことではある。多く、なされないよりもよいことである。もしそれで心の安寧が得られるのであれば、得られた方がよい。実際、からだをさすったり話を聞いたりすることが効果的であることはある。だからそうした営みにまったく反対しない。けれどもこうした行ない、むしろこうし

た行ないを語ることに対する反感があってきた。それは何なのだろう？[★13]

一つ最も素朴な感覚は、実際に物質的に救えないことの代わりでしかないというものである。しかし、実際に救えないのだから、これは仕方がないということになる。

一つ、慰めたり癒したりすることはずっと人々が行なってきたことであって、それに関わるなにか有効な新しい技が近年になって——夥しい言葉はあるけれども——見出されたようには思えないということだ。長く古くから人は苦しんできたし死んできた。だから、そのことに関わる智恵もずいぶんもう既にあると考える方が自然ではないか。それに加えることがほんとうにあるのか。[★14]しかし、すぐに思いつかれることがあらたなこととしてなされ、仕事・職が作られようとする。それで憤っている人たちもいる。それはもっともな反応であると思う。下手なのであれば、それは非難したらよい。できのわるい慰めや、それを仕事にしていばっている人たちについては文句を言うべきだ。

ただ先方にも言い分はある。例えば、これだけでよいと言っているのではない、決定的に効果的であるとも思っていないと言われる。カウンセリングや傾聴「も」必要なのであって、それだけでよいなどとはまったく思っていない。そう返される。それはそれでもっともだから、そこでいったん止まる。

ここでも言葉の位置する位置を評定することだ。慰めはどんな場所にあるか。さきにみたように、苦しみは隠されることもあり、示されることもある。それはたんに個人的な事情によるのではない。

一つ、痛みや痛みの「もと」にあるものを隠してしまう場合に、そのことは非難されてしかるべきだ。例えば原発事故といった災害の後の心のケアであるとか、いじめで自殺があった学校でのカウンセリングであるとか。防ぎ得たにもかかわらず起こった場合の事後の策としてなされ、たんになにがしかのことはしているという姿勢を示しているにすぎないことに対する嫌悪があるだろう。問題を広げたり、深めたりするべきであるのに、問題を心理の、心の問題にし、そこに委ねて知らぬことにするのは受けいれられないと思って、そう言う。すると、今みたように、それだけですむとは思ってはないときっと返されるだろうが、ならば、だけでないというそのことを現実に保証させることだ。すこし辛くても、それが現実のものになるまで、事態を隠してしまう可能性のある慰藉といったものは受けいれないということもある。

一つ、表に出すことになる時に、その仕方を吟味することができる。かつて『良い死』でとりあげたのは、ユージン・スミスが撮った、胎児性水俣病の子とその子を抱く母の写真の使用を巡ってあったできごとだった（[200809:227-230]）。他にも、先天性四肢障害児の写真のことが議論されたことがあった。例えば、原発を許すのであれば、こんな不幸なことが起こるかもしれないことが示されるというのだが、それは指が一本少ないとかそういったことだ。それはこんなに不幸なことで、ゆえに、直視し、語り合い、慰めたりするようなことであるのかである。そしてそのように言われると、今度はすぐに「配慮が足りなかった」として除去され隠されてしまうのだが、ここではむしろ、その素早い対応を遅らせ、例えばその配慮（の足りなさ）とは何のことかと言うことだ。

★註

★01　これらの営みについてのよく知られる古典的な著作としてGoffman［1963 = 2001］がある。ゴフマンについての本に中河伸俊・渡辺克典編［2015］。『アサイラム』を紹介した短文［200204］は［201511］に収録した。『変身の社会学』（宮原・荻野編［1997］）といった本もある。

★02　それがインペアメントを強調することとは別のことであることは述べた（40頁）。つまりそれを言う（従来の障害学が軽視していると主張する）人たちはたいがい、痛みや異なりのことを気にしている。

それが気になるのはまったくもっともなことである。しかしそれは軽視されているインペアメントをもっと見るべきだということではない。

★03　他方で機能としてはさほどの違いがない「軽度障害」について、「できない」よりも「異なる」の方が大きな意味をもつことがある。軽度障害について『軽度障害の社会学』（秋風千惠［2013］）、『障害・病いと「ふつう」のはざまで』（田垣正晋編［2006］）。

★04　他に同様の主題を論ずる文献は日本ではさほど多くないが、森戸［2008］等。

ベーシックインカムの理論家の一人であるヴァン・パリース（著書にVan Parijs［1995＝2009］）が、意外に真面目に「上乗せ」を正当化し、「非優越的多様性（Undominated Diversity）」なるものをもってきて、その根拠と基準を提出しようとしている。ここでも機能的な差異だけでなく様々がいっしょにされ、むしろ美醜を巡る差異が例にあげられた上で、劣位に置かれる（とされる）人について、（ベーシックインカムと別に）付加的な給付を加えていって、これだけの給付があればその境遇を受けいれるという人が一人出てきた時に、その給付を停止する、つまりそれだけが給付されるようにすればよいという案が示される。しかしその議論はおかしなものだ。このことを著者を招いてのワークショップでの報告（［201001b］、英語原稿、日本語版もあり）で言い、「ＢＩは行けているか?」（［201004］）の第6章「差異とのつきあい方」で述べている。

★05　そこで［201109-］も途中で止まっている。それよりずっと前、石井［2001］の紹介を二つ書いた。「機能に関わることのたいていは他の人に代わってもらえる。だが姿・形は代わってもらえない。そして、「べつにあなたに敵意があるわけではないけれど、とにかく私の趣味、感覚として、好きになれないのだと」などと言われるかもしれない。そういう居直りに反論できたとしても、ではどのようにしたらよいのか。そんなことを考えてしまう。今あげた本にしてもそれに答えてはいない。

そうやって考えていってなにかが出てくるのか。直線的に話を詰めていっても、ただ詰まってしまう

だけなのかもしれない。まずすべきこと、できることがあるだろう。」(［200105］)

「別のわからなさがある。サリドマイドで両腕がない女性の増山さんが話した話。「ある女性は、増山さんが「結婚して主婦をしている」と言うと、「世の中には捨てる神あれば、拾う神ありねえ」と涙ぐんでしまったという。「毎日がスリリングですよ。相手が意表を突くことを言うのでおもしろいです。」」／増山さんもおもしろい人なのだがここでは「ある女性」のこと。こういう人はいるだろう、いや確実にそういう人を知っていると思う。さて、その人になにを言ったらよいだろうと思う。そういう「教養」に欠けたことを言わせなければよいのだろうか。でもどのようにして、か。もう一つ、ただ口に出さなければ態度に出さなければよい、というものではないとも思う。」(［200104］)

本章(本書)を書いた後、西倉［2018］を読んだ。石井(たち)の提起をどう受け止めるかが書かれてあって、それは本章、それから第7章第2節(196頁)で言おうとしたことと重なるところがあると思った。

★06　白田幸治の研究(白田［2014-2016］)が関わる。苦しみは(普通の意味での)社会モデルによっては包摂されないと言われる。それはそのとおりだと思う。関連して桐原［2016］。

★07　例えば腎臓病にしても、人工透析がうまく行っている限り他のことに支障がないのであれば、それは人工透析によって補うことのできる「障害」だということになるだろう。苦痛もまたその受け止め方によって変わってくるだろう。もちろん苦痛によってできていたことができなくなるといったことは多々ある。だがこのことは両者を分けることができること、分けた方がよいことを否定するものではない。動かすことはできないのだが、身体にとくに苦痛のない状態はある。苦痛——補われないことに伴う苦痛を除外すれば——のない障害はある。他方で、苦痛とできないこととは同時に存在する場合もあり、苦痛ができないことをもたらすこともある(→註09)。

★08　病院における死への慣れについてSudnow［1967＝1992］がある。やはり病院における看護師たちの慣れについてChambliss［1996＝2002］。これらを紹介した短文［200407］は［201708］に収録されている。

★09　大野真由子は強い痛みが常時身体にある複合性局所疼痛症候群（CRPS）の人たちの生について論文を書いた（大野［2008］［2011a］［2011b］［2011c］［2013］、博士論文が［2012］）。論文には書いていないが――それは彼女が書かないことを選んだからだった――彼女自身がCRPSの人だった。痛み、というよりは痛みのもたらす生活上の障害が政治的給付の対象にならないことを問題にした。痛みを測り示すことができない、あるいは困難であるから対象とできないとされるのだが、米国や韓国では障害として認定されていることを示した。彼女はくも膜下出血で亡くなった。その博士論文を出版できればと思っている。また、線維筋痛症の人たちについて稲毛和子［2018］。痛みに関わる研究もいくらか出てきているようだ。たくさん文献を調べて紹介できるとよいが、五つあるとした他の契機すべてについて、本書でそれは果たすことができない。

性同一性障害に関わる医療とその失敗とその責任（→吉野靫［2013］［2019］）、医療過誤訴訟、所謂薬害エイズ訴訟、等に関わって催された企画があり、その記録他を集めた報告集があって（山本・北村編［2008］）、私はその後ろに「争いと争いの研究について」という短文［200810］を書いた。そして改稿して、主に所謂自閉症スペクトラムの人たちのことを書いた『自閉症連続体の時代』［201408］の終わりに収録した。きっとそんな部分があると思われていないその部分をなぜその本に置いたかは、本に書いた。

「救済されるために、自分たちがいかに大きな被害を受けてきたのかを語らねばならない。［…］そして周囲のけちな人々から、あの人（たち）は悲惨と苦痛を大袈裟に言っているとか、さらにはあの人（たち）は偽っているなどと言われる。そんなことではないのだ、と言っても、聞いてもらえない。［…］そんな悲しい世界から抜けるためにも、医療や福祉のサービスを受け取れること、暮らせるだけの所得が得られることは、そうしたサービスの必要や稼ぎのないことが被害に関わっているとしても、それと別に、得られるようにした方がよい」（[200810]、いくらか改稿して［201408:282-283］）。

「すると被害者の訴えは、たんに悲しみ・恨みに発するものになる。［…］訴えは、ただ本当のことを知り、謝罪を求めようとするものになる。そのような人たちだけが訴えることになるから、別の利害があるなどと邪推されることがなくなる。」（[201408:283]）

このことは以前から思っていて幾度も書いている。『自由の平等』より。

「平等の定義にさほどの意味はない［…］こうした議論は、たしかにときに必要なのだが、必要な理由を忘れてのめり込んでしまうと、人々がある状態のときにいかに不幸であるかを言わねばならないかのようになってしまい、そしてその真剣な主張が誇張であると受け取られてしまい、さらにそれに反論しなければならないといった嘆かわしい事態が生じてしまうのである」（[200401:106]）。

『良い死』より。

「死や苦痛や不便をもたらした者たちを［…］追及するのはよい。ただ、第一に、そのことを言うために、その〔被害者たちの〕不幸をつりあげる必要が出てくることがあるとしたら、それはなにかその人たちに対して失礼なことであるように思えるということだ。だから、それはしない方がよい」（[200809:177]）。
★10　苦痛を表わすことについて書いた人としてスーザン・ソンタグがいる（Sontag［2003 = 2003］）。その人は、知られているように、結核やエイズといった病がなにかを象徴してきた事実を記しながら、病があくまで即物的に捉えられるべきことを書いた人だ（Sontag［1978 = 1982］［1989 = 1990］）。そしてその人は癌で厳しい闘病の生活を送った後亡くなったが、そのことをその子である人が書いた本（Rieff［2008 = 2009］）がある。
★11　私たちが関わる人たちの研究の一部ずつを収録し活動を紹介した『生存学の企て』（立命館大学生

存学研究センター編［2016］）で私はその「補章」（［201603b］）を担当し、その中の「語らなくてすむこと・埋没すること」で山口真紀の仕事（山口［2008］［2009a］［2009b］［2012］）に触れている。そして、アーサー・フランク（Frank［1995 = 2002］等）を呼んだ企画（その報告書は有馬・天田編［2009］）で話が噛み合わなかったことも書いてある。その企画のためにその『傷ついた物語の語り手——身体・病い・倫理』を読みながら書いた註が『良い死』にあった。

「第6章「探求の語り」が私にはよくわからなかった。わからなかったというか、必ずしも受け入れる必要のない前提を共有して初めて理解できる章であるように思った。［…］

語りたくないのであれば、そして／あるいは語ってよいことがないのであれば、語らずにすませるためにも、私たちは、たとえば歓迎できない出来事が起こってしまった時に何を語ってしまうのか、それを分類し、並べ、それぞれの得失を計算したりする必要がある。山口真紀［2008］がその仕事を始めている」（［200809:232-233］）。

★12　田島［2006a］［2006b］→［2009b］、田島編［2014］、他に田島［2009a］。

★13　このことは小泉義之との対談（小泉・立岩［2004→2005］）でも述べた。そして小泉は、状況がそのようなことであることが気にいらないのであり、そこでそんなものではない「病の哲学」を構想しようという（→第1章註01・31頁）。

第6章　加害のこと少し

1　厄介であること

病や障害と呼ばれるものにある契機として五つはあると述べ、その各々について、本人はじめ種々の人間にとっての正負を見ていくことが必要だとした。その五つめの契機としたものが「加害」だ。[★01] これをどのように捉えたらよいか、迷うところがあった。『造反有理』他でも、書けないといったことしか書いたことがない（[201312:343-346] 他）。それでもその後、やはり、それはまずは書いておいた方がよいと思ったから、『相模原障害者殺傷事件』の第1章になった「七・二六殺傷事件後に」（[201609]、改題して「精神医療の方に行かない」）は書いた。本人の苦痛を軽減するのが、まがりなりにも医療の建前であるなら、「社会防衛」の是非自体は別として、医療者は、本人のための行ないではないと疑われうるような仕事からは手を引くべきであること、等を述べている。

加害（性）はとにかく難しいように思える。わるいことをしたら罰せられるのはよい。しかしその人がわざとやったことでなければ、自らの意志で止めることができなかったことなら、やはりその人の責任は問えないだろう。そして死刑は私はいやだ。そしてどんな手を打ったとしても、悲しいことではあるが、加害行為がまったくなくなることはない。ずっと言われ続けてきたことではあるが、加害を減らす手段は本人を罰したり介入したりする以外に、様々にある。貧乏を減らすのが本来は一番てっとり早い。そして、それをなくすため、減らすためといって、犯罪を行なう確率が高いとされる集団に属しているからといってその人（たち）を特別に扱うといったことは極力しない方がよい。そんなことぐらいしか思いつかない。また、今述べたうちのいくつかについて、きちんと理由を言うこともできない。だから、ここまでで止めておくことしか今はできない。

ただそれでも、実際には、ずっとこのこと、とくに最後の障害と犯罪（の抑止）との関係が問われてきたことは知っておいてもらいたいと思う。日本ではとくに一九七〇年代以降、精神障害者たちについて「保安処分」――ウィキペディア的には「犯罪者もしくはそのような行為を行う危険性がある者を対象に、刑罰とは別に処分を補充したり、犯罪原因を取り除く治療・改善を内容とした処分を与えること」――の是非が争点になってきた。それを作ろうという動きに反対する運動があり、私自身も、実際に何かしたということはないが、反対の方に賛成してきた。

ただ、こんな「処分」をいついかなる場合にも全面的に否定できるかという問いは残るのだろう。例えばこんな場合だったら、といった「極限的なケース」――そしてそれはたしかにまったく架空のことというわけでもない――をあげて、考えるとどうなるのだろうか。このごろの倫理学――とくに「生命倫理学」――はそのように議論を進める傾向があるようだ。ただ、その前に、せめてそれと同時に、実際のところはどんなことが起こっているのかを知った方がよい。知的障害とか発達障害の中に括られる自閉症といった人の犯罪と裁判について詳細に追った書物も出ている（佐藤幹夫［2005］［2007］等、紹介として［200511］）。それらを読んでみるのがよい。まず言えることはそのぐらいで終わる。

書けなかったこと、書けないことの理由はまだ書ける。一つにはすぐに考えられることはたいがい既に言われているということ（それに三つはあることを後述する）。そしてもう一つは、「加害」とそれを避け防ぐことをどの範囲で考えるかについて。狭義の加害自体はじつはそんなに大きな部分を占めているわけではなく、それよりも大きい範囲が「防衛」の対象になっているということだ。それをどのように分けながら、しかしまとめて言っていくか、そのやり方は少し考える必要があると思った。

犯罪の類について、それは通常は能動的な「行為」とされるが、身体的・器質的な要因が関わっているとされるなら、その意図性は低いものとされることになる。そして、伝染の可能性があることによる加害が恐れられるときには、意図的であることは通常想定されてはいない。さらに、できないことを介して扶養や生命・生活維持のための負担が感じられることもあるが、そこにできない人の側の意図はない。しかし「社会防衛」という時には犯罪からの防衛だけでなく感染からの防衛は含まれる。そしてここで「社会」といって大きな範囲だけを考える必要はない。家族という小さな単位もまた防衛されたいのであり、犯罪と感染を防ぐために、また家族を防衛するために同じ施設が使われもしてきたのである（[201812]）。私たちは、他人（たち）に災難をもたらす身体的な要因はないと決める必要はない。それはときに存在するだろうし、ときにその因果の妥当性を巡る議論に加わることも必要とされるだろう。ただまず、身体的なものに要因が回付されることがあるという事実を捉えることだ。（それを捉えその事態について考えるためにも、予め障害や病をこちらで規定するべきでない。）

そのうえで、今のところ、五つの各々について、それが他人たちに負のものと捉えられるもの（負荷）を——例えば三番目の「できないこと」については、そのことがこの社会において、とくに近くにいる家族に負荷をもたらすというように――考えるようにしようと思っている。実際には、この狭義の加害以外の方がより大きく効いている。負荷と言っても負担と言ってもよいのだが、今度の本では「厄介ごと」などと記した。これら他人に負の影響を与える行為となると広いから、五番目の「加害」については他者に向かって振るわれる行ない、というように狭くとっておこうと考えている。ただ、繰り返すが、そうした部分は全体のそう大きな部分を占めるわけではない。本（[201812]）では有吉［2013］に引用された一九七〇年と七二年、当時の厚生大臣の国会答弁も引いた。そこでは、結核、ハンセン病、精神疾患が「反社会的」なものとして列挙され、それが反社会的であることにおいて社会防衛の対象であり、そのことにおいて公費負担の対象になり、それ以外のものはそのようには断じられないので、公費負担の対象にはできにくいなどといったことが述べられていた。

そこからもわかるのは二つのことである。一つは、「社会防衛」がけっして悪い意味で用いられているわけではないということである。そして一つは、広い意味で用いられているということである。実際に存在し、そして病院体制が適用されてきたのはもっと大きな範囲に対してなのである。

まず後者、範囲の広さについて。ハンセン病の療養所ができ、収容されていった。これについてはここ数十年間に様々が書かれ知られるようになった。比べて今は忘れられつつあるが、結核についても国立療養所が作られていった。両者の（元）病者たちの運動がこうして隔離され集められたところから起こってきたことを述べた。

これらの人たちは単純素朴な意味で加害を行なうわけではない。まず言われたのは伝染の可能性である。苦痛や死をもらたす病を他の人にもたらす。その可能性によってそれは防がれるべきものとされた。それに対して言われたことの一つはその害を過大に見積もっているというものだ。ハンセン病についても感染性が否定されて久しい。近くはエイズの流行についてそんなことがあった。「偏見」でしかないことが存続してしまう。依然としてそうした部分があり、しばしば起こるのは事実ではある。ただ事態を存続させたのは感染だけのことではなかった。

なおるようになってから、感染を恐れなくてもよくなってからも、それは存続した。それには「無根拠な恐れ」「いわれなき差別」もおおいに作用したにせよ、それと連続もしていた契機があった。その人たちのある部分は「療養」する人である。とくに医療として何ほどのことがなされたわけではない。医療はときに必要だったが、入院・入所する必要はなかった。しかし、まず人を病にすることを他害とすることによって強制収容を正当化するとともに、そのおそれにも由来して「自活」できない人の生活の場としてそれは存続した。そしてその生活・処遇に対して抗議する運動としてその人たちが組織化され、運動が展開されていったのだった。そしてその運動は、抗議の運動でありつつ、ときにまったく同時に、その場での生活を護るための運動でもあった。

ハンセン病の療養所は長くなくならなかった。その施設の多くは僻地に建てられたし、今はもう古い施設・設備でもあり、その居住者は少なくなっており、さらにこのままだんだんと少なくはなっていくものの、居住し続ける人がいる中で、すぐに別の入居施設に転用されていくことは考えにくい。ただ、結核は、薬そして生活環境、例えば栄養状態の変化――医療社会学者はこちらの側面を強調する場合が多い――によって減っていき、感染の恐れがなくなっていくし、本人たちにも「社会復帰」できるようになっていく者がいる。それでも残るしかない人たちはいて、国立療養所の結核病棟の廃止に対する反対運動が展開されたが、縮小・廃止は進められていった。

こうしてハンセン病施設は長くそのままにされたが、療養所の結核療養者は減っていく。するとその施設における次の「受け皿」のことが出てくる。経営者やそこに働く人にとってそれはより差し迫った関心事だった。組織の経営に関わる当時の厚生省にもその「空き」をどうするかという関心はあっただろう。

結核の後に空いたところがどうなっていくか。国立療養所が受け入れたのは、大きくは二種類の人たちだった。身体と知能の両方に重い障害のある人たち――とされたがとくに当初はサリドマイド児や脳性まひ児等かなり様々な人たちが混じっていたという――を受け入れる重症心身障害児施設（重心）であり、もう一つは筋ジストロフィーの子どもたちだった。

その人（子）たちはさすがに「反社会的」とは言われなかった。同情の対象になりやすかったということがあった。明らかにかわいそうであるとされたのがその子どもたちであり、その子の苦難とあまり区別されなかったのだが、その親たちの苦難が言われた。実際には、誰が苦難に面しているかと言えば、それはまず家族、親たちであり、それに対する救済、救済のための対策を家族が主張し、それが認められていく。それが六〇年代の前半以降に起こったことだった。さらに七〇年代には「難病」が救済の対象となっていく。その手前、同時期、「難病」という範疇の成立にも関わるのだが、スモン病が問題になっている。ここではさすがに「反社会的」は言われない。行政側は、言葉をにごしながらも、社会がもたらした病――「社会病」といった言葉があったという――についても「公費負担」を認める流れになっていく。それは「公的責任」を曖昧に回避しつつ、それでもいくらかのことはしようという策であったのかもしれない。そしてそこに開かれた「難病」という範疇に、以後様々が入っていったという構図を描くことができる。さきに紹介した厚生大臣の答弁はそうした時期の、そうした病に関わるものだ。

国立療養所（国療）における結核から「重心」、筋ジストロフィーへという移り変わりは、その現場にいて知っている人は知っているが、普通には思いつかない。しかし連続もしているのだ。つまり、親たちは当時最も大きな困難に直面しそれをいくらかでも軽減しようとした。それもまた「防衛」の行ないであった――困難・負担を最初からたまたま回避できている多数の人がいったい何をその親たちに言えようかということではあるが。それは強制ではなく、とくに初期には、切実な希望によって、希望者の中の幸運な人がようやく入れるというものではあった。けれども、その子自身が希望したのではない。その子たちは入れられた人たちだった。

今度のもう一冊の本ではこれらについての経緯を簡略に記した。ただ、ここまでで一つ言えることは、病院という施設とくに入院・入所という形態が、急性疾患の時代にそれに対応するものとしてあったという把握は基本的に当たっているとして、すくなくともそれだけのことではなかったようだということだ。そこには（広義の）「防衛」が作用している。そして医療は「自傷他害」や感染（の恐れ）によって強制を正当化される。子どもであることによって措置されることもある。認知症等における「決定能力」の喪失も理由にはなる。そしてさらに、自身がこれではやっていけないと思ってのこともある。そしていったん入所すればもといた場所に戻ることはさらに困難になる。

3　やがて社会防衛が一部で否定される

もう一つ、ここで「反社会的」「社会防衛」を口にすることは否定的なこととして捉えられていないということである。『造反有理』（[201312]）でも述べたのは、精神科医の親玉のような人たちもそのことを肯定していたということだ。ライシャワー事件（一九六四年）は業界では有名な事件で、それをきっかけにした司法の介入に精神科業界が反対したという記述になっている。それ自体は間違ってはいない。ただそれは、（狭義の）社会防衛、犯罪の抑止はよしとした上で、そのためには医療の方がよい、医療がその役割をよく果たせると秋元波留夫らは主張したのだった。

それが批判の対象になるのはその数年後、六〇年代の後半になってからだ。その後、所謂医療観察法の成立・実施に至り、その後も続く運動において、「社会防衛」は、批判するその陣営において、ということになるが、否定的な言葉になる。それが社会の主流になるといったことはなかったが、運動に直接に参与するのでないとしても似た気分を共有する「学」の側において、例えば「医療社会学」のある部分も、そんな発想に親和的であってきた。

それはこれから述べていくように具体的には保安処分に反対する運動のもとにあったから、既に社会防衛そのものというより、「予防拘禁」という「不当な」防衛の仕方が問題にされていたのだが、そしてその時にも医療は否定されていないのだが、それでも、その医療の「目的」が問われたこと、それを医療と言ってよいのかという疑問が示されたという意味では、やはりそこに変化はあったと思う。この時の人々は、実際になされていることは治療でなく防衛のためのものだと捉えた。医療が本人のためになされるものであるとすれば、そのように捉えられない部分、本人のためにならない部分がある。それは医療でないと言う。考えればまったく当然の単純なことだが、すくなくともその少し前まで、それが当然でないことがあったということだ。その変化はかなり大きなことでもあったと考える。

そして、法律の制定が幾度も浮上し、運動はそれに対する対抗の運動としてあってきたから、そこで直接に批判の対象とされたのは国家・国家権力であり、そしてそれはその時の社会運動の構図によくはまるものでもあった。

そうした活動が学会においてもなされた一時期があり、それは離反・拒絶を生じさせもした。医療が病者のための営みであるなら、この問題を取り上げること自体は、医療者が医療者であるためにも、なされるべきことであり、健全なことではある。ただ、反対するとし、その反対を表明すること、さらにその闘争に関わることは、一つ、日々の診療・医療とは直接には結びつかない、すくなくとも別の仕事としてなされることになる。そんな話ばかりがされていると多くの人たちは引いてしまう。そんなことが議論されている場に寄りつかない人たちもいる。

そんなこともあるが、問題はより面倒なところにもある。まず、予防拘禁とは分けて考えねばならないとしても、加害からの（自己）防衛そのものについては否定できないという感覚がある。たいがいの医療者は殴られるぐらいの危ない目にはあっている。

そして、反保安処分が看板にされている間はあまり明示されないのだが、防衛の対象になっているのは普通の意味での犯罪ではないということも感じられている。『精神病院体制の終わり』（［201511］）で取り上げた十全会病院が引き受けたのは多く認知症の高齢者であり、その中で強い加害性があると見た厄介な人たちは断ったりもしながら、おもには人に暴力をふるうといった元気などない人を収容した。ただ、その収容に際し、事実上まともな判定も手続きもない仕組みのもとで、加害の可能性のある人を医療施設が強制収容してよいとされることによってその行ないが許容され、また加害性を抑止するための医療行為としての拘束等をして他の施設が受けいれない人を受けいれることにもなった。

こうした現実は、その現場において感受されていた。すると医療や医療者の手には負えないということになる。困難はそのことにも発している。狭義の加害が世の中で起こっているやっかいごとの小さな部分にしか関わらないことは明らかだと思う。暴力はたしかに大きく深刻なことだが、他方に、それほど直接的に暴力的でないが長い間には大きく効くこと、疲れさせられることがある。

ではどうするかについて、ひとまず書けることは書いてきた。精神医療に即するかたちでは、『精神病院体制の終わり』に書いた。ここでは、そこでとりあげなかった狭義の加害について、いくつかを確認だけしておく。

ただ以上略述した事情によって、保安処分関係については、例外的にたくさんのことが書かれ、本も出ている。私が二冊の本に書いてきたようなことに比べると、多くのことはもう言われていて、私自身が加えるべきことを思いつかないということもあった。[★02] それでこれまで書かなかった／書けなかったということもある。[★03]

この社会に作られ維持されているとされる大枠からそれほど外に出ることはできないという感覚がある。それが書くことがないと思えてしまう第二の理由である。さらに第三に、その大枠は動かせないまで、具体的なところとなるとそうはっきりとしたことを言えないとも思える。そして詳しくもないこんな時にはごく基本的なことを確認しておく他私がすることはないから、それを少し行なう。

4　基本的には加えることがないこと

第一に、人を――まず狭い意味で――害した人を罰すること、負のものを与えることについて。これをまったく否定する人はそう多くはないだろう。そして私も否定しない。

もちろんそこには何をよくないこととするのかという問題があって、しかじかのもの（例えば同性愛、あるいは麻薬使用の一部）が脱犯罪化され、しかじかは犯罪にされていくといったことはあるが、そのことは知られているし、言われているからここでは省く。ただその境界が可変的であることはもちろん、害とされるものがなくなること、なくなるべきことを意味するものではない。ここではまず、人を殺すとか傷つけるといった行ないのことを想定している。

それに対応する行ないの一つに罰することがある。そのなかに権力の行使としてなされる刑罰がある。なぜ罰するのか、さらに狭義に刑罰が正当されるのか。幾つかの立場があることは刑法学のあらゆる教科書に書いてある。

大きくは応報と予防であるとされる。後者（[199709→201305:373ff.,418ff.]）には、（1）刑罰の予期を与えることによって犯罪を抑止する（「一般予防」）という立場（ベッカリーアらの「前期古典学派」）、（2）犯罪の要因を探しその原因と思われるものに介入し改変することによって防止すること（「特別予防」）を主張する立場とがある（「近代派（新派）」、その中で生物的要因を重視するのがロンブローゾ以下、他方社会的要因を重視する人たちもいる）。他方に（3）「応報」を主張する立場がある（「後期古典学派（旧派）」）。これらの間に論争があり、どの立場に立つかによってたしかに幾つかの場面でどのように刑罰の仕組みを構成し運営するか、いくらかは分かれる。

論者によっては、例えば応報しか認めないという人、そしてそれは応報感情とは切り離された別のものだといった主張を貫く人もいないではない。また、自由意志を巡る議論もあってきた。例えば、（2）は生物学的なあるいは社会的な因果を探しその原因・要因に介入するから決定論的であり、（3）はその本人に「帰責」する根拠として自由意志を要請するから立場が異なる、相反するということになり、その間に論争が起こり、そして続いて、終わらない。

それでも三者――そして（2）の中でも社会的要因と生物的要因を言う側の間の差は大きい――は並存しうるし、現に並存してきた。我々のごく大雑把な「常識」は、行為が種々の要因・事情に影響されることも知りながら、いくらかは自分でどうかなることをも認めているから、この水準での並存も崩されることはない。

私は、並存しているというそのこと、その並存の様相、使われ方が重要で、その様相を捉えておくべきことを述べてきた（[199709→201305:407ff.]）。現在もそう考えており、実際（誰かが）なすべきことであると考えている。ただ、そうした大切な細部を全部省いてしまうと、行為者を罰することの全体はどうも否定できないように思われる。それは「分配的正義」の領域において、自らが生産したものを受け取れるというのと構図としては似ている。しかしその生産物の自己取得という構図は否定できるが、とくに人に対するある人の危害について、そのある人が報いを受けることは否定できない。どうしてそう言えるのかの一部を述べたのが『私的所有論』だが[★04]、その後私はおおむね「分配的正義」に関わる議論を続けてきて、話はそこから進んではいない。結局、大筋では、行なった人が罰せられることを肯定している。既に言われていることと違わないから言うことがないということの一つはここに発している。

次に、今記したような複数の立場がありつつ、心神「喪失」あるいは「耗弱」といった用語を使うかどうかはともかく、仕方のない事情で、自分が何をしているかわかっていない状態においてなされた行為については、そうした刑罰が免除あるいは軽減されることも認められているし、それは認められてよいと考える。それが基本的な言うことのなさの二つめである[★05]。

5　それでもどちらがよいかと考えることはできる

ただそのうえで、これもすでにさんざん言われてきたことだが、刑罰は一つの対応であり、対応でしかない。社会科学がずっと言ってきたことは、もっと別のやり方があるだろうということだった。そしてそれは因果論にも関係している、またさせられている。犯罪の多くは社会的な要因によって起こることだから、社会的な対応をするのがよいということだ。そしてそれは、できれば、その加害が起こる手前でなされるとよい、そうすれば害されることもなく、罰する必要もないとされる。

そしてそれは、まったく言い古されていることではあるが、依然として、いつまでも繰り返してよいことだと思う。述べたように、この度の「精神」関係の二冊では狭義の加害についてとりあげることはなかったのだが、佐藤幹夫の『自閉症裁判――レッサーパンダ帽男の「罪と罰」』（佐藤［2005］）の「書評」（［200511］）は『精神病院体制の終わり』の方に収録した。その本に書かれていることの一つはそのことだ。その人が浅草で人を殺すという事件が起こらなかった幾つかの可能性がある。あるいは幾つかが組み合わされれば起こらなかったかもしれない。その本を読むと、それはありえたことだと思える。

ここまでも言われてきたことで、私は何も加えていない。三つめの言われてきたことの繰り返しになる。罰する以前、罰せられるようなことをする前にできることがあって、そちらの方が大切であると言われる。基本的にそのとおりだと思う。それをまともに実現するべきだと、新しくなくとも、変わらず言っていくべきだと思う。

ただ、以上三つ当然のことを受け入れるとした上で、まず一つ加えるとすれば、三番目について、今述べたような方向が常によいということではないということだ。このこともまた自明なことなのだが、今あげたような説得力のある本を読むと、また「社会科学」に浸かっていると忘れることがある。だが、何が何よりよいかは常にはっきりしているわけではない。

ライシャワー事件への対応の後、精神医療業界で言われたのは、司法でなく医療で、ということだ。そしてそれは、後述する医療観察法において（司法的手続きを経てからというものではあるが）実現したといってよい――そのように言える理由もまた後述する。社会防衛、犯罪の抑止が目指され、そのためには医療の方がよいと秋元らは主張したのだった。ただ、刑務所への収容他、司法での対応より医療の方がよいと、常には言えない。刑務所送りになった方がまだよいと言われる余地はある。それはただ粋がっているわけではない。この国の刑務所に適応しにくい人、状態がひどくなるだろう人もたくさんいるだろうから、もちろん常にということではないが、多くそこにいる期間（上限）は決まっている、そして脳の状態自体をなにかしようというのではひとまずない刑務所の方がその人にとってはよいということはありうる。

そしてさらに、そうした収容や医療や行刑といった処遇の前に、「社会的に」なされること、その手前でなされること、社会的になされることもまた、すくなくともその者にとっては、常によいというわけではない。感化されたり教育されたりするよりも、入れられるところに入れられた方がよいということもあるだろう。

むろん、この場に既に精神病・障害は関わっている。脳内のなにかしらが作用因の一部ではあるということ、そのことを全面的には否定しないとしよう。加害性の「巣」のようなものがどこそこにあるという話がある。それを除去するのはよいのかと問われて、多くの人は気持ちのわるい感じを抱くだろう。比べればまだ、薬によって（しばらく）鈍麻させるというやり方がよいと思うところがある。だが、その感覚がどこに発するのか、どのように正当化できるのかは、それほど自明ではない。

認知症に即しては『精神病院時代の終わり』でも少し考えてはみた。ただ、それは「なおす」ことを全面的に否定しないとしたうえで、問題の部分「だけ」を取り出すことがたいがいの場合には困難であろうということだった。それは、その意識や感情の働きからなくしてしまう部分、取り除くべき範囲を決められるかという境界の問題である。例えば怒りの感情の全体を取り去るべきだということにはならないだろうし、するとさらに怒りのどの部分を取り去るべきだと決められるかということにもなる。そしてこの問題にも相関しつつ——つまり除去の妥当性を獲得しようとすれば介入が正当化される部分は限局されることになるのだから——物理的・化学的にその「局所」を特定し、それを除去することの技術的困難もまた当然のことに思える。ロボトミーがきわめて大雑把な行ないであったことは『造反有理』に記した。その後いくらか知見や技術は進歩したのだろう。だがそれはどれほどのことであったのか。今後もありうるのか。今のところ私が言い得たのは、それだけといえばそれだけのことだったが、ではそれ以外に何があるかという問いは残る。

こうして人を害することはよくないことであり、そのために罰することを正当とした上でも、同時に存在する別の実践・制度について考えることは残っている。そしてその際、名称をあまり気にしすぎることはない。近代派（新派）は刑罰と保安処分を区別しない、あるいは保安処分を刑罰の中に含めてよいのだと言うかもしれない。しかし別立ての別の名前で二つあっても実態は同じということもある。二つを同じ名称で言うか、それとも別に言うかはときに名称の違いにすぎない。

6　免責と免責されても残るもの

次に、精神状態は、原因とも目されるのだが、同時にそれは免責の理由にもされる。このことについて。

病気と免責との関係は「病人役割」やパーソンズといった人を持ち出すまでもなく、よく知られていることだ。実際その通りのことは起こる。風邪で会社を休むことは認められる。ただ事態はさらにいささか複雑ではある。しかしそのことが検討されることは少ない。『自閉症連続体の時代』（［201408］）で行なおうとしたことの一つはその作業だった。

自閉症（他）が「ただの」脳の障害であるとすることは免責をもたらした。そのことが本人によって自閉症というラベル、脳機能障害という説明が採用された一つの理由であることは述べた。そしてそれはわるいことではない。原因はじつはわからないのだが、すくなくとも、自分のせいや親のせいということではないということになれば楽だ。では免責されてそれでよかったというだけか。それですまないこともその本で述べた。精神障害についても、免責されて楽だと言われ、楽することを批判されることがあるが、そんなことはない。

ここで免責や免責にまつわることが起こる場を分ける必要がある。市場他で起こるのは、自閉症だから仕方のないことだとされたり、その「くせ」に配慮したりすることでありうるとともに、解雇したり採用しなかったりすることでもありうる。双方同意によって成立する契約が成立しないということだ。ここでは直接には強制力は働いていない。ただそのような場合に契約を結ばないこと、あるいは破棄することがあることは、法律によって保護されているという構図になっている。ではそのことをどう考えるのかというのがその本の主題の一つだった。

そして他方に刑事司法の場面がある。ときに誤解されるように、精神障害者であるから免罪されることにもされないことにもなってはいない。あくまでその人のその時の状態が問題にされることにはなっている。そのうえでも、長らく、免責・免罪が批判されることがずっとなされてきた。そうした反感の成分の分析はまた別途なされたらよいと思うが、なそうとしてなしたこと（避けようとすれば避けられたこと）について責任を負うという帰責の構図に対する全面的で説得的な根拠を有する批判はあまり見当たらない。一つに極端には「詐病」によって、罰せられることから不当に逃げているというもの言いがある。他方に、それが「本物」であるなら、今度は「野放し」にすることになるという懸念が、いくらか報道等における言葉遣いは変わったにせよ、結局のところは変わらず、むしろより強く言われるようになってきている。

そして、言説として顕在化するのはわりあい近くになってからのように思うが、場合によっては本人が「責任」を引き受けようとすることもある。『自閉症連続体の時代』でも、免責を求め自分にあった処世術を自らも使い他人たちにもそうした配慮を望みながら、すべてを自閉症のせいにはしない、自らが責任をとる（とれる）人間であることを示そうという言説があることもまた見た。精神障害についてもそんなことはある。ここでも――その流れを追うのは誰か別の人の仕事になると思うが――本人が認めつつ、しかも責任を負うという言説もまた見られるようになる。やはり今度の本に想田和弘の映画『精神』を紹介する文章（[2012076]）を収録したが、そこでもそのように受け取れる「本人」の発言があったように思う。確かには、あるいはまったく覚えてはいないが、それでも「やったのはこの私だ」というのである。こうした言説の連続性と変化についても調べておく必要があるだろう。

責任を取ろうという気持ちはわかる、それはなされてよい主張ではあると言ってよいはずだ。そうした言説のすべてを否定する必要はない。ただ、これを引き受けないと「一人前」と認めてもらえないからといった動機もまたそこには含まれているように思える。ならば、そのような気持ちにさせている側としては、その「当事者」の言うことをそのままに受け入れるわけにもいかないはずだ。

結局、「わざと」やった人以外の罪は問えない、状態の忖度は認められてよいだろうと考える。すると、罰を免ずるあるいは減ずるしかなかろうということになる。そしてその場合に罪は問えない。怪しいと思いながら、精神鑑定といったものを底から否定するといったところまではたいがいの人は至らない。基本的な言うことのなさの二つめと先に述べたのはこのことだ。

7 範疇・確率

では、すくなくともいくらかの部分は免責されあるいは軽減されて、そのままということになるか。なっていない。一つに刑に問われることがない（ことがある）という理由と、そして（とくに精神）障害者は犯罪を行なうことがあるという理由によって、呼ばれ方は様々であるとして、それに応じた対応が主張され、そしてこの国に限らず実現されている。

このことをどう考えるか。抑止のために刑罰を使うこと自体が全面的に否定されることはあまりない。すると問題は、一つに既に行なった、しかし刑事責任を問われなかったことに対する対応、行ないということになる。さきほどの、他の人と同じに扱ってくれという言葉も、そうして周囲にわだかまっている怨念を受けてのものである部分があるかもしれない。ただそれでも、行なったことがそれで終わりになるのであれば、さほど気にされることはないだろう。結局「再犯（の可能性）」が問題になる。あるいはまだ何もしていないとして、将来の可能性が問題になる。

それに対して、一つに、人々が報道から受け取ったり、少なからぬ人が公言したりするのと異なり、精神病者障害者は危険であるという事実認識が間違っていることが言われ、それが繰り返されてきた。実際には精神病者障害者の犯罪率は低いことが言われる。これは統計的な事実である。事件が起こってコメントを求められたりする時「犯罪社会学者」が必ず言うのがこのことだ。にもかかわらずどれほどその認識は共有されているのか。★06となるとこのこともまた何度でも繰り返す必要のあることになる。ただ、その仕事もまたやってもらえている。繰り返しは必要だとしても、わかっていることではある。こちらは理屈の続きを追うことにする。

統計的に危険でない、むしろ平均を下回っていると言う。すると精神病者障害者全般、そして犯罪全般についてはそのように言えるとして、ある範疇の精神病・精神障害について、ある範疇の犯罪、例えば「凶悪」な犯罪については、そうでない、統計的な有意差があるといった反論が返される。これは理論的な主張だが、医療観察法成立・実施に至る実際の流れもそうした力のもとにあったはずだ。つまり、一方で「地域移行」を促進したいという本気でまじめな人たちがいる。そしてそのためにも、ごく一部の「触法」の人たちを別立てで扱おうという流れがあった。その過程を後で示せるだろう。

するとそれに対してさらに、精神病・障害のなかで加害性が高い部分を取り出してそれをまとめているのだから、その部分について確率が高くなるのは当然のことだといったさらなる反論が続くことになる。さらに、安全な精神病者障害者とそうでない人たちを分けるという「分断策」に対する――これにもいくつかの成分があるのだが——懸念が示される。こうして応酬は終わらない。

そして、こうしたある範疇の人を対象とした事実やその解釈とは別に——ただ多くの場合にはそうした統計の結果が援用されるのではあるが——ある人について、罰せられたにせよ罰せられなかったにせよ、過去になした行ないに関係する要因がその人にあるとされ、可能性がある可能性が高いと判断できることはある、とくに深刻な帰結が予想される場合には措置は認められてよいと言われる。

それに対してなされてきた批判は、一つに、どんなものであれ予測によってなされることに対する批判だった。確実でないことについて人に害を与えるのはよくないと言われる。

しかし全面的に予測による行ないを否定できるかとなれば、そうはっきりと否と言えない部分も残る。人は実際そのようにして行動しているし、そのことがとくだん問題にされるわけではないと言われる。行為は（だいたいきわめて大雑把なものではあるが）確率の計算によってなされる。それは未来に対する行ないである以上は仕方のないこと、むしろ当然のことである。このように返される。

そして他人に対する行ないについてもそれは言える。先のことなど確実にはわからない。それでも人を採用するとしよう。その時、相関の値がそう高くなくとも、業績と関係のありそうな属性を見て、それによって採用・不採用を決めるといったことがある。「統計的差別」（[199709→201305:610-611]）と呼ばれるものだ。そうした「差別」を完全になくせるとは思われない。しかしそれが正しい行ないであるかと考えるなら、やはりそれは違うとは言えよう。

人は統計的差別をしやすい。しかしだからこそ、法は確率をもって対してならないのだと言うこともできる。★07 強制力をもって禁止するべきであるということである。私は雇用に即してこのことを考えたことがある。基本的にはそのように考える。雇用されないことも一大事ではあるが、ここでは拘束され、もとの生活ができなくなり、危険な存在だと告げられる。本人が支払うものはとても大きい。

それでも、ではどうするかとさらに問われるだろう。これまで言われてきた様々を言ったうえでのことだが、「現場における加害」に対する対応という方向でかなり行けるのではないかと私は考えていて、「精神医療の方に行かない」（[201609b]）で述べた。もちろん殺人と殺人の予告は異なる。しかし後者で人に既に危害を加えている。そのことについて、その時において、強制力の行使が認められうること、認められるべきことがあることを二〇一六年の事件のことも想起しながら述べた。

以上ひとまず、加害についてこれまで言われていることと同じこと、加えて少し言えそうなことを述べた。

★註

★01　「障害とは何か（何とされているか）」という問いのもとでこの契機を検討しようとする文献は少ないと思う。関連する論文として寺本［2002a］［2002b］がある。私はといえば、[200301a]（[201609-]所収）でこの問題がやっかいな問題であることをすこし記したことがあるにすぎない。

「保安処分」や「医療観察法」については多くの文献がある。もちろんそれらは必要であり、またあるものは危険でもある。そしてたくさんあるが、調べられていない部分も多い。ソーシャルワーカー（資格としては精神保健福祉士）の関わり方について樋澤吉彦［2017］、看護者がこの主題にあまり関わらなかったことについて阿部あかね［2015］。

★02　法律家や医師、社会運動の担い手によって書かれているものは多い。ただ多様な医療・福祉の職種の各々について書かれたものは少ない。精神科のソーシャルワーカー（ＰＳＷ、資格としては精神保健福祉士）が医療観察法にどのように対したのかについては樋澤の研究（樋澤［2008］［2011］、これらから［2017］）がある。看護師たち（はあまり動かなかったこと）については阿部［2015］に記述がある。

★03　書いたのは、それが本章で書くことの大筋でもあるのだが、次のようなことぐらいだ。

「わるいことをしたら罰せられるのはよい。しかしその人がわざとやったことでなければ、自らの意志で止めることができなかったことなら、やはりその人の責任は問えないだろう。そしてどんな手を打ったとしても、悲しいことではあるが、加害行為がまったくなくなることはない。ずっと言われ続けてきたことではあるが、加害を減らす手段は本人を罰したり介入したりする以外に、様々にある。貧乏を減らすのが本来は一番てっとり早い。そして、それをなくすため、減らすためといって、犯罪を行なう確率が高いとされる集団に属しているからといってその人（たち）を特別に扱うといったことは極力しない方がよい。そんなことぐらいしか思いつかない。

ただ、実際には、ずっとこのこと、とくに最後の障害と犯罪（の抑止）との関係が問われてきたことは知っておいてもらいたいと思う。日本ではとくに一九七〇年代以降、精神障害者たちについて「保安処分」の是非が争点になってきた。それを作ろうという動きに反対する運動があって、私自身も、実際に何かしたということはないが、反対の方に賛成してきた。［…］

ただ、その前に、せめてそれと同時に、実際のところはどんなことが起こっているのかを知った方がよい。ここ数年、知的障害とか発達障害の中に括られる自閉症といった人の犯罪と裁判について詳細に追った書物も出ている（佐藤［2005］［2007］等）。まずそれらを読んでみるのがよいと述べておく。」（［2011105］）

★04　そこで行なったのは、分配されてよいものとされてならないものとの境界を巡る議論だった。それは分配的正義と別の正義（たいがい匡正的正義が対置される）との境界・関係を巡る議論におおむね対応はしている。けれども拙著では、個人への帰責を主張するための根拠を明示してはいない。ただ、「本当の」自由意志・自己制御が現実には存在しないという理由によって、生産者による自己取得を批判しているわけではないこと――ときどきこのことについての誤解を見かける――には留意していただければと思う。なおこの本のとりあえずの英訳版（電子書籍）を、最近ようやく出した。

★05　このことを主題にする本の企画に参加しなかったことは、さきに紹介した佐藤の本の書評でも述べた。

「洋泉社から［…］後に『刑法三九条は削除せよ！　是か非か』（呉・佐藤［2004］）となる本に収録する原稿を依頼されたことがある。書けないと思いますが、書ければ書きます、というようなことをたぶん言い、しかし一字も書かないままに時は過ぎ、結局お断りするかたちになった。［…］刑罰や責任のことがよくわからなかったし、いま書いたように様々な障害のことがあまりにわからなかったからだ。［…］佐藤はその本の編者の一人でもあり、一つの章を書いている。」（[200511 → 201510:364]）

　この本で正統的な「非」の立場に立っているのは橋爪大三郎［2004］。池原［2011］もその主張を支持している。

★06　病的に加害的な人を巡る扇情的な書き物その他は、昔からだが、多々ある。そんな人たちの方がとても頻繁に登場する。そうしたものについて、無視してしまった方がよく、まったく言及しない方がよいのではないかという思いはある。ただ、そうしたものへの対抗言説も含めて、集めて移り変わりや移り変わりのなさを調べておく必要もやはりあるのかもしれない。

★07　雇用において生じる「統計的差別」をどのように考えるかについては［200112］。禁止されてよいこと、しかしそれはそう簡単にはうまくいかないことを述べた。

Ⅱ

第7章　非能力の取り扱い――政治哲学者たち

1　政治哲学者たち

1　言われたことを検討すること

身体に訪れてしまうことをまずは五つあげ、病や障害と呼ばれるものがそこにどのように配置されるのかを言った。そして本人や種々の周りの人たちに各々が異なる正負を与えることを確認した。そして一つ、障害が「できないこと」全般のなかからまったく社会内的に取り出されることとその意味を述べた。そしてこれらから、病や障害やそれをなおすことのよしあしについて考えられることを述べた。

私はそういうふうに、分けて、順番を踏んで、考えていくのがよく、その際、さしあたり、これまで言われてきたことから学ぶことはあまりないと考えている。学ぶことはよいことに決まっているが、時間の使い方を考えたら、自分で考えていった方が手間がかからないと思っている。ただまず一つ、やはりいくらか言い返す必要がある言説・言論があってしまっているから、ふれざるをえないことがある。例えば生命倫理学と称される領域にあるピーター・シンガーらの主張について。これには学問、というよりは「運動」の方からの批判もあってきた。また私もいくらかのことを述べてきた。★01

以下では、「政治哲学」の領域の二人の人の言うことに簡単にふれる。それは、もちろん、よしあしに関わっているいることを相手にするのがそうした学の仕事であるからなのだが、いま述べたように、そこから何かを新たに学ぼうというよりは、ある範囲内のある筋の話を（ある社会・時代の）人たちはしてしまうというそのことを、ただその人たちは理論家で論の筋道（とその飛躍や行き止まり）自体はよくみえるはずだから、検討の対象とする。さらに、政治哲学がこのごろわりあい障害について語っている（語ってしまっている）という印象を受けていることもある。[★02] その全体を見るのは私の力では及ばず、興味もない。ただ、それは健全なことであるのか、とすこし心配なところがあることも取り上げることに関わる。

二〇世紀後半以降の政治哲学はかなり弱者の味方的であり、そして英米圏の学問の流通性は高く、名の知れている人たちが味方になるならよいし、論文など書く時にも箔がつくように思え、それで使えそうに思う。だが、それでだいじょうぶなのだろうかと思うところがある。問題はないと思う人はいるだろう。例えばシンガーがやんちゃな人であり、やんちゃなことを言うのに比して、以下でふれる政治哲学者たちは穏当であったり、優しい感じのする人たちである。ただ、シンガーは、ここで検討する人たちよりも徹底した平等主義者でもある。そしてロールズよりもずっと一国主義的でない。とすると、ある部分で立場が近そうだからといって問題がありえないということではない。その議論も検討・批判の対象になりうる。そして、その人たちのなかには「ケア」を言い、障害について肯定的なことを言う人がいる。しかし人は独立自尊の存在ではなく依存的であるとか、そんな当たり前のことを言うからといって、なぜその人を評価しなければならないのか。いやおおむねもっともなことを言っているのだから、肯定したってよいのだが、例えば平等や権利の話と別建てでケア（の倫理）を立てるのがよいことなのか。考えておいてよい。

こうしたたぶんに消極的な動機から、すこし検討してみる。★03 ただそれはすこし大きなところにつながっているかもしれない。既に述べたように、この社会において、またそこにある議論の多くについて、能力－業績主義は前提とされる。ただ、できないことのある部分については、偶然に負ったものであることは明らかと思われる。それについては、免責され、補償されてよいとされる。それを分配の根拠にする人もいる。しかしそれを拡張していったらどうなるか。もとにある原理・主義がほころびていって、原理が崩されるという恐怖があるだろうか。すると、一つ、甚だしい場合には除外してしまおうとするといったことが生じるのかもしれない。

もう一つは、外すのとは反対にある助ける方のこと。「支援」をめぐる居心地のわるさを多くの人たちが感じていると思う。

ある人はよいとされるものをもっていない。そこで、それがあるようにするのが望ましいと思われる。例えば、貧しいことがよくないと豊かな側が言って、援助をする。しかし、それは、その人たちを低めてしまっているのではないか。それはよくないことではないか。だが他方、その人たちは貧しいとしても幸福なのだから何もしなくてもよいという話になると、それはまた違うとも思う。

例えば、行きたいところに行けることはよいことだろう。ただ、どうしたって行けない人がいる。とするとそれは不幸なことであるのか。この単純な問いにどのように応えればよいのかということだ。

この時に普通に人が言う一番単純な答えは、行ければ行けばよいが、行けなければ仕方がないというものだ。だがそう言うと、仕方がないというのは本来は行けるのがよいということではないかと言われる。とすると、今度は、それはじつはあまり大切なことではないと返せばよいか。しかし、そのように言うのも引きすぎているように思える。どう考えたらよいか。多くの人たちは中間にいる。

私はその方が正しいと思う。精緻であるように見える議論の方が大雑把であることを示すことができるだろうと思う。

2 ロールズ・1

政治哲学と障害との関わりについて何かを言うという脈絡でも、最初にもってこられるのはロールズになる。二〇世紀後半の政治哲学者の多くは基本的に平等主義者であり、自らそのように称し、すくなくともそのようでありたいと思っているようだ。彼はその政治哲学の「再興」の最初に位置する人とされる。ただ、しばらく後になってのことだが、その人の障害や病の扱いがよくないのではないかといった指摘がなされるようになった。★04

『正義論』(Rawls［1971 = 1979］、改訂版が［1999a = 2010］)で、まとまったかたちで正義の二原則が示されるが、Rawls［1975］でその原則の例外について記される。それをとりあげた人が何人かいて、訳もいくつかある(HPに掲載)。そして、岩波書店の創業七〇周年を記念して刊行された論集に、編集部の依頼を受けて寄せられたという Rawls［1984］は、編集部によって節の題がつけられているといった違いはあるものの、そして再録についての説明は何もないが、内容は Rawls［1975］と同じもののようだ。訳文の引用はそこからにする。もとの英語の一部を()内に補っている。

わたしはまた、すべての人が正常な程度に肉体的必要と心理的能力とを有しており、したがって特別の健康管理(special health care)および精神的に欠陥を持った人びと(the meantally defective)をどのように扱うかという問題は生起しないという仮定にたっている。これらの難かしい事例を考慮することは、正義の理論をこえた困難な問題を早計に(prematurely)導き入れるというだけではなく、その運命が憐憫(pity)と不安(anxiety)をよび起こすわれわれとは隔たった人々(people distant from us)のことを考えざるをえなくすることによって、われわれの道徳的知覚力を混乱させる（distract our moral perception）ことにもなりうる。正義の第一の課題がかかわるのは、ものごとの正常な経過においては、社会への十分かつ能動的な参加者であり、その生活の全過程をめぐって直接または間接的に共同生活を営んでいる人びとの間の関係である。（Rawls［1984:112］、Rawls［1975→1985:206］、全文はHP）

なぜこうして除外される人たちが出てくるのか。

一つ、必要の多様性、人による異なりを無視したから、無視したかったからという見方がある。必要は人によって異なるからそれに当然対応するべきだと普通には思う、と思われるのだが、この人の場合はそうはならない。「基本財」は一律に与えられるものであるとされる。それについて当然に批判がなされる（Sen［1980］）。それにロールズは、『公正としての正義　再説』（Rawls［2001＝2004］、該当部分の草稿として川本隆史があげているのがRawls［1992］）、『政治的リベラリズム』（Rawls［1993］）他で応じているのだが（その紹介に川本［1995:153-157］）、『再説』での関連箇所の始まりは、「まずはじめに、深刻な障害（disabilities）をもつために社会的協働に貢献するノーマルな構成員ではけっしてありえない人々、という極端なケースは棚上げしておく」（Rawls［2001:170＝2004:297］）とある。

こうして、やはり最初から、「極端」な人たちは外される。そしてその上で、人の生涯に経験する病や障害は同じようなもので一律の基本財で足りるはずだから問題ないとする。『政治的リベラリズム増補版』では、「市民は、平等な能力はもたないとしても、少なくとも本質的にミニマムな程度は、全生涯にわたって社会の十分に協働するメンバーとなりうる道徳的・知的・身体的能力をもつ」（Rawls［2005:183］、訳は柏葉［2010:37］）と言う。

人の違いに応じて対応するとなると、人の差に応じてどれだけが補正されればよいかを測ったり決めたりすることになる。人の違いはたしかにあるが、その違いを考慮し始めると、理論・議論が困難になるおそれがある。それを避けようとして、その差異の存在を無視して、面倒な計算を回避し、すっきりした話をしたいということだろうか。そしてまた、いったん打ち出し、評価された基本財の主張を取り下げたくないということだろうか。

理論家と言われる人たちの中にはそんなところが、つまりすっきりした話をしたい、また、いったん示したものを取り下げたくない、という性向のある人たちがいる。しかしもちろん、本来は、自分の理論で扱うのが難しいから除外するというのは、よろしくないことである。そして次に、勘定にいれるのはそんなに難しいことだろうか。そんなに単純ではなく、いくつか考えねばならないことがあるが、どうにもならないほど面倒ではないことを後に示す。

それにしても、この人は、差異、不平等の現実から出発するのに、その軽減がその人の主題であるのに、差異を見ないことになっている。どうしてそうなるのか。ただ言ってしまったことを維持したいという以上・以外の思い・事情があるのかもしれない。

この人はどんな差異を見ているのか。何が境遇の差異を生じさせると考えているのか。まず一つ、人為が関わらない偶然の不運というものがある。天災のような災難に遭遇する人とそうでない人がいる。その不運に社会が対応することについては大方の同意が得られるだろう。次に一つ、社会的な条件・境遇の差異があげられるだろう。これらの差異は正当化されず、不当な条件の差異によって差が生ずることは正当化されない。よってそれを縮小させようというのである。それにも異論はないとしよう。他に一つ、「努力」による差があるとも思われるが、その部分は、この人たちにとっては、本人の責任に帰され社会的対応の対象にならないということになるだろう。すると第三はそのままにし、第一の天災に対処し、第二については機会を十全に提供すれば、分配の必要も生じないはずである。だから、結局、基本財の提供が実現するのは、従来から主張されてきた機会の平等が――実際には不当な社会的障壁が除去されず、実質的には実現されていないが――本来であれば、もたらす状態とさして変わらないということになる。だからその主張は、実は、ごく穏当な主張だ。

残るのが、身体の差異（身体と社会との関係に関して生ずる差異）である。ロールズもそれをまったく認めないわけではない。誰もが一生のある時期に病気になったりする可能性程度のものは認め、それについては基本財の提供でだいじょうぶだと言う。しかし、その病気になったりするその程度にはもちろん大小があるだろうが、もちろん大きな場合の方が問題であり、必要なものも大きい。ならばより対応するべきだとなるはずだ。だが、この人においては、そうした議論にならない。人々の不平等な境遇を改善しようという議論から直接に行きそうなところにこの議論は行かない。なぜそこに行かないのか。そのことに、もう一つのことを考えた後、次々節で戻ってくる。

3　ロールズ・2

もう一つ、この除外は、社会契約論、もっと広くいえば、人間が社会を作るという発想から来ているのだろうか。政治、民主主義に対する偏愛があるのだろうか。社会契約のための主体は契約ができるような人でなければならないのだが、そんな主体ではない人を除外するということなのだろうか。ロールズは政治参加（への各人の性向）については比較的冷静ではある。つまりとくに人々が政治に関心をもつことを求めてはいない。★05 ただ、それでも政治を（みなで）作るという仕組みになっていると、そのメンバーになりにくい人をいれるのが難しいということだろうか。社会を作り上げることに関わり立ち会う人は、それだけの能力をもっていなければならないということになるだろうか。契約によって社会が始まるのだとすると、契約できなさそうな人たちが除外されるということになる。従来、その制限に対する批判は、女性にしても、有色人種にしても、そのような決定に関わる主体であることができる、というものである。そして実際にはできるというのは、実際おおむねあたっていた。しかしできない場合はどうか。

まず、政治に関わる人間をどれだけもちあげるかとは別に、また契約という理路をとるかどうかは別として、人の社会のありようは人が決めているし、決めるしかないものではある。そしてその時に、その能力が求められることは認めざるをえない。ただまず一つ、その条件を満たすことを求めるとしても、つまり判断（合意、契約）に一定の（知的）能力を要するとし、その条件を付すとしても、その部分以外に障害があったり病にある人たちを除外する理由はないということになる。次に、より基本的な点は、実際には論者によって仮想されるその「無知のヴェールを被った合理的な人間」は、実在する人たちではなく、論者によって仮想される理論の中に存在する人だ――とするとその人たちは結局は互いに差異のない同じ人たちなので、複数の異なる「人たち」が「合意」「契約」するという必要もない。だから現に存在する人たちにそうした能力をもっていない人がいるからといって、その人を排除することには必ずしもならない。また、現にそうした決定が社会内になされるとしても、その決定に参加できない人はいるだろうし、決定できる人たちだけが社会を設定することになるだろうが、そうして設定される社会の中に、決定者ではあることのできなかった人がその社会において権利を有する人としていたとしてもかまわないはずである。

つまり、その「無知のヴェールを被った合理的な人間」は、自分たちのような人間以外が社会の成員であることを許容する社会を構想することもありうる。論理的な可能性があるという以上の積極的な理由も、二つはあるだろう。一つには、人は重い障害・病を抱えることになる可能性があるから、それを見越して、それでも生きられる社会にしようと考える場合である。

もう一つは、「無知のヴェール」の理解に関わる。無知だから、可能性を考慮して重度障害を負った時にも対応してくれる保険に加入しようというのが一つめの話だが、そのヴェールに別の意味を見ることもできる。実際には、人は人の状態についてまったく無知であることはない。事実としては、常に人は自らや他人たちのことを（ある程度）知っている。それをあえて無知であることにすると、それ自体が倫理的要請であると解するのは理にかなっている。そのことを言っているのが――ヌスバウムと同じく?、アリストテレスの研究者でもある――岩田靖夫だった（アリストテレスについて岩田［1985］他）。私はその論（岩田［1994］）を『私的所有論』で引いている（［199709→201305:524-525］）。人の属性をあえて見ない、その人が「どうであろうと」やっていけるようにする、ということになってよいはずだ。しかしロールズ自身はそこに行かない。

4 ロールズ・3

『公正としての正義 再説』（Rawls［2001＝2004］）をみても、除外されるのは、「契約者」としての資格ということではなく、その（そこで契約されて実現される）状態を得られる社会の構成員から除外されるということだ。正確を期して補足すると、その註では、その人たちを「もちろん」救うことを宣している。ただその本の議論の外部でのことになるだろうと述べている。救いはするけれども、別途別建てでということになっている[★06]。

これはやはり不思議だ。私（たち）の立場からは、とあえて言わなくても、その差異こそが社会的分配が要請される大きな要因ではないか。合理的な論の筋道のなかからは除外される理由が見いだされない。とすると、どうしてこうなっているのか。どうもこの人は、「普通の」社会というものがどういうものであるのかを信じている[★07]というか、それ以外のものが入ってくることを嫌悪しているあるいは恐れているということなのだろうか。実際その人は「不安（anxiety）」を幾度も繰り返して述べていたのだった。しかしそれは、それを言ったらおしまいよ、的な好悪があると言っているのであって、それ以外には言いようがないのか。

一つは、平等主義者として、その主張の現実性を言おうとして、非現実的と思われる大きな負担を要しそうな人たちを除外しようとしたということだ。その人は、米国的な社会にあって、自らの主張に理解を得ることに腐心した。と同時に、本人自身がそうした空間にいた。とするとそれは、この度の「歴史篇」の方の本（[201812]）に出てくる、社会のことを心配して、水俣病だと申し立てて過分の要求をする（要求しているかもしれない）人たちを除外した人たちに似ているということになる。

ロールズは、いつのころからだか知らないが、認知症になってわりあい長い時間を過ごし、そして亡くなったと聞いたことがある。本当のことであるかどうか知らない。ただ、多い少ないは本当はどうでもよいことだが、実際とてもたくさんそういう範疇の人たちがいる。その人たちが社会から最初から除外されているような社会理論を、この人は提示し、聞いた話が本当であるとすれば、自らがその社会理論が構築した社会から放逐されたということになる。

5　ヌスバウム・1

その後の種々の議論をいちいち紹介することはできないし、しない。基本的な答えは既に出ていると思うから、種々に込み入って広がった議論の全体を勉強して示そうとすることに、さほど積極的な意味を感じてはいない。ここではむしろ、どこで人は道を違えるのか。それを見るために、もう一人をあげるにとどめる。

「ロールズによる先のセンへの応答に対するヌスバウムの疑問・批判は、次の三点にまとめられる

（Nussbaum［2006:144］）。／（1）単一の尺度で計算された金銭が多様な身体・精神障害者のさまざまな領域でのケイパビリティの代用物になるのか。／（2）基本財へのニーズにおける多様性は偶然的なものではなく、日常生活に満ちている特徴であることに注意を向けていない。／（3）障害を負う時期があるノーマルケースと一生涯にわたる障害をもつ人々の生との間に連続性を認めない。」（柏葉［2010:38］）

まずはこの指摘はもっともである。そして、その議論は、障害者に最も同情的な議論のように紹介されることがある。自立し独立した人間ばかりでないことを言い、脆弱さ、依存的であること、ケアされる存在としての人間を言うのがよいと言われる。そんな当たり前のことを言うのが進歩であるとされる。その人があげるのは十個の「capability」だ。「潜在能力」と訳されることの多かったこの言葉は、訳書では「可能力」と訳されている――訳者には本人へのインタビューを含む神島裕子［2013］がある。

1「生命：通常の寿命の人生を最後まで全うできること」。2「身体の健康：生殖の自律、栄養補給やシェルターを含めた健康」。3「身体的な健全さ：自由な移動、暴力からの保護など」。4「感覚、想像力、思考：感覚器官を用い、想像し思考し理性を働かせうること。しかも真に人間的に」。5「情動：ほかの人々や事物と愛情ある関係を結びうること」。6「実践理性：善の構想を形成し、人生計画について批判的に反省できること。良心と宗教儀礼の自由を含意」。7「連帯　A：他者と生きることができること。B：自尊心をもち恥辱を避ける社会的基礎を持つこと」。8「人間以外の種：動物や植物に関心をもって生活できること」。9「遊び：笑い、遊び、余暇を楽しめること」。10「自身の環境制御　A：政治的参加　B：物質的所有、平等な所有権の確保」（柏葉［2010:40］、Nussbaum［2000:78-80］［2006:76-78 = 2012:90-92］より）。

私は「よいもの」を具体的にあげないことがよいことである――センについて、彼がリストを示さないことが、よく肯定的に紹介される――といった立場には立たない。ただ、こうして具体的にあげられるものが、なぜこの十個なのか。ずいぶん筆者の好みが現われているようには思う。

それでもそれらは、それ自体としてわるいものではないだろう。そして、これらが可能になる条件・環境が設定されるべきであるということであれば、その後どうなるかは個別の事情や好みに委ねられるから、その限りではあまり異論は出ないかもしれない。だが、ヌスバウムの場合には、各人が実際にそれを達成できることが望まれている。個々の基準を満たすことが求められる。

しかし実際には達成の限度がある。できることとできないことがある。その場合に、達成されるのがよいとすることは何をもたらすか。なぜそのようなことを言うのか。素朴で基本的な疑問はここにある。どのような場所からヌスバウムはものを言っているのか。

これらの各々についてある値を超えることが求められる（Nussbaum［2006 = 2012:85-89］）。すべての科目で一定の点数をとることを求めているようなものだ。「全ての潜在能力の閾値に達するのでなければ、その人の生は人間の尊厳に見合っているとはいえない」。そしてそのようなことを言う種々の本の一つ（Nussbaum［2006 = 2012］）は、障害者（訳書では「障碍者」）、外国人、動物について書かれる。その第2章が「障碍と社会契約」で、さきにその柏葉による要約を引用した。そしてその第3章が「可能力と障碍」。

著者は、「先天性の脳性麻痺と重度の知的発達遅滞」であり、エヴァ・キティ（著書に Kittay［1999 = 2010］）の子供であるというセーシャ――「チャーミングで愛情深く、音楽と綺麗なドレスが大好きだ。他者からの愛情と敬慕には喜んで応える。音楽に乗って体を揺らし、両親を抱きしめる。だが歩いたり、話したり、読んだりすることはできない」――と、著者の甥のアーサー――「おそらく高機能自閉症の一種であるアスペルガー症候群と、トゥレット症候群」――と、ダウン症候群のジェイミー・ベルベ（その人について Bérubé［1996］）の三人を例に出して（Nussbaum［2006:76-78 = 2012:113-116］）、論じている。「可能力の政治的なリストは、知的損傷のある市民たちの人生を考慮するさいにも、同じであるべきだろうか?」(Nussbaum [2006:186-187 = 2012:215-216])

中では一番障害の重いセーシャについて。「種の模範(species norm)を重視する見解は、セーシャの生の形態はまったく異なると言うか、私たちの最大限の努力にもかかわらず彼女は決して繁栄・開花した人間の生活(flourishing human life)を手にすることはできないと言うかの、いずれかを選ばなくてはならないように思われる。」ヌスバウムはセーシャについてはこの二つともに否であると言う。つまり他の人と同じであり、繁栄・開花した生活を送れるとする。次のように言われる。

第一の[セーシャの生の形態はまったく異なるという]返答は、一部のきわめて極度の器質的損傷に対しては当てはまるだろう。いくつかの種類の知的喪失はあまりに深刻なため、その生は人間の生ではまったくなく、異なる形態の生であるとするのが理にかなっているように思われる。持続的な植物状態にある人、あるいは無脳症の子どもを、人間と呼ぶように私たちを導くのは、情操(sentiment)だけである。[…]意識覚醒および他者とのコミュニケーションの可能性のすべてが欠けているからである。[…]私たちがセーシャの生を人間の生であると実際に考えている[…]のはたぶん、もっとも重要な人間の可能力の少なくともいくつかが彼女の生に一目瞭然としてあるためであり、またそれらの可能力つまり他者を愛し他者と能力、知覚、動きと遊びに喜びを見いだすことが、彼女を、何かほかのものではなく、人間共同体に結びつけているためである。この意味で、彼女が人間の両親の子どもであるという事実は重要である。彼女の生は人間関係のネットワークに結びついており、彼女はすべてではないにせよそうした関係の多くに、積極的に参加することができるのである。

[…]それでもまだ、最善のケアならばこのリストにあるすべての可能力を社会的に適切な閾値レ

ヴェルまで生みだすとは、とうてい言えないだろう。ならば私たちは、社会目標として、彼女のために異なるリストを導入すべきだろうか？　また、彼女が達成すべきことがらに関する私たちの政治目標として、そのリストの項目に異なる閾値を導入すべきだろうか？［…］現代のあらゆる社会では、器質的損傷のある人びとの能力と彼らの潜在的な社会貢献とを、過小評価するという傾向が根強い。それはひとつには、そうした能力を完全に支援することが非常に高くつくため、重度の損傷のある人びとが実際には多くの場合に高いレヴェルで機能しうるという証拠を、避けて通る方が容易だからである。そのような損傷の不可避性と「自然っぽさ」を示唆する用語の使用が、損傷のある人びとを利する目的で物事を大きく変化させるために十分な資金を投じることの拒絶を、覆い隠している。［…］

　人間の能力を引きだすことの、構成された（constructed）失敗。この問題は、知的損傷のある人びとのケースにおいて、いっそう深刻（acute）である。マイケル・ベルベによるジェイミーの詳述は、ダウン症候群の子どもの変えられない認知的限界だと考えられてきた問題の多くが、実際には治療可能な身体的制約であることを示している。なかでも重要な時期に、周囲の探求を妨げる脆弱な首の筋肉。そして発話の発達を妨げる脆弱な舌の筋肉。これらの子どもたちは単に「ばか」（dumb）で教育不可能だという先入観は、彼らが達成しえたことがらの正確な理解を妨げてきた。それはまさに、親たちとほかの擁護者たちが、認知上の発達を重視しそれに関する発見がなされることと、その知見にもとづくプログラムが実施されることとを、要求し続けたためにほかならない。アーサーの場合も、ほかの子どもたちとよい関係を築くことがどうしてもできない子どもであると、そして社会の構成員には決してなりえない子どもであると、時期尚早に判断されていたかもしれない。だが、両親、教育者、そして［…］最終的には法が、教育の公共的構想において社交性に大きな力点をおいたため、アーサーはほかのアスペルガーの子どもたちと一緒に、公共の費用で学校に送られたのである。そこで彼は、優れた社会的スキルを身に付けて、友だちを作ってきた。

すると要約すると、損傷のある人びとのための適切な社会目標として、可能力の異なるリストを、さらには可能力の異なる閾値を使用することは、実際には危険だということになる。なぜならそれは、困難で高くつくとされる目標を、達成できないか、あるいは達成すべきではないと、はじめから想定することで責任逃れをするという、楽な方法だからである。戦略的に正しい道筋は、交渉の余地のない一群の社会的権原として単独のリストを何度も繰り返し示すことであり、また障碍のあるすべての子どもを、ほかの市民たちのために設定したのと同じ能力の閾値まで引き上げるよう、根気よく努力することだと思われる。［…］中心的な可能力はすべての市民にとって非常に重要であり、またゆえに通常ではない損傷のある人びとのために支払われるべき費用に値すると主張することは、政治目的のためには概して理にかなっている。これを主張するよい方法のひとつは、人間的繁栄・開花(flourishing）の言語を用いて、ジェイミーとアーサーはよい人間の生の前提条件のすべてを受けるにふさわしいということと、彼らは適切な教育とケアによってそれらを得ることができるということを、述べることである。（Nussbaum［2000:187-190 ＝ 2006:216-220］、cf.Bérubé［1996］）

重い意識障害や無脳症の人たちを人間だと思うのは「情操（sentiment）」でしかない、「人間の身体を持っておりかつ二人の人間の子どもであるという事実が、ここで大きな役割を果たしており、また私たちの思考を歪める（distort）のだろう」と言う。

このような主張が批判されるとすれば、「重度障害者の切り捨て」（につながる）といった指摘になるのだろうか。実際そのように言われることがある。ただ、それはあらかじめ、ここであげられる「重度障害（者）」が切り捨てられるべきでないという前提に立つ場合のことである。★08

遷延性意識障害の場合、その回復の可能性、実際には意識があるという可能性があること、そして外からはあるかないかわからないといった指摘はなされてきた。それはそれとして大切な指摘ではあった。ただ、実際には意識があるということであれば、それは遷延性意識障害ではないとヌスバウムは言うだろう。どのように考えるか。

私は心臓さえ動いているならその存在には積極的な価値があるといったことを主張する者ではなく、「一切の線引きを認めない」という立場には立たない。本人にとっての世界があることにおいてその存在が肯定されるのであれば、その世界がないときには積極的に肯定されるのではないと述べたことがあり（[199709→201305:325-332]）、その立場は変わっていない。ただそのうえで、同時に、一つ、その人に定位した時には、その状態をそしてその存在を否定することにもならない。そして、その状態はほとんど原理的にわかりがたいという認識はやはり大切だ。そのような位置から、つまりその人にとってどうかというところから、ヌスバウムは考えておらず論じていない。

それはさきにヌスバウムがジェイミーとアーサーを引き合いに出して述べたことについても言える。極度には「重くない」人たちについて、その人に合わせた個別の基準を設定すると、社会はその人たちをよりよい状態に引き上げることをさぼってしまいがちになり、できることをしない、それはよくないというのがヌスバウムの主張だ。最初にヌスバウムが述べたこと、本当はある値を超えるのが望ましいのであり、その閾値を超えられない人であっても、その基準を設定することによってその閾値に近づくように努力することを怠らないようになるから、その（同一の）基準を維持すべきだと言っているのである。

その人に可能力があるとなぜよいのか。普通に思いつくのは、それがその人にとってよいからだろうというものだ。ケイパビリティというものがよいものだと思っている人は、たいがいそう思っていると思う。ただヌスバウムにおいてはそうではない。一つ、本人にとってよいかよくないかという意味に解すると、ヌスバウムが言っていることはおかしい。一つ、本人にとってのことでないとすると、なぜそうするべきなのかわからない。

まず前者、本人にとってよいか、について。具体的には知性について。このことはもっと詳しく後で述べる（199頁）。ここでは簡単に。

ときに具体的にはどんな世界であるかよくわからないのだが、その人にその人の世界がある。その一人ひとりの中に、知性と呼ばれるものが欠けている人がいるとして、それはどのようによくないのか。まず、ある基準をとって、どちらがよいのかと問うという問い方もある。個別には記憶がない方がよいといった場合はたくさんあるだろう。より一般的に、死の観念はなくなるように思える。よく言われることではあるが、それはよいことではないか。むろん、知性・知能があってしまった場合には、そのうえでどのように生きたり、死の到来（という観念）をやりすごすかについての道が追求されたりもするのだろう。また、既にその人にある世界が徐々にあるいは急激に失われていく時、それは悲しいことであったり恐怖であったりする（天田［2010］［2011］）。しかしそれは今の世界からの移行の時のことであり、そんな場合でないなら話はまた別だ。★09

それでも知性・知能があるとよいことはある。生きていくために役に立つことがある。ただ、生きていくのに役に立つ知性・知能全般がよいものであることは、その人にそれがあることがよいことであることを意味しない。このことを次節（201頁）で説明する。そうすると、それが本人にとってよいものであるとは、さらに一定以上の値に達することがよいことであるとは、言えないと言える。ヌスバウム（たち）においては結局、人間のあるべき範型があって、その基準を満たさなければならないということになっている。私（たち）はそう考えない。

そして、私（たち）のように考えないわけがわからない。

7　ヌスバウム・3

それは人の感じる効用と別に（普遍的な）よいものがあると考えるからだろうか。ヌスバウムはアリストテレス主義者、その復興に与った人であるとされ、自らもそのように言う。さきにあげた著書で知性があるのがよいことを主張する根拠としてあげている自らの文献もアリストテレスについて書いたものだ。★10

私は、アリストテレスはアリストテレスとしてよかったのだと思う。一人ひとりが孤独に思索を深めるというストア派の構えとはいささか異なり、もう少し「社会的」であるとしても、アリストテレスの場合には、人間が生きている空間が決まっている。彼の言葉が聞かれたりするのは、自ら「道」を求める人によってであったり、そういう人たちの集まりであったりする。また、その社会の市民たちにとっては日常のことであったのかもしれない政治の場に、その言葉は向けられる。さらにそうした知のある部分は、おおむね、統治者であったり、あるいはそうした人になる（かもしれない、それを志している、あるいは志させようという）人たちのためのものである。対話したり討議したりしながら、そのあり方を探り、そして高めようとするのであれば、そしてそうした関係・場においてどうやって生きていくかとなれば、それは人間的なものをもっていた方がよいということにはなるだろう。それは中国や日本で「徳」や「道」というものがもってきた位置とも少し近いものがある。

そのようにみたとき、その中には、たいへんもっともな部分も多々あるように思われる。そういう立場の人たちが専ら快楽を求めていては困るのだし、ある場合には自らを投げ打って献身するというのもよい心構えであるだろう。そしてそれはたんにある時代のある社会の、地位を有する男たちのものというものではないはずだ。人の他者たちに対するあり方として、普遍的でありうるものも含んでいるのだと思う。

それがロールズになると、そこにおそらく——というよりもその文章を読み論理を見て行けば——想定されているのは、米国のいくらか知的であるビジネスマンの集まりのようになる。ヌスバウムになると、もうすこし階層が上の（リベラル）フェミニズムが一定の地歩を得ている社会のようになる。その際、もちろん、成員たちが「賢人」であることを求められるその度合いは引き下げられる。より広範な人たちがその中に入れられる。

そしてその上で、ロールズはそういう空間に馴染まない人を——別の原理で救うことは約束しながらも——除外する。それをさきに見た。だが、ヌスバウムは包摂する。よほどの人でなければ、すべて包摂するのだが、しかし幾つかの望ましい項目を定め、一定の値を超えることを求め、超えられなくてもこちらに上がってくること、それを目指すことを求めるのである。

近代の社会においては、社会の正規の成員とされる人たちの範囲が広がってゆく。それはよいことであるとされる。私もよいことではあると思う。しかし、その際、かつての成員資格をどのように扱うのか、また新たになにか条件を、必要条件でないとしても望ましい要件を設定するのか、それはなぜかについて、ある程度慎重である必要があるだろう。そのことを巡ってあれこれと考えたのが北田暁大[2003]であると思う（著者も参加してこの本を検討する研究会で報告したことがあり、その資料に［200403］がある）。他方でわりあい素朴に、自分が思う通りに、社会、社会の成員、成員の条件を設定してしまう人もいるということだ。その人に即した時には、例えば知性を有することが「よい」と言い切る理由はなくなるだろうと述べた。では、それと別に「よさ」を言えるか。ヌスバウムは言えると考えている。しかし第一に、それがうまく言えていると私には思われない。第二に、そのよさ（がないことのよくなさ）の由縁が言えるにせよ言えないにせよ、そのよさがないあるいは少ないことが、そのことが本人において否定的な意味合いをもたない場合になお、それを有するべきであると言える理由が見当たらない。よって、ヌスバウムの捉え方も受けいれることができない。

2 代わりに

1 有限であり、既にあり、隔たりがあること

代わりに、どのように考えるか。むしろ、私たちが既に考えており思っていることをどのように確認していくか。まず一つ、その人においてどうであるかに即することにする——それは、その人の「快」「効用」を常に第一のものとして置くべきであるとする立場と同じではない。そして、それと独立してあるとも言われる「よさ」がどれほどよいかを点検する。

次に、その人に即する、と述べたこと自体が、身体と身体が、身体と環界が区切られていることから起こる。このまったく当たり前のことを、ものを考えたり言ったりする時に、勘定に入れる。

そのうえでさらに、どのようなわけで、どのようにして、不如意なものをたくさん含むこの世界にあるものを配置するか、また容易に作ったり変えたり移動できないものにどのように対するか。このことについて述べていく。

まず、人が個別であり有限であることについてだけ簡単に。

その人は身体を有していて、空間的にも時間的にも有限な存在である。個々の人が分かれてあり、その個々の間には差もある。このことは、いくらかの可変性はあるが、まったく基本的な所与である。

私たちはそれをまず事実として、よくもわるくもなく、認めるしかない。そうした制約がなくなることを仮想できなくはないとしても、実際には制約はあるのだから、認める。所与であり有限であることが強く作用する場合とそれほどでもない場合とがあるが、達成には限界があり、人による差がある。それは、なにか望むことをしようとする時の制約でもあり、またなにかせざるをえないその理由でもある。そしてそれは、関係・社会の制約の、また成立の条件になる。

その人自身によって、そして／あるいは、その人自身にとって改変可能である場合とそうでない場合、困難である場合がある。「社会モデル」の主張は、その改善が社会によって可能である、可能である限りにおいてそれを実現せよという主張である。可能なことがたくさんあり、なされるべきであるのになされていないから、すればよい。多くのことは可能である。そのように思わないからそれを言い、繰り返す。それは事実であり、望ましいことだから、人々の一定の支持をえられる。しかし自分によるものであれ、自分以外の人（たち）によるものであれ、限界もまたある。

その上でものを考えることになる。あまりにも当たり前のことだ。しかし例えば、すべての人が、人として、十個のさらに細かに分ければもっとたくさんについてある水準を達成するのがよいというさきの話は、今述べたことを踏まえた時、どういうことになるか。それは簡単にわかる。達成しない人が当然にいる。その上で、ではどのように考えたらよいのか。それを考えることになる。

2　へ／の

ケイパビリティでもなんでもよいのだが、なにかがその人にあった方がよいと言う時、たいがいの人は、それがあることがその人にとってよいからだと考えるのではないか。ただヌスバウムの場合にはそうではなかった。その人は一人ひとりの人が達成するべきであるという可能力のリストに種々をあげた。その、それなりに特色のある一つひとつを問題にしていってもよいのだが、ここでは、あるものがないことをよくないとし、よくしていくべきだとされること自体について。

その人は、人があるべき一定のあり方があり、そのあり方を実現するのが望ましいと考えているようだ。事実から規範は直接には導かれないということは重々わかったうえで、そのように言う。しかしその根拠は結局よくわからなかった。本人と別に「よい」ものがあると考える考え方が存在することはわかったが、それがどのようによいのかわからなかった。

人がしかじかである「べき」だという時、その多くは、人の人に対する振る舞いに関わるもののはずだ。それは、一人ひとりの人「が」どうであるか、あるべきかをそれほど気にしない。それは様々である上で、人に「対する」あり方を考え、説く。すこしでも振り返ってみれば、こちらの方が、多くの時代、多くの社会における倫理と呼ばれるものであったはずである。アリストテレスのものカントのものも基本的にはそうしたものである。

そしてもちろん、人々は他の人々に対して存在している人々なのだから、その人たちに対する要請として、その倫理は多くの人たちに拡張されることにはなる。だからそれは少数者に対して要請される倫理というわけではない。ただ、人に対する時に要請される。例えば勇気や節制は、ある時代のある社会においてのものだ、男のものだと、すぐに私たちは相対化したくなるのではあるが、それでも、私利を控えた方がよいといった「徳」はただ男のものであったり貴族のものであったりということではないのだろう。そうしたものが大切であることは地域や時代に関わらず言いうるだろう。

ただそんなことをわざわざ志向したり議論したりするのはいつも誰もがすることではない。勇気や節制といった方向の行ない、態度をとることが可能であり、また自らその方角に進むことを望むような人たちがいて、具体的にはその道がまだ明らかでないとして、また明らかでないからこそ、何が道徳的であるかを議論したり、議論した末に結論が出たり、それに従うといったことがあるだろう。

こうして人の人に対するあり方を求める時、その対象となる人のあり方を規定しないことには必ずしもならない。ただ、人々の多くは、すくなくともいつもは、そのような構えで生きているわけではない。そんな人たちをそこに巻き込む必要はないとされることがあるだろう。すべての人たちを含めた政治・政策において、そうした流儀を通されるのは困ったことだ。人に対するあり方をまず考えるべきだとする立場は、よしあしはまずはその人においてのことだと捉える。一人ひとりの具体的なあり方を、他人(である私たち)が具体的に指定する必要はないことになる。その人に即し、一人ひとりがよくあることがよいとする。

そしてその人々の求めるものは、それぞれに多様であるとともに、たいがい平凡なものである。だから、その人たちが生きていくに際して必要なものはおおむね定まる。それはあればよいとする。その人においてしかじかのものがあることが、その人自身にとってよい/よくないことがあるだろう。また、他人(たち)にとってよい/よくないことがあるだろう。すると調整の問題は出てくるのだが、まずは、その人において、と考える。

ヌスバウムは、「に対する」の論理を「の」の論理にもってきた。すると気高いものを求める方向の倫理には物質的・物欲的な要素はあまり入ってこないから、しかし入れる必要があると思われるから、入れることになる。また、性に関わるしかじかであるとか、かつてはなかった今様の新しい項目も取り入れることになる。そうしてリストが作られていったのかもしれない。そんなことをするのがこの人一人であるなら、とりたてて問題にする必要はない。しかしそうでもない。「の」の論理はいろいろと語られてきた。

直接に人間の価値を言う典型的な観念・行ないは、神による救済を得るために、戒律を遵守するとか、勤労意欲をもち勤労するといったものだ。ある人たちは、たんにこの世でそこそこにうまくやっていくというだけですまないと思ってしまうところがある。もっとよいものを志向する人がおり、そうした超越とでもいうような志に捉えられる人たちがいる。その人たちは、修行をしたり戒律を守ったりして生きていく。そうした志向はときに虚しいものと思われ、そこからも離脱しようとするような動きが起こることもある。[★11]しかしそういった方向に行くことにはもっともな事情があるから——苦と死はなかでも大きなものだろう——そうした志向がなくなることはない。

そして、こうした価値は、まずはそれを信じて、自分によいことを目指す人においてのものである。もちろん、例えば世界は神による世界であるとすれば、すべての人たちがそのような世界にいるともされ、皆がその掟の遵守を求められる。そうしたことに関心をもたない人、規則を守らないあるいは守れない人たちは、来世での救済から除外されているとされる。ただ、その人たちは正規の人たちの範疇外であるということにされ、それはそれで独立して暮らしていけるのであれば、なんとかやっていける場合もある。

世俗化された世界においての——私たちの言う——能力主義の思想・価値は、すべての人をまず一つの世界に入れ込む。そして価値を言い、資格を言う。ある部分を劣位に置く。それが宗教的なもの（二重予定説）から発しつつ、脱宗教化された社会において、持続したことをウェーバーが示したことはよく知られている。そうした宗教発の流れだけでもないだろう種々の流れが合わさり、強く広いものとして予めあり、学もまたそれに乗っているところがある。[★12]そのことを書いてきた。しかしそれでも、あるいはだからこそ言わねばならないこととして、それを支持せねばならないわけはないことを述べた。このことは、人がどのようであるのがよいかを言う教説全般に妥当性がないことを主張するものではない。だが生産や生産に関わる能力については簡単に言うことができる。存在が存在のための手段によって規定されるというのはたんに転倒しており、間違っていると言える。そして宗教の解釈として間違った解釈であるから取り下げた方がよいと、宗教という空間の内部においても、当該の宗派の教説の内部においても、本来は言うことができるはずである。★13

もう一つは、社会の形成を人間がしているとされ、その主体が求められるというものだ。世界は神様に与えられているとしても、それとは別の世俗的な人間の社会をいかに形成するかという主題が別に立てられることもある。また、二つの世界ということでなく、人間が世界を作るものと観念される場合もある。作るのだから、さらに考えようによればなかなかややこしいものを作るのだから、それに適した力能は要される。そこに想定される人間は、そこそこに合理的であり、自己破壊的でないような存在となるだろう。

自身の利益を追求する人たちがいろいろと話しあったりあるいは争ったりという理路がとられる。種々の、しかし類型化すればそう種類のない契約論があってきた。ホッブズにせよロックにせよ社会契約論的な話のまったく古典的な流れがある。この世に対等な争いなどというものは実際にはそうはないが、それでは見込まれる社会は出てきそうにないから、同等の人々が想定される。こうした社会契約論といった理論の内部においても、また実際の政治においても、それを動かす人にはいくらかの気持や力能を要するとはいえよう。しかし、理論的にも実際の政治においても、みながその方向に向かおうとする価値を有していたり、そうした力能を現にもっていたりすることを有するわけではない。そのことはロールズもわかっていた（けれどもある人たちを除外した）ことを前節で述べた。

こうして、これまでのところでは、できる人ができることを（例えば政治を）するしかない、必要であればそれをするべきであるという以外には、人がどうであるべきであると言わなくてもよいということになる。なのにヌスバウムはなぜ言いたいのか。アリストテレスの勉強から始めたというだけでは説明できないのだろう。そういうことが言いたいのだろうという以外のことはわからない。★14

3 において

こうして、人のよしあしを言いたくなる事情はいくつかあるが、ここまでのところでは、どうしても言わねばならない理由はない。倫理などを言う人は、よい社会がよいと言いたいのだろう。その社会にいる人はまず一人ひとりのその人であり、その人たちである。その一人ひとりには個別性があり、代替されるものではない。とすれば、その一人ひとりの人にとってのよさに定位するのがまずは当然だということになる。そこで本人に即し、その人においてよいことがよい。そのように社会があるようにする。人が個別にそれぞれ存在していることを否定することはないという「徳」を人々に求めると言うこともできる。ここまでに論理の破綻はないはずだ。

ただそれは、その人が語ることをそのまま受け入れるべきだという主張ではない。人は、予め語る主体として生まれてきているわけではない。教えて教わっているのであり、何を教えるかということはある。また、ときに、その人が表出することを止める、否定する場合もある。

私(たち)は、自らの生のために種々のものを得ようとする。それが達成されないことはある。それをその人は不幸であると言ったってよいだろう。ただ幸不幸をとやかく言わないのが基本だという価値はある。

それは、人のことはわからない、すくなくともわかりきれないということにも支えられている。それだけでなく、かなり確実に言えたとしても、言うことではないという思いもまたある。一人ひとりが個別に在り、有限であり、その有限のあり方が異なるということも理由になる。どうにもならないことがある。その人ができないことについて。可能性がまったくない場合には、当人において気にならないことがある。気にならないわけではないが、気にしても仕方がないとその人は思う。そんなことも思わないことがある。あった方がよいのだろうが、ないならないで仕方がない。一人ひとりにおいて、実現可能なことはありその限界はいくらかは変動するが、変動にも限界はある。できないことを考えるのは、その人にとってまず端的に無駄なことである。この世において、できるのであればその方向でがんばることもありうるだろうが、できないので、仕方がない。できないことを考えても仕方がないというただそれだけのことだ。この場合にないことを言い立てるのはよくない。

一つ、意味があるのは、改善が妥当で可能である場合である。だから、その人になにもしなくてよいということではない。むしろ、財の提供が要請される。必要なとき、分配が問題になるといった場合に、仕方なく比べる、それに限ればよいと考えられる。ただこの場合にもわざわざその必要を言い立てねばならないのだとすれば、よくないことがある。自動的になされた方がよいということは押さえておいた方がよい。提供することをしないにもかかわらず、その人が不幸であると言うのは間違っている。そして可能であるにもかかわらずしない、のにその状態をそのままにしておくなら、そしてその人が不幸であると言うのは、そして自らの優位を確認するといった所作は、最悪ということになる。これは「あきらめよ」「分をわきまえよ」という教説と同じではない。その判断はしばしばやっかいではあるが、よくすることができれば、そのために本人にかかる負荷に見合うのであれば、よくすればよい。例えば長生きはできた方がよい。そのように社会をもっていくことはよいことである。しかし短命な人はいる。比較は可能だが、測っても仕方のないものについて比較して、この人の方が幸福だとか不幸であるとか言うのは品がないというのである。

しかしそれにしても、私たちは実際にはしばしば比較をしている。そのような人生を生きている。するとそれと違うことを言うのは欺瞞的であるということになるだろうか。だが、そうして生きていることは認めた上で、また否定はしない上で、しかし評価・比較は、しなければならない時以外には、すべきでないという主張にはもっともなところがある。他人が幸福であるとか不幸であるとか滅多に言うものではないという規範は、わりあい世間の普通の場所にある。それは建前ではあるが、建前は大切だということだ。人は好悪や都合によって人を扱うしあしらう。しかしそれはしたないということにする。

そしてこれで何か不都合が起こるだろうか。起こらないはずだ。好悪をそのままに放置するとするなら、すでに優位な人が、さらに多少気持ちよくなる以外によいことはない。だからそんなことは無駄である、問題にするべきでないという判断は十分に合理的である。

ケアを言う人たちがよく言うように、人に語り、仲間で言い合い、共有される、理解されることによって、よくなることはないにしても、気持ちが楽になったり強くなったりすることはある。それはよいことだ。ただそのことと、控えることとは、ときに実際にどう接するか難しいことはあるが、両立する。さらに、その人自身にとっては直接によいことがないとしても、これからのため後世のために語ることが求められることもあるだろう。その場合には、そうした「大儀」のために語ることを求めることがどれほど必要なのか考慮されるべきだとする。

4　根拠？

何がよいか、その人にとっては何がよいと考えるかを決めることになる。人にとってよいことがよい、そういう社会がよいとして、その条件にかなった社会になるように財の配分・分配がなされるべきであるとなる。そのものがほしいのであり、そのための手段がほしいのでもある。その人にとってよいものがその人に得られてよい。そのよいものやそれを得る手段が自分にはない場合には人から受け取ればよい。その人にとって、なすべきことを判断する根拠・基準はその人にとってのよさとなる。これはとても単純な基準だが、まずはそれでよいと考える。むしろなぜそれでいけないのか、その理由を見つけるのが難しい。そして後でもすこし見るように具体的なところになると、話はいくらかややこしいことにはなる。ただそう厄介ではない。

二十世紀後半的な政治哲学の議論は、おおむねそうしたところに向かおうとしつつ、つまり平等主義的でありたがるものだったのだが、難しい前提・条件を設定して、話をややこしくし、ゆえに議論はたくさん生産され続けることも可能になり、学問が再生産されていくことにもなった。

人と人の間に力の差を見込むか。差があるなら、たんに強い側による弱い側の征服・併呑といったことが起こって、望む経過と結果にならない。しかし他方、おおむね同じとすれば、自足してやっていけるということになり、なにも起こらないではないか。ただ、人は争う（可能性を有する）ものだとすると違ってくる。各自が有する力がおおむね同等であり、互いに拮抗しているなら、戦って争ってもきっと消耗してしまうだろうから、それを見越して争わず手を打って、仲良く社会を作っていこうということになりうる。古典的な契約論はそんなようなものだ。

しかし差は生じるし存続するし拡大する。それでかまわないという人たちもいるが、それはよくないと考え、そこから平等の方にもっていこうということになる。それが望ましいことを言うとともに、結果として何がもたらされるかを言う。どうやって平等主義的な論の帰結までもっていくのかが、その人たちの工夫のしどころになる。

そのうちの一つが、保険のような仕掛けをもってくるものだ。出発点においては差異はない、というかわからない。そのうち事故に遭うかもしれない。それに備えて皆保険をかけておこうというのである。

「無知のヴェール」もそのように読むことができる。ただまったく見えないというのは非現実的ではある。もっと薄いヴェールの方が現実的だというような方向にも流れていく。

ただこの保険が、各自の計算に基づいた判断で加入するものということになると、それが強制的な「公的保険」であるのがよいと考えるとして、そこに行き着くかということになる。

寿命の有限性と事故・疾病等の不確実性を考えるなら、自分で貯め込むより、保険に入った方が合理的である。老後の費用を自分で貯め込んだ分でやりくりするとなると、たいへん長生きをするかもしれないその分まで貯め込んでおかねばならないが、保険の場合にはそれより掛け金は少なくてすむ。ただそれを強制できるか。

一つ、自由加入にしておくと、加入しなかった無謀な人を救済する必要が出てきてしまうから全員加入にするのだという理屈が言われることがある。ただこれは、（正当化される対象としての）政治的救済・分配があらかじめ肯定されてしまっているのだから、理論としては不可となる。そこでパターナリズムを持ち出して、（今は無謀である）本人のためになるからと言うこともできなくはないが、そんな必要はないという主張もあるだろう。

むしろより大きな問題は私的な保険に蚕食されてしまう可能性があるということだろう。実際には、人々は差についてある程度のことがわかっている。とすると、危険性が少ないことがわかっていてより有利な人たちは、掛け金が少なくてすむ有利な保険に加入して、公的な全員対象の保険は不要だということにもなる。より給付の必要（の可能性）の大きな人は、保険から拒絶されたり、より高い保険料を払うことになる。それを禁ずるのはさらに困難なことに思われる。遺伝子検査と保険について検討した「未知による連帯の限界——遺伝子検査と保険」（［199809］）でこのことを述べている。

こうして、現実から発するということで、無知→保険を言うのだが、部分的にであっても実際にはわかるところがある。わかると、今述べたようになる。とすると全面的に無知にするという手があるが、それは現実とは異なる。とすると結局、そのこと自体が、というよりはそこから導かれる帰結（としての平等）自体が倫理的な要請であると解するしかないことになる。だとすると、このようなもってまわった話は、基本的には、不要であるとなる——その不自然な設定に倫理的決断を見るというのが、アリストテレスの研究者でもあった岩田靖夫の理解であったこと、私も「無知のヴェール」をこう解するなら認めてよいと述べた（170頁）。

私は保険という発想の問題をわりあいくどくど繰り返してきた。[★15] もちろんこの論理はなかなかに説得的である。だから捨ててしまうことはない。ただ限界はあるということだ。そういう、過半はこの論理を肯定し、それをもって人々を説得しつつ、しかし同時に、そうした迂回をすることなく端的に目指されるものを言うのがよいと考える。

5　効用を狙った、実行における平等のための、手段の提供

供給すること、また得ること、また避けることが容易なものとそうでもないものと、大きく分けて二つがある。生活のための手段の多くは、移転・移動することができ、自分がほしいものを誰か別の人から得ることができる。例えば苦痛と死は避けきれないし、人から人への移動もできないし、またするべきこととされてもいないが、しばらくいくらか苦を和らげたり死から遠ざかるための手段は多くの場合に得られる。また生きている間、どのような型をもっていようと、食物は必要だ。欲望は多様であるとともに、たいがい平凡なものである。ほしいものは似たようなものでもあり、またいくらかは異なるものである。その人にとってよいものがつつがなく得られればよい。そのものがやりとりされ、やりくりされればよいとなる。（手段であることと移動可能であることはすべて対応するわけではない。手段であっても、

実際にできないこと、技術的にできても認められない場合はある。)

　これは、より「原始的」なもの「生理的」なものを上位に置くべきだといったことではない。物質的なものがより重要であるとかないとかといったことではない。ただまずすくなくとも大切なものはある。あるものは結局のところどうにもならないが、多くは得られる。そのためのことがなされるべきであるとなる。

　ある人が得られるとき、そのために別の人が得られない、供出せねばならないことはある。よいように生きることは人々の権利ということになるが、同時に、そのような状態が実現するための義務があるともする。とすると各々の人には、無限の権利があるわけでもないし、無限の義務があるわけでもない。そうした場合に基準、比較は必要になることがある。基準といったものの必要とはその程度のものである。どうするか。同じ、平等ということにしようとなる。得るもの、供出するもの、あわせて同じ程度、を基準にせよと主張をする。平等が大切だと言ったとき、同じであることがとても大切であると言ったのではない。どのようにするのがよいかと考えた時、それを否定する根拠はべつにないと言ったのである。だから差異があることについてもさほど気にとめない。[★16]

　次に、このような意味合いにおいて平等がよいとして、何の平等かという問題がある。すこしふれておく。

　「基本財」にしても生きるに際しての手段ということになろうが、「資源」の平等を主張したものとしてよくあげられるのがドゥオーキン(Dworkin［1981a］［1981b］)だ。その主張に対して、要点だけを言えば、手段は目的のための手段であって、ならばその意義は福祉・厚生(Welfare)において評価されるしかないではないかというのがローマーの指摘であり(Roemer［1986］)、それをセンも妥当だと言う(Sen［1992＝1999:124］)。実際にできることが大切だというのはもちろん当然である。資源は実際に使えて意味があり、そして使えてそれでよかったということが大切であり、そのために資源が必要なのである。だから厚生の平等でよいではないかとなる。だが、「適応的選好形成」といったよくないことが関わる場合があることを指摘して、今度は厚生の平等ではうまくないという話にもってくるというのが常道である。★17

ただこれは、もっと一般的にかつ具体的に考えた方がよいことだ。そして既に、長々しい議論と別に、妥当で穏当な策が示されていることも言えるはずである。ここでも、学問的議論をありがたがる必要はないと私は考える。

よくない状況に〈適応するしかなく〉適応してしまって、不遇であっても満足だと言ってしまうというのが「適応的選好形成」だが、それはそれとして考えるべき主題だ（cf.［200401:163ff.］）。たしかにそれによくない理由はある。何がいけないかというと、状況に自分を合わせるということ自体ではないだろう。実現しないものを望んでも仕方がないから望まないことはあり、それは当然あってよいことだとさきに述べた。ただ、他人（たち）が自らの都合で、その人において実現可能であるのに、低いところで満足するように仕向けて、そのことで利益を得ているのがよくないということになるだろう。自分たちの都合で他人たちにとってのよさを減少させるような行ないはすべきでない、とすれば、なすべきことは、そんなことをしないようにすることだろう。そして現実に選好が適応的に形成されてしまっている場合には、その分を勘案してその人がよいというより多くを提供してもよい。厚生から撤退するべきであるという話にはならないはずだ。

ただ以上と関係はして、常に厚生を指標にするのがよいとも言えない。満足するのが目的だというのはかなりの程度当たっているが、そのことは、満足度を配分・分配の指標にするべきであることを意味しないのだ。

効用は外からはわからない。自分でもわからないことがある。少なくとも正確にわかることはないし、わかろうとすることがよいことだとも言えない。満足しているのかどうか、それはどれほどか、自分においてもあてにならないことは自分でもわかっている。他人もかなりてきとうであることを知っている。

そして、人は嘘をつくことがあり、つかれることもある。嘘ではまったくないとしても、満足や不満を大きく言うことにする人と、そうでない人、悲観的なことを言うのが当然な文化とその逆の文化とがある。だから、満足度調査のようなものが方々で行なわれても、そんなものは冗談のようなものだとやりすごしてもよいものであると思っている。他方で、誇張していると言われることもあり、それが不当な批判であり悲しいと思うこともあり、誇張していると疑われるのはいやだと思うこともある。こうしたことを巡って争いが起こることもある。しかじかがなくて悲しいとか苦しいとか訴える必要があるというのは面倒なことだ。また満足しているうれしいと伝えるのも面倒なことだ。悲惨であるとか満足しているとか、いちいち言わねばならないことはないだろうと、ただなされるべきことがなされればよいのだと、人々はそう思うことがある。

そして他方で、人にとってどんなものがよいものであるかはおおよそ想像できるとも言える。その本人の身体的な不快は実際に経験はできないが、しかし不快なことはわかる。そのことには、人間がおおむね同じ形をした肉体をもち、そしておおむね似たような環境に生まれて育ったことも関係する。

市場においてはその人の消費の行動がすなわちその人の満足を最大化する行動であり、そのことによって効用が知られるとされる。それを認めるとしても、社会的分配においてはそれは機能しない。原理的な水準では、市場は常に財の所属が定まった上で機能するものであるのに対し、配分・分配は所有の初期値を定めることであるからである。また、例えば具体的な社会サービスの供給においては、一単位については同じ価格が設定されることになる。

ただその上でもできることはあるし、実際要求され、いくらかはなされてもいる。まず、所得について、現金による支給でその使途については本人の自由に委ねるという方法がわるくない場合がある。そして提供される財の価格が一定に決まっている場合には、その財、財の提供者が複数いて、その複数の中から本人が選べるようにすればよい。その選ぶ人は自分にとってよいものを選ぶだろう。気にいらないものは使わないことができる。すると供給する側も気にいられるようなものを供給しようということになり、質が上がることもある。厚生が大切にされるということになる。このような素朴で単純な方法も、市場では当然のことなのに、例えば社会サービスについてはあまりとられていないのだからよくない。だからこのことが主張され、いくらかは獲得され、実現されてきた。他にも方法があるかもしれない。ただ、厚生・満足が大切であることをわかりつつ、それを直接の指標にすることの困難さ危うさをわかったうえで既に主張はなされ、いくらかの現実は獲得されている。

その意味では、議論はおおむね落着しているとも言えるのではないか。政治哲学や厚生経済学でなされている面倒な議論を知っていたわけではないが、そこでの主題が事実上ふまえられている要求・主張は既になされているように思う。それを知ってか知らずしてか、何の平等かといった議論が続けられるということは、ある人たちにとってはきっとおもしろいからなのではあろうが、私にはいくらか不思議な営みであるように思われる。

6　如何ともし難い、ように思えるもの

例えば苦痛と死は、遠ざけられてよいものだが、しかしそれは不可能か難しく、だからやっかいだと述べた。ただ、しばらく、いくらか遠ざかるための手段は提供できるし、得ることができる。ならばそれを実現すればよいとなると前項で述べた。他方に、得ようとして容易に得られないものもある。移動

できないものがある。あるいはすべきでない、それを求めるべきでないとされていることがある。

それは、第1章や第5章ですこしふれた姿・形、その差異にも関わる。自身の、広義の身体にある種々のものは、既にあってしまっている。その自分にある要素は自分には動かし難い。またそれを受け取る側の他人も、その好みを動かしがたいと言う。それは、私ができないことを補うための手段のようには、その人と別のものだとは言えない。すくなくともいかようにも変えられるということはない。また、いかようにも変えられてしまったら、その意味も失われることがある。

好き嫌いは面倒だ。好かれたり嫌われたりについて、そんなことは気にするようなことではないと言いたいが、しかし他人から言われると不愉快である。他方たいへんなものだと言われるとそれもまた愉快ではない。他方の好悪を感じたり言ったりする人たちについて。これは自分の好みであるから仕方がないと開き直られるのも違うように思う。だが、では糾弾するというようにすっきりした立場にも立ちきれないように思う。そこをどのように言うか。人びとがそうしたものを気にしているのは事実である。その事実がなくなることはないだろう。それで私たちは他人(たち)に対する見え方を様々に操作するし、それはかなりの程度可能なのだが、それでも難しいところ、自分でどうにもならない部分は残る。それをどうするか。

好悪の問題は正義というものが覆う範囲のことではないとも言われれば、それはそうなのだろうとは思ったりはする。しかし、私たちは多く好悪によって人を扱うしあしらうのではある。そして、人が気にするものを人は気にするから、自分も気になる。自分の思い一つで変わるというものではない。だから、ただ気にしなければよいといっても無駄だ。

まず、基本的には、さきに述べたこと、自分の好悪で人を左右するのはよいことでないということは確認されてよい。それは現実とは異なるのだが、ならば無効か。そんなことはない。そもそも現実と同じであれば、わざわざ言う必要もない。異なるからわざわざ言う必要がある。そして、とやかく言うべきでないというのもまた実在する心性である。

まず一つ、そのことを確認すること自体の意味はある。すべての人の選好を変えるといったことは徒労に終わるだろうし、好悪を滅亡させようというのは無駄だし望ましいことでもない。だが、それで救われはしないのだが、よいことではないことを基本とすると、対し方がいくらか変わってはくる。そして一方ではそのことを言いながら、その上で、部分的には効くだろう幾つかを重ねるしかない。方向は、具体的には大きく二つある。

一つが第5章でも述べたこと（121頁）、好き嫌いはなくならないし、なくすべきものでもないが、その好みを、不要なところでは切り離し、その影響が及ぶ範囲を縮小させることだ。自分の好みはあるが、その好みを通すのはせいぜい自分の、個人的なつきあいの範囲内に限るようにするというのである。それは恣意、自由の範囲をどのぐらいで区切るかということである。それは、市場は市場にまかせるという意味での公私の分離という戦略ではない。

例えば店の店員について。容姿・年齢その他がその仕事に関係するのか。ないだろうと言うことになる。そのように言うと、客が減ると言われる。客は、そこで売っている商品を購入するのではあるが、そこにいる店員も実際には購入に影響してくる、だから選別は仕方がない。そういう言い方がある。レストランで、客が入らなくなるから、その客が嫌いな人たちを客として入れないようにするといったことがある。経営者は自分はそんな好みをもっているわけではないが、経営上は仕方がないと言う。

ここでもまず、客の「自由」がいつも優先されるわけでない。客は人と人の間に流通・移動する手段としての財を求めてよいだけであって、それ以上のことができるわけではない。まず言辞・言動の水準で禁じることができることはある。あの客を店から出すことを私は希望するとか、そうならないなら私はもう店に来ないと、述べることを禁じることはできる。しかしそれでも、もちろん、店に行かないといったことについて規制ができるわけではない。すると、さきのレストランについては、客の入店についての差別を禁止する。そして、店員については、雇用差別を禁止する。それが実効的であれば、各店について競争力は同じになるので、客が減るところは生じないとは、いちおう言える。それでは楽しみが減るという人たちはきっといるのだろうが、それはあきらめてもらう。このように言うことも、実際に行なうことも、あまり楽しいことではないとして、そうすることにする。

もう一つは、自らが不快にならない空間と時間を維持し、拡大し、護ること。人の欲望はたいして多様でもないと述べたが、人に対する好みは、無限に多様というわけでなくいくつかの定型があるとしても、多様だ。それが妨げられないこと、不快である空間から逃れることができること、そしてそれが不快でしかたがないという人たちから守られること、悪意から自らを遮断すること、侵入を防ぐこと、そうした声が聞こえないなかにいられること、それを要求し、実現させること。他人が自分をどう思っているか気にしないようできて、そして、好みの違う人たちと遮断されたところに、それがよいのであれば好みの合う人たちの別の空間が作れることである。だから孤立主義は最初から否定されるものではない。隔離されることは、権利として要求され実現されてよい。その上で、経済活動その他に支障がでないようにする工夫がいる。★18

7　知性・理性について

このように考えていったとき、あるのがよいことになっていた知性・理性——ここでは知能という語を使う——はどう考えられるか。

有限で個別な存在である人は、世界を受容し、世界に関わる。受け取ったり働きかけたりする。まず一つ、知能も、得られるものとしての財というより、世界を受け取り反応するための装置、その受け取り方、受け取るにあたってのその態度・様式のようなものである。（世界があって受け取るのではなく、その人において受け取られているものが世界である、というようなことがことさらに言われることがあった。どちらでもかまわない。）そして感覚、情動、理性、それをさらに分けた種々には、種々の尺度をあてはめれば、多いか少ないかということはある。そして、それを各人が保有していると、それがその人のものとしてあると言うことはできる。

それらは多形的であるとあまり言う必要もなく、きっとおおむね定まってはいるのだろう。発達障害などと言われるときにも「型」があることは想定されている――だからそうして分類される。種々のことがあって、その接し方の形状は決まっている。また、生きていくにつれて、だんだんと決まってくる。まず、それらの型は、否定されねばならない理由がまずはなく、否定されるべきものではない。同じものを多く、あるいは少なくということではないので、比較自体が難しい。そのような様式、形にとってどんなものがよいかというだけのことであって、その形状そのものをどうこう言うということにはならないはずだ。

ただ、多数派の世界はあり、その多数派の世界において、その方が、そしてそこで求められるものをより多くもつことが有利なことはあるだろう。多くの場合、既にその人の世界はできてしまうような世界としてあるから、あった方がよいということにはなる。それがある場合にそれをうまく使えるのはよいだろうが、予めそれを有することがよいという話はわからない。

外界がわからないことによる恐怖はある人にはあるようにも思われる。そのことをもう一冊の本（[201812]）でふれるびわこ学園の園長を務め重い障害をもつ子どもについての本を幾つも書いている高谷清が記している。そんなことはありそうに思える。ただ、そうでない人もいる。例えばダウン症の人について寿命が短いということは言われてきた。ただこれは脳性まひや他の障害の人についても言えることだが、実は長く生きられる。そしてさきほど述べたこと、いったん生まれた人について、そしてそれを動かしようがないときに、寿命が長いとか短いとか言ってもそれは仕方のないことなのだ。

次に一つ、知性他は生産財でもある。人の生活のために有用なものを作り出すことに寄与することにおいて有用なものであり、それがあることは望ましいことではある。このことを否定する必要はない。しかし、それは誰もが、より多く、もつ必要があったりするものではない。むしろ、肉体が個々に動かねばならない場合に比べて、知的な産物には汎用可能性があることがある。つまり、誰かが思いついたものは、その後、多くの人が使える。肉体の動きは一つひとつその都度に求められることがあるが、多数の人が一度にその成果を使うことができたりするということだ。そして既に多くのものは発見され発明されている。

ただ他方で、肉体労働――これにも知能は要される――の方も機械がとって代わり、大量生産も可能になり、省力化されてはいる。いずれも減っているのだが、例えば、そうして既に作られた、また作られうる大量のものを売るために、種々の「人間関係的」な仕事が増えていく。そのことによって、その類の仕事に適さない人たちが括られ、そして除外されていくのだと『自閉症連続体の時代』（［201408］）で述べ、［201612］（本書第13章）で繰り返した。ただそのことは、ものの生産の方は既に足りてしまっているということでもあり、特異な知力を要する仕事ぐらいしか残っていないために、その特異な知力を多くもたない人たちが括り出されているというのが現況である。とすると、あった方がよいが、そうたくさんなくてもよいということになる。

政治哲学者たちのなかには、そうした道具・生産財としての知性についての方を重視しているわけでない人もいるだろう。一つには、政治参加、社会的言論活動への性向といったものだろうか。実際ある人（たち）は政治参加はできない、あるいはそのような種類の好み、性向を有しない。それはいくらか不利に働く可能性がある。政治など、関係なくてすめばそれにこしたことはないと思ってわるいわけでなく、ただ、そうして人任せにすると自分に不利にものごとが決まる可能性は高い。こうして民主制は消極的に支持される（[201008→201805:64-68]）。だがそれに参与する気がない人、できない人は、意外に少ないのだが、いる。しかしそれにしても打つ手がないわけではない。ヌスバウムが推奨する後見制度はそんなによくできた制度ではないと思うが、もっと有効な方法もあり、そう問題は生じないようにすることはできる。★19 政治に関与したいのが、人間の、ある範囲の人間の性向であったとして、それは誰にでも及ぼされればならないというものではない。そうした「構え」の違いがある。政治・参政から排除されてきた人たちのことを考えたら、参与の権利を主張するのも当然のことではあるだろう。ただ、大切なことは、参政に賛成する、強く主張するということと、本当は政治に参加するといったことは、面倒でいやなことなのだ、だから自分は考えたくないし考えないという構えをとること、この二つが両立することをわかって、そこから話を進めていくことだ。

こうして話を進めていくと、ヌスバウムは、人間足るに足りないのはたいへん重度の場合に限られたことだと言うだろう。ただその場合でも、「その人」にとって、と考えた場合、例えば所謂植物状態そのものがその人にとってどのようによくないかは言えない。よい、とも言えないと思うが、同じくよくないとは言えないはずである。私は、手段としての知能を有するのがよいことがあることは述べた。だからその有用性・意義の全部を否定するわけではない。しかし、それはこの世界にそんなにたくさんはいらない。だからやはり、「その人」をとった場合に、それがないあるいは少ないことがよくないとは言えない。

次に、たいへん重度の場合に限るという論の編成にもなっていないのだった。その人がしたのは、A

とBがあって、この人はBの範疇の人だと決めつけると、手立てを（熱心に）用いるならAの側に行ける近づける可能性があるのに、それをあきらめることになるならよくない、だからBと決めないがもっとAの方に行けることにしておこうという話だ。ここでは優先順位が決まっている。「最重度」のBというのではなくとも、本来はAの側が望ましいということになっている。だが、私たちはそのようには考えない。そんなふうに決めねばならない理由はないと私（たち）は言っている。[20]

このように言うと、人と人の間の「分断」を懸念する人がいる。さきにみたヌスバウムの記述にもそんなところがあった。今述べたように私が言うことは、理性的な人とそうでない人を分断することになるだろうか。そうはならない。今述べたことは、普通の人とそうでない人と、人々を二つに分けるということではない。実際には種々のものが同じ人に併存し、そして各々のものは連続的である。連続的であるという理解と、各人のある部分について別のモードで（も）対応するべきだということの間には矛盾はない。例えば、人づきあいについてそれを好んだりするその度合いは、様々であり、連続的だが、かなり甚だしい人もいて、とくにそんな場合には強く、そのように対応する、そしてそれ以外については別扱いすることはしないとするのである。

8　幸／不幸

幸不幸を巡る議論はこれまで様々にあった。一つに自分（たち）は幸福であると言う人たちがいた。それに対して、そんなのは嘘くさいと返すという構図がある。[21]「ないにこしたことはない、か・1」（[200210]、本書第10章）はそれで私も考えてみたというところのある文章である。ただそれは、その一部について記したものだ。

まず一つ、幸福であると言う必要はないということである。幸福であると思っても不思議ではないし、ならばもちろんそのことを言ったらよい。不当に不幸であると決めてしまわれるのなら、それには反論せねばならない。しかし、幸福を探してくる必要はない。

例えば相模原での事件のような陰惨なことがあった時、こんなことではいけないと思う。それでなにか肯定的なことを言おうとする。とくに映像においては楽しいものを撮って映そうとすることがある。「絵」がないと番組にならないと記者たちはこぼすが、それはそれでわかるようには思う。しかしそのような方向で行けば、現実はそんなきれいごとではないと返されるだろうし、それはある程度当たっている。だからいちばん基本的には、さきに述べたように、答える必要がないということである。そのことを確認したうえで、幾つか言うことはある。

次に一つ、私たちはじつに大雑把に考えてしまうことが多いということだ。例えば出生前診断について、我が子の「五体満足」を願うことを否定することができるだろうかという問いかけがよくなされる。このように言った上で、その願いの否定のし難さが確認され、無理からぬことでもあるという納得のされ方がなされる。しかしここですこし考えてみることだ。例えば、出生前診断において主な標的となっているのはダウン症だ。ここでは出生前診断に固有の問題、もちろん生まれないことと（しかじかの状態で）生まれていることとを比べることができるのかという問いは措く――『私的所有論』では少し考えてみた（[199709→201305:669-674]）。ここでは単純にダウン症であることのどこがよくないのかと問うのである。

痛いのと死ぬのとは、よくないことであるとはしよう。そしてできないことについては述べた。異なることについても述べた。その本人においてよくないと言うことはできない。願うというときにはその本人のためにということがあるだろう。しかし生まれてしまうと、いろいろと手間がかかったりというることがある。とすると、願っているのには自分のことを考えて願っているというところがある。本書で述べてきたこと、どのような文脈で考えているのか、述べているのかであり、そこにどのような成分があるのか、点検することが必要だということだ。

「できる」は――できるの定義によるのだが――よいことであるとして、それは自分ができるようになることがよいことを意味しない。補われるのであれば、あるいは誰かができて、なされて、それで必要が充足されるならよいと「ないにこしたことはない、か・1」で述べた。さらに、できないことを他の人がやるなら、むしろ楽でよい場合もあると言った。それは、積極的に肯定されるというわけではない。公平という観点から言えば不公平であるとも言える。ただできないものをとやかく言っても仕方がなく、より楽なことがあってもそれは認めざるをえないということだった。そして、実際にはそう楽ができるということもなく、せいぜいわるくもないがよくもない状態が実現されるといったところだろう。ただ、考えてみれば、むしろ楽だと言うのは、そんなに突拍子もないことではない。そのことが言われないのであえて言った。「よりよい」と言う必要はなく、「不便であるが不幸ではない」などと言われることがあったが、それにももっともなところがあると言うだけでよい。その他の正・負の契機については既に本書に、各々短くではあるが述べてきたから繰り返さない。また、「できないことは、わるいことができないということでもあるから、できないことはよいことだ」といった、無能（力）の幾つかの肯定の仕方については『人間の条件』（[201008→201805]）のI「できないからなんだ」で述べたのでそこに譲る。

ここでは、さらに一つ、積極的に「よい」ことがあると言えることを述べる。なにがなにをもたらすかはわからない、塞翁が馬的な種々の偶然が人生にあるというだけでなく、因果関係が辿れることがあることを述べる。

できないと、人との関係・接触が生じることがある。介助が必要な人に介助者がやってくる。それをめんどうなことであると捉えるか、それともよいことであると捉えるか、人にもよるだろうし、その人の置かれた状況、そのときどきの気分にもよるだろう。おおまかには二通りがあって、（少なくとも介助者としての）人はいないければいないほうがよい（友人関係的な人間関係は別に作る）という方向と、そうでもないという感覚がある。中西正司[★22]は前者である。私もおおまかにはそうだ。ただ、生活の手段としての人と友人としての人が同じ人であってならない理由は本来はなく、一人で二役がうまくこなせるならその方が手間もかからずよい、というのも十分に合理的ではある。実際そのことを言う人はいる。

さらにこれは障害や病に限られることではないが、その人たちはつるむことがある。理があるにもかかわらず理が通らないことが多いことについていっしょに憤慨したり、議論したり、主張したり、そのための準備をすることがある。そこには同じ障害という範疇の人たちが集うこともあるが、それだけでなくそうした活動に共感したり、手伝ったり、助言を得たりする人たちが関わる。その時に世界が広がったように思われることがあるし、そこで、そんなことがなければつるむことのなかった人たちとつるむことになるし、知り合わなかっただろう人と知り合うことになる。

それでもこの社会においては不利益はある——だから集まったりものを言ったりするのでもある。得られるものと失っているものの双方がある。ただ、両方を天秤に載せても仕方がない。そのようにしてたいがいの人たちは生きている。そのことを知らないかのような、ことの半分しか知らず言わない理論はよくない。

註

★01　「ないにこしたことはない、か・1」（[200210]、本書第10章）でシンガーの議論を検討し批判している。『唯の生』（[200903]）でもシンガーの議論を批判している。その第1章は、「どのようであることもできるについて」（[201007]）がもとになっている。「脱人間中心主義」を唱える人がとても人間中心主義的であることを述べた。ヌスバウムにも似たところがあるように思う。『私的所有論』に加えた補章1（[201305b]）の第2節「人に纏わる境界」、1「位置」2「殺生について」3「人間の特別扱いについて」4「始まりについて」も関係している。

★02　本書ではあげられないが、かなりの数があるはずである。例えばSilvers et al.［1998］。この本については［201004］に記した。そこにも書いたが、私はシルヴァースの主張（Silvers［1998］）には同調しない。その本では、Wasserman［1998］が次の章で分配的正義に関わる各論者の議論を紹介し論じている。また例えばReinders［2000］があり、アリストテレスなどを研究する人がそれを紹介したりもする（浜岡［2001］）。日本で「障害学」に関係するものとしては川越・川島・星加編［2013］所収のいくつか。ロールズ（そしてヌスバウム）の議論から始まるあるいはそれを含むものは註04でいくつか紹介する。

★03　二〇一七年に韓国で報告した「近代は続く、そして障害は近代だから正当なものとして存在する差別であり、同時に近代を保つ部品である、が」（[201710]）は第3章を短くしたものだったが、二〇一八年は十月に台北であるその「東アジア障害学セミナー」では「The Promise of Happiness」が一つのテーマとされた。私も報告することになっている（[201810]）。何が（障害者の）幸せなのか。そういう問いの立て方はあってよいかもしれない。だが慎重である必要はあると思う。そんなこともあって本章のための原稿は書かれ始めたところがある。報告はそれを圧縮したものになるはずである。

★04　竹内章郎［1999:194-195］。竹内のその箇所も引いている田中紗織［2002］。そして柏葉武秀（［2008］等の学会報告を経て）［2010］［2011］、関連して［2016］。榊原賢二郎［2016］――本連載で障害の定義について述べている部分を検討した（本に収録）。

★05「公正としての正義は、平等な政治的諸自由（古代人の自由）は［…］思想の自由や良心の自由（近代人の自由）ほど内在的な価値はもっていないとみる［…］リベラリズムの伝統の系譜に賛同する。このことが意味することは、一般に、たいていの市民の（完全な）善の構想のなかでそれほど大きな位置を占めてはおらず、それどころか、そのほうが道理に適ったことかもしれないということである。現代の民主的社会では、政治は、都市国家アテネにおいて生粋の男性市民にとってそうであったほどには人生の中心ではないのである。」（Rawls［2001 = 2004:254］）

★06　註07に引用した部分の末尾に付された註。とくに最後の段落。

「病気や事故のため市民がしばらく、最小限不可欠なものを下回ってしまうような潜在能力の差異に関わる。ここでは、われわれは、基本善（財）の指数が、立法段階で、また例のごとく期待でもって、より具体的に特定されることになるという事実をあてにする。これらの特徴によって、基本善（財）の指数は、病気や事故から生じる医療のニーズにおける差異に対処できるほど柔軟であることが可能になる。ここで重要なのは、全生涯にわたって協働する社会構成員としての市民という構想を用いることであり、これによって、ミニマムを越える潜在能力や才能における差異を無視することが可能になる。この構想は、病気や事故によって人が最低限度を下回ってしまい、社会で自分の役割を果たすことができない場合には、その潜在能力を回復させたり、あるいは適切な仕方で補償するように、われわれに命じるのである。

このかなり単純な――最低限必要なものを越える差異とそれを下回る差異という――二つの事例の区別は、私の信じるところ、民主的政体において重なり合うコンセンサスの焦点となる何らかの見込みのある、いかなる政治的構想にとっても決定的であるような種類の実行可能な区別の一例である。われわれの目標は、諸々の困難を回避し、単純化が可能なときは単純化し、常識との接点を見失わないことである。」（Rawls［2001＝2004:305-306］）

★07「私はもっと極端な事例を検討していないけれども、このことは、そうした事例の重要性を否定するものではない。私は、いかに深刻な障害をもっていようと、すべての人間に対してわれわれが義務をもっているということは自明であり、常識によって受け容れられてもいると考えている。問題は、こうした義務が他の基本的要求と衝突する場合のこうした義務の重みに関わる。その場合、どこかでわれわれは、こうした事例のための指針を提供するように公正としての正義を拡張することができるのかどうかを見極めなければならず、また、もし拡張できないのなら、公正としての正義は、別の何らかの構想によって補完されるのでなく、むしろ拒絶されなければならないのかどうかを見極めなければならない。ここでこうした事柄を考察するのは時機尚早である。」（Rawls［2001＝2004:390］）

★08「潜在能力アプローチは障害者、特に重度障害者の生に否定的な価値づけを行なうこと（スティグマ化）の可能性を回避できない［…］。潜在能力は、個人がなりうるあり方やなしうる事柄の幅であり、財を手厚く配分することにより、一定程度改善することができる。しかし、重度障害者を考慮した時に、財の配分だけで潜在能力の少なさが解消されるとは限らない。もしも非常に多くの財をその人に配分しても、潜在能力が低い水準にとどまるとすれば、その人の生は不幸な生としてスティグマ化されてしまう。」（榊原［2016:7］）「確かに潜在能力は社会的処遇によっても影響されるが、特に潜在能力の否定が個人の容易には変化しえない存在様態と結び付く時、それは当人の生それ自体への否定的評価に転化する。／ヌスバウムも、身体を無媒介に語り、損傷を身体内在的な所与として把握しており、このことがスティグマ化をもたらしている。［…］知的損傷は身体内在的に把握され、通常変更しがたい状態と考えられているため、結局知的損傷の否定は知的障害者の生の否定につながる。」（榊原［2016:193-194］）
　言いたいことの方向は、柏葉の留保・批判とともに、私と基本的には変わらないだろうと思う。ただ、私は言葉を変え、足した方がよいと考えてこの稿を書いている。

★09 「人が観念を有してしまうこと、とくに有限性を知り死という観念を有してしまったことがよいことであると思えないし、それがよいことであるという理由も示してもらったことがない。詩人の長田弘に『ねこに未来はない』という本があるが、猫の方がよいように思う。それは私の好みであると認めてかまわない。ここで言いたいのは、すくなくとも人ができること、できてしまっていることが、とくによいことであるという理由を私は知らないということである。」（[2010→2018:36]、あげているのは長田［1971］）

★10 その「根拠」についてNussbaum［1995］の参照を求めていて、それはアリストテレスについて論じている論文である。ヌスバウムのアリストテレス論について渡辺邦夫[2011]がある。同じ媒体に載った渡辺［2013］も含め、部外者にとっても興味深い文章だった。同じ著者の著書に渡辺［2012]。

★11 『私的所有論』の第二版に加えた章では吉本隆明の『最後の親鸞』（吉本［1976］）を引用している（[201305b:805-806]）。また『真宗学と障害学』（頼尊恒信［2015］）という本がある。

★12 所謂『プロ倫』については［199709→201305:380-382,418-420]。この前後で「主体化」について見ている。

★13 とくに個々の教えが細かに書き出され並べられているような宗教については、行動規範の変更は難しいが、それでも、神の「真意」を察してルールを変える、あるいは本来あるべきであったルールを再発見するといったことは可能であり、これまでも様々にその宗教の内部において行なわれてきた。

★14 その人が、人は（最初から自律・自立的な存在なのではなく）「依存」する存在であると言ったと紹介する、そんな文献が、船木［2016］であるとか、稲原［2017］であるとか、ネットで探すといくらも見つかる。私は、当たり前のことを言う人の名をあげる必要はとくにないと思う。加えれば、「ケイパビリティ」をもってくるというのも私には不思議なことだった。間違っているというのではない。もっともことを言っていると思うが、それは以前からたくさんの人が思い、言い、その方向に行動してきたことだと思うからだ。だから幾度かそのことを言ってきた。ケイパビリティと開発という主題についての文献紹介として伊芸研吾［2016］。

ヌスバウムの議論について批判的に検討した少ない一つが榊原による批判である。私も榊原と似たようなことを思っていて、批判するのはもっともだと思う。ただ、一つ、榊原は「スティグマ化への傾向性」（榊原［2016:186］）を言うのだが、「スティグマ化」されてしまうもとのものが否定的なものであるなら、それは仕方がないということになる。わるいものではないと言えた後に「スティグマ化」がよくないと言えるということになるはずだ。

関連してもう一つ、榊原は、潜在能力アプローチは「社会的関係の網の目の中で生じる社会的排除／包摂という現象を、個人の持つ潜在能力に単純化してしまう」（榊原［2016:7］）と言う。たしかにそのもののよしあしは天然に決まっているのではない。だが、それが「社会的」なものであることを指摘すれば、ヌスバウムはそれはそうだと言うだろう。個人に予めあるものではなく社会的なものであると言えばすむわけではない。とするとなすべきことは、そこでよい／よくないとされているものがどれほどよい／よくないものであるのかと一つひとつ問うことだと考える。それで本章を書いている。

既に明らかだと思うが、本章・本書は今まであるもの（あるいはさらにこれから探求されるもの）に「ケアの倫理」を加えるという立場は取らない。井上彰［2017］はよい本だが、この点では見解を異にする。「合理的能力に基づく選択責任の構想は、そのような選択責任追及の「過酷さ」とは無縁である。まず第一に言えることは、合理的能力を有さない者には責任が帰されない点である。この点は、合理的能力をベースとする以上明白だが重要である。われわれの構想は、合理的能力を有しているとは言い難い存在——たとえば、重度の障害者や重篤な精神疾患に悩む人——に無慈悲に責任を追及する営みをよしとしない。それゆえわれわれの構想は、あらゆる人間に対し、その能力の有無や軽重に関係なく責任を問う議論——たとえば巷に蔓延する自己責任論——とは区別されるべきである。もちろんそれは、合理的能力の欠落した人たちをそのまま放置することを意味しない。そのような扱いが、われわれの宇宙的価値としての平等を上位に置く価値体系からして許容されない点については、すでに第四章第四節（2）で確認した通りである」（井上［2017:192］）

ここに付された註。

「重度の障害者といった合理的能力を欠く人たちに対しては、平等の価値以外にも、別の道徳的価値、たとえばケアを要求する規範が成立する可能性はある。この点については、ケアの倫理を中心に数多の議論があり、人道的価値との関係も含めて整理する必要がある（Kittay［1999］、Nussbaum［2006］、品川［2007］）。いずれにしてもそうした価値のあり方について積極的な主張を展開するためには、平等主義的正義論の価値体系のなかで当該価値がいかに定位されるかについて明らかにする必要がある。逆にそれを明らかにしなければ、テムキンと同様、アドホックな多元主義に訴える議論と化しかねない。」（井上［2017:201］）

★15 『税をなおす』（立岩・村上・橋口［2009］）、その出版を受けての［2010l2］の「税は保険でなく分権という語には慎重であった方がよい」等々。

★16 「同じであること自体が追求されるべきだとしたのではなく、一人一人が承認されるべきだとするなら、世界と人間の行いの有限性を前提としたとき、ありうる落とし所として「皆がそこそこ」がよいのではないかというぐらいのことである。だから平等は絶対的な目標というより、消極的な基準としてある。」（［200401:106］）

★17 この辺りの議論の流れの紹介はたくさんある。障害学に関係する本に収録されているものでは川越［2013］。

★18 片山知哉は「デフ・ナショナリズム」を支持する。その論文として片山［2010］［2011a］［2011b］、これらを受けて書かれた博士論文として片山［2014］。
★19　成年後見制度について［201609］［201710c］。
★20　「無能」であることを肯定するある種の伝統、知的伝統があることを否定はしない。『人間の条件』でいくつかをあげた。すべてを肯定するわけでないことも述べた。『ねこに未来はない』（長田［1971］）といったものもあげた。例えば「無垢」をもって肯定されることがある。無垢がよいことで、実際無垢なら肯定すればよい。しかしそうでもないならあまり言わないほうがよい。
★21　肯定的なものとして、『「障害は私の個性」――共に生き、共に学ぶ』『癒しのセクシー・トリップ――わたしは車イスの私が好き！』『いのちに贈る超自立論――すべてのからだは百点満点』（安積［1990］［1993］［2010］）。『エンジョイ自立生活――障害を最高の恵みとして』（樋口恵子［1998］）。それに対して例えば「障害者に生まれて幸福だったと自分を偽るな。本音で生きろ！」（新田勲［2001］）。
また「障害は個性である」という主張があり、それに対して反論する人がいる。肯定することと個性であることとは、まずは異なる。だが、言葉の規定の仕方によっては、違わない意味で使われることはある。人に関わる肯定的な属性・性質を個性と呼ぶことはあるからである。それに対して、個性というものはもっと個別の、人が作っていくものであって、おかしいというような返し方もある。また、実質的には障害を肯定する／しないの議論と同じ部分もある。cf. 森［1999］。
★22　中西・上野［2003］はとてもすっきりした主張がなされており、ゆえにそれだけでなかろうという反応が当然にある。中西から見た運動史（中西［2014］）は自らが活動を始めてしばらく経ったそれ以降に取得された知識が含まれているが、それでも基本路線は同じだ。関連する編書に上野・中西編［2008］。なお、介助は本来は「ないにこしたことはない」という前提を弱めると、社会サービスの査定の必要はないという明快な主張がいくらか維持されにくくなることは加えておく。

第8章　とは何か？と問うを問う

1　星加良司『障害とは何か――ディスアビリティの社会理論に向けて』

1　検討に際して

社会と総称されるものの部分部分（市場、家族、政治、……）の境界について考えることをしたいと思っているので、長く留まるつもりはないのだが、身体の方から社会を見ていくことも必要だと思ってはいる。その際の見立てについて、道具立てについて書いている。

議論は多くはない。少ないなかで、星加良司と榊原賢二郎の著書がある。それらを検討すると予告して――とくに星加についてはそのことを言ったのは二〇一〇年だった★01――そのままになった。理屈を言おうという営みは、多く徒労に終わるのであるが、あってよいとは思う。議論がないことを本人たちも不満に思っている。★02まず星加の『障害とは何か――ディスアビリティの社会理論に向けて』（星加［2007］）を検討する。

その積極的な主張に対する私の評価の要点だけを述べれば簡単である。星加は「不利益の集中」によって「ディスアビリティ」を規定しようとする。一つ、それは無理である。一つ、なぜその「同定」が必要と考えたのか、わからない。私には必要であるとは思われない。基本的に以上につきる。ただ、まずその手前から始める。

その本は、力作であるとともに、このごろ、いやだいぶ前から、ものごとを「学的」に、あるいは狭くは「社会学的」に語る時の兆候を示しているように思われる。その手つきのようなものが気にかかる。例えば、これはかなり以前からあるものだが、「二項対立」に代えて「関係」を言うといったしぐさがある。そして次に、「構築」を言うことによって「本質主義」を回避しようとする。そうした主義が流行した後、私たちはどのぐらい賢くなったのかと思う。

ただこうした流れに乗りながら、学の世界で全般的に何かを直截に語ることが回避されるなかで、星加（たち）は障害を取り出そうとする。別の不利益や別の差別、排除全般からより分けようとする。「たとえば、「あらゆる人にどのような程度かできないこと＝障害 disabilities がある」（立岩［199709:323→201301:540］）というような言い方も可能ではある。しかし、本書ではこうした立場を採らず、ディスアビリティをある種の特有な現象として特徴付けることで、ディスアビリティについて特に問題化することの社会的・社会学的意義を主張することが企図されている」（星加［2007:99-100］）。

星加がこのように言うのは、視覚障害者である自分（たち）のところに他にあまりないほどの不利益が累積しているという本人の現実感によるのかもしれない。（私には）よくわからないこの本は、終わりの方になって、この人はこういうことが言いたいらしいということがわかるようになっている（後述する）。その意味ではずいぶんと強い思いがあって書かれた本なのでもある。

他方、私はさきに引用されたように思ってものを考えて書いてきた。むろんそれだけでは各自のその背景の違いを言うだけのことであり、どちらがどうということではない。どのような問題を設定するか、その設定のしようは自由であるということになっているのだから、どちらにも問題はないということにはなる。

私にとっては（非）能力と社会との関係を考えることが主題であってきた。狭義の「障害」に関心があるのではない。ただ、多くの場合、「障害者」はその非能力の度合いが甚だしいので、その分問題は（星加の言うように）そこに集中する。そのうえでどのように社会に対していくかということになり、そうした場に置かれてしまった人たちはそれを考えざるをえないことになる。これは思考・実践の課題としておもしろい。ゆえに、その人たちの思考や行動に関心があったし、それを受けて書いてきたところがある。★03

ただ、狭義の障害を考えるうえでも、特定し同定しようという構えがよいと私は思わない。予め特定する必要はなく、その必要のないことを論理的に示すことができると考えている。社会に存在するものとしての「障害」の定かな外延は存在しない、しかしそれは曖昧に縁取られてもいる、それには事情があるということを理解することが、この主題にとっては重要であると考えている。そして社会に存在する曖昧な言葉、浮動する現実こそが捉えるべきものであり、それをどのようにして捉えるかという課題があると考える。こうした「構え」のあり方について、その違いについて考えて言うこと、確認することにいくらかの意義があると思う。

他にもいくつかの論点がある。一つ、その本は、きっと切実であろう思いから発しながら、あるいはそれゆえに、言われていることはより「現実的」なことであったりする。社会ばかり言うのでなく個人の努力のことも、とか、社会の理解を得られるところから、という方に寄っていくように見える。それは、私は私で中庸で日和見であるけれども、その態度とはまたいささか異なるようにも思える。どこまでが同じでどこからが違うのか。それも考えてよいと思う。

2　批判篇の行論

その本の構成は、もっと整理して簡単なものにできたのではないかと思うのだが、かなり複雑なものになっている。

まず、Ⅰ、理論がどのようなものであるべきかその条件が四つあげられる。次にⅡ、現在の理論が三つあげられ、採用できないとされる。次にⅢ、「「社会モデル」的ディスアビリティ理解が基本的に共有している前提」が四つあげられる。次にⅣ、検討すべき主題が三つあげられる。

これらは、Ⅱ現在の理論が、それが採用してしまっている前提Ⅲとも関連して、Ⅰの要求を満たしておらず、Ⅳ大切な問題にうまい解を与えられないことを示す、という順序にはなっている。その限りで話は流れている。ただ、一つひとつを見ていった時には、さらに種々の論点が入り込んでいたり、繰り返しがあったりする。

おおまかにはここまでが批判篇ということになる。当初、私も一つひとつを検討していったが、それを追うのは読者にとっては面倒だと思う。それは立岩編［2016-］に移す。なによりもとの本を読んでもらうのがよい。★04　Ⅰ〜Ⅳの項目だけ示す。

Ⅰ：（1）「解消可能性要求」。説明は略。（2）「同定可能性要求」。「障害者の経験する「問題」を他の「問題」から弁別された特徴的なものとして把握しうるかどうか」。（3）「多様性要求」。「ディスアビリティ現象の多様性に開かれ、その間の質的な差異について扱うことのできる枠組みになっているかどうか」。（4）「妥当性要求」。「ディスアビリティ解消の望ましさが経験的・規範的な根拠によって主張されうるような構成になっているかどうか」。

中では（2）が気になる、と述べた。（4）は、文句の言いようのない条件のように思われるが、そうでもないかもしれない。「現実的」であろうとしているかもしれないと述べたのはこのことに関わる。

Ⅱ：既存の社会モデルの議論。（1）「原因帰属をめぐる認識論的転換」。（2）「解消可能性による解釈」。（3）「帰責性による解釈」。

Ⅲ：そこで前提になっているもの。（1）「ディスアビリティの非文脈的特定」。（2）「ディスアビリティの記述的特定」。（3）「ディスアビリティについての二元論的解釈図式」。（4）「ディスアビリティ理論の制度的位相への限定」。個々の説明はここでは略。

Ⅳ：既存の理論が行き詰まっている主題。（1）障害者の就労問題。（2）障害者福祉の位置付けをめぐる問題。（3）「自立」と「自己決定」をめぐる問題。

そしてその後、自らの積極的な論を立てていくのだが、その手前で、Ⅴ：ディスアビリティ＝不利益を言う論として、（1）「社会原因論」と、（2）「インペアメント」を持ち出すものとあるが、いずれもだめであるとする。

3　インペアメントの棄却

「ディスアビリティとはインペアメントのある人の問題だ」という把握についての星加の議論を見る。Ⅴの（2）で星加はインペアメントをもってきて、（星加によれば不利益としての）ディスアビリティを規定することを――何をもって「規定」と呼ぶのかが問題なのだが――棄却する。（以下、あげられている文献、書誌情報はここでは略し、HPにあげておく。）

その論の進め方は、次節に見る「原因論」が失敗する、「そこで、別の基準によってディスアビリティを他の不利益と区別して把握する必要が生じ」、「ディスアビリティをインペアメントとの関連で捉える」ことになり、「ディスアビリティとはインペアメントのある人の問題だ」とされるというものだ（星加［2007:107］）。対象とされている論者自身においてそうした順序で議論がされているのではないが、それは重要な点ではない。

社会モデルを言う議論においては「インペアメントとディスアビリティとの因果的連関という想定は拒絶されるが、ディスアビリティがインペアメントのある人の問題であることが示され、その点で他の不利益との弁別が可能な構造になっている」。しかし星加はこれを採用しない。それは、「インペアメントはディスアビリティの存在から遡及的に措定されるものであると考えるからだ。［…］社会において要求される価値との関連でディスアビリティが生じ、それを個人に帰責するためにある種の機能的特質に対して否定的な価値付けがなされたものがインペアメントであり、社会史的な理解としては、インペアメントはディスアビリティに先行して存在しているのではない。［…］ディスアビリティはそれとして発生ないし創出されているのであって、インペアメントはあくまでも後続のカテゴリーだから、ディスアビリティをインペアメントとの関連で同定することには無理がある」とする（星加［2007:108］[★05]）。

たださらに次のように続けられる。「現にインペアメントが否定的な価値付けを伴って措定された社会に生きる人々のリアリティに定位した場合にはどうか。［…］社会的現実においては両者は並存しているのだから、インペアメントとの関連でディスアビリティを同定する可能性も残されている」。「インペアメントの存在を要件とすること自体は可能だが、それが不利益を生む他の可能的要件を措定した場合とどのように異なるのかについては何も言えていない。「体が人並みはずれて大きい人」にとっての不利益や「田舎で生まれた人」にとっての不利益ではなく、「インペアメントのある人」にとっての不利益だけがなぜディスアビリティとして把握され、その解消が特に要請されるのかが［…］不明なのである。また、このことに回答を与えるためには、インペアメントがあることによって不利益の経験のあり方にどのような影響があり、それがどのような意味で特有な社会現象といえるのかについて［…］の議論が不十分［…］。だから、ディスアビリティの同定に当たってインペアメントの存在を要件とする従来の議論は、論理的な水準においてきわめて不十分なものなのだ」（星加［2007:109］）。

理解が難しいところ、私には不可解なところがある。

「インペアメントはあくまでも後続のカテゴリーだから、ディスアビリティをインペアメントとの関連で同定することには無理がある」。これがわからない。まず不便さ、不利益がある。そしてその時、そのことに関わる契機としてインペアメントが措定される。もっと曖昧に身体的なものが想定される、でもよい。そのことを「遡及的に措定される」と言ってもよい。後の部分で星加が紹介する歴史記述もそのさまを記述している。それは、その身体においてはっきりとはじめから見えるものであることもあり、「あるらしい」「あるはずだ」とされるぐらいのこともある（例えば自閉症について［201408］）。そうした現象の全体、そして人によって広くもあり狭くもなるその範囲が「障害」ということにされることがある。そうした社会的事実がある。それは社会の側にある事実であり、時によってその様相も変わる。例えば自閉症が現われ、それが障害とされるのは比較的最近のことである。

その身体に関わること、関わらせられる種々があること、そのなかに「できないこと」と「違うこと」があること、それらはその身体の形状や状態を直接に示すこともあり、それに関わらせられたり、あるいは身体の奥に想定される。そのある部分がインペアメントと呼ばれることがある。その外延を正確に規定することはできないし、またそれ以上に、その必要もないと思うが、それを見いだしたり、あると想定すること、それを「遡及的」といえば言える。

なにごとかAが存在すると、起こっていると、捉えられる。それがBに関連づけられる。例えばAある人の状態や社会の状態がB感染や感染した身体と関連づけられることがある。BはAに「後続」するものではある。ただこの場合に、B感染症に関わって起こった状態としてAを規定することには問題はないように思われる。

この関連づけはたしかに社会内的になされるのであり、社会内でその関係が想定されるのではあり、不確かであり、浮動する。あるできごとが身体に、例えば脳に関わるかどうかは確かでない。しかし、そのような思考、行為がなされている。そのこと、そのあり方が重要なのであり、その社会的事態を捉えることが大切であるはずだ。不確かだから棄却するというのではなく、不確かであり、浮動するがゆえに、その水準において捉えるべきであると考える。

私の考えを述べればこうなるが、それに同意してもらう必要はまずはない。ただ、インペアメントを棄却するその理由がよくはわからない。後で、インペアメントの体験が軽く見られているといったことも星加は述べる。そんなものは存在しないとは言ってはいない。その意味で否定しているわけではない。では何が問題なのか。インペアメントをもってきたとして、ディスアビリティ、不利益の内実がわかるというものではない。またその不利益が解消されるべきその理由・正当性も示されるわけではない。ディスアビリティを規定すること、同定することがそうした営みであるとすれば、それは果たされない。ここまでは理解できる。しかし、どんな範囲の不利益に関わるものであるのか、(はっきりせずまた浮動する)「外延」はここで示されるだろうし、それは求められるのではないかと思われるのだが、また区切られていくさまを見ていくことはよいように思われるのだが、棄却される。ただその星加の論において、境界は設定され、外延は存在するようなのだ。次にそれを見る。

4　しかし分け隔てるものがある、ようだが

「インペアメントの存在を〔ディスアビリティの〕要件とすること自体は可能だが、それが不利益を生む他の可能的要件を措定した場合とどのように異なるのかについては何も言えていない」と書かれている。「インペアメントの存在を要件とすること自体は可能」だと言う。「要件」という語の意味如何でも

あるが、可能であるとされている。それが「不利益を生む他の可能的要件を措定した場合」と「どのように異なるのか」と進む。

まず（不利益のあり方が）「異なる」ことが前提にされているのだが、なぜそのように言えるのか。そして異なるところがあるとして、それを言わなければならないのか、それはなぜか。

星加は、「「体が人並みはずれて大きい人」にとっての不利益や「田舎で生まれた人」にとっての不利益ではなく、「インペアメントのある人」にとっての不利益だけがなぜディスアビリティとして把握され、その解消が特に要請されるのかが［…］不明なのである」と言う（星加［2007:108］）。まずここだけを読むと、インペアメントとディスアビリティは接続されており、インペアメント以外の何か（例えば高身長や田舎出であること）と（ディスアビリティ以外の、例えば高身長や田舎出であることに関わる）不利益とは異なるという話になっている。とすると、まず、既にインペアメントとそうでないものは分けることができるものとしてあるはずであり、そして分かれて二種類になる不利益のあり方が異なっていることが予めわかっているということになる。そのように言えるものなのか。

例に即して見ていく。「体が人並みはずれて大きい人」は身体に関わり、「田舎で生まれた人」は身体に関わらないとまずはされるだろう。前者について。まず一つ、「体が人並みはずれて小さい人」は障害者とされることはある。大きい人にしても、巨人症といった名がつけられることもある。それが遺伝やなにかに関連づけられることもある。小さいからできないことの方が多いかもしれないが、大きすぎて何かができないということもあるだろう。そして実際には多く、できるできないの前に、異なることが感じられる。異なりは、社会で障害と呼ばれる対象、その対象にあるとされる契機でもある。とすると、「体が人並みはずれて大きい人」と「インペアメントのある人」はなぜここで分けられているのか。また（最初から）分けられる必要はあるのか。

次に「田舎で生まれた人」について。その人が田舎で生まれたこと自体はその人の身体に書き込まれてはいないだろう。ただ、そこで生まれたことによって、その人はその土地の言葉しか上手に話せないといったことはある。その能力／非能力は身体にもはや書き込まれているといってもよいのだが、それは遺伝子の変異や交通事故といった物理的・生理的な経路によるものでないと理解されているので、普通は障害の側には分類されない。しかしその苦難は、耳が聞こえず手話を言語としてきた人たちと似たところが（似ていないところとともに）あるかもしれない。

このように考えていけば、違うとされるものを同じところにまとめること、違う分類をすることもできなくはない。違いがないと言いたいのではない。多くは分明でない境界線が引かれる。種々の社会にあって線が引かれ括られるというできごとがある。こうした社会的な事態・事実をどう見るかという主題はあると思うが、そこに予め、もっと正確な、別の線を引こうとする営み、それ以前に線があるとする営みにどんな意味があるのかである。私にはわからない。

むろん私たちはときに、ただ観察だけしていればよいということではすまない場合はある。星加も役に立とうとしている——Iの（1）「解消可能性要求」。自ら（たち）がこれは障害であるとか障害者差別であるといったことを言うこと、そのことについて言うことを求められることはある。ただ、その時もまず、何を求めているのか、求められているのかをわかることだ。たんに名前をつけるとかつけないということではない。実際には、しかじかのもの、例えば社会サービスが得られるようにする、しかじかのことが禁止されるように求めるといったことである。障害とするとかしないとかの前に、問題の本体がこちらにあることをわかっておくことである。

例えば言語的な困難がある場合に、通訳が必要である、そのための費用を求めるといったことがある。それはさきの田舎出の人の要求であるかもしれない。聾の人の要求であるかもしれない。両者に違いはあるだろうが、この場合にはいっしょでよいかもしれない。この場合に、身体になにか「もと」があるか、インペアメントがあるかないかは関係がないかもしれない。ただ、身体的事情にも応じて、言語的交信に必要な手段は異なるから、制度としては分けた方がよいかもしれない。このように考えていく必要があるし、それ以外に必要なのかということだ。

そのように論を立てていけばよいと思うのだが、それと別に、その手前で星加は「同定」が必要であると考えているようだ。しかし私にはその理由がよくわからない。しかししようとされる。それはどのようになされるか。うまくいっているか。第9章で見る。

5 原因論

もう一つ批判される「原因論」について。星加はこれを二箇所で紹介し問題にしている。二度、二つに分けて議論がなされる必要があったかどうかはわからない。

まず今どきの理論を紹介するⅡであげられる。(1)「原因帰属」、(2)「解消可能性による解釈★06」、(3)「帰責性による解釈」と並べる中の(1)である。ここではオリヴァーらの障害学の議論がディスアビリティに関わる原因論において社会を主張したことが——(2)(3)は紹介された上で批判されるのだが——まずは紹介だけされる。

もう一つは、さきにⅤの(1)(2)とした(1)。従来の理論が「障害者の経験する不利益を特有なものとして同定する」ことができないことを示した上で、不利益を特定しようという流れの議論のうちにあって、(1)「社会原因論の錯誤」を言った上で、(2)「インペアメント」をもってくる議論もうまくいかないという筋のなかにある。(2)は前項で検討した。以下こちらの(1)を見る。

車いす使用者に適したようにできている村で使用者は便利だが健常者は不便だという、社会モデルの意義を説明する「障害者の村」の寓話（Finkelstein［1981］）が紹介される。「ディスアビリティの原因は個人の側にはない」、「現行のディスアビリティを生み出しているのはとりもなおさず現行の社会であるというのである」。「しかし、これと同型の論理は、「個人モデル」を支持する立場からも主張しうるのではないか。現行の社会は健常者にとっては不利益のない社会であり、「障害者の村」は車椅子使用者にとっては不利益のない社会である。つまり、不利益が存在するか否かは、その社会の成員がどのような個人であるかに依存しているのであり、ディスアビリティの原因は個人の側にあるというわけだ」。「「個人」の条件を変えても「社会」の条件を変えても、「個人」による「社会」の経験として現れる不利益のあり様は変わる［…］。しかし当然のことながら、そうであるからといって、不利益の原因が「個人」であるとか「社会」であるとかいうことを、文字どおりの意味において含意することにはならない。／「個人モデル」も「社会モデル」も現象の一面をデフォルメして、まさに「モデル化」している［…］「社会モデル」もまた、ディスアビリティを個人の属性とは無関係な社会の問題だとすることで、それが置かれた文脈に焦点を当てることができなくなっているのである。実際には、不利益は社会の障壁（のみ）によって生じるのでも個人の機能不全（のみ）によって生じるのでもないはずだ」（星加［2007:104-105］）。

また、障害学の論者による歴史記述が紹介され、限界が指摘される。「障害学の理論家たちは、ディスアビリティの生成に社会がどのように関与しているのかについて、記述的な説明を与えてきた。資本主義的生産の必要から「障害者」というカテゴリーが発明され、さらに個々の障害が医学的に分類されていったことを指摘する等は、それぞれ社会史的な分析として一定の説得力を持つ。ただし、これらは現行の資本主義的な社会体制におけるディスアビリティの特質に関する説明を与えるものであって、ディスアビリティという社会現象の輪郭を示すものではない。［…］ディスアビリティが特定の社会において特定の形式で構築されることを言っている」。「ディスアビリティが社会的に構築されているという「社会モデル」の主張は［…］不利益を解消すべきディスアビリティとして特定するものであるというよりも、現行の社会がある種の特定の形式においてディスアビリティを作り出していることについて記述・分析するものである」。「こうした社会モデルの理論から導出される認識は、ディスアビリティに対する社会の関与の仕方についてのもので［…］ディスアビリティが記述的に特定可能であるということではない」、「ディスアビリティ現象を原因帰属の議論によって特徴付けることが可能であると想定されていることが多いのだが、これは誤りである」（星加［2007:102-107］）。

まず、社会が要因だと言うのと同様に個人も、と言えるという論について。因果の問題として（だけ）考えるならその通りだ。できごとに関わる因果的要因という限り、そこにあげられる要因には種々様々がある。むろんそのすべてをということになると、地球が存在すること、酸素があること、生きている人間がいること……、といった具合になってきりがない。他の事象と比較したときにとくにその事象に強く関わると思われる要因が通常はあげられる。「障害」に関わる要因として、従来個人的・身体的要因があげられてきたこと、そして個人や医療の水準ですべきことが言われ行なわれてきたことが批判され、社会的要因が言われるようになったという流れになっていることは一般に了解されている。そして星加も、それはそれとして意義を認める。

ただその上で、要因・条件というだけであれば、個人の身体的要因・条件もある。数限りない要因の中では相対的に大きな要因であるとも言える。だから、因果論として社会的要因しかないといった主張をしているのだとすれば、それは一部だけを取り出しているという指摘は可能であり、また妥当である。そのことを受けて私は、原因論として受け取るべきでないこと、責任・義務の問題として捉えるべきことを述べてきた（→次項）。

ただその上で、やはり既に書いたことだが（註01・249頁）、例えば「せい」という言葉は日本語でもまた英語でも両方に使う。「あなたのせいで私は……」という時、それはあなたが原因であることだけを言うこともあるが、あなたは私の現在について責任を有することを（ことも）意味することがある。星加が因果を言っていると取り上げた文献・文章にもそう読めるものがある。

だからこそ責任と因果の問題との差異はときに曖昧にされることがあり、この点をはっきりさせること、そのことに注意を促すことに意義はあるだろう。★07 論者たちも、以上を説明され、あらためてどちらの意味で使っているのかと聞けば、帰責の方だと答えるはずではあるのだが、それでもそのことをだめおしておくべきであるとは言える。

以上はつまり、星加が主張するように、また私も述べてきたように、規範の水準の問題・主題があるということを意味する。ここでは星加に従い、ディスアビリティを不利益だということにしよう。そしてその不利益は、学として運動としてその不正を主張するものである限りにおいて、「ただの不利益」ではなく「不当な不利益」である。不当な不利益は正当（な利益）があって言えることでもある。そこに「規範」はたしかにある。

ただ、それははっきりしているからあえて言うまでもないという場合がある。実際そんなことが多くあると思う。いちいち全部を言うのは冗長だと思われる。「本来社会には、この我々の困難を生じさせないあるいは除去する義務が、〇〇の理由で、ある。あるにもかかわらずそのことを実行しないことについて社会はよくない。よって対応を改めるべきである」といちいち言うのは面倒で、「我々の困難は社会のせいである」という言い方をする。

それでも、省略していることをわかっておいた方がよいということはある。そして「正しさ」はときに社会が問題であると主張している側においても、自明ではない。例えば仕事ができないとされる人が仕事を得られないことは不当か。不当であると思うのだが、それは（しかじかの条件があれば仕事ができるのに）仕事が得られないことが不当であるのか、それとも別のことを問題にしているのか。そうしたところについて、十分な議論が、障害学といった領域に限らずたいしてなされてきていないことはよくない、そうした仕事が必要だと思い、私もいくらかのことをしてきた。

「ディスアビリティの原因を社会に求めることによっては、ディスアビリティとは何なのか、それは解決すべきものなのか、といった問いへの回答は得られない」、「社会原因論に代表されるようなディスアビリティの記述的特定を志向するアプローチは、論理的に成功し得ないのである。ディスアビリティが社会において生じる現象である以上、それは何らかの意味で社会的要因によって影響を受けており、その限りで原因帰属を記述的に行うことは可能である。しかし、そのことはディスアビリティ現象が社会現象であると言っているに等しい。［…］それはディスアビリティの同定という課題に対して何ら回答を与えるものではない」（星加［2007:105-106］）と星加は言う。歴史的記述は（不当な）事態、不利益を生じさせた要因は何であるのかを記述するのだが、その（たしかに不利益であるような）状態は、社会運動のなかにいたその人たちにとっては不当な状態、不当な不利益がもたらされる状態であったとはされているはずである。ただ、たしかに、それは書かれていないか、すくなくとも背景に退いてはいる。それをときにはっきりさせるべき場面がある。歴史記述・分析自体においては規範は明示されないから、そのことは言ってよい、別途その仕事はしたらよいということだ。

ただ、問いは、「何について」、どんなことについて何をすべきか、誰がすべきかということでもある。「何について」とは外延の規定とさきに述べたことである。これまでなされてきた歴史記述は、それがどのように、どのような事情で規定されてきたのかの事情を記述するものではなかったか。そしてここで外延が定まらないことは好ましくないことでなく、むしろ、取り出されたり、除外されたりするというこのできごとが解析される対象なのであり、介入するべき地点なのである。星加自身の規定はあとでみることになるが、もしそれがある範囲を特定しようとするものであるとすれば、それはかえって対象を、という障害という主題を、うまく捉えられないことになるのではないか。

6　帰責性による解釈の処理

とすると、社会が原因で「できないこと」が生じているという言い方に代えて、あるいはその言い方の意図・意味として、その「できないこと」の解消について社会に責任があると言えばよいではないか。この本では、IIの既存の社会モデルの議論が、（1）「原因帰属をめぐる認識論的転換」、（2）「解消可能性による解釈」、（3）「帰責性による解釈」という順序で検討される。

私の論もその（3）に含まれる。星加に引用されているように以下のように私は言っている。「社会モデルの主張が意味のある主張であるのは、それがその人が被っている不便や不利益の「原因」をその人にでなく社会に求めたから、ではない。［…］核心的な問題、大きな分岐点は、どこかまで行けるという状態がどのように達成されるべきかにある。二つのモデルの有意味な違いは、誰が義務を負うのか、負担するのかという点にある」（［200210:69-71］、本書第10章316－318頁）。

星加はそれに問題が二つあるという。二つめは「なおすこと」を巡る論点である。医療に対する（妥当な）批判があるが、その論点が除外されていると言われる。これについては既に述べた（第3章・64頁）。少なくとも私は、医療やリハビリテーションに否定的・懐疑的な主張、動きがあったことを記し、そこにはまっとうな理由があったこと、意義ある主張であることを認めている。次に、なおすことと補うことの境界設定は困難であることを述べ、そして、なおさないほうがよいとすくなくとも常には言えないことを述べた。以上より、「社会」を言う主張を、身体をなおすことと社会をなおすことを対比させ、後者だけを肯定する主張と解する必要はないと述べた。よって星加の批判はあたらない。ここでは一つめについて。

「社会モデルは、社会が障害を補う責任を負うべきだと言い、社会が補うべき障害の側面や範囲をディスアビリティと呼び、補えない部分をインペアメントとした」（石川［2002:33］）という記述を引いて、このように「呼ぶとすると、何について社会が解消責任を負うのかが予め特定されていなければ、ディスアビリティを特定することもできない。しかし、それを特定する基準は用意されていないばかりか、そもそもそれをディスアビリティという現象の特有性に言及することなく特定できるのかどうか疑わしい。［…］一般的な責任帰属の線引きを適用することによってはディスアビリティ現象を十分に焦点化することができず［…］、帰責されるべき問題の特定化という作業そのものがディスアビリティの認識論を含むことにならざるを得ない［…］。そうだとすれば、帰責性による解釈においては二次的ないし付随的な位置に置かれている。社会が解消責任を負うべき不利益とは何であるのかという問い自体が、むしろディスアビリティ認識についての一次的な回答を準備することになっており、その意味で冗長な理論構成を採っていることになる。」（星加［2007:57］）

まず私（たち）は――引用された石川の文章では、「障害」が二つに分けられるという仕組みになっているから、二つを合わせたものとして、どう訳すのかわからないが、「障害」があるとなっていたのだが――社会が義務を負うものがすなわち障害、ディスアビリティであるという言い方はしていない。社会が責任を負うべきことは種々いろいろとあるだろう。だから責任を負うべき対象がすなわち（普通の意味としての）障害であるとは、当然、なりえない。明らかに広すぎるし多すぎる。それはまったく明白だから、そのように規定していないことも明らかである。私（たち）は、「社会モデル」、むしろそんな言葉がなかった時代から言われてきたことの意味・意義を述べている。

「排除」と呼ぼうと「不利益」と呼ぼうと、そこに含意されているのは不当な排除、不当な不利益である。その不当さは何に求められるのか。自分で勝手にその不利益を解消するのはかまわないとされるとしても、そうして解消されるわけではなく、だから困っている。さらに、それは個人的に解消・軽減されるべきものと言えない。とすると誰が行なうのかということになる。それをまずは大雑把に言うと、「社会」が、ということになる。では実際に何についてなぜどれだけ社会的責任があるのか。これはむろん「社会的には」なかなか定まらないし、人により立場により変わるだろう。そのうえで、私は私で、なにをよしとするかはっきりさせようとしてきた。しかし、それで皆が一致するといったことはまずない。規範的な議論をするとはそういうことだ。それは、ことの是非を問題にする限り、何にしてもそうだ。例えば、星加は規範的な意味合いを付した不利益（不当な不利益）を立てるのだが、これにしても何が不当な不利益であるか、把握・主張は分かれる。正当／不当を自らの論に取り込むならば、必ずそうなるのだし、それは仕方のないことであり、定まらないことを問題にしても仕方がない。

さらに、これは原因論について論じられている部分で社会モデルの主張への批判として言われていることだが、個人と社会の二項対立云々といった批判はあたらない。その「社会」とはもちろん個人と無関係な社会ではない。社会が義務を負うと言う時、その人自身には義務がないということでもない。義務の分布が問題なのである。

だから、ここまでのところでは、星加が検討し批判し棄却したものは捨てたものではないということになる。では、代わりに何を星加は示すか。第9章ではそれを検討する。

2 榊原賢二郎『社会的包摂と身体』

1 同定という行ない

榊原賢二郎の『社会的包摂と身体――障害者差別禁止法制後の障害定義と異別処遇を巡って』の一部を検討する。この本の重要な貢献は第Ⅱ部「障害者制度と包摂的異別処遇」、第Ⅲ部「社会的包摂の集合評価」にあると思う。第Ⅰ部の定義論がなくてもその主張はたいがい成立する。例えば、就労に関して差別禁止法的な方向がより新しく正しいものであると思われているとすればそれは再考されてよいことは私も以前に述べた（[200112]）。再考に資する章として第Ⅱ部第4章「障害者雇用における有資格性と特別費用」がある。第Ⅲ部では教育における統合と分離について、著者が正当な対応とする「(包摂的）異別処遇」に照らして検討がなされる。

ただこれらについては紹介・検討することなく、「定義」「同定」についての第Ⅰ部の記述を検討する。★08 星加良司の議論（星加［2007］）について検討した第1節でも、星加が障害を同定しようとしていることを述べ、その営みがうまくいっているかを検討した――うまくいっていないと述べた。

なぜ障害を同定しようという営みについて検討するのか。そこでは本質主義を回避することが目指される。しかしそれはうまくいっているか。本質主義を回避するよりむしろ構築の様を捉えることの方が大切だと思うのだが、それは首尾よくなされているのか。社会（科）学における「お定まり」がかえって議論を制約していないか。まず、そんなことを思う。そしてあまり実践的に思えないこの主題の検討は、実は、運動や政策をどう捉えるのか、どのようにもっていくかに大きく関わっていると考えている。だから検討する。

榊原はどのように同定するか。まず、「不利益の集積」によって障害=ディスアビリティを定義しようとする星加の論を検討し、それではうまくいかないことを言う。

障害問題を同定すること、即ち障害問題と貧困問題などその他の社会問題を区別することはいかにして可能であろうか。[…] 社会的排除の通時的／共時的集積に着目するだけでは、この区別はなされえない[…]。貧困問題やその他の社会問題においても、社会的排除は発生するのであって、中には蓄積的排除に相当する重大な局面も含まれうる。そうした社会的排除は、その重大さに応じてやはり解消の対象となるのであって、障害理論はそうした他の社会問題で生じている社会的排除を看過するわけにはいかない。そうであるならば、社会的排除の重大さだけでは、障害問題と他の社会問題を区別することはできず、そうした観点からは障害は同定されえないのである。(榊原 [2016:114])

私も、不利益の集積は障害(と一般に捉えられているもの)について起こりやすいことは認めつつ障害に限らず集積が起こることを述べた。また、集積を免れる障害もまたあるだろうと述べた。榊原が言うのはその前者である。この指摘は妥当なものである。

次に、星加は身体を避けようとする★09が必ずしもそれは必要でないとし、身体(への言及)をもってくる。ただそのうえで、障害の他にも身体に関わる排除があるから、障害をそれらから弁別する必要があるとする。

もしも社会的排除の重大さによっては障害問題が同定されえないのだとすれば、障害同定は排除の程度とは異なる特質によって行われなければならない。こう考えると、身体を捨象するのではなく適切に位置付けることが、障害同定においては不可避であることが明らかになる。身体とある種の形で関与するような社会的排除を障害と呼ぶことにすれば、それは貧困問題と区別されうる。もちろん、身体と何らかの形で関与するような社会問題は、障害問題に限定されない。人種やジェンダーはその典型例である。おそらく、これらの問題と障害問題を区別することには少なからず困難が伴う。性同一性障害はジェンダーに関する問題なのか、障害問題なのか。アルビノは肌の色に関わるが、人種問題なのか。こうした分割はかなりの曖昧さを残すであろう。もしもそれでも分割しなければならないとすれば、それは具体的な諸状況が持つ客観的内在的性質によってではなく、身体に言及する方法によって行われるであろう。（榊原［2016:114-115］）

障害とは、観察者によって身体情報－処遇関係に帰責される社会的排除の一種である。しかしまだこれだけでは不足である。観察者によって身体情報－処遇関係に帰責される社会的排除には、性や人種に関わる排除が含まれうるのではないか。そうであるとすれば、まだ障害現象を定義したことにはならない。ここで行わなければならないのは、性・人種などに関わる排除と障害の関係を明らかにすることである。（榊原［2016:138］）★10

不利益の大きさで規定することを止めても、身体をもってくることが「不可避」であるとはならないのではある。ただそれはともかく、身体（への言及）をもってきてならないことはない。私もそれを禁じることはなく、もってきて当然であると思う。そのうえでさらに榊原は、身体に関わる他の問題からの弁別が必要だとし、それはどのようにしたら可能かと続ける。

身体情報と処遇に結びつけて説明される社会的排除は、他にも例えば性や人種に関わるものがある。障害現象の特徴とは何であろうか。本書は障害現象の特徴を、身体情報が断片的であることに求める。

障害現象に現れる「体」は、手や足、目や耳などの部位や、認知、集中力、発話などの個々の機能という形をとる。つまり、体を部位や機能の「束」として見て、その一部分に着目し、それが処遇とともに社会的排除と結びつけられる時に、障害現象が生じると考えられる。身体情報は、社会の中での体についての「見え方」のようなものであるため、個々の部位や機能に自由に分解できるのである。こうした身体の部位や個別の機能に限定された身体情報を、本書は断片的身体情報と呼ぶ。この断片的身体情報という捉え方によって、障害や損傷を定義することができる。（榊原［2016:6］）

そこで「障害（disability）」の定義は「断片的身体情報と社会的処遇の関係に帰責された社会的排除」となる。そして「断片的身体情報」とは「被排除者の人間有機体（知的・精神的側面を含む）に言及する、社会システムにとっての情報（身体情報）の内、一全体としての個人にではなく、身体機能／構造の高度に局限された細部に言及するもの」（榊原［2016:146］）とされる。

障害とその他の身体言及排除との差異として、障害が身体機能／構造の細部に関わることを指摘した。細部と表現しているのであるから、「高度に局限」という限定は冗長なように思われるかもしれない。ただ、障害現象における身体の位置付けが、人種に関わる排除と皮膚、ジェンダーに関わる排除と生殖器官の関係とは異なることは強調しておく必要がある。「高度な局限」というのは、他の身体言及排除が身体に大雑把に言及するのに比較して、障害現象は身体への微細な言及を伴うということを強調するために追加されたものである。（榊原［2016:149］）

障害現象における身体の扱い方は、最終的には標識に過ぎないとしても、性差における差異とはやや異なるように思われるのである。例えば日常的には、「障害種別」ないし「損傷種別」が話題となる。

人々は男性／女性区別と同様に健常者／障害者区別を行うだけでは飽き足らず、障害者を身体障害者・精神障害者・知的障害者などと分割しており、それぞれのカテゴリーも更に細かく分類している。そして、こうした細かい分類があって初めて、ある人を障害者と分類することが有意味であるように感じられている。障害者というだけではあまりに抽象的であり、必ずどの種別の障害者なのかが問題になる。このことから言って、障害現象における［…］身体言及は、性や人種、更には年齢の場合よりも細かいように思われる。（榊原［2016:139-140］）

どのように言葉を規定するのかは自由ではあるが、一つに現実のその言葉の用いられ方を掬い出そうというのであれば、その用いられ方とどれだけ重なっているかということになる。重なる部分もあるがそうでない部分もあると後述する。「局所的」と捉え難いものがあると言う。ただ、その重なりの度合い自体は最も大きなことではない。定義にどのぐらいの意味があるのかという問題がある。なぜ、どんな場合に同定は必要なのか。読んでいっても、それは最初からはよくわからない。だが、身体（への言及）をもってきてもかまわないことを、それに消極的な江原の論（江原［1985］）を引き合いに出して言うなかで、同定の意義が述べられている。同定は役に立つのだと言う。

江原は排除と差異の二重構造を、不当な差別の装置を安定化させる機制として批判した。しかし［…］身体情報－処遇関係への帰責は、排除という複雑な現象を有効かつ効率的に解消するための一助になりうる。［…］場合によっては、身体情報が関与していた方が、排除は解消しやすくなる可能性があるからである。身体情報を宛先に用いて排除の帰責を行うと、そうした身体情報に対していかなる処遇が非適合的なのか、そうした身体情報に対して適合的な処遇は何なのかを具体的に考えることができる。支援機器や支援者の配置、活動内容の調整などによって、就学や就労を、あるいは基準の調整によって所得保障・法的保護などを、円滑に進められる見通しがあれば、それらの措置を試みればいいのであり、この場合社会的排除一般よりも必要となる対応は明快である。／こうして身体情報を扱うことがもはや一概には否定されないのであれば、身体情報の態様から障害問題を定義することができる。

江原はこうした差異を論じ分けるようなことは差別の不当性を隠蔽すると考えた。しかし、既に排除という端緒を明確に発見しているのであるから、それを便宜上身体情報の態様によって分割することには特段の問題はない。[…]こうした分割は、単に議論や対応の便宜上行われると考えれば良い。障害問題に対応するための様々な包摂的処遇が可能になるのであれば、障害という枠組みに替えて、身体言及排除を用い、障害と性や人種に基づく排除を同列に論じることも論理上は可能である。あくまでも包摂の有効性・効率性に鑑みて、障害という枠組みを用いるのか、身体言及排除というより広い枠組みを用いるのか、更に排除一般を重視するのかをその都度決定すれば良いであろう。(榊原[2016:152-153])。

身体「ではなく」社会と主張する社会モデル的論理から離れられるとすれば、「身体」に応じた適切な処遇、例えば支援は、はるかに容易に理論化することができる。[…]例えば介助を挙げることができる。[…]衣服の着脱が難しい人[…]の着脱を支援する介助者が得にくいとすれば、その人が様々な活動に参加する余地は大幅に狭められる。[…]人的な支援を提供する介助者を配置することが求められる。(榊原[2016:116])★11

言っていることはまずはわかりやすく、もっともなことではある。排除に例えば視力(が低いこと)

が関わっているなら、その関わっているとされる事象に即して策を考える方がよい。そしてこの本の全体において、榊原はまじめに政策に関わった議論をし、答を示そうとしている。このように規定した方が「排除は解消しやすくなる可能性がある」、だから障害を同定しようというのである。

2 局所？

こうして必要で有益でもあるからなされる障害の同定を、榊原は行なった。民族、性は、身体に関わるがそれは局所ではない。それから障害を分けて、障害とは「身体の局所」に関わる（関わりがあるとされる）「排除」とされる。「高度な局限」について、他では「身体に大雑把に言及するのに比較して、障害現象は身体への微細な言及を伴う」と言う。しかしこれはそうわかりやすくない規定であるように思われる。

まず一つ、とても素朴には、身体障害にしても、身体の一部である場合もあり全身がという場合もある、全身性障害等と言われるものがあるではないかとまず思われる。全身火傷という人もいる。ただ、むろん榊原は身体の全体と部分とを分けて、その後者といったことを言いたいのではないのだろう。面積であるとか体積の問題であると捉えているわけではないだろう。だからこれはまちがった言いがかりということになりそうだ。とすると「局限」「細部」とは何を示しているのか。

もう一つ、同じく素朴な疑問だが、例えば精神障害と言われる現象、また知的障害と呼ばれるものにしても、またこの国では発達障害と呼ばれるようになったものも、それは身体の局所にあるできごとだろうか。その「もと」については、時代・社会によっては、脳といった「局所」にあるものとされることがあるし、本人たちからもその方向の主張がなされた事実とその事情を後述するが、これらの現象・状態の現われ方は必ずしも局所というわけではないように思える。世界全体の見え方が変わり、そしてそこに身体が位置づいているその位置づき方が違うように思えることがある。なにか特定の素振りでなく細部でなく、なんということはなくしかし明らかに異なるように思えることはある。

局所、局在、限定、細部は重要ではありそうだが、全部でないのではないか。どうして局所に限定されるのか。榊原がこのように、身体の局所と捉えたにあたっては、民族や性との差異を考えていってそういう答を見出したということだろうが、もう一つ榊原があげているのは、『監獄の誕生』（Foucault［1975＝1977］）における「規律＝訓練」である。近代社会におけるその実践で身体の局所が注視され介入されたことを、フーコーはその本でたしかに書いており、そして実際そんなことがあってきたのではある。それは近代社会にあって人・個体・身体に向けられたいくつかある戦略の一つである。[★12] 例えばリハビリテーションの対象とされる時にはそうした細部が観られ、そこが介入の対象になる。技術が向かうその対象は、身体の全体というより部分である。それは医療社会学が問題にしてきた局在論（佐藤純一［1995］他）もこれにいくらか——というのも原因が局所にあるのと、現象や対象が局所にあるとされることは同じでないからだ——対応する（そしてそれに対して全人とか全人的医療といったものが唱えられることにもなる）。

本人において、また周囲においても、受け取られる状態と、例えば規律＝訓練の実践のもとで取り出されるものとは異なるということだ。たぶん知的障害は、広い、全体として受けとられる。受け取られる前に生きられている。そしてそれは（本人の）経験と（周囲の）観察ということでもない。周囲の人たちも、全体として不思議な感じがするとか、生きている世界が違うようだという具合に思うことはある。他方で、計算ができないとか、こんな仕事ができないという具合に受け取られることはある。このときには機能の面から限局されて見られており、その部分が介入の対象になる。

もちろん、言葉の規定がこの社会にある種々の使われ方を網羅していないこと自体は大きな問題ではない。どのような規定・定義をしたところで、言葉を別様に使う人（たち）はいる。合致させるその合致、近似の度合い自体にはたいして意味はない。一致の度合いよりも、さきに榊原が述べていたように、その規定が役に立つものであるかどうか。また他にもあるとして、それは無視してよいほどのことか。それが問題である。

無視しない方がよいと私は考える。局在・局所の方、特定することの方に行く動きとそれと逆の動きが、複数の場にあって、そのことを描くこと、また考えることが大切であると考える。

まず、障害や病気の規定を巡って規律＝訓練という方向とは異なる契機がある。つまり、責任を個人に帰責――榊原におけるこの語の用法（「帰責（帰属）：システム状態の選択が行なわれた局面の、観察者による特定」）（榊原［2016:146］）と異なり普通の意味でここでは用いているが、それはたいした問題ではない――しないこと、つまりは免責のための根拠・「徴（しるし）」として障害が取り出されることがある。個人に帰責される時には行為の始点としての自由意志といったものが想定されることがあるが、免責の場合には、経験的なもの、可視的であるものが身体――や時には社会――に存在していることが求められることになる。その経験的な存在が事態を規定しているといった場合に、それは本人にとってどうにもならないことだとされ、免責されたり給付を与える理由になるとされる。他方、それがはっきりしない場合には障害ではない、だから免責の対象にならないということにもなる。障害～損傷という「徴」は「仕方のなさ」を示すものとして用いられるものである。この社会は種々のことを自己責任として処理する社会だが、明らかにそのようには言えない部分についていは、いくらかのことをする。障害とは、そうして妥協し、社会の基本を維持するための装置であると述べたのはそういうことである（［201710］、本書第４章）。

こうして障害があることは免責のためになる。自閉症、発達障害について、一方で、免責のために本人たちが「脳の機能障害」説を支持したことがあったことを述べた。既に書き込まれていることにおいて免責の対象になる（と主張された）。その変異は改変不能とすることで医療的・技術的介入の対象から免れるともされた。しかし脳への介入にも道を開くことが懸念されたり、また他方では治療の可能性が歓迎もされた。そして「もと」が局在することは、その要因の現われが自ら（たち）の存在の全体に及ぶものでもあることを否定するものでも必ずしもなかった。そうした変わった存在として自分たちを規定すること、自らの「アイデンティティ」に組み込むことがあった。そして「特別扱い」されることを求めるとともに、定型化されたマニュアル通りの対応を――自分が使う時には有用なものとして使いながら――警戒することもあった。『自閉症連続体の時代』（[201408]）でこれらを記述し、そしてこれらの間のいくらか複雑な関係と、ではどう考えどうしたものかについて述べた。次項で続ける。

そして既に右記したなかにもあったように、全体／局在という対は、ときに価値、重要さ・重大さと関わるだろう。私という存在の一部を占める（だけの）ものであるのか、私を（大きく）構成するものであるのか。そのようにも部分／全体という分割は用いられる。榊原の記述にもそれに近い部分はあるように思われる。その上で、私という全体にとって、性はたんなる一部なのか、それとももっと大きなものなのか。人によって場合によって答は違ってくるだろうし、その両方にもっともなところがあるだろう。民族についても同じことが言えそうだ。民族は私の全体に関わるとされることもあるが、そうではないとされることもある。性は身体に関わり、身体に関わる異なりのなかで大きなものであると認識されている。それでも部分である。局所でないとしても部分である。それに比して障害と呼ばれるものはどうか。たんなる（部分的な）機能不全という捉え方もある。一部が欠損しているその機能が失われているにすぎないというのである。しかし他方で、そのことを、というよりそのことに関わって「できない」ことを大きく捉える社会があり人々がいる。拙著では「主体化」という言葉を使ったが、能産的であることによって人の価値が表示されるような社会においては、たんにできない（部分がある）という局所的なできごとは、人全体の価値を示すものになる。このこともまた社会的な事実である。ある性を担っているのと障害があることと、両者は異なるだろうが、いま述べた意味において、どちらが（より）部分的であるとは言い切れない。

こうして帰責があり（その例外として免責があり）、個々人（の個々の部位）に向かう知・実践があり、生産物と生産者とをつなげる円環がある。さらに、生きている人だけに力は及ぶのでなく、優生手術等で人が現われないようにすることもある。そしてこれらは、交代し別のものに変わっていったのでなく、その複数のものは、互いに前提とするものの辻褄があっていなかったりするのだが、多くはそのまま、併行する。そうした中に障害があると見た方がよい。

この社会に存在しているものは、そして捉えるべきものは、一方で、身体のときに局所の方に向かい、回付され、他方で、ときにそこから逃れようとする運動である。その事態を捉えることこそが必要であると思う。するとそうした動きを捉えられる論の構えになっているほうがよい。[★13]

3　むしろ動きを捉えること

何が全体に関わったり部分化されたりするのか。そのように見ていくことができる。障害というものの現われをまったく社会内的に見ていくということだ。たしかに視力に障害があるという場合の（適切な）社会的対応の多くは、少なくともいくつかは、視力に障害があるというその状態に応じたものであるのがよいだろう。その意味では、榊原の言うように、このような同定の仕方は役に立つもっとももなものではある。しかし常にそうではない。そしてそれは重要な部分だと考える。さきに発達障害に即してそのことをすこし述べたのだが、さらに説明する。障害という枠に入れる／入れてもらう動きがあった。

しかし起こったのはそれだけのことではなかった。その枠を拡大しようという動きがあり、そのなかに枠は本来はいらないのではないかという疑問が発せられる。そうした流れがある。

米国に米国障害者法（ADA）がある。日本にもいくつかの法があり、また障害者差別解消法といった法律もできた（DPI日本会議編［2016］［2017］他）。その法の適用対象になると、益を得られる可能性、不利益を得ることが少なくなる可能性があり、より社会に包摂され排除されることが少なくなるかもしれない。とすると、そこに入った方がよい[★14]。実際、障害認定を求めること、その拡大を求めることがなされてきた。またときに併行して「難病」――以後面倒なので鍵括弧を外す――認定が求められてもきた（［201410］）。

それはまったくもっともなことであり、多くは理に適った要求でもあった。障害を立て、その範囲の拡大を認めてよいとは思う。障害であることによって得られるものがある、そのような法があるなら、それを使おうというのである。障害を取り出しそれに対応した対策を行なうことは政策としてとられるとともに、本人たちやその家族などの関係者から要求されるものでもあった。自分では仕方がないのだから、どうにもならないのだから、社会的対応の拡大を求めてきたのである。

しかしそれが最も望ましいことなのかと考えてみることもできる。障害をとりだすという行ない、障害として取り出すという行ないを続ける、広げるという方向はあり、それはもっともな行ないではある。これまで認定され給付を受けとってきた自分たちの取り分が少なくなる可能性はあるから他の障害の新規参入には消極的になる動因もありながら、それでもおおむね拡大を支持してきた。ただ一つ、このような拡大の結果は、いつまでたっても部分集合である。それは苦労の多い終わりのない営みのようにも思われる。そしてそれは多く実際に困難であってきた。

難病そして／あるいは障害認定のいくつかについては個々の疾患名・障害名はあり、症状も特定できているのだが、なかには名前はあっても、どこと形容しようのない痛みがあったり疲労があったりするものがある。それ（の一部）は複合性局所疼痛症候群——大野真由子の文献をあげた（135頁）——とか慢性疲労症候群（cf. 野島［2017］）と呼ばれるようになったりもする。その原因は見つかってはいないが——それは日本では「難病」に分類される一つの契機となる——その「もと」は体内の局所にあるのかもしれず、やがてそれは発見されるのかもしれない。ただ、その疲れや痛みは、全身を覆う。それは自分の「人格」を構成するものではないとも言えようが、自らの全生活にあった切り離し難いものとして体験されることもある。形状を表現し難いものでもあるのだが、しかし痛みや疲れはたいがいの人にはあるから、無視されたり我慢すればよいと言われたりもする。だから、そんな半端なものではないのだと差異化がはかられもする。たんなる疲労や痛みでないと言うのである。それもまたもっともなことだ。しかし、わざわざ特別の痛みであることを証明せねばならず、さらに自分で証明することはできないとされ、他人・専門家に証明書をもらわないとならないのも苦痛ではある。だから、ここに特別なものとして、法・制度にいれてほしいと思い願うとともに、そうせざるをえないことの窮屈さは感じられている。

そして、こうして制度を求める運動の中に、同時に、制度が求める判定や認定を否定する動きがあった。証明するのはときに面倒なことでもある。しかし求められ、結果として失敗に終わることがある。だから認定や判定を減らした方が基本的にはよく、なくせるならなくした方がよいのではないか。障害者運動自身がそのことを主張してきたのでもある。障害等級に対する批判があり、障害者手帳についての批判があった（精神障害者手帳制度に対する批判について吉村［2009］）。判定を批判し、自己申告でよいという主張があった。そこでは障害（者）であることが否定されたわけではない。たいがい判定がきつすぎることへの不満がまずはある。ただその度合いやさらにはそれが障害であることについて判定の仕方がおかしい、厳しいという批判とともに、それは不要であるという主張がなされたのである。さらにそこを進めれば、障害／非障害というはっきりした境界設定は不要であるという主張にもなっていく。

差別禁止法的な枠組みを否定はしない。しかしそれだけではたいしたことはない。運動は、もちろん一方では、障害種別に関わる個別の課題を有し続ける。それはまったく当然のことである。そうした要求、要求のための組織等々はなくなることはない。ただ、それだけのことを言ってきたのではないということだ。

「徴」がまったく不要であるとは言いにくいのは、虚偽を言う者がいることが関わる――そうした例があると大きく報じられたりする。すると判定・確認を廃棄できるか、全面的になくすことにはならないということになる。度合いに応じて、それに近似的な指標を用いることを認めざるをえない場合はあるだろう。ただ、決めないというやり方が基本的には正しいという主張には妥当性がある。区別なしで得られ、生活できた方が楽ではあるだろう。そうした考え方を射程に入れた方がよいということだ。

その際、困難であるその事情を個別に知ること、区別することは必要か。例えば就学であったり就労であったり、制約があり困難が生じている時、その制約・排除に合理的な理由がないのであれば、除去の仕方についてはときに人々が負っている個々の事情を考慮することが効果的である場面があることを認めつつも、それはまず等しく除去されるべきであるというだけのことではないか。

社会サービスを得るときにも、生活の困難が理由なのだから、その生活の困難に関わる理由・事情が特定される必要は本来はないといえる。その申請が「真正」なものであることが挙証されるべきであるとされる時に、身体の状態についての報告が求められ、その全部を拒絶することはできないとしても、なしですませられる時にはなしですませることもできる。

これは結局、社会政策全般を、そして社会の編成の全体を考えることとあまり変わらない。今追ってきた線は、基本的には普遍主義的な方向を行くことになる。ちなみにこのことは榊原の言う異別処遇を否定するものではまったくない。それは、誤解はないはずだが一律の支給といったものを支持・指示しているわけではない。「スティグマ」の問題があるから一律がよいなどとは言わない（[201004]）。さらに、労働のことを考える場合等ではより複雑で細々したことを考える必要も出てくる。

どんなことについてどのように何について注意深くあるべきなのか。ここでもまた、社会に対し不満を言い、批判をしつつ、得るものを得ようとしてきた運動からずいぶんと受け取るものがある。その幾分かは、障害を有するという自認があってそこから始まった運動でありつつ、障害を特定され認定され判定されねばならないことが窮屈であり本来は不要でないかと考えるようになった。その道筋を辿って、さらに進めることができるはずである。

4 まずは、身体に関わってできない（＋違っている）こと、程度で

このように事態が存在している場合に、一方の局所の側を障害として見るのがよいかである。そのようにしてしまい、そのうえで、障害の「脱障害化」の動きというように他方を捉えることはできなくはない。ただ障害という標語のもとで、非限局化の動きがなされているのでもある。障害を個々に取り出し一つひとつを認めていこうという流れに反対してきたのもまた「障害者運動」ではあったのだ。とすると、局所・限局をもってくるのはあまりよくないと考える。

では、以上述べてきたことを取り込んでいくと複雑になるのではないか。そうでもないと述べてきた。障害と病と呼ばれるものにざっと五つの契機があり、障害と呼ばれるものは、非能力と差異と、二つでよいとしてきた——加えれば加害性の付与。なぜ二つか。歴史的には、普通の姿からの逸脱、変容の認識がまずあったかもしれない。そしてその変異・変化は、形状の変化だけとして現れることもあったが、

多く機能の変化もともなう。そして生産や分配の場で人をいかに扱うかが前面に出てくるなかで、機能・能力の方が大きく取り上げられる。ざっと辿ればそんなことがあったかもしれない。とすれば、二つをあげておいて問題はないということになるはずだ。

だから、この書物全体として「能力」が前面に出てこないのはすこし不思議なことに思える。能力・機能の局面から観た場合といえばもっとわかりやすいのに、そのようには言われない。「できない」という機能に関わるというたいへんありきたりな規定でよかったのではないか。しかし榊原はそれを棄却する。その棄却は、「不首尾な区別の例」を四つあげるその一つめに言われている。「障害現象を性や人種といった身体言及排除と区別しうる特質があるとすれば、それは何であろうか。この線引きは存外に難しい。そのことを示すために、まずは従来の定義を参考にしたいくつかの不首尾な区別の例を挙げる」として、その第一に「活動制限」があげられる。★15

これ〔活動が制約されるという契機〕ではまだ性や人種との区別がつかない。それというのも、活動の範囲が漠然としており、仕事などの複雑な活動を考えると、性や人種と障害の区別が困難になってしまうからである。「女性だからこの仕事はできないであろう」という偏見に基づく排除もある。これに対して被排除者はその無根拠性を訴えることになるが、これは障害においても生じうる事態である。そこで、活動をより単純な要素に分解してみたらどうであろうか。仮に相対的に単純な活動というものを特定できたとすれば、障害と性・人種を巡る排除は分けられそうに見える。しかし、今度は障害現象が切り縮められてしまう。ICFもICIDHも、身体的機能不全のみならず、構造欠損や容貌の異形（例えばWHO［2001:238］）を扱ってきた。仮に身体的機能不全を伴わない構造欠損や容貌の異形についても、排除の帰責の宛先となる限りにおいて損傷と見なしたいのであれば、活動制限

による障害定義を採用することはできない。(榊原［2016:139］)

ただこのようにして「機能不全」～「できないこと」を棄却する必要は必ずしもない。いくつかの文章と本書で、障害という語が、非能力と差異、加えれば加害に関わる言葉としてあってきたことを述べた。なぜ一つの言葉で括られたのかについていくらかのことを述べることはできようが、それを始めると長くなるだろう。ここでは、まず二つの契機があるとし、そのうちの一つ——ここで使われている言葉では「機能不全」——を重要な一つの契機としてもってくるのはおかしなことではないことが確認されればよい。

そして、簡単にそのようにいったん規定しておいたうえで、ここまでで述べたいささか複雑なことは、一つひとつ考えるべき主題とすればよい。帰責・免責について。自力で「できない」ことは仕方がないという免責のために(身体にある徴としての)障害を持ち出すことがあり、そうした説明の行ないが常によいことであるかという問いが出されることをそれとして見ていく必要があるとさきに述べた。また価値について。「できない」ことの価値を人間の価値のどのあたりに位置づけるか。これもこれとして考えればよい。それは障害の定義には含まれないから、定義自体はそう重いものにならない。

さらに、差別を考える際、あるいは排除を考える際、能力が直接に関わる場合とそうでないという場合との区別はまずは必要であり、前者を前者として考える必要がある。同じだけの仕事ができるのに、差異が理由にされて職につけないといったことはたしかにある。そしてその場合には、能力差別以外は本来経済活動にとっては無益な差別であるはずなのになぜこの社会に差別が存在するのかという問いが解かれるべき問いとなる(［199412］)。求められる能力がないあるいは少ないとされる場合をどう考えるかはそれとは別の問いになる。中心的な職務ができる／できないについては差別を認めた上で、それ以外の部分での差別は認めないというADA的な対応をどう評価するかもまたその枠組みに即して検討するべきである。

星加も榊原も、ある種の人たちのように、「環境があればできる」という、ある程度は妥当するが、常に妥当すると考えるならそれは根拠のない「盲信」を有している人たちではない。むしろ別の場所から発した思想・運動、つまり、補っても手伝ってもらっても自分でできないことは残る、できない人はいるという地点から考えていくべきだというところを出発点とした思想・運動を継承しているはずである。そして、誰もが知っていることを復唱したのではない数少ない社会学者として評価されるべき人であるルーマンのシステム論を援用することの意義はまったく認めつつ、社会学にはまたこの社会の「能力」の位置を測るという伝統もあるのだった。私は、それをすなおに継承すればよいと思って社会学をやってきた（[201804]）。その方がうまく障害について考えることができるのではないか。この十数年の間に――世界で、かもしれない――二つだけ出された障害に関する理論的な著作を検討して私は、結局そう思う。

★註

★01　「「社会モデル」・2――連載・59」（『現代思想』二〇一〇年十月号）の「やはり問題は規範的な問題なのである」に付した註（↓本書第2章註15・62頁）での引用を繰り返す。

「星加［2007］がこのことを正当に指摘している。星加は、私と同様に、問題は事実の水準の問題ではないこと、原因という事実の水準の問題でないこと、この部分に錯誤があると指摘する。基本的に私が星加と同じ立場を取ることは本文に述べた。ただ、英語で「のせいで（due to）」という言葉が使われる場合、それはただある事象が生起する（あるいは生起しない）原因・要因を指すだけではないだろう。なすべきことがなされない（あるいはなされるべきでないことがなされる）「せいで」しかじかが起こってしまう（あるいは起こらない）といった使われ方もされる。［…］マイケル・オリヴァーが示す例もそのように解することはできる。ただその上で、どこに問題の核心があるのかについて曖昧さの残る記述・主張がなされてきたことは問題にされてよいと（私も）考える。／それとともに、星加は［200210］（本書第10章）における社会モデルの把握について批判をしている。本文に述べることはそれに対する応答でもある。星加の論の紹介とその検討は別途行なう。」

★02『障害学のリハビリテーション』（川越・川島・星加編［2013］）の序章は川島聡と星加による。学術的な論争があってしかるべきであると述べた後、次のように続けられる。

「ところが、少なくとも日本に限って言えば、障害学の内部における論争と相互批判の類は乏しい。誤解をおそれずに言えば、微温的な仲間内の集まりで、行儀よく住み分けをして、相互不干渉を決め込んでいるようですらある。」（川島・星加［2013:6］）

私が今になってこんなことを書いているのは、基本的には私における優先順位によるのだが、そのことに関わらなくもない単純な無知もある。私はこの本のことを本書を書くための準備の過程でようやく知った。星加［2013］、座談会の記録（飯野他［2013］）他が収録されている。

★03　終刊になった『そよ風のように街に出よう』での連載の第三回に以下のように記した。「この社会で自分たちは最もわりを食っている、その限りでは、この社会は敵であるのだが、しかし、同時にそこにいる人に手伝わせたりしなければならない。強い批判を向けながら、しかし、そことやっていかなければならない。どうやってやっていくのか。すくなくとも「社会科学」をやっている人にとっては、これはおもしろい。そこから受け取れるものがあるはずだと思う」（［200711-2019（３）］、この回は二〇〇九年）。

★04　他にも何種類かの既存の議論の批判は何箇所かにある。別途紹介したい。

★05　ここで個人への「帰責」と言うべきかどうかは問題である。むしろしかじかは障害であるという規定は、「免責」の行ないでもある（cf.『自閉症連続体の時代』［201408］）。「帰属」と「帰責」は分けて考えた方がよい。帰属は因果に関わり、帰責は責任に関わる。

★06　ここでは石川准の「社会が負担を負えば解決するような障害のことをディスアビリティと呼ぶことにしたのだから、社会が負担を負っても解決しない障害はディスアビリティではない」（石川［2002:27］）という記述があげられる。解消が望まれているが、（いまは）不可能なものを入れないというのは、言葉を使う使い方として、具合がよくはない。ただ、この呼び名の問題は別として、現実には、困難ではあっても可能なものしか相手にしても仕方がないということはある。社会的に解消・軽減可能なものをディスアビリティとし、それを問題にしてゆくというのは、自然な道行きでもある。

★07　規範的なこと、ことのよしあしを直截に言うことがためらわれるような土壌で、事実の記述をもって規範的な方向を醸し出させることがあって、それはよくないと述べたことがある——「社会的」（［200412］）。

★08　星加・榊原の著作における定義、社会モデルに関わる部分については立岩編［201610-］で長く引用・紹介しているが、政策についての検討の部分はそこには引いていない。購入し現物にあたっていただくのがよい。そして本書の基本的な主張は「障害問題を差別／平等という枠組みから解き放つことで、「別扱い」つまり異別処遇をより積極的に認められるようにした。これにより、介助保障や所得保障、割当雇用などの措置に根拠を与える」（榊原［2016:3］）というものだ。榊原の言う異別処遇が認められてよいと思うとともに、それは差別／平等という枠組みとまったく別のものではないとも考える。主題的にはここでそのことを論じないが、本書やその他の書きもので私の考えは述べてきた。

障害学会から依頼があってこの本の書評を書くことになった（［201812］）。本節をただ半分ほどに縮めたものになった。ただそれに対する榊原の「リプライ」（榊原［2018］）が同じ号に掲載される予定になっているので、読んでいただきたい。

★09　なぜそうなっているのかについての榊原の理解は以下。

「星加［2007］の障害理論においては、身体が可能な限り捨象された時に初めて障害が明確に同定できると見なされたのであった。確かに個別の場面では、星加は身体（個体的条件）の関与を認める。しかし星加が不利益の集中という水準に着目し、更には不利益の複合化よりも不利益の複層化を優先したのは、身体が可能な限り消去され、障害現象が明確になると考えられたからであった。これによって、身体ではなく社会が問題なのであって、社会的障壁の除去が必要であると主張されたのである。この点で、不利益一般から不利益の集中、更に不利益の複層化に至る星加の議論は、社会モデル的論理に忠実であったということができよう。／しかし必ずしもこの経路を辿る必要はない。身体への言及が社会モデル的論理において不可能となっているのは、身体の扱い方に本質主義しか選択の余地がない［と星加の論においてされている］からである」（榊原［2016:115］）。

★10　社会的排除の全体を直和に分割したその一部が障害というわけではないといったいくつかの但し書きがある。「身体言及排除の分割といっても、その下位分類同士が交差してはいけないというのではない。障害と他の身体言及排除は、視角において区別されれば良く、視線が交わってはいけないわけではない。例えば、性に関する障害なるものを、予め論理的に否定する必要はない。重要なことは、障害現象固有の「論理」を取り出すことである」（榊原［2016:114］）。

★11　ここは「普通に」社会モデルを言う人たちには納得のいかないところだろう。その人たちは、ある人が服を着るのに手間がかかる人であること、そこに身体的な契機が関係していることを認める。そのうえで、その行為が他人（たち）によってなされてよいこと、その負担については社会的になされることを求めた。このように解するのが普通のはずだ。

★12　複数の戦略があり、その複数性を『私的所有論』（[199709→201305]）の第6章「個体への政治――複綜する諸戦略」で述べている。この章の一部は［198707］がもとになっている。いくつかの交代はありつつも、常に戦略は複数あって併存している。理論としては辻褄が合わない部分もありつつ、同時に存在する。それらが社会を形作っている。そのことを言い、その仕組みを述べた。

『監獄の誕生』（『監視と処罰』、Foucault［1975＝1977］）にも複数の戦略と変遷が記されている。その変遷の理解は、刑法学史や行刑学の歴史把握はじつはそう違わない。このことは［198712］で述べた。この論文はどの書籍にも再録されていないがウェブ上で読める。

★13　ここでは、榊原が立てた、障害と呼ばれるものと、そうでないとされるものと、どのように共通でどこから違いがあるのかという問いに答えてはいない。ただそれを考えることはそれなりにおもしろい主題だと思う。ただあっさりと障害と障害以外に分かれるといったものではないはずである。

例えば人種と肌の色の関わりとアルビノとどこが同じでどこが違うかといったことを考えることができるだろう。前者では多く集団性・集合性が想定されるだろう。ただ、たまたま、他のすべてが黄色い人たちの住む場に白いあるいは黒い人が一人現れた時には、その人とアルビノの人の受け止められ方はそう変わらないかもしれない。アルビノについては、その本人でもある社会学者が本を書いて（矢吹康夫［2017］）、榊原に続き、日本社会学会の奨励賞を得ている。差異――本書では結局ほとんどまったく論じることができなかった――が社会においてどのように扱われ、本人において体験され、双方の間に何が起こるのかが描かれている。

また例えば、聾者であることに聴覚器官の状態は関わっており、その聾者のある部分が手話を用いるのだが、その手話は聴覚がないことに関わって編み出された言語ではある。比べて、多くの言語については、身体そのものでなく、身体がこれまであってきた場所（において存在した言語）に関わって、言語は代替困難になる。ここで聴覚障害は、自身の免責と通訳・翻訳について多数派の責任を主張する際の「仕方のなさ」の根拠ということになる。聴覚障害とは関わらずに使われている各々の言語についても、それは人々において既に身体化されているから、その差は度合いの差である。そしてそのことに関わって、外部との交渉・交流の場面が困難であり、（ときにもっぱら少数派が不利益を被るなら、相互の交流・交信をいかに容易にするかを考えるという方向とともに、可能な限りの分離・独立を求めるという方向は、その困難とともに、ある。片山［2014］で「デフ・ナショナリズム」が論じられている。この主題について私が書いたものとしては［200708］。聴覚障害という「局所」のあるなしを問題にすることに一定の意味はあるだろうが、同時にこれは、少数言語の問題として考えてよい。手話を使用言語とするフリースクールが学校になっていった経緯を追いその場でなされてきた実践を調査した本としてクァク［2017］。

★14　榊原は、まずADAのもとでの米国で障害者であることを認めるよう求めて裁判を起こした（そして認められなかった）事例を二つあげる――それを私がどう捉えるかは長くなるので略。そしてもう一つ、西倉美季による顔の異形についての論をあげている（西倉［2009］［2011］）。前者では西倉は顔の異形を障害でないとするが、後者では障害であるとする。そのこと（の意味）を榊原も紹介している（榊原［2016:177-178］）。

★15　第二には「少数派である状況」。しかし少数派であるとは限らないので却下される。第三に「健康関連の身体言及排除」。しかし「健康という障害と同程度あるいはそれ以上に未規定で厄介な概念を持ち込むことになる。健康概念に人の医学的側面のみならず、善き生のような観念が含まれていると、なおさら事態は混乱する。［…］それでは医学的という限定を用いてはどうか。しかしこれを採用すると［…］損傷はそれ自体として同定されるという「医学的」な観念を否定したのであるから、医学的であることを障害現象の特質とみなすことはできない。」

第四に、「観察者が身体機能・構造に否定性を付与」。「損傷の否定性を、医学とは異なる形で導入することが考えられる。序章で紹介したように、アバリーは、性的・人種的抑圧においては生物学的差異は単なる対象の判別要件に過ぎないのに対して、障害者にとっては生物学的差異はそれ自体抑圧であり、劣等性であると論じたのであった。こうした否定性を身体内在的に見出すことは不可能なのであった。それでは観察者が身体機能・構造に否定性を付与したらどうであろうか。しかし性や人種を巡る排除でも、身体に否定性が付与されることはあり、身体の否定性は障害固有の特質とはならない。おまけに、被排除者が障害現象を観察するために、自らの身体に否定的に言及しなければならないという問題も生じる。

こうして従来の延長線上で考えると、障害現象の特質を把握することに失敗する。ここから先に進むために、もう一度、性・人種と障害との差異を論じるアバリーの議論を検討する。彼は性や人種は対象要件に過ぎないと述べている。対象要件とは、おそらく抑圧の対象の標識程度の意味であろう。即ち、「白人」「黒人（アフリカ系）」「黄色人種」、あるいは男性・女性が分割され、その一部が抑圧の対象として認識されれば良く、これらの身体情報にそれ以上の含意は無いということをアバリーは言っているように思われる。これは障害現象との比較で言えば、随分大雑把な身体の扱い方のように感じられる。これらの排除は、確かに皮膚の色や生殖器官などと無関係ではない。しかしアフリカ系市民や女性の排除の場合、被排除者の身体情報は、単に「他者」を識別するためにしか用いられていない」（榊原［2016:139-141］、アバリーの文献はAbberley［1987］)。

いま引用した二つの段落に記されていることは、本章末尾で述べる「できないこと」という項を立てた時にはうまくつながる。障害と呼ばれるものは「できないこと」だけでないが、それは大きい契機である。ここでの否定性とはできないことに対するものであるとすれば、それは性や人種に付与される否定性と分けることはできる。むろん性や人種もできないことに（強く）関連づけられることがあるのだが、それでも、性があり、人種がある、とされた上で、その性や人種にはできないことがあると規定されるのである。

第9章　普通に社会科学をする

1　どこを出発点におくか

1　星加規範論の仕組み

なにか調べてきて並べたりまとめたり、といったことだけでは終わらないだろうと思い、「理論的に」ものごとを解明しようとする。私もそんな仕事が（仕事も）必要だと思う。少ないがそれを志向した著作がある。しかしそこにときに後退を感じてもしまう。これはいったいどういうことだろうかと思う。時代診断的なことはさておき、まずは議論の中味だ。社会、社会問題、あるいは狭くは人の不幸を捉える時の手つきについて考えておくこともあってよいと思う。

それで星加良司の『障害とは何か――ディスアビリティの社会理論に向けて』（星加［2007］）を検討している。その本を検討する部分のある榊原賢二郎の『社会的包摂と身体』（榊原［2016］）も取り上げた。順序通りに論を追うわけではないからまず本にあたってもらうのがよいが、関連する文章を収録した『社会モデル』（立岩編［2016］）にも比較的長い紹介がある。

星加は「ディスアビリティ」――普通は「障害」の訳語ということになる――を規定しようとする。

その際「インペアメント」――「損傷」と訳されることもある――をもってきてディスアビリティを規定することを棄却した。さらに責任を言う議論も否定した。代わりに星加は不利益をもってくる。「ディスアビリティの同定のための新たな枠組みを用意する。まず、ディスアビリティ概念における不利益の位置付けについての新たな見方を提示する。その上で、「不利益の集中」の形式として、「複合化」および「複層化」という観点から整理する」（星加［2007:194］）と言う。[01]

基準点より状態がよくない分が不利益となる。それを評価するのは基本的には本人だとされる。基準点（についての本人たちの認識）と、現状についての本人たち他社会内の認識とは事実の水準にある。「基準点Pは、予め普遍的な定点として存在しているものでもなければ、その都度自由に変更可能なものなのでもなく、当事者の置かれた社会的状況に拘束されつつ社会的過程の中で変容・更新していくようなものなのである。［…］この基準点Pをめぐって日常的な実践においても社会理論上の論争においてもポリティクスが生じているのであり、こうした規範的な問いを放置することによって「記述的」な理論構成を行っても、それは「不利益をめぐる政治」への免疫力を欠いたものにならざるを得ないのだ」（星加［2007:119］）。

星加は規範的な議論をすべきだとする――他方の批判の対象とされている議論が本当に「記述的」な理論構成になっているかという問題はある。ただ今引用された部分にあるのは社会的な事実である。どうして事実についての記述が規範的な議論になるのか。これは二つの要素からなる。一つ、ここになされている操作は、基準に達していないことをよくないとすることだ。ある所有（権）の布置をよしとした場合に、自分の状態を下げられること、例えば税として「奪われる」ことを不正とする立場もあるわけだが、[02]星加はその主張は採らない。つまりここで星加は規範的判断を下し、平等主義的な立場を採用しているということである。

もう一つは本人に即するという立場だ。右記した第一の立場はそれだけで成立しうるから、その限りでは本人の判断（を採用すること）は必須ではない。また、本人に準拠するというだけでは、述べたように基準より上の人と下の人のどちらをよしとするかは決まらない。基準に達しないところにいる人がいることを問題にし、それを不正とする。その限りで、星加の立場はまず第一のものであると言うことができる。その上で、社会的によしとされている状態に達していない、そのことを本人がよくないことであると思っている。その思いを正しいこととして採用しよう、よくない立場の人の境遇は改善されるべきであるという判断がここでなされている。[★03]その境遇に対する評価は、特別の場合を別として、その人自身のものが採用されるべきだとするのである。

本人、ただの本人でなく不利益を被っている側の本人がよしとするものを受けとるべきであるというのはたしかに規範的な立場ではあるが、基本的には現実に存在する評価としての不利益の存在をもって主張がなされる。[★04]星加は社会学者らしく、社会の、人と人の関係の現実に即する。これはもっともなことだと思える。本人の状態がよくなるべきであると考えるとき、その本人の思いに即しようとするのは当然のことではある。ただ、現に存在する本人たちに即しようという誠実さを肯定しつつも、ときに、必ずしもそう考える必要もないのにということがある。以下、例をあげる。

星加は「集中」を言う前、「不利益の更新」について記す。「特定の不利益の解消を目指すことが、ある意味で不利益を生み出す線引きを書き換え、ある人にとっての不利益の否定的な意味を増幅させる［…］これを「不利益の更新」として捉えたい。この現象は、不利益の解消と表裏の関係にあり、その意味で不可避的であると考えられる。なぜなら、不利益の解消によって「できる」人が単純に増大する場合には「できない」人にとっての不利益の意味が突出する」（星加［2007:137］）。

そんなこと、つまりできる人が多くなったために数少なくなったできないことが目立ってしまって、できない人の肩身が狭くなるといったことは、この社会に実際にありうることではある。しかし「そんなことは気にしないことにする」という立場もまたありうる。あるいは、できる人が多くなればその分できなくてよい人もまた多くいても生きていくことができ、楽ができるのだから、「できる人が増えることはできない私たちにとってもよいことだ、歓迎する」と言うこともできる（cf.［201008→201805］）。

そしてここでは、どちらが今の社会の現実に近いかということが問題なのではない。「障害者」に定位するという規範的な立場を採用した後、「何をどれだけ」については、基本的に「この社会」にあるものを使うという構えになっていることに私たちは留意せねばならない。この条件を強くとると、注意深くしていないと、「障害者」にとって本来ならもっと楽できるはずの途が選択されないという論の運びになってしまう可能性があるということである。

むろん現実は現実的に決するのではある。しかし、だからこそ、基本的な立場を考えて定め、まず示すという道がある。規範論とは一つにそのような営みである。星加の示す論も規範論ではあるが、具体的にあるべき姿を「現実の複雑な社会」の方に委ねる——という言葉を星加は受け入れたくはないだろうが——ことになってしまう。

このように見ていくなら、かえって、基準点Pが「社会的文脈と独立にアプリオリに存在するものであるかのように扱われる」という、そして星加によって「記述的」——これは妥当な表現でないのではないかと私は思うのだが——とされる立場の方がすっきりしているとは言えないか。つまりその人たちはこの社会において私（たち）ができないことに関わって損をする部分については社会が責任を有すると（つまりその改善は自分たちの権利だと）言った。他方の星加は、実際に社会に存在する価値があることを言う。あるものをあるとして記述することは時に大切である。ただそれを「規範」「基準」として採用するか否かはまた別のことだ。だとしたら、現実の複雑さをあえて捨象した——と当人たちは思っていないだろう——単純な立場の方が妥当なことがあるかもしれないということだ。

2 不利益の集中

次に、これが星加の本の一番大切な部分であるはずだが、問題にされるのはたんなる不利益ではない。「〈ディスアビリティとは、不利益が特有な形式で個人に集中的に経験される現象である〉」(星加[2007:194-195]) とされる。

不利益の複合化について。「個々の社会的状況における諸々の「社会的価値」と「個体的条件」との関連に規定されて生じる不利益が重なる状態を、不利益の「複合化」と呼ぶ [...] 情報アクセスについても移動についても就労についても、それぞれに対応した「社会的価値」を満たせない状態にあるために、様々な場面で不利益を経験してしまうというのが、不利益の複合化ということになる」(星加[2007:198])。「不利益が複合化するという事態は、あらゆる事柄について「できない」状態にあるということのみならず、そのように特定の個人に不利な「社会的価値」のリストが、我々の社会に存在していることの現われでもある。ある特定の「社会的価値」に関して不利な「個体的条件」を抱えている人はあらゆるところに見出すことができ、そのこと自体は普遍的だから、その限りで「障害者」と「健常者」の間に質的な区別はないのだが、そうした個別の「社会的価値」が集積された「社会的価値」のリストとの関連では、「障害者」は他の人々とは異質な状況に置かれているのである。これは、「障害者」というカテゴリーが、生産能力を要求する「社会的価値」との関連で創出されたものであり、またその生産能力を要求する「社会的価値」が社会の編成の基底に置かれている、ということと関連しているだろう。つまり、不利益が「障害者」に集中的に経験される蓋然性が高いという意味で、不利益の複合化という現象はディスアビリティに特徴的な要素、あるいは先鋭化して現れる傾向として把握できるのである」（星加［2007:199］）。

次に「複層化」。「特定の社会的活動において「できない」状態になると、そこから自動的に他の社会的活動に関しても社会的状態が悪化し、不利益が生じてくる」。「こうした不利益の増幅は、より「軽度」な不利益がより「重度」な不利益へと変換されていく過程でもある。たとえば、移動に関して不利益を受けていることによって自動的に職を得る機会が失われてしまえば、当事者の経験する「障害」は「重度」化する。さらに、労働に関する不利益が、労働に応じた所得の分配機構を通じて、様々な社会参加における不利益や「自己決定」に関する不利益へと変換されていく［…］。［…］諸々の「社会的価値」は、その重要度や手段－目的関係において階層化されており、さらにそうした階層間には明示的・非明示的な結び付き（たとえば、尊厳死をめぐる議論において「生きていくこと」の価値と「体を自由に動かすこと」の価値とが安易に結び付けられるように、別の水準にある「社会的価値」の間に一様な関係が想定されること）が存在するから、「社会的価値」との関連で生じる不利益もその階層構造に対応して増幅されていくのである。こうした事態を、不利益の「複層化」と呼ぶ」（星加［2007:200］）。

「障害者の経験する不利益は「複合化」され「複層化」されることによって集中していく［…］。確かに不利益の「複合化」も「複層化」も、障害者に対して固有に生起する現象ではない。しかし、生産能力を要求する「社会的価値」を基底に諸々の「社会的価値」のリストが編成されていること、また主に機能的な観点からそうした諸価値が階層的に連結されていることを踏まえれば、障害者に対して不利益が集中する傾向が強いということは言えよう。また［…］障害のインペアメントの側面に関わって、非制度的位相において不利益が増幅される過程も存在し、その意味でも「不利益の集中」はディスアビリティ現象に特徴的なものとなる」（星加［2007:202］）。

3　定義としては成立しないが

ここで星加は何をしようとしているのか。表現は何箇所かで揺れているが、まず、ディスアビリティ「とは」と言い、「とは不利益が特有な形式で個人に集中的に経験される現象である」と言っているのだから、これはかなり強い規定である。たしかに「不利益が特有な形式で個人に集中的に経験される現象」はあるし、それは重要だ。しかしそれをディスアビリティと呼ぶべき特段の理由があるか。

まず一つ、普通「障害」と呼ばれている現象、また呼ばれうる現象に存する不利益には「集中的に経験されている」と言えない場合があるはずだ。不利益が集中していないものは障害ではないのかと問えば、普通にはそんなことはないと返されるだろう。さほどの不便がなく、不具合が次の不具合を産むといった具合にはなっていないこともある。例えば○○が動かない人がいて、その人はいくらかの不都合を感じているとしても、全体として不利益はそう数多くはなく、深刻でなく、また不具合が次の不具合に連続していくわけでもないといったことがあるだろう。軽重、種々様々がある。そして軽いほうを除外するべき理由はまずはないはずだ。

次に一つ、普通には障害と呼ばれないものについても、複合的であったりさらに複層化する場合があるはずである。不利益が集中しているものは障害以外にもいろいろとあるだろう。星加も、複合化も複層化も「障害者に対して固有に生起する現象ではない」ことを認めていた。

とすると不利益の集中（複合化・複層化）は、ディスアビリティの定義・規定としては成立しないということになる。つまり、「ディスアビリティとはなにか」という問いを立て、種々を廃棄・棄却して辿りついたものは、一つに条件として重すぎる（狭すぎる）場合があり、また一つに広すぎるということになり、この書でなされようとしたことが、定義・規定しようという行ないであるとすれば、それは失敗して終わったということになる。

ただ、読んでいくと、星加において、障害はむしろ最初からあって、障害者は既にいて、そのうえで、その人たちの――その人たちに顕著に見出される、集中的な――不利益がディスアビリティであると言いたいように思えてくる。この本は、そのようにして読んだ場合に（のみ）理解可能であるように思える。

例えば「障害者と高齢者」という言葉が、介助・介護を巡る議論のなかで幾度も現われる。それは、両者について同じ制度を実質的には高齢者用の公的介護保険の側に「統合」しようという主張にどのように対するかという話（cf. 立岩・小林編［2005］）の中に現われる。つまり、「障害者」には不利益が集中するが「高齢者」はさほどではないから、よりたいへんな前者により多くの資源が投じられてよいと主張する中でこの対は現われる。この辺りに星加が言いたいことの大きな部分があるから、後でこの主張については別に検討する。ここではまず、星加が、この社会で普通に使われる言葉を――介助・介護が得られないと不利益・不都合のある人のことを障害者と呼ぶのであれば、高齢の障害者と高齢でない障害者がいるということにもなるはずだが――そのまま使っていることを見ておけばよい。

では、その社会の言葉として存在し、おおむねその語を星加が普通に使っているようである「障害」とはどんなものか。「「障害者」というカテゴリーが、生産能力を要求する「社会的価値」との関連で創出されたものであり、またその生産能力を要求する「社会的価値」が社会の編成の基底に置かれている」から「不利益の集中」が起こると星加は述べていた。だから星加も認めているように、それはできる／できないに、能力に関わっている。

次に、それは身体に関わるものだろう。身体は、しばしば「後で」見出されるものである。そして実際にその身体に「損傷（インペアメント）」があるかどうかもわからないことがある。しかし、社会的事象はまずそういうものである。そして、身体への帰属の様相をとり出すこと自体に意義があるのであり、そこを抜け出して「より確かなもの」を見出そうという方向に向かう必要はないと第4章に述べた（101

頁)。そして星加においても、ディスアビリティの「もと」として棄却されているとしても、身体的な条件という契機は否定されていない。社会的不利に関わる条件の一つとして「個体的条件」をあげるのでもある。★05

すると、結局普通のところに落ち着く。つまり身体に関わって(関わらせられて)できないこと(求めることが実現されないという不利益を被ること)という、まったく普通に使われる言葉と同じ、障害という語の用法に帰着することになる。星加が想定している「障害者」はそこから逸脱していない。さらに加えれば、その不利益という事態の軽減・解消について、社会運動は社会的責任(同時に、その人の権利)を言ってきた。

さきに、星加がそれをディスアビリティを規定するものとしては否定したこと、しかし、私(として)はディスアビリティの定義として責任を言う必要はないこと、そのうえで、障害学、その手前からあった運動において社会が責任を負うとする主張の意義があることを述べた(50頁)。不利益は基本的に――というのも、なかにはそう簡単に軽減・解消できないものもあるからだが――社会的に解消・軽減されるべきであるというのは星加の主張でもある。ここでもこれまでの言われてきたことと変わらない。

4　不利益の集中(複合化・複層化)が肝心とされること

こうして見ていった時、星加の論に残るものは、障害に関わる不利益が集中している、複合化され複層化されているという把握である。つまり星加は、「いろいろでとてもたいへん」であることを言うことによって、そしてその事実を知らせることによって、障害者が被る不利益の不当性をより説得的に言うことができると考えているようだ。集中していてたいへんなのだから、集中していない人よりもより多くのことがなされるべきだと主張しようというのである。また、不利益が雪だるまのように膨れあがっていくその手前のところで手を打つのがよいこともまた言えるとも考えているようだ。

それは私の論に対する批判にも表われている。星加の本では拙著（[199709]、第二版は［201305］）を取り上げてもらっており、その検討はずいぶん長いものになっている。紹介されたうえで、いくつか批判がなされているのだが、その一つは、星加が言うところの複合化・複層化が理論のなかに取り込まれていない、よってそうした事態に対する対処法も示されていないというものである。つまり星加が批判する他の論者のように、「単体」の不利益しか問題にしていない、あるいは問題にすることができないような構成になっていると言う。

「この〔立岩の〕論理の内部では、社会生活全体の中で不利益がどのように、またどの程度経験されることになるのかを問題にすることはできない。これはあくまでも個別の状況における不利益についての正当性の基準を与えるものなのだ。個別の状況における不利益が「正当」なものであったとしても、社会の構成のされ方によっては特定の人が集中的に不利益を経験するということが起こりうるのだが、それはどのように考えるべきなのか。たとえば、身体的に「有能」であることがいたるところで求められるような社会では、インペアメントのある人はいたるところで「正当」に不利益を経験しうることになるのではないか。特に、この点はこのアプローチの抱える重大な難点であると考えられる」（星加[2007:184-185]）。★06 それに比して複合化・複層化を問題にしている星加の論はよりよいとされるのである。

これは重要な論点ではある。まず考えるべきことをすくなくとも二つに分けることができるように思う。一つは、障害に関係する社会的事象をどの水準・場面で問題にするか、その解消や軽減の焦点をどこに当てるかという基本的な問題である。一つはもっと一般的なこと、人の状態やその生活の全体を勘案することをどのような場面でどのようにするのか、あるいはしないのかという問題である。

前者について。これは基本的な問題であり、そして大きな話になる。私は、ただ累積があると言っても仕方がない、社会のどの領域に関わることが別の領域に何をもたらすのか、どこで何が可能でありまた困難なのかを見ていく必要があるとは思ってきたし、そのような仕事をしようとはしてきた。たしかに問題は連なっており、一箇所に手をいれることでかたがつくとも思っていないし、つながりの全体をみて、手をいれる必要があるとも考えている。例えば、一つ大きなつながりとして、教育→労働→所得→……というものがある。それをどのように見て、手を打っていくか。

まず問題を所得や社会サービス（の不足）の問題として捉え、それさえ行なわれれば労働については政策的な介入は不要であるという立場がある（cf. 立岩・齊藤［2010］）。しかし一つに、所得保障策によって所得を得られるとしても、労働や生産に応じた加算を認める限り、保障される所得は「最低」となる。それより多くを得ようとすることを認めてならない理由はない。もう一つ、労働にただ収入を得るというだけでない意義を感じることがある。とすると、労働政策は正当化される。そのことは述べてきた。★07

ただそれは、労働、そしてそれに関わる教育が「あとあと」にまで影響を及ぼすから、不利益の累積、複層化を生じさせるから、その「もと」に介入（しさえ）すればよい、そうすれば「さきざき」の問題は生じない、はずだから、教育・労働政策しかしないという主張を認めることとは異なる。教育や「就労支援」の問題にすべてを回収し、残りは「個人の責任」であるとするという方向の議論・政策はまちがっていると私（たち）は考えてきた。

こうした議論と関わる星加の議論は、不利益が集中するディスアビリティのある人（であるような障害者）の場合には、雇用における優先が認められてよいというものだ。

「本書で提示されたディスアビリティ理解に立った場合、ある種のアファーマティヴ・アクション的な対処も、個別の不利益の正当性とは独立に許容されることになるだろう。［…］「不利益の集中」を問題にするアプローチでは、個々の不利益に関する評価基準に加えて、不利益が諸個人に分布しているあり方に関する評価基準が導入されているから、他の状況における差異によって〔…〕判断は異なるものになりうる。社会生活全般にわたってA〔障害者〕が不利益を集中的に経験しているのならば、(3)〔同じ労働能力をもっている場合に障害者の方を優先すること〕は正当化される可能性があるということである。このとき、個別の不利益の正当性判断は、二次的なものとして相対化されることになる」([276])。なるほどと思う。ではそのように考えればよいのか。次節で私(たち)が考えてきたことをさらにいくらか説明し、そして星加の提起を検討したいと思う。そしてすこし先に進めればよいと思う。

5　総合評価について

もう一つは少し異なる問題である。それは何を基準・根拠とするのかという問題である。全体を見ること、全体を評価することは、部分しか見ないことよりよいように思える。また、より不利益の大きい人を優先して処遇することも当然のように思える。しかし、これらの大部分を認めたうえで、またその手前で星加の言うように累積され増進されていくことがあることをまったく認めたうえで、それでも、全体を見たり、幸福や不幸の度合いに応じて何かを行なったり行なわなかったりするのがよいのかを問いうる。

星加が取り上げているのは、私が『自由の平等』のなかで「総合評価」について記した部分である。たしかに私はそこで、全体として幸福であることはよいことであることを認めたうえで、しかし、例えば人Aが人Bより全体として幸福であったとしても、Aにとって車いすが必要であり、そしてそれを得られることによってAがBよりさらに幸福になるといったことがあったとしても、車いすを受けとれることを認めてよいとしている。★08

これはそう単純ではなく、全体を論ずるのはなかなか難しい問題だと考える。ただまず思いつく理由は単純だ。「ある部分に生活上の困難を抱えている人が、他の部分について他の人よりも幸福であったとしよう。すると〔幸福であるとされるがゆえに得られないということとなるのであれば〕その人のその困難は解消されないということであり、それを解消したいと思うなら、その分だけ他の人よりも幸福であってはならないということになる」（[200401:189]）。

そこで私は、全体として幸福である人がときに控えるべきであること、全体として不幸な人が優先されてよいことがあることを認めていないのではない。それが認められてよい場合はありそうだ。ただまず、他の人々が得ているものを得るためには、自分が今よりも（全体として）不幸でなければならないというのはおかしなことであると思える。それでも優先順位をつけねばならないとしたらそれは、複数の人のどちらが得るのかを選択せざるをえない時に、より困難の大きな人を優先せざるをえないといった場合かもしれない。とすると、より幸福な人に対しても給付が可能である場合には、それは妨げられてはならないようにはできるし、またそのようにするべきだということではないか。

さらに考えるべきことがあるだろう。また、以上で考えようとしたことと、さきの同じ労働能力をもつ健常者と障害者と二人がいた時、後者の雇用を優先するべきだという星加の論とどう関係するか。そうしたことが問われる。

6　大変さを示すことで要求するのがよいか

以上はあるものを得るにあたって、それと別のものをどれだけ所持しているのか、全体としてどれほどの状態であるのかを関わらせてよいのか、それはよくないのか。そうした問題だった。それと関わりつつ、すこし異なるものに、あるものを得ることについて、その人のたいへんさ（不利益の複合性・複層性）の度合いを関わらせることがよいことであるのかである。星加は次のように言う。

星加は「不利益の集中」は、「障害者と高齢者についての処遇の差異をめぐる問題［…］にも援用可能である。日常生活において介助・介護が必要である状態そのものは、両者の間に差異はないとしても、それが人生のどの程度の期間において経験されるのか、すなわち時間的な幅の中で不利益がどの程度「集中」しているのかを考慮に入れるとき、両者に対する異なる処遇は必ずしも「不合理」なことではなくなるだろう。生において不利益が持っている意味は、個別の不利益を切り取って非文脈的に理解することによっては見えてこないが、「不利益の集中」という視点を導入することによってその意味が部分的に浮かび上がってくるのであり、不利益の解消の重要度や優先度が異なることも妥当なことであると考えられるのである」（星加［2007:277］）。

「障害者に対して不利益が集中する傾向が強い」ことは多くの場合に言えるだろう。そしてたしかに、不利益の集中は辛いことだ。それは不利益の集中を体験してきた人々の実感に即しているだろう。しかしそのことは、より少ない不利益しか被っていない人を除外してよいことを意味するだろうか。見ればたしかに存在するだろうその複雑さにおいて捉える必要があるのか、また種々を合計する必要があるのかという問いはある。

「社会モデル」を言った人たち、というよりそんな言葉をやがて使うことになる運動を始めた人たちは、もっと単純に「規範」を語ったと先に述べた。できない人であっても、「人並み」の暮らしができるようにといったことを言った。

こうして主張された「人並み」には、例えば「ただの旅行」も含まれる。以前引いたことがある（［199802］）のは、かつての青い芝の会の運動を率いた一人である横塚晃一の文章（横塚［1970］）だ。「松葉つえや車椅子を買うのだからといって金を集めるならわかるが、旅行に行くからというので」募金を集めることに会員のなかからも批判があって、それに横塚は反論している。その旅行は、実現しなければそれだけのことであるかもしれず、それが実現しないことが格段の不幸をもたらすということでもない。そして実現したとして、その楽しみはその時に消尽されてしまい、後になにかが残るということでもない、かもしれない。実現しないことは、雪だるまのように不利益と不幸をもたらすことはないだろう。
しかしそのような場合には、募金や公金を使って例えば旅行したりすることはよくないことであるのか。社会的意義の大きな旅行であるから、自分にこれから多くのものをもたらすからというのでなく、ただの旅行であろうとそれは実現されてよいのではないか。というか、みながたまにのことであるとしても行なっている旅行を、自分も、同じ程度にたまにのこととして求めるのに、特別な理由がいると考えるほうがおかしなことではないか。
むろん実際にはなかなか難しい。とくに費用のかかる、贅沢な行ないとされることについては、予算の制約があるとか優先順位があるといったことが必ず言われ、実際なかなか実現は難しい。しかし、それが当面困難なままで、より緊急の大きな必要の実現を求めざるをえないとしても、またそれを実現させるためにも、最も基本的な立場として、どんな理由であろうと、どれほどの意義があろうとなかろうと、まずどんなことであれ人並みのことは実現されるべきだという立場に立つのがよいのではないか。★09
こうして、星加の書で、星加が最も言いたかったことにようやく至り、その真摯な主張の一部を検討した。それは真摯であり、であるがゆえに現実主義的であるのだが、それはよいことばかりでもないように思われた。障害者の運動において、自分たちの不幸を売りに出さないと生命・生活が維持できないというのはおかしなことではないかと言われた。その地点から、かえって後退してしまっているようにも思えた。それは本当か、また偶然のことかそうでもないのか。ただ、さきほどの雇用の場面においては、星加は障害者の雇用を優先するべき場合があるとも主張していたのだった。とすればここではより前進しているのではないか。そんなことも含めてさらに考えてみたいと思う。

2　大きな話は終わっていない

1　ではどうするか？

星加［2007］を検討してきた。その論はかなり入り組んだものなので、面倒ではあるのだが、意義があると考えている。ものごとの捉え方の違いが何を生じさせるかということがある。それをわかってもらえる。自分でも、考えるなかで、言うべきことがより明確になることがある。

結局、人は生産して消費して生きている。分ければ二つになるその仕組みを、二つのつなぎ方を考えながら、見つけて示していくことは、依然として社会科学の大きな仕事としてあると考える。星加の本から考えるべきことも、結局その二つになる。そしてその本を取り上げてきた理由の一つは、このところの議論の仕方が風呂敷を広げることを制約してしまうことがよくないと考えるからである。

まず前者、生産・労働・雇用について。それに関わる現在について種々に具体的な、深刻な、腹立たしい事態は記述されてきた。むろんそれは大切だが、これに対して見取り図を示すという仕事は依然としてある。それは退屈な仕事でもあるが、その程度の退屈さには耐えるべきであるとも思うとともに、そんなにへりくだることもないとも思う。大切なものは大切なのだし、考えていくと実はかなりおもしろくもある。以下、短く幾つか記す。

今だから重要なのは、一つに、生産の場面にどのように関わっていくかだと考える。そうして考えると、採るべき立場は、すくなくとも普通にリベラルと呼ばれるものではない。そのことは『自由の平等』（［200401］）他幾度か述べてきた。『現代思想』連載（［200510-］）では、「働いて得ることについて・案」（［200801］）、「素朴唯物論を支持する」（［201301］）、等。さらに考えて書くべきことがあると思って、また別の仕事をしてしまって、まだまとめられていない。続きを続けて、本にしようと思う。

仕上げるために読んだり確認したりすべきことは多いが、おおまかな構図は単純なものである。技術の水準が上がり、生産力が増大し、生産に要する労働者は少なくなっていく。そのためもあって労働者は余っている。余るようになることは基本的にはよいことである。しかし、この社会においては、仕事がなければ稼げず、稼げないと暮らせないから、それは多くの人に不利益をもたらす。

そこで人は仕事を得ようとして、なんとか得る人もいる。労働者は、種々の機械・技術があるなかで働き、それらとの関係で条件も変わってくる。労働力・労働者が余っているなかで、賃金は安くされる。余っているはずなのに一人あたりの労働は増え、仕事はきつくなる。そして繰り返すが、それは経済の失敗がもたらすのでなく、成功がもたらすものである。

労働者、また労働者になれない人たちの手取りが減った分は、経営する側、投資する人たちに渡る。それもまたそこに金を投じた人たちの「才覚」であり「能力」であると言ってのける人はいるだろう。それを全面的に否定する必要はない。ただ、仮にそのように言えるとしても、その才覚がある（かもしれない）人がその益をまるごと受け取ってよいわけではないことは述べてきたとおりだ。

するとこの部分では、一つに、資本を提供し運営し経営を支配する側を追い出して、別の支配を代置するというやり方がある。

ここまでは、たんに古くからあった話である。何も加えていない。しかしそうした、かつて普通にあった話が、ある部分から、例えばこの国の社会科学のかなりの部分から消えてしまったかのようであるのはよくないことであると思う。その古典的な構図は、まったく無効になったのではなく、むしろより現実的なものになっているとも捉えられるのに、である。

ただ、その利口なあるいは小賢しいあるいはたんに金を持っているという人たちを追い出したとして、代わりにどうするか。これまでの試みのたいがいはあまりうまくいかなかった。とすると、完全に追い出すことまではしないが、その追い出されずにすんだ人たちや組織の手許に残る財を減らそうということになる。いくつかの手がある。一つは、現在においては技術・知識がその重要な部分を占める生産財の所有のあり方を変更すること。例えば特許権の有効期間を調整するといった方法がある（cf. 立岩・アフリカ日本協議会編［2007］）。また一つ、つまりは税の水準で対応するということになる。ただそれだけのことではある。しかし、このような順番でものごとを見ていくと、まったく新味のないように思われる策も、新味がなく平凡だから捨ててよいというものでなく、結局他にあまりない選択肢として残り、ならばそれを真面目に追求し実現させるしかないということになるかもしれない。

すると結局企業・資本・資本家はより有利な国に逃げるではないかということになり、実際そのような事態が起こっているのも事実だ。だから、この部分についてどのような手を打つかということになる。実際にさほど機能しているわけではないが、手がなくはない。そんなことを私（たち）は書いてきたのではある（［200909］等）。

そして、人々が労働から離れること（離れても暮らすこと）ができるとともに、労働に（人と場合によったら半端に）参入することを可能にしていくことである。すると、例えばかつての中産階級の衰退とその由縁をいま私たちが記したような線で普通に理解できている人が、にもかかわらず、教育への社会的投資の増強によって事態の改善を図ろうなどという話をしてしまうのはやはり間違っていることもわかってくる。教育への社会的投資はわるいことではない。ただ、人々の性能をよくしていったとして、すでに性能のよい人たちによって混み合っていてそれで困っているその状態がよくなるはずはない。[★10] 労働者であることのできた人が得られなくなってしまっている金を徴収し、使うことによって、労働への圧力を減らすとともに、労働する人の状態をよくすることが可能である。するとここでも、まったく平凡で退屈な、と思われる（徴収したものの）分配のあり方をどう考えるかがやはり大切になる。

そして、こうした部分を考え、手をいれることは、生産の体制を変更せずに徴収と分配の強さをただ変更するだけということにならないことも理解されるはずだ。述べたように、私たちの社会は、可能性としては種々の働き方、また働かないでいるあり方が可能であるような社会である。「多様な働き方」を支持するために個々の組織やその経営を政治が支援するというやり方もあるが、それをうまく行なうのはそう簡単でない。それだけでなく、そうした働き方をする人や組織が存続可能なように、政治経済の大きな枠組みを設定するという方向があり、さきに述べた徴収・分配のありかたはそれを可能にまた容易にするものでもあるはずなのである。

こうした水準・局面にまったく現実的な社会科学の主題群があると考える。そうしたところから考えていかないとよくないと私は思う。でないと、同じ仕事ができるなら「障害者」を優先して雇用するのがよいだとか、いやそれは「逆差別」だとかいう議論——前者が星加の本では主張される——をしてしまうことにもなる。基本的には、そういう水準で話をしないほうがよい。決まっている席を誰がとるかといった問題として話を立てない方がよい。こうしたことごとをわかった方がよいと思う。

2　社会（科）学は

星加の議論の検討の続きをしていくに際しての短い前置きのつもりが長くなった。今述べてきたような普通の仕事から離れて、社会科学、例えば社会学は何をしてきたのだろうと思うからでもある。なされてきたことには種々がある。まず、種々に具体的なもの、人によったら細々としていると思うものが記述されてきた。そのたいがいはよいことであったと思う。ただ、加えていくらか社会の全体を見通そうという欲望があってわるいわけではない。星加の本も、また榊原賢二郎の本（榊原［2016］）も、結局そうした本だ。差別や排除、資源の配分や労働のあり方を考えざるをえないといった場合には、どうしてもそのようなところに話は及ぶ。そうした時、私たちのもとにこの数十年あった道具立てはどの程度使えるものであったかということにもなる。

「相互作用」を見るべきだとか、「二項対立の否定」といったことを言っていた人たちがいる。ただ、様々が様々と相互に関係しあっているのは当然のことであって、それを言うこと自体はたんに当たり前のことでしかない。そして、個人か社会かという二択ではないといったことを言う時、人はときに間違えるのでもある。例えば「社会モデル」は、ものをみてものを言う場合の場所、帰責のその宛て先を示している。ここで、人と人は、人と社会は関係しあっているとか、浸透しあっているといったことを言っても仕方がないのだ。それはまちがいではないが、そのあたり前のことを言ったからといって何がどうなるということでもない。あえて宛て先を定めたことの意味を見損なうことにもなる。さらに、その「社会」のなかに「私」が含まれるのは最初から当たり前で、個人が免責されると決まってもいない。

他方、浸透とか交流といった気分にあまりなれなかった人たちは、依然として、「社会的」を言ってきた。つまり、しかじかが「構築」されてきた、されていると言ってきた。交流と構築と、二通りの人たちが存在してきたということだ。そして例えば社会学は、自己提示において、自分はあまり熱くないことを示したい人がやっていることが多いので、構築を言うことになる。そのため構築を言って廻る人たちの方が有勢であったのかもしれない。こうして見ていけば、まったくずっと以前からあった構図が、そんな二つの並立が古びたものであるということになってからも続いてきたということである。

このことについてとくに言うことはない。ただ一つ、構築を言う人たちはその様をうまく捉えることができているかということがある。社会内的な、歴史的なできごととして捉えるということがどこまでできているか。そして一つ、必要なことは普通に分析的であること、分けるべきを分けることである。社会はいくつにも分かれていて、分かれながらつながっている。このとき、つながっているとか関係しあっているとただ言っても仕方がないという、これも当たり前のことだ。たしかにつながっているが、つながっているからこそ一つひとつを考える必要がある。社会領域の境界、関係をみていく。そんな学の蓄積も伝統もなくはないのに、私たちは引き継げているか。[★11]

そしてもう一つ、できごとの生成や継続を見ていくことと、そのことにまつわる是非をどのように言うか。片方だけ言うこともできるし、両方を言うこともできる。ただ、両者の連続と非連続に留意すること。なにかが「社会的」であるとか「構築されている」と言うことがそのまま何かついて批判的な場所にいられることを意味するわけではないという、これもまた当たり前のことを確認すること（[200412]）。そうしたことに思いいたったのか、一度規範的な議論がいくらか流行しかけたことがあるように思う。ただ思うに、それは長く続かなかった。

繰り言めいて語っても、やはり仕方がない。一つには「原論」にあたるようなものをきちんと書くこと。一つには具体的な主題について、なされてきた議論を相手にし、それを論じなおすこと。ここで行なっているのは後者の一部ということになる。

3　ただ一つひとつ応ずればよいではないか

星加の本に書いてあることにはよくわからないところがある。そのことを述べた。一つ理解できる筋を見出せるとすれば、星加は実は「べた」な——ほぼこの社会でこの言葉が使われているままを受けた——意味での「障害（者）」を想定しており——「狭義の障害者」と呼ぶ——そして、その人たちがたいへんであること、だからそれに応じた扱いをされるべきことを言いたいのであった。そしてそのたいへんさは不利益の「集中」（複合化・複層化）がそこにあるから、という筋になっている。

「集中した不利益のうち、解消可能なものが優先的に解消されていくことが求められる」。「不利益が「集中」するケースの中で、一般に解消可能性が高い不利益は「複合化」されたものよりも「複層化」されたもの、すなわち、「個体的条件」との関連において生じている不利益よりも「優越」を生み出す社会的仕組みによって増幅された不利益であると考えられるため、ディスアビリティ解消の取り組みにおいて、不利益の「複層化」のメカニズムの解体・遮断という方途は、中心的な位置を与えられる」(星加[2007:278-279])。ここら辺でようやく著者が言いたいことの中心がわかる。★12

だが、普通に考えると次のようになるはずだ。一つ、この社会において大きな位置を占めるのは――「(狭義の)障害」であるというよりはまず――「できないこと」「非能力」であり、そのことに関わる不利益はたしかに大きい。そして大変であること(不利益が大きいこと)にはもちろん理由がある。この社会において、能力が大きな位置を占め、価値づけられ、実生活に影響するからである。

次にもちろん、できなさに関わる不利にも大きい場合とそうでない場合とがある。いくらかの非能力は大きく作用する。だがそれほどではない場合もたくさんある。そしてその大変である/さほどでない、と、「狭義の障害」がある/ないはきちんとは対応していない。「狭義の障害」があっても、その障害〜できなさが、この社会であまり重視されていないものであるために、さほどの不利益のない場合もある。また、たいへんであるものの中にはすくなくとも現在「障害」とされていないものがある。身体に「徴」がある人――「狭義の障害者」――だけが不利なわけではない。不利益が「堆積」(複層化)していく人たちも「狭義の障害者」に限られるわけではない。よって、星加の論に沿ったときも、特別な対処を求められるのも「狭義の障害者」だけではないということになるはずである。

以上を確認して次に集中・蓄積について。前節で、集中(とくに不利益の複層化)が考慮されるべきだとされたものが二つあることを見た。一つは就労。「障害者」には(職を得られないことで)不利益が集中する(堆積していく)のだから、当該の職務について同じ能力(できる度合い)がある場合には、「障害者」を優先して雇用してよいと主張される。もう一つが介助（介護）。（高齢でない）障害者は（障害を有する）老人よりも不利益が堆積していくので、より十分な介助を得られてよいという主張だった。気持ちはわかるがそういうことでよいのかと問うた。こうして論は所得保障・社会サービスの提供に関わる部分と、労働、雇用に関わる部分に分かれる。つまり以下考えることは、「大きな話」と述べた社会編成の基本的な主題に関わっている。また「障害」を取り出すあるいは前提するという所作について考えることにもなる。

より大きな困難を抱えている人を優先せよというのは、多くの社会において正しいとされる倫理だろう。平等の主張にしてもそんなところがある。よりたくさん貧しい人に対してはより多くが与えられ補われてよいというのである。また、人は幸せな方がよいとして、なにか一つについてというより全体として幸福であることがよいことも認められるだろう。

だがまず一つ、全体としてよいことがよいだろうことと、その全体の幸福度や不幸度を計算できると考えること、また計算すること、計算しようとすること、比較しようとすること、比較することがよいこととは別のことである。それが時に必要とされることを否定しないとしても、それはかなり暴力的なことではある。人の幸不幸をどのようにしてとやかく言えるのかといったことである。それは少なくとも困難であり、仕方がない場合に認められることであり、その場合にはどうして仕方なく必要であるのかを言う必要がある。その乱暴な例を第7章でみた。

次に、人が、さらに政治、政治的再分配の仕組みがどれほどのことをできるかということがある。それらは、人の幸福や不幸の大きな部分について、大きく関わることもあるが、それでもたいしたことはできない。できることは、せいぜい、人・制度が関わって左右できること、増やすことができる部分について、その度合いを計ったり、その部分のその限りについて、幸福を増やしたり不幸を減らしたりすることだ。全体については何も言わない、計算しないということでよいとされよう。私が著書であげた幸福な人への車いすの供与という例についていえば、関与しようのないそして／あるいは関与すべきでない全体を基準に、供与を控えることにするのはよくないと思われる。

そしてあるものが得られることが認められるなら、その取得から除外される条件として幸福であるというのもおかしい。それはさきに記した全体として幸福がよいとしたことに対して、かえって否定的な行ないである。よいものを得るにはよいものを失うことになるのだ。関連する箇所として星加が取り上げたのは『自由の平等』で「総合評価」に関する記述だった。「各項目についての達成度や満足度の合計が可能だとして、その合計点が高いことはよいことではあるだろう。しかし、総合評価して高い点数の人についてはある項目を無視してもよいということになるだろうか。いや、それはそれとして考えるべきではないか」（[200401:189]）。★13

こうして考えていくなら、どのように必要なのか、また正しいのかに応える必要があるということになる。星加のように「集中」を問題にする立場を採る場合には、計算・比較が求められ、また可能であるということになっている。利益や不利益、幸や不幸が集まっていることはあるだろうが、それをどのように評価するというのかである。このこと自体はなかなかやっかいな問題である。ただ、一つの不利益aがあってそれだけという場合と、それがもう一つの不利益bを引き起こしている場合、aだけとa＋bの場合とを比べて後者の方が不利益が大きいとは言えるだろう。集計、集計したものの比較ができるかという問題の全体はやっかいだが、星加が問題にしているのはそれほどのものではないとは言える。

ただその上でも、集計の必要があるか、またそれはよいことかとは問える。さきに述べたのは、「のちのち」に響いてくるから、という時間における堆積・合計を問題にすることがよいとは必ずしも言えないだろうということだった（267頁）。例えば「余命いくばくもない」人については、これから幸も不幸も堆積していくことはあまりないだろう。としたら後回しにしてよいのか。ある種の倫理学者が好む「救命ボート的状況」において、より長く生きるだろう子どもを優先したり、幸せであったかどうかはともかく、既に長くは生きてきた老人を後回しにすることはありうるかもしれない。しかし、すくなくとも可能である限りにおいて、「本来は」、老人も得られてよいと主張することは認められるはずである。

とすると残るのは資源の有限性という条件である。資源に限りがあるというのはその通りではある。ただそのうえで、実際上の問題はないのだと私は述べてきた。私と星加とでこの部分についての認識が異なるのかもしれない。ただこの件について、働き手も含む人間が余っていると述べた私は、大丈夫であり問題はないと考えるその理由を示してもきた。どうしても仕方がなければ、仕方なく優先順位をつけざるをえないかもしれないが、でなければ供給すればよい、そしてそれは可能だというのが私（たち）の認識だ。だから、そう考えない人には、資源の問題が現実に供給・生活を制約せざるをえない問題として存在することの説明を求めてよいと考える。★14

次に、一つひとつにいちいち対応していった場合に——その対応が実際に実現した場合にだが——問題が生ずるかである。全体が大切であることを認めたうえでのことだが、個別の環境の整備や個別の社会サービスは、基本的に個別の、その場で必要とされているものにしか対応しない。ある日時の介助はその日時の必要のためになされる。ある駅舎の改善はその駅を利用するにあたっての環境整備として整備される。ただそれでよい、それらがつなぎめなく配置されればそれでよいのではないか。個々に生ずる問題を個々につぶしていけば、問題は大きく堆積して重なっていくことはないだろう。一つひとつに対応していければそれですむように思われる。

たしかに不利益が溜まり固まっている人もいる。そうでない人もいる。そのことを星加は問題にしている。まず問題になってすべきことは生活のための環境その他である。膨れ上がっているという状態が大切でないと言うのではない。それはきっと大切である。ただ、一つの不利益があるというだけで、既に不当であり、対応すればよい。それが実現すればそれで問題は生じない。それが履行されず、不利益が重なりあい膨れ上がるのであれば、なおさら不当であるとした方がよいではないか。[★15]優先順位を仕方なくつけねばならない場合、深刻度は指標にはなるだろう。しかし、些細な不便であってもまずはそれを無視しないことにする。（障害者である）老人もさきは短いかもしれないが、まずは介助を得られてよいとする。[★16]

4 嘘を言うから「障害」が要ると言われる

提供すればよいではないかと述べた。しかし個々人が望むというなら、その生活、生活のための消費、消費のための財の提供は際限なく実現されてよいか。なかには「ぜいたく」であると思われるものもあるのではないか。求めをいくらでも認めるというのではない立場から、しかしあまりけちなことを言わずにすませたい。そんなことを考えてきた。そしてここに、社会政策のなかに「障害」が浮かびあがる一つの事情がある――もう一つは労働・雇用の場面だ。そして「障害」をもってくることが必須なのかという問いも現れる。はじめから「障害」をあることにするのではなく、このような順序で考えるべきである。以下、このことを説明する。

ほしいだけが得られればよいとはならないのは、一つには、さきにもあげた資源の有限性からの要請であるが、もう一つは、消費に対応した労働が必要であることによる。市場においては、提供する労働の苦よりもその労働者が代わりに得られるものの効用の方が大きいことになるので、提供者がよいというのであれば問題ないとされるのだが、そのことは社会的な贈与の場合には必ずしも妥当しない。人の望みを実現するために別の人が働かねばならないことがある。とするとその望みが無限にかなえらればよいとは言えない。

まず人は他の人々とだいたい同じような暮らしができてよいと考えるとしよう。ならば、例えば世界のものを人数分で割るのでよい、ように思われる。しかし、人々がほしいもの、また実際に消費するものは異なるし、異なってよいと思われる。そのことを含めたときにはどう考えたらよいか。

一人ひとりは、（自分も含めた）人々から、おおまかには同じだけの労苦の提供を引き出してよいと考えるとしよう。そして、生産物にかけられた労苦の度合いとその生産物の価格が対応するとしよう。とした場合に人々が同額を得てそれを使えるということは、人々の同じだけの労苦・労働を使っていることでもあり、それは正当なことであるとされよう。むろん、労働・労苦と価格とが対応するのは現実的にはきわめて特殊な場合だけなのだが、しかし、いくらかは対応しているのであれば、いくらかは妥当・正当であるとは言えるし、対応するように現実を変えていければ、その分正当性は高まるとは言える。そうした場合、同じ額を各自がもつこと、それと異なることではあるが所得保障が同じ額なされることはよしとされ、その総額をどのように使うかは各自が決めてよいということになる（［201206］の2「総額の使途は自由であること」）[★17]。例えば海外旅行はぜいたくな行ないであるかもしれない。しかし総額の範囲内で可能なのであれば、したければすればよい。ただ他を節約することにはなる。他方でそんなものには金を使わず、ビデオをたくさん借りて自宅で観てすごす人もいる。前者の旅行をする人は、ビデオや飲食を節約することになるが、それはそれでよいとする。[★18]

ただ、このように同じだけを得るにしても、余計に費用がかかる場合があり、余計にかかる人がいる。それをどう考えるか。例えば、家でビデオを見る時、人はじっとそれを見入っているだけなので、字幕が必要といった人以外は、あまり追加費用がかからないが、海外旅行については、飛行機についてより広い面積を要するとか、介助者を連れていかねばならないといった具合に、費用が余計にかかる人が、増田英明さんのように、いる（註09・290頁）。

こうした場合、その余計にかかる人は、ゆえにその旅行という行ないを控えるしかないだろうか。あるいはその余計にかかる費用の分も、自分の収入から支出することになるか。それは不当であると考えることにしよう。結果として同じだけを得るだけなのであり、特別に得をするわけでない。その本人＋社会の状態が関わっている費用の増加分について、それが必要なのは、その人にとっては仕方のないことであり、本人がそれを負うべき理由はないと考えるのである。そこで、同じだけの結果を得るための費用は、身体＋社会の形状によって異なるのだが、その追加分を本人に求めることはせず、社会的に支出されるものとする。これが私（たち）がよいと考える案だ。その支出は、例えば駅その他の建築物や道路等々の環境の整備のために使われることもあるし、人の行動・生活を介助するそのための費用として使われることもある。これら、とくに後者が（狭義の）「社会サービス」と呼ばれる。

ここで本人にとって所得保障と社会サービスを分ける必要は、本来はない。区別は、便宜的に必要なことがあることは認めるとしても、あくまで便宜的なものである。所謂社会サービスは個々の人の差異に応じた必要を別に括り出したものだから、結果として、所謂所得保障分は基本的に一律にということになるのである。この順序を間違えないほうがよい。つまり、一律があくまで基本であり、個別の差に応じた付加についてどうしてよいか困ってしまうとか、困ったすえにやめてしまうとかそんなことにはならないということである。また、所得保障は国家が責任をもつべきだが、社会サービスは「コミュニティ」でまかなわれるべきだといったことが言われたことがあるが、それはまったくおかしなことだ（[201206]）[★19]。そしてそのおかしさは、ロールズ他においてもあることを第7章で見た。

次に、こうした場面に「障害」が現れることについて。「障害」は、この追加分が必要であることの理由、証拠、徴（しるし）とされる。しかじかの障害があるのでその部分が補われねばならないとされる。

移動について補われねばならないのは、その人の足が動かないのを見ればわかるだろうということになる。「障害」が現われる、呼び出されるのはこのようにしてであり、それだけである。

とすると次に、ここで提供される条件を「普通の意味での（狭義の）障害」に限定する必要がないこと、むしろ限定するべきでないことが明らかである。この社会は、しかたなく余計に手がかかること、そのことにかかわるその人の事情のすべてを障害だとはしていないが、そのことに正当性はない。身体にそのことを示す「徴」がある場合もあるが、ない場合もある。あろうとなかろうと要るものは要るのだから、提供されればよい。これで話が終わるのであれば、この場面では、障害は存在しなくてよい。

しかし、そんな事情が本当にあるのか、ない場合もあるのではないか、虚偽があるではないかと言われる。それでは困るというので、証拠がいる、種々の診断が必要だということになる。するとやはり「障害」が要るのか、それとも要らないのか。

まず、要らないとすることの方が望ましいとは言えるはずである。検査され詮索される。検査され詮索されても見つからない場合がある。証明せよと言われて困ることがある。査定されて、不満足な査定結果しかでないことがある。審査され査定されることが愉快なことではないだけでなく、実際に困る。それで、実際、手帳や等級は怨嗟の対象になってきた。そしてその歴史を追い、主張を検討することも必要だ。

その怨嗟を受け、そこでなされた主張の線を進めていけば、一つに、要ると言われたらそのまま認めればよいということになる。ただその要求は疑わしいから証拠を、ということだった。無駄な膨張をよしとしないというその要請は、一つ、資源の有限性とは別に、余計な労働は控えたいという、それ自体はもっともなものである。では、徴を取り出し、証す必要はやはりあるということになるか。

私がこれまで述べてきたのは、まず、審査はよくないことを引き起こすから控えられるなら控えた方がよいということだった。また、例えば介助は仕方がなく必要なもので、それが増えるのは他人のいるときに煩わしい時間が増えるということでもあり、その要求が大きくなることはそうはないということだった。それは依然として言えると考える（[200003][★20]）。ただ続きもある。

不正な使用は、現実にある。ただそれは、一つに多くは、実際には仕事をしないというかたちでなされる。供給者（が属する組織）に払われるのだが、仕事はなされず、結果、供給者・組織が着服してしまうということはありうるし、実際なくはない。また、利用者に払われる場合（cf. ダイレクト・ペイメント、[201008b]）には利用者（側）が着服してしまうこともありうるし、実際なくはない。ただこれは不正であり、わかれば利用・支払い停止の制裁が課されてよい行ないである。それを発見し制裁し防ぐのと事前の証明と、いずれが、誰にとってよいか面倒でないかだが、前者を選ぶ方がよいという主張は可能だ。その場合には「障害」は現れない。

もう一つは、自分でもできるのだが、面倒なので他人にさせるといった場合である。さきのは仕事をしないのだが、こちらでは仕事はなされるところが異なる。例えば家事がめんどうなので人にやってもらう。これもないではない。ここでは虚偽（の可能性）は「自分はできない」にある。それで「障害」（の有無の判定）がまた現れることになる。それはよいことかと考えた時、例えば無理すればできる（こともある）ができないこともあるといった場合は多く、またできないことの証明は困難であることも多く、そして査定はそもそも給付を絞る選別のためになされるのだから、査定される人にとってはうれしくはない。だが、それでも（楽に）できるのにさぼる人だっているだろうと言われる。

抽象的に考えると、査定は、つまり「障害」を現われさせてしまうことは、否定できないように思われる。しかし、意外にそんなにはないことも多い。なぜどのようにどのぐらい痛いのか証明せよと言われてもできないが、痛いので自分でできない。できるのであれば、自分でやってしまうのに、ということは多い。私は、ケアについてしみじみとした物語を語るより、こうした、心が狭く寂しくなってしまうような部分について考えることが必要だと思っている。

議論は簡単には決着しない。それでも以上で確認されたことはある。いくつかの条件があれば、「障害」があるとかないとか言う必要がないということである。[★21]査定が、結局は「障害」という範疇が、まったく要らないとは言い切らないことにしよう。ただ第一に、「障害」が少なめに査定しようとするとときに持ち出されるものであることは確認された。

そしてそれは実践、政策に関わる。必要の実情に合わせて「障害」の範囲を拡大させるという手はあるし、実際にその方向での運動があってきた。ただ、実際に必要な「障害」の数を増やしていくことによって限界・境界を変えていく必要な全体を拡大していこうという動きには、そのなかに数えられないものは常に残るに決まっているのだから、常に限界はある。ならば代わりにどうしようかということになる。そして、「障害」を取り出すということが、たしかに虚偽から護るという営みであること、そのことそのものにおいてあるいはそれを理由として、ある部分つまり「障害」を、特別のものとして扱うことは仕方がないとしつつ、それ以外の部分については放置する、それでよいとするという営みであることがわかる。

これが、あらかじめ「障害」をあるものとして見ない、社会内に現れる（また消えていく）ものとして見るということである。そしてこのことは、そのように見ていくことができるような筋道を論の「構え」の中に用意しておかないとうまく捉えることができない。

★註

★01 「ディスアビリティを構成する個別の不利益について規範的な不当性を確認しようとする試みの意義と限界が確認された。これを受けて本節では」(星加［2007:193-194］)とつながっている。

第1節「不利益の規範的特定の試み」の1「規範的社会理論の役割」。「社会理論においてディスアビリティの概念化を行おうとする際に問題となるのは、ディスアビリティ理論が依拠する価値的・規範的前提が、この社会に生きる人々の持つ規範的な感覚と連接しうるものになっているかどうか、という点である」(星加［2007:151］)。ただ、そこで私の論も引かれ、「連接」は「一致」ではないとされている。現にある判断をそのまま是認するのではないが、しかし無視はできない、しないということだ。

2「「障害者差別」という視角」。津田英二の議論(津田［1996］)を本人が差別だと思っているものが差別という論である等として棄却する(［152-154］)。次に岩崎晋也の論(岩崎［2004］)が検討される。「結局「不当」な状況を特定するための定義の中に、「平等」、「得られるべき」、「不当な」といった規範的なコンセプトが無前提に用いられているために［…］不当性の基準としての規範の提示に成功しているとは言えない」とする(星加［2007:155］)。

3「「責任モデル」の射程」。遠山真世の論(遠山［2004］)が検討される。「基準の設定をめぐる規範的問いをブラックボックス化することによって成立している［…］。「責任」の帰属範囲、ないしその基準としての「選択」として特定化される範囲についての議論を欠いた「責任モデル」では、ディスアビリティとして特定される領域は、結局記述者の恣意に全面的に依拠したままで放置されることになるのである」(星加［2007:158-159］)。

★02 星加［2007:144］に(Nozick［1974 = 1992］)への言及。そのノージックの議論は拙著では［200401］(その前は［199709］)でも検討され、私が別の立場に立つことを述べている。

★03　「ここで、評価の主体が誰であるかは決定的に重要だ。第一義的な評価主体が、当該の不利益の焦点となっている当事者であると考えるのは、当事者のリアリティに定位したディスアビリティ理論の構築を目指す本書の立場からの要請である。それは、個々の主体が経験している否定的な現実を記述・分析することからしかディスアビリティ理論は出発し得ないと考えるからである。ただし、基準点Pに関わる期待値や規範的観念が極端な水準にあるような特殊な状況下においては、当事者の評価をいったん留保することが必要となる場合もある。なぜなら、きわめて低い水準の社会的状態に満足するようなケースを理論の射程外に置くことは、最も顕在化し難いけれど最も深刻であるような不利益を看過する危険性を含むからである。したがって、特殊なケースに限って、当事者による主観的評価を超えた社会的評価を行う余地は理論的にも残しておくことにする」（星加［2007:142］）。「特殊なケース」としてよくとりあげられる「飼い馴らされた主婦」についての議論（Sen［1987］［1992 = 1999］）の想起が求められる。私もこの議論を検討している（［200401:181ff.］）。それを見てもらっても、私の方がことの決め方についてより民主的でなくリベラルでないことがわかると思う。

★04　「基準点Pがどのように設定されるのかをめぐって、従来の「社会モデル」理解は欠陥を持っていた［…］。ディスアビリティを「記述的」に特定しようとするアプローチにおいては、基準点Pが現実の社会的過程において生成され、流動化するものであることが看過される傾向にあり、基準点Pは社会的文脈と独立にアプリオリに存在するものであるかのように扱われるか、さもなければ個々の不利益の解消の主張に応じてその都度アドホックに設定可能であるかのように扱われているのである」（星加［2007:118-119］）。前者としてオリバー等が、後者としてフィンケルシュタインがあげられる——星加の本で言及されているフィンケルシュタインの文献はFinkelstein［1980］［1981］［2001］。

★05　「不利益の生成に対して、個人的・環境的諸要素はどのように関わっているのだろうか。まず、社会的状態α、とりわけ「社会的価値」の達成度は、基本的に「社会的価値」と「個体的条件」との関係によって規定されている。[…]「個体的条件」とは、生物としての個人に備わった身体的・知的・精神的な条件 condition である。こうした諸条件は、通常個人に関する「特質」や「差異」として認識されるようなもので、そのような認識作用の結果として浮上した「特質」や「差異」は既に社会的に構築されたものである。しかし、だからといってそうした認識の対象(あるいは素材)となるものが存在すること自体は否定され得ないわけで、そうした個体に内在する要素について表現するのがこの「個体的条件」である」(星加[2007:120-121])。この二つに加えてさらに二つ、「利用可能な社会資源」「個人的働きかけ」があげられている。

★06　別の箇所には以下。「まず不利益の正当性の基準として「存在の承認」を立て、それがやむを得ず侵害される場合に「限定的な機能性」を補完的に参照する、という構図になっている。「存在の承認」からは、他者の存在を毀損しない限り基本的にいかなる不利益も許容されないが、必要なものの生産という目的に限って機能的な観点からある種の不利益は許容しようというのである。しかし、このようにして「不当」な不利益を同定するアプローチの正否は、社会的に必要なものの生産をどのように捉えるかに依存する。社会的に必要とされるものの中には、人間の生存の物理的条件があること(食べ物があること等)のようにほぼ絶対的なものもあれば、その社会、その時代において特に価値があるとされるもののように文化相対的なものもある[…]。このように社会的に必要とされるものの範囲に幅があるのだから、生産にとっての機能性から許容される不利益も多様でありうるということになる。たとえば、会社という組織の機能を狭義の生産(人間の生存のための財の生産)のみならず人々の幸福の増大といったことに拡張して考えれば、そこで必要なものを生産するための能力評価はかなりの程度拡張されうることが分かる。つまり、このアプローチにおいてディスアビリティとして同定される不利益は逆にきわめて狭い範囲に限定されてしまう可能性も含まれているということである」(星加[2007:184])。この解釈の成否については別に述べる。

★07　障害者と労働について［200112］（他にごく短いものとして［200508］）。星加の本では次のように記されている。「立岩［2001］は、労働における本質的・中核的な要素が何があるかは論争的であり、その前提にある規範の問題であることを指摘した上で、障害者の労働の権利を擁護する議論を行っている」（星加［2007:143］）。

★08　ディケンズの『クリスマス・キャロル』（Dickens［1843］）に出てくるタイニー・ティムの話があり、コーエン（Cohen［1993］）、ローマーといった人たちによって論じられていて、［200401］で引いたのはRoemer［1996＝2001:220］。

★09　十二月に増田英明（日本ALS協会近畿ブロック会長他）がボストンでの国際的な集まりに参加し（その時の報告はHasegawa et al.［2017］）、私はそれに同行するとともに、その渡航費用――リクライニングの必要のためにビジネスクラスが必要で、加えて介助者用にもビジネスクラス一席が求められ、他の介助者分の費用を含め、二五〇万円ほどを要した――の調達のための活動にいくらか関わった。そこにはその費用の調達・支給のことをどのように考えるかという主題がある。その過程で幾つかのことを思い出すことがあった。その一つが本文で引用した横塚の文章だ。

その渡航は社会的な意義の大きなものであった。別の星加的な言い方をすれば、それが実現しないことによって（増田さん本人というより、同様の障害を有する人たち他社会全体に及ぼす）累積的な不利益が大きいことが予想される、だからそれが実現されるべきこと、その費用について募金にせよ税金にせよ社会的支出がなされることが正当化されることになるだろう。ただ本文に述べたのは、そのような主張の仕方を基本に置くのかということである。やはり普通の、たんなる娯楽のための旅行であっても、認められてよいと考える。その際、どのような費用負担がなされるべきかについては［201206］で検討した。

★10　「椅子の数が限られた椅子取りゲームで、椅子を取る技能を各自が磨きその成果が上がったとしても、やはり椅子を取れない人は同じ数いるということだけのことである」（[201004:84]）。
★11　なされてきたのが結局のところざっぱな話であったのに対して、私が社会学に意義があると考えるのは、一つにはできる／できないと社会との関わりを考えること（立岩・岸・荻上他［2018］における私の発言）であり、もう一つは、社会にある諸領域についてその境界について検討することのできる場に（例えば政治の内部にいる政治学、等より）社会学はいるし、実際、幾つかの社会学的営為はそうしたものとしてなされてきたということである。これらのことを、簡単にではあるが「でも、社会学をしている」（[201804]）で述べている。
　そしてむろん経済が大事であり、政策が大事である。そのことは［200402］［200612］等で述べてきた。松井・川島・長瀬編［2011］の書評として［201209］を書いた。そこに収録された論文の多くを評価できないとしたが、それは経済学的分析の意義を認めないということではない。まったく逆である。たいへん大切であると考えている。
★12　そこから批判もなされる。星加は私の議論を検討し限界が二つあると言う。「種々の理論的貢献に大いに示唆を与えられつつ、その限界についても確認し、乗り越えを図ることにしたい。ここでは、その難点として二つのことを指摘しておく」。その二番目が以下。「各人に不利益がどのように分布しているかを問うことが困難になっている。それは、少なくとも機会の分配に関するかぎり、個々の社会的状態の妥当性を評価する枠組みを共有していることに起因している。[…] 各項目においてはそれほど大きな不利益を被っていなかったり、その不利益が何らかの理由で正当化・許容されるような場合でも、全体としては大きな不利益を経験してしまうということもあるだろう。この種の事態に対して、立岩の理論的枠組みは弱点を抱えているのである」（星加［2007:192］）。
★13　この部分については星加も同意している。「確かに「車椅子の支給」という主題に関しては、「人の置かれている環境、身体的な状況」の差異に対する補正だから、上のように結論することは、少なくとも立岩理論の内部では妥当である。」「この議論の文脈は、「効用」の総合評価をめぐるものであり、そうした基準の設定に無理があることには我々も同意する」（星加［2007:193,210］）。

ただ、「特に嗜好に関する個人の選択が介在するような領域では、個人の生活の全体を視野に入れて考えなければならないケースはあるように思われる。／個人がどのような文脈で不便を経験しているのかは各項目だけを見ていたのでは分からないし（ある場面で移動の不便を我慢する代わりに別の機会に高価なワインを飲みたいという人など）、個人間比較をする際にも同一の資源が別の意味を持つことを理解するには一定の時間的な幅を持って評価をすることが必要になる（いつも高価なワインを飲み続けてきた人とまだ一度も飲んだことのない人との比較等）。また［…］」（星加［2007:193］）

これらが、ここで言及されている『自由の平等』で考えたことでもあり、またここで論じていることでもある。

★14　以前から同じことを何度も述べている。昨年のものでは、高額な薬のことをどう考えるのかという主題の特集「がん診療のコスト原論」に掲載されたインタビュー（［201707］）がある。ただ、それが真面目にまともに受けとられているという気配もない。私はこの話をするのに数字を必要としないと考えているのだが、人々はそうは思わないということもあるのだろう。だから、数字をうまく扱える人といっしょにでも、足りないということはないこと、余っていることについて、長くない本を書ければと思う。

★15　Pogge［2008＝2010］に付した［2010003a］、インタビュー集『生存権』（立岩・岡本・尾藤［2009］）中の「「目指すは最低限度」じゃないでしょう？」（［200903］、［201805］に再録）。

「高く言う人」も必要であり、悲しい歌を歌う人も必要だということである。「大きく出る人」が一方にいて初めて、現実的なところで手を打ってよいと交渉する人・組織が機能する、両方が必要なのだと稲場（アフリカ日本協議会）は言う（稲場・立岩［2008］）。二枚舌であると言われるかもしれないが、その二枚や三枚がどのような関係になっているのか、こちら側で整理できていれば問題ない。

★16 [200810a] の1「何が起こってきたのか?」に「高齢者の制度 vs. 障害者の制度」。「基本的な方向ははっきりしている。高齢者用に今ある制度によってすべてをくるんでしまうのではなく、もっとまともな制度を実現させることであり、その実現の道筋を構想することである。しかしそれが困難に思える。高齢者も対象者に含めたいまの制度よりもまともな制度となると、利用者の数が少ない間はよかったとして、もっとたいへんなことになるのではないか。そんな重さがあたりを覆っている。たいそうなことのように思える。しかしそうでもないというのが本章で言いたいことだ」。

★17 関連する星加の記述としては以下。「立岩が描く財の分配システムにおいては、貨幣という中立的なメディアを媒介させることで個人の選択の価値が重視される構造になっており、その点で個々の社会的状況を超えた生全般にわたる働きかけがなされているともいえる。ただし、この場合、項目ごとの達成度(移動に不便を感じていないかどうか)ということは個人の選択の領域に属することになり、社会が何らかの保障をする対象とはなり得ないようにも思われるが、そのことと以下の議論との関係は不明である」(星加[2007:210])。「中立的なメディア」であるから、というわけではないことは本文に記した。それ以外について各所で述べている。

★18 「おおむね、とくに私(たち)が基本的にはよいとする報酬分の払い方・得方——完全に実現させることは困難だが、希少性よりも労苦に比例することが望ましいと考えている——では、多くを払うものには多くの手間がかかっている。一人ひとりが受けとるものは、その手間のかけさせ方の総量としておおむね同じぐらいでよい。だからこの場面では総額は等しくてよい。そのように考えられていると見ることができる。/つまり、人はそれぞれ好きなように生きるのがよいとして、しかしそのためには他の人の労働を引き出すことにもなるのだから、その両者の間のバランス、ここにおける公平が必要であるということになる。そして各自が受けとる総額が等しいということは[…]おおむね等しいだけの労働・労苦を引き出していると言える。そして、その内訳を各自が変えて使うことは基本的に認められる」

（[201206]）。

いくらかやっかいなのは、これまでの註で引用した星加の記述にも関わり、「どうしようもなく」贅沢なものを欲しいと言うその人の欲望にどう対応するかである。死んでしまうほどでなければ無視してかまわないと『自由の平等』では述べたように思うが、もうすこし記述を足した方がよいかもしれない。

★19　「暮らしていく人にとっても両者はそもそも別のものではない。ひとまず「平均的」な――実質的には「手間」のかかりようがすくない――人間を想定し、その人にかかる「普通」の費用を考えるのが「所得保障」であり、それに追加して必要の違いに応じた給付を行うのが「社会サービス」と呼ばれるものということになる。いずれも暮らしていくのに必要なものであって、その意味では違いはない」（[200801]）。

所得保障について「ＢＩは行けているか？」（[201004]）他で検討した。ＢＩ（ベーシックインカム）についての対談として立岩・山森［2010］。『差異と平等』（立岩・堀田［2012］）他でも、本来は二つに分けられるものでないことを述べている。

★20　[200003]、以後、[200810a] など幾度か繰り返している。一つには医療についてては基本出来高払いであり、それはそのままにされた上で「福祉」のほうでは別の話がなされていること、その差異に気づかれもしないとはどういうことかといったこと。供給者である医師の専門性（があるゆえに委ねてよいといったこと）が言われるのだが、一つ、実際にはいくらも怪しげで過大で有害な供給がなされている（医療の場合には過大は加害であることが多く、比べれば「福祉」のほうがまだ過大が加害につながる場合は少ない）。一つ、その専門性とは結局、不正をしたら失うもの（資格停止、に伴う収入の喪失等）が大きいということだけで、ならば失うものを大きくすること（不正のない場合にはたくさん与えること）の方が別の制御の方法より経済的・合理的と言えるかも問われる。[200810a] の６「「過大申告」と基準について」。その内訳は「「最低限度」「人並み」は自明ではない」、「上限はおのずと決まってくる」、「それでも基準が必要ならば……」。

「「過大請求」は現実に生ずるだろうか。まず所得保障の場合、ほしいだけ支給するというのはたしかに難しい。お金はなんにでも使えるし、あればあるだけよいと思う人はかなりいる。しかし使途が限定されている場合にはそうなるとは限らない。例えば医療では可能だ。〔…〕医療はあればあるだけよいというものではない〔…〕。注射をいくらでも打ってほしいと思う人はまずいない。薬にしても注射にしても、多く使えば使うほどよい結果になるわけではなく、そして注射は痛い。さらに、かえってそれでは自分の健康が危いこともある。病院にずっといたいわけでもない。

するとそれは特別な場合に限られる〔…〕あればあるほどよいとは言えないものは特別なものだろうと言われるかもしれない。〔…〕だが介助はどちらか。まず、一日は二四時間でそれ以上長くなることはない。そして多くの場合、その仕事は一人について一人で足りる。上限は自然に決まっている。次にやはりここでも人はそう多くをほしがらないかもしれない。〔…〕介助は〔…〕必要不可欠なことではあるものの、それ自体はうれしいことではない。むしろわずらわしい。必要でない時以外には人にいてほしくはない。だから、その人が「ほしいだけ」というきまりにしても、そう増えることにはならないはずだと中西〔正司〕は言う。〔…〕

この主張には一理ある。たしかにたくさんあればあるほどよいというものではない。そして、あなたにはどれだけと決められるのは当人にとってはいやなことではある。これこれの状況のあなたの場合にあなたに認められるのはどれだけ、と決められる。介護・介助は生活全般に関係することだがら、生活の全体が査定されるのに近い。それはうれしくない。〔…〕とくに査定をせずとも、現実がおおむねうまく落ち着くならそれが一番よい。そのために考えるべきことを考え、できることをしたらよい。

まず必要以上に膨張させる要因は、利用側というよりむしろ供給側にある。たくさん買ってもらったらうれしいから、たくさん売る。「過剰医療」と呼ばれたものの背後にあるのもそういう利害だ。それはそれで［…］対応すべきであるが、そのために利用者側に制約を課すのはよいやり方ではない。［…］／また、たくさん使ってしまう人はたとえば心配な人である。そのうち減らされるのではないかという心配があり、とれるときにとっておこうとする。しかし［…］うまく取り除かれればそう多くはいらない」（[200810a]）。

★21　実際には、どのように「公金」を支出するかについて、様々の、ときにあまり辻褄のあっていない理屈が言われ、苦しまぎれのことがなされた。その歴史がある（cf. 二〇一五年から二〇一七年にかけての『現代思想』連載、他に［201410］等）。こうして、ここで述べていることは「歴史篇」とつながりもする。

Ⅲ

第10章　ないにこしたことはない、か・1　[200210]

※初出は石川准・倉本智明編『障害学の主張』（明石書店）。文献表示に関わる変更以外、漢字の使い方等も含めそのまま再録した。今回加えた部分は〔　〕の部分、そして☆印の註。

障害がないのはよいことかを考えてみる。★01 本人にとっては必ずしもそう言えないこと、他方、周囲にとってはない方がよいものであること、簡単に「ない方がよい」と言うのは、このことを覆い隠してしまうことを述べる。

1　どんな主題なのか

これはそんなに大切な主題だろうかとも思う。あるものはあるのだから、あとはどうやって生きていくか、生きていくための方法を考えることではないか。つつがなくただ生きていくことは単純なことであるかもしれないが、それを実現するための方法はそんなに単純ではなく、それを考えるのはむしろなかなかの工夫を要する仕事である。★02

しかし、自らに対する敵意があり、抑圧を受け止めて生きてきたとき、肯定は、不当におとしめられ無視されていることに対する反発、抵抗として必然性を持ち力を持つ。否定されている以上はそのままではどうにもならないのであり、それを振りはらう技が必要となる。おまえ（たち）が悪いとひとまず言いさえすればよいのかもしれない。わざわざ肯定を言わなくてはならないのもなんだか嫌な気がする。こんな問いを立てられること自体のうっとうしさが時々忘れられる。よいとかわるいとか、人の幸福とか不幸とか簡単に言うなと思う。だがもう一度、それでもなお、自らが否定される体験がある時、それだけではすまず、肯定に向かうことがあるだろう。さらに、あるべきかもしれないとも思う。★03

そして障害に関わる場合、この主題は「アイデンティティ」を巡る問題であるだけでなく、治療やリハビリテーションや予防やそして出生前診断などにも関わってくる、あるいは関わってくるように言われる。その意味では現実的な主題である。

障害の肯定・障害者の否定が問題になった具体的な文脈がいくつかある。一つは優生保護法の「改悪」だった。所謂「選択的中絶」は障害者の存在を否定することではないかという批判があった。また「早期発見・早期治療」に対する疑問が示された。そして、一九七〇年代以降、社会運動のもっとも大きく重要なものは反公害運動だったのだが、そのある部分は障害者運動とかけもっていた。あるいはつながっていた。それは公害に反対し、加害責任を追及する運動であり、「健康破壊」として公害を糾弾してきたのだが、その主張に障害者運動の立場と矛盾するところはないか。一九八〇年代の後半、実際チェルノブイリで事故があったりもして、原子力発電所の建設・運転に対する反対運動が、そう長い期間ではなかったが、盛り上がった。そしてその中で、放射能によって障害児が生まれるおそろしさが語られ、そしてそのように語られることのおそろしさが感じられた。★04

2 死なず痛くなければよい、とはいえ、できるにこしたことはない、か？

「原発と障害者」という問いに対して堤愛子が出した答は、障害者が生まれるから原発に反対というのはおかしい、生命が奪われること、苦痛を与えること（だけ）が問題なのだという答だった。死ぬのはいやだ、痛いのはいやだ、しかし障害者であることはそれ自体として肯定されてよいという主張である。これで正解のように思う。★05

だがそういうわりきり方でよいのかという気もする。交通事故で人が死ぬのはよくないが、怪我をするのはかまわないということにならないだろうか。また、目が見えないとか足が使えないといった状態だけを生じさせる、不便だけをもたらす技術を想定することはできる。つまり、死や苦痛を与えるのではなく「障害」だけを与える技術があったとして、それだけだったらよいのかというとそうでもないように思える。現実にそんなことはそうないのだが、殺すことより怪我させることをねらった地雷はあるという。もちろん、怪我すれば痛いし、今まで手足が使えていた自分が奪われるというだけで反対はできる。しかし前者については痛くない障害ならばよいのか、後者については最初から手足がないような処置だったらそれはよいのかという揚げ足とりも可能ではある。

比べると、以下のような主張はよりすっきりしているようにも思える。例えば「生命倫理学」の論者の一人にシンガーという人がいるのだが、その人が言う。

動き回るためには車椅子に頼らざるをえない障害者に、奇跡の薬が突然提供されるとする。その薬は、副作用を持たず、また自分の脚を全く自由に使えるようにしてくれるものである。このような場合、障害者の内のいったい何人が、障害のある人生に比べて何ら遜色のないものであるとの理由をあげて、その薬の服用を拒否するであろうか。障害のある人たちは、可能な場合には、障害を克服し治療するための医療を受けようとしているのだが、その際に障害者自身が、障害のない人生を望むことは単なる偏見ではないのだということを示しているのである。[…]

歩いたり、見たり聞いたりできること、苦痛や不快をある程度感じないでいられること、効果的な形で意志疎通できること、これらはすべて、ほとんどどのような社会状況でも、真の利益である。これを認めるからといって、これらの能力をすべて欠いている人々がその障害を克服し驚くべき豊かさと多様さを持った生活を送ることがありうるということを否定することにはならない。(Singer[1993:54＝1999:65]★06)

もし障害がなおるならなおすはずだ、だから障害がないことはよいことだという。そしてここにはもう一つの要素があり、二つが組み合わさっているとみることができる。一つは、A：障害それ自体はマイナスであること——障害がないこと、なくなることは「真の利益 genuine benefits」、つるたまさひでの訳では「まぎれもなく得なこと」。もう一つは、B：そのことは障害者を否定することにならないこと。つまり障害と障害者であることとを切り離せばよいということ。Bについては上の言明の中に直接の言明はないが、しかし、他でそういうことは言われる。また二つが組になっていないと、まったく普通の意味での障害者差別・障害者排除の言説でしかなくなってしまう。もしなおらなければそれはそれとして丁重に？遇するべきだが、なおるものならなおせばよいし、予防できるものなら予防すればよいという。これがたいがい最初に考えつくことだし、それでよい気もする。障害と障害者を生み出す公害企業を免罪するのかという問題もある。ここでは障害をなくすこと・発生させないために公害に反対するのは障害者差別だという批判は成立しないことになる。

べつにシンガーなどに言われなくてもよい。誰だって考えつくようなことだ。こういう啖呵の切り方に対して何が言えるだろうか。なければなくてよい、なければない方がよいことはあるだろう。できないことはよいことだとは言わない。他人の手を使うよりも自分でやれた方が面倒でなくてよいということもあると思う。こうした言明をなかば以上肯定する。

しかしそれに対して文句を言った人たちがいた。どうも普通に考えるとその人たちの方が分がわるいように思われる。その人たちの言うことを聞く側は、「障害も個性」といった言い方にひとまずうなずいたりすることもあるが、しかし本気では信じていない。あっさりとない方がよいと言えばよいのに、やせがまんのような気もする。それを嫌悪して、そんな調子のいいことを言うべきではないとわざわざ言いにくる人も出てくる。★07

すると、やはり障害がないこと、なくなることはよいことで、あることはよくないこと、と言えるのだろうか。しかしここは踏み止まった方がよい。無謀にも反発する側のどこかになにかあるように、理があるように思える。彼らの提起を受け止める道があるだろうと考える。不利を承知で考えられることを考えてみたい。もちろん障害といってもそれぞれに様々で、それを記述し、伝えることに障害学の意味の一つもあるだろう。★08 なにも知らず思いこみで語っている部分があり、それを知ることから始めるべきでもあるのだろう。ただここでは、大雑把な議論に終始せざるをえない。そして、この主題は一つにはできないことに関わるのだが、もう一つは、「姿・形」に関わる差異、好悪が関わる。例えば原発と「奇形児」が問題にされたときの焦点は、むしろ「違い」の方にあったと思う。ただ本稿では、また★09も、前者に限って考える。

3　できることは必要だが、私が、である必要はない

目的そのものはよしとすれば、それを実現するための手段があることはよいことで、そして能力をそのよいことをする力とすれば、能力があることは同語反復的によいことになる。例えば生きていくためになにかをしないとならない。それができることは、生きていくことがよいことなら、そのために必要であるという意味で、よいことである。できないこと＝障害があることはよくないことである。

だがまず、その目的そのものも問題とされうる。能力はなんであれなにごとかを実現する力であり、悪事をする能力も能力である。なにもできなければ悪いこともできない。人の行ないや現存の世界を基本的に否定する立場に立つのであれば、できない方がよいことにもなる。例えば知的障害者は、悪事の容疑者にでっちあげられたりすることがある一方、悪に加担することのない無垢な存在とみなされることもあった。ただ私たちの多くはこの世に未練があるから、人間はなにもしない方がよい、できない方がよいのだと言い切ることもまたできないだろう。

そこまで極端に言わないとしても、なにが役に立つのかは時代や状況によって変わってくる。このこともときに指摘される。例えば、かつては今ほど知的な能力を必要とする仕事が大きな割合を占めてはいなかったはずで、知的な能力の少ないことが障害として不利としてあるのはこの時代だからだ、というように。こうした指摘にも当たっているところがあるだろう。ただそれでも、例えば生きるために食べること、食べるために食べ物を採取したり栽培することが必要であり、そのための能力が必要であるといったことは残るだろう。また、必要とされるものが時代により社会により異なるからといって、それらがみな本来は不要なものだとすることもできないだろう。★10 またその時代その社会の中に生きていて、その時代その社会なりにできることが必要であること、これもやはり残る。

だが、これでおしまい、にはならない。例えばシンガーからの引用では、利益であるのは「私ができること」が、である。これは実は、今述べたこととはまったく別のことである。とても単純な点なのだが、このあたりから間違いが始まる。

食物を食べて生きていくことはよいことで、ゆえに食物を作るために体が動くこともよいことであり必要なことである。体が動くことによって、もちろんその前に土地や水や陽光があってのことだが、作物が作られる。それはその通りだ。ただ、そうして私が食べものを食べるためには、私の身体が動いてもあなたの身体が動いてもかまわない。ただ、誰かは作らないとならないのだが、作る人と食べる人は同じでなくてよい。

例えば知的障害で理解できる範囲や複雑度に限界がある。複雑なことがわかった方がよいようにも思う。だがそう思えるのも私がそんな仕事をなりわいとしているからにすぎないかもしれない。ほかにもっときちんとした理由があるだろうか。世界は、人間がかってに複雑にしてしまっている分を差し引いてもある程度複雑ではあるから、その複雑さに対応できた方がよいから、だろうか。これはまともな理由ではある。しかしその能力の総量は世界の複雑さに対応できる分だけあればよく、できる人は一定数いさえすればよく、その人自身ができなくてならないのではない。面倒な計算が必要だとして、自分ではそれはできないが、人に頼めば、あるいは計算機にやってもらえばできることがある。この場合も、自分で計算するのと人にやってもらうのと、結果としては同じものが得られる。★11

もちろん人にやってもらっては意味のないこともある。私自身がどこかに行きたいなら、誰かが代わりに行っても仕方がない。ただ物理的な移動なら、自分の足でも移動できるが、車いす（加えるに車いすで動ける環境）でも移動できる。この意味では、つまり同じところから同じところまで行けるという意味では、同じだけのことが実現できる。

これまでのところでは「なおす」ことと「おぎなう」こととはひとまず同じ平面にある。その人の身体はそのままで何も人工の装置を加えずにできるようになることもあれば、眼鏡をかけて見たり、入れ歯をして噛んだりできるようにすることもあるだろうし、あるいは機械や他の人に代わりにやってもらうこともある。けれど、障害者運動（のある部分）は、「なおす」ことに「おぎなう」ことを対置し、「おぎなう」ことに肯定的である反面、「なおす」ことに懐疑的であってきたではないか。その主張は意味がないということだろうか。そうではなく、それには重要な意味があったと思う。

つまり、なおすこととおぎなうことを、そして自分の力を使うことと他の力を使うことを、まずは等価で代替できるものとして捉えたこと自体が大切なことだった。従来は、まずその人自身、その人の身体をなおし、その人自身ができるようになることから始まり、それでできるところまでやった上で、それでもなお足りない分をおぎなうという順序だったものを、そんな順序である必要はないのだとした。その上で次に、当人にとって得られるものが何で、払わないとならないものが何であるのかが問題なのだとした。なおすことを選択肢の一つとし、コストを含めた計算の対象にしたのである。

4　支払いをみると、他人にやってもらった方が楽なことがある

一つは支払いである。シンガーの場合、コストはゼロということになっている――「副作用なしに両足が完全になおる奇跡の薬」。だが、「もしなかったら」と言うが、例えば身体がそうなっているそれなりの事情があるからには、機能の回復を同じ身体で実現しようとすれば、仮にそれが可能であったとしても、実際にはそれなりのコストがかかる方が普通だ。障害を「克服」するための支払いがある。そしてその負担は、本人にだけとは限らないが、まず本人にかかってくる。このことがしばしば見落とされる

のだが、これは考えに入れられるべきだ。[12] 次に、なおした後のコストを考えなくてもよい場合もあるかもしれないが、そんな場合だけではない。サイボーグとして生きていくのもわるくはないかもしれないが、自分のもともとの身体と機械系との接合性の問題がある——機械系が言うことを聞かなくなり、叛乱を起こすという話が小説ではよくある。だから障害があることがやっかいなことであるとしても、だからそれをなくす方がよいに決まっているとは言えない。さらになにかができるようになるための労力、コストだけでなく、なにか一つ一つのものを得ること自体にそのつど労力や時間がかかる。自分でなにかができる時、そのなにかを自分で行なうこともまた負担ではある。

それで多くの場合、楽なのは他の人にやってもらうことである。戦争に行かないとならない状況があり、戦争に行けば一定の確率で死ぬ。行かずにすむなら、私だったらその方がよいと思う。戦争すること、戦争に加担すること自体がなすべきことでないと考える場合は、目的が悪であるからそれに加担できないことが善となる。これは第3節の最初にあげた場合の一例となる。ただそうは考えず、戦争を否定しないとしても、誰かが代わりに行ってくれるならその方がよいという場合がここでの例となる——まったく「塞翁が馬」のような、ではなくそのまま同じ話である。そんなに極端な場合でなくても、しなくてもよいから楽だということはよくある。本人のことだけを考える限り、それでよい。人にやってもらうことは、かつては特権的で贅沢なことだった。そして今でも、いつでも、やってもらうことそれ自体は、私にとっては、よいことだ。[13]

このように言うと、そんな比較は変だと言う人がいるに違いない。他人の力を借りれば自分でできなくてもよいと言うが、そんなずるい発想が許されてよいのかと憤慨するのである。まったく無責任ではないか。そう言いたい気持ちはわからないではない。そして障害者運動も、それは意外に良識的でもあるから？、そこまであっけらかんとしたことはあまり言ってこなかった。

しかし第一に、先ほどの言明に戻れば、そこでは「真の（genuine）利益」とされていたのだから、他の条件については問題にされないはずである。そしてシンガー自身が車椅子の障害者を引き合いに出している。すなわちおぎなわれていることが議論の中に含み込まれている。第二に、より積極的に言えば、その「障害はないにこしたことはない」という言明は、「（現に存在する）障害者は（人並みに）生きていてよい」という言明と組になっていることを述べたのだが、（人並みに）生きていられることは、そのための条件があってはじめて実現されるのだから、その条件のもとで、「ないにこした方がよいか」を考えてもおかしくはない。第三に、それはエゴイズムであると言われるかもしれないのだが、しかしそれは少なくともお互いさまである。このことは後で述べる。★14

5　得たいものは、因習にこだわらなければ、さまざまに得られる、こともある

何が得られるのか。手段としての有効性としてどちらがどうなのか。

自分自身でできることの利得の方が上回ることもあるだろう。自分でないとできない、意味がない場合もあるように思われる。感覚はそういうものだろうか。例えば見るということ自体から受け取るものがある、と見える人たちには思える。木々の緑が見えたりして気持ちのよい私はそう思う。音楽が聞くのが好きな私は、やはり音が聞こえた方がよいと思う。また同じ移動するのでも、自分の足で歩いている時の快や、自分で運転していること自体の快というものがあるのかもしれない。そのように具体的に思うのは、それらがどんなことか体験してわかっている場合だろう。中途障害の場合に障害を得ることは喪失として体験され、失ったことを悲しいと思う。ただはじめから障害がある場合でも、具体的にはわからないが、できた方がよいかもしれないと思うこともあるだろうし、そう思っていけないこともな

いだろう。自分ができることがよいこと、よいと思うことを否定できないし、否定する必要はないと考える。けれどもいくつか押さえておくべきことはある。

例えば食べものを口に運ぶのに自分で行なうのと人にやらせるのと、ロボットかなにかが行なうのと、比べてどうか。自分でできた方が簡単な場合はある。人間の身体はそれなりによくできたもので、それをそのままおぎなうのは難しいのかもしれない。性能だけを問題にすれば、他の手段を用いる場合が劣ることはあるだろう。しかし、直接の選択肢を並べてみればどちらがよいかは簡単に決まるというものではないだろう。手段の有効性は自然的な諸条件に規定されてもいるが、例えばコンピュータであればより普及している基本ソフトを使う方が有利だというように、どちらが多数であり普及しているかといった生態学的?、社会的条件に左右される。そこに「悪意」は存在せずただ「成り行き」に任せておいても、どちらが有利かその差異が生ずることはある。

また、オリジナル、モデルをまねようとし、それと同じになることが到達点とされるなら、モデル以上のものにはならない。人間の身体に似せようとすれば、似たものは似たもの以上にはならず、その限りでは自身の身体が一番ということになる。だが、もしそのように考えないなら別になってくる。個々の機能について――例えば速度や力が問題になるような部分については――オリジナルを凌駕することはできる。人間の足より早い足(のようなもの)をつけることはできるかもしれない。「普通の人と同じように食べる」ことが課題なら、それは「普通の人」にかなわないかもしれない。しかし別の食べ方もある。皿にじかに口をつけて食べることもできるし、足で鉛筆をもつこともできる。

ただ、いつも手段が普通の方法でなくてもかまわないというものでもない。食べ方にしてもおいしい食べ方がある。要するに栄養がとれればよいと適当にあしらわれたらかなわない。口から食べられるなら口から食べた方が食べ物を味わえるし、噛めるなら噛みごたえがあるものを食べたいし、ましてや胃に納まれば同じだからと混ぜ合わされたものを押し込まれたくはない。当人にとっての快適さ不快さはそれとしてある。そしてその人にとっての快不快には生理的なものもあるだろうが、それだけではない。食にしても衣にしても生活の様式に関わっていて、単に機能的なものではない。その適不適の基準はまずは社会にあると言えようが、それは単に与えられたものではなく、それまでの生活の中に定着し、自分自身のものにもなっている。それは社会の側にあるから、無視されるべきだとも言えない。例えば人が介在する場合のその他者の存在もまたやっかいなことではありうる。例えば羞恥が絡む場合があり、単に気にしなければよいと言ってすむことではない。★15

とするとどう考えるべきか。これらはたんに機能としてできる／できないでなく、美醜にまつわる価値にも関わる。別の機会に考えようと思うのだが、とりあえず、一般的な方法・様式が定まっているとして、しかしそれと別の方法を本人が自らがより好ましいものとして採用しようとするなら、それを拒絶すべきでないとは言えるだろう。そんなやり方は普通でないからいけない、手で食べられ、書けるようにならなければと言われてもそれに従うことはない。そのようにしたときに、べつように得たいものが得られることがある。

こうして得失は様々であり、なにかをどのように行なうということの快や価値は、その行ないがどのような社会の中にあるかによって変わってくる。ただ少なくとも言えるのは、自分でできないこと、その代わりに他の手段を使うこと、他の人にさせることは常にその本人にとってマイナスではない、これは明らかだということだ。

できない、そのように言う限り、その状態自体はまずはできる、行なうことを差し引いた空白である。だが、そこにあるのはたんなる空白ではない。現われる別のものがある。

そこには時間がある。なにかを得たにせよ、それを得るのに自分の時間が使われなかったのなら、やはり時間がある。そしてその時間のあいだに行なうことのできる別のことがある。そして空間もまた異なって現われる。世界に対する対し方の異なり、世界の異なりがある。例えば知的障害はたんに機能としてできることが少ないことではない。生きる様式の違い、世界に対する対し方の違い、違うように世界を生きることでもある。そのことの現われは「欠損・損傷」と呼ばれるものがあることに関わっているだろうが、ここでもたらされているものを「障害」としてとらえることはできない。他の人の世界と隔絶している[★16]とは言えないにせよ、違う世界はある。そして身体障害と呼ばれるものにもそれはあるはずだ。違うこと自体がなにか特別に大切なことだと言わなくてはならないというものでもないだろう。ただこうして事実違うとき、そのいずれがよいか、それを決めることはできないだろうし、決めなくてならないこともないだろう。できる／できないという機能に限れば優劣はつきうるが、ここではそれが問題になっているのではない。そしてその人がその世界を親しみ、大切にすること、そんなこともあるだろうし、それもまた否定されるべきことではないだろう。

さらに、その世界への対し方、世界の現われ方に対応し、所作や振舞いの仕方が形成され、さらに感じ方、考え方の様式のようなものが現われることもあり、そこにある共通性が生ずることがあるだろう。共有されたその行動の様式等々は他から区別できるものであったりする。とするとそれを文化と呼んでもよいかもしれない。また、その人たちの間でそのことに関わる共感や、共有しているものに対する帰属意識といったものが生ずることがあるだろう。それ自体をそう持ち上げることもないかもしれない。ただ、それが別の人や集団の排斥を帰結したりしないのであれば、それはそれとしてわるいことでもないはずだし、また共感や帰属意識は多くの人にとって心地よいものだから、それが存在し存続することは好ましいことだと言うこともできるだろう。

そして別の世界にいて、別の生活を生きていて、それはそれなりによい、あるいはよいもわるいもないということは、それが「障害」としてあることと両立する。例えば日本語しか話したり聞いたりできない私は、米国に行った時、周囲の人たちがしゃべっていることが理解できないし、話せないし、看板や新聞もわからない。これは不便である。しかし同時にその私は、「日本語」や「日本文化」に誇りを感じているかもしれない。もちろん、外国語の習得等の場合には、身体的な要因ではなく、生まれ育つ環境に左右される。身体的な機能が関わってくる場合を分けて、それだけを「障害」と呼ぶことにすることはできる。ただ、これはまずは言葉の使い方の問題である。日本語しか理解できない私は米国にあって「言語障害者」であるというように、前者も後者も合わせて障害と呼ぶことにすることもできる。両方において得られるものと同時に、失うもの、十分に得られないものがある。普通の意味での障害の場合であれば、一方でいわゆる欠損があることに関わって得られるものがある。しかし、同時に、それが不便であり、不利になることがある。この両者はりっぱに両立する。[★17]

どちらをとるか。実際にはこういうことはあまり問題にはならない。というのも、現実にはその状態を脱ぎ捨てることはできないのだから、その上に成り立っている世界を受け入れ楽しめるのであれば楽しんだりした上で、不利や不便をなんとかする、なんとかさせる、このようにしか問いは立たないからだ。[★18]文化であることと不便であることとの対立はいつも生ずるわけではなく、文化でありながら同時に不便であって、ゆえにその部分を補うことを求めることはできる。

文化であるという主張となおす・おぎなうという主張の対立が問題になるとすれば、それは、一方があることが他方をなくす、あるいは減衰させるという関係になる場合である。そしてそれがもっともはっきりしたかたちを取るのは、それがなくせるようになった時に、保持・保存すべき文化だからなくしてはならないという主張となくした方がよいという主張とが対立する場合である。この対立はどう考えるべきか。一様な答を出すことはできない。例えば、不便な山村に住んでいるといった場合を考えてみればよい。それが山村であることに関わってなにかしらの文化がそこに育まれている。そこには医者がいなかったり、道路がなかったりするのだが、それは不便であり、そこでそれを解消させようとする。それは、ときにはその田舎のよさのようなものを減衰させることがあるかもしれない。しかしそれほどではないかもしれないし、多少そうなっても便利になることを選ぶことがあるだろう。注意すべきは、ここでの対立は、相反するもののどれをとるかという対立ではなく、別種の魅力をもった二つのどれをとるか、あるいはどういう割合で各々をとるのかという問題であることである。

そして問題は誰がそれを決めるのかである。その山村の場合、村の環境は公共財としてあり、そのあり方の維持・変更には社会的決定を要するだろうから、トンネルを通すか通さないかをどのような決定機構のもとに決められるべきなのか、決定のあり方が問われる。他方の障害についてはどうか。身体、身体の形態・機能はその一人一人にある。普通は個々の人が決めればよいということになるだろう。だがすぐ後に述べるように、それはどこまで現実的であるか。そして本人が選べない場合がある。代理決定するしかないとして、そのときに誰が代表・代理できるか。こうした問題が現われる。[★19]

7　選択の幅が広い方がよいから、とも簡単に言い切れない

このように言うと、どちらがよいのか、両方を勘案して選べるのがよいではないかという反論が当然にあるだろう。「健常」の場合には、自分の足で行くのと自動車や車椅子を使うのと、両方が可能であり両方から選択することができる。足が動けても車椅子で移動することは可能ではあるし、人に頼むこともできる。また目が見えても、目を閉じると見えなくなる。目を閉じることも開けることもできる。障害のあるなしをその場その場で切り換えられる。他方、障害がある場合には、障害がある状態、（自力では）できない状態しかない。障害があるのとないのとどちらがよいかわからないとしても、両方から選べる方がよいではないか。可能性は開かれていた方がよい。だからその意味でできた方がよい。こう言われるとそうかなと思う。だがこれもよく考えてみた方がよい。

まずこれは「選択可能」であることがよいことだという主張であり、その選択可能性は技術的制約などによって決まる。障害を初期値として与えられている場合に両者から選択できないのは、障害をなおせないという技術的な理由による。なおるのだったらどうか。この場合には、どちらも選べることになり、どちらから始めてもかまわない。そして、どちらにもすぐ変わることができるのだったら、初期値としてどちらがよいかという問題は意味をもたないことになる。

しかし次に、こうした純粋な選択は現実には存在しない。第一に、人はなにもないところではなく既に存在する世界に生まれ、そこで過ごし始める。それは「健常」の方が多数派で、便利で、よいことになっている世界である。第二に、自らの方もどちらかであり、たいていは初期値として「健常」がセットされていて、それが通常のモードになる。その人は、すでにその「健常」の世界をしばらく生きることになる。その場から選択可能であるとして、その人は既にその世界に慣れているから、そこから降り

るのは面倒だし、こわい。障害と健常とどちらも可能であり選択できるとして、その人はそこで健常の方を選択するだろう。しかしその選択がなされる場自体をその人は選んでいない。

では障害があることを初期値とし、その上で実際に両方から選べるならどうか。ただし、環境として既に存在する社会の方は健常者用の、健常者的社会ではある。だから、あるいは別の理由で、障害をなくした方がよいと思う場合はあるだろう。ただ初期値がしばらく続きそれに慣れるのはここでも同じだから、そのために、あるいはここまで見てきた別の理由で、なくさない方が選択されることもあるかもしれない。このことを敷延して考えてみよう。どちらの道を行くのがよいかは常に未定であり、最終的に確定できない。人は結局一つの人生を生きるだけで、自分で両方を同じ条件で体験してどちらがよいかを決めることはできないからである。一つ一つの具体的な目的があり、そのための手段を考える場合にはそれでもある程度は比較が意味をもちうるだろう。しかし、そうとだけ捉えることのできない場面ではこのことはより明らかである。当人にとっては決めがたい。人生をやって終わってみないとわからない。というより、一つしか生きることができなかったのだから、終わってもわからない。ここでも塞翁が馬的な状況はなくならない。

これは同じく障害の「肯定派」を相対化する論でもある。そうなってしまってればそれもまたよい。しかしあらかじめそれがよい、とは決まっていない。そしてどうなるかわからない中で、それでも私たちはどちらかの方がよい、よかったとは思う。それはそれとして大切なことではある。そこで障害があることがマイナスであると判断されることがあることを否定しようと思わない。しかし正／負は微妙であり、しかもそれは環境によって左右される。現実において、その社会において、障害はない方がよいことはある。全面否定の必要はない。できた方がよいことがあるが、しかし「本来」とまでは言えない。[★20]このことがあまりに単純化されている。だから、障害はない方がよいに決まっているという決めつけは

「あまりに無神経」だといった指摘は、なにか「感情論」にすぎないと受け止める人がいるかもしれないけれど、やはり当たっているのである。

8　他方、周囲の人にとってはないにこしたことはない

「障害がないことはまったくよいことである」の「よい」は、先の引用の文脈では、明らかにその人自身にとってよいということだ。その線で考えてきた。ある結果（例えば移動先への到着、計算して支払うこと）が必要な場合、そのために手段が必要だが、自分の身体その他はその手段をもっていない場合がある。この場合に、自らができるようになるという方法もあるが、別の手段を使うという手もある。それ自体としては等価である。むしろ自分でやらない方が楽なことがあると述べた。だが「よい」を「本人にとって」とは考えないとすると話はべつになる。

　手を貸さなくてはならない時、それはその周囲の人にとってたしかに負担である。誰かがどこかに行きたい時、その人自身の力で移動しないのなら、誰か他の人が力を出さないとならない。本人でなければそれを行なうのはまわりの人だから、本人ができ、その本人にやってもらった方がまわりの人は楽である。その意味でその人に障害のないことは「よいこと」である。[★21]

　障害があることが本人にとってよいかわるいかは定まらない。この単純な意味で、障害がないこと自体がよいとは言えないことを述べてきた。他方、周囲にとっては、（負担という点では）障害があることは確実に都合がわるく、ないことはよいことである。「本人」がこのことの隠れ蓑？に使われ、本人だけのこととされることがある。そして当人もそんな周囲から学習し、自分のことを負担に思ったりするだろう。このように実際には混じっている。だがその発祥の地はあなた方の方にある。このことをはっ

きりさせておこう。不愉快の源泉は、あなた方のことである（可能性が高い）のに私のことのように言うことにある。ない方がよいという主張の問題は当人と周囲とを混ぜてしまうことにある。しかも当人にとってもない方がよいこともあり、当人と周囲とが単純な対立関係になっていないから問題の所在がぼかされ、曖昧になってしまう。誰にとってという人称不明のまま、むしろ本人にとってよいことになってしまい、区別がつかない。その中で周囲の都合が優先されることがある。だからどのように異なるのかをはっきりさせる必要がある。本稿はそれをすこし行なおうとした。

このように見てくると、A：障害は否定的なものだが、しかしB：障害者であることは肯定され、それはAと両立するとされたのだが、それも疑わしくなる。AとBは両立することによって、A（およびそれに関わる発生予防等の行ない）もまた正当化された。つまり差別ではないからよいとされる。存在と属性を区別し、後者をマイナスのものとするが、しかしその人自体は認める、これでよいようにも思える。私もあなた方を否定しているのではない、その「存在」は認めている、しかしその障害という「属性」はやはりマイナスのものだと、それだけだと言うかもしれない。しかし「それだけ」だとはどれだけなのか。あなたはきらいでないが、しかし負担したり介護したりするのはいやだと言うとしよう。この場合に、その人はそれがないと生きていけないのだから、いやだからしないなら、それは現実的にその人を否定している。誰かに障害があることは、その人に対してしなくてはならないことがあるからいやだ、その意味で障害があることに否定的であることは、B：「その人自身の存在は肯定される」を否定している。

負担が少ない方がよいには違いない。それはそれでもっともなことではあり、このこと自体を否定することはない。本人にとってどちらがよいか、楽かという選択でも、同じ基準が使われている。ほとんどそのようにして私たちは生きている。だがBを言葉の通りに受け取るなら、迷惑だろうと面倒だろうと、存在を維持するためになすべきことがなされなくてはならない。しかし、自分の働き分は自分だけがとってよいというのがこの社会のきまり、正義とされる。この規則のもとではBは否定され、障害がないこと、なくすことは否応のない要請となる。そして自らが行なえることが自らの価値を示すとされる。このとき、障害がないこと、障害をなおすことは、その方が快だから、便利だからという以上のことになってしまう。この状態ではAは本人に重く過剰な要請になる。そしてなおすにせよおぎなうにせよたいていはせいぜい「普通」にしかならない。多くは中途で終わる。こうして、Bを阻害する規範・価値がある中で、「なおすこと」「なくすこと」は、必ずたんに必要を充足すること以上のものとして機能してしまう。しかも失敗してしまう。なおすこと、できるようになることに対する不信は一つにはこのことに関わる。

このように現実にはBの条件は満たされていない。このときにAとBの双方を言うことは架空の話にすぎず、障害自体はない方がよいものだというのとは別の理由、Bの条件が満たされていないゆえに、障害は否定的なものになる。現実に自分が行なうことを代替する手段が存在しないなら、どちらが本人にとってよいかという比較自体が無意味であり、わるい冗談でしかない——このことが社会資源が希少な社会とそうでない社会における障害についての主張の差異にも関わる。

逆にBがその言葉の通りに実現されるとしよう。すると、Aの自明さ・確実さはその分薄れる。それを見逃してAを言い、AとBとは両立すると主張するのは事態を隠蔽することになる。だから、障害があるのはよいことかわるいことかといった議論に加わらず、まず障害者が生きていけるためにすべきことをすることだという立場はまともな立場だった。

できることが必要であるという意味でよいことであること、それ自体を否定する必要はない。問題はそれがどこに位置づくかである。誰もできないのは困る。生産は必要であり、生産できる人が一定いることは必要である。しかし基本的にはそれ以上でもそれ以下でもない。周囲が負担を負えば、本人にとって障害があることが負であるという主張は少なくとも常には成立しない。だからそう簡単に障害はない方が（本人にとって）よいと言ってほしくない、言うべきでない。だからこの社会においてA・Bを言うことは、たんに自分(たち)にとっての迷惑であることが振り返られることがないから、危険である。「よいこと」という必ずしも否定することのない言明がそれを曖昧にするなら、それが問題だということである。

9　補足1・「社会モデル」の意味

このように考えてくると、「医療モデル」「個人モデル」と「社会モデル」とをどのように解することができるか、おおよそのことが言える。

社会モデルの主張が意味のある主張であるのは、それがその人が被っている不便や不利益の「原因」をその人にでなく社会に求めたから、ではない。少なくともその言い方は不正確である。医療モデル・個人モデルが「足がないからそこに行けない」と主張するのに対し、社会モデルは「車椅子が通れる道がないからそこに行けない」と主張するという対置は、わかりやすそうだが、正確ではなく、かえってわかりにくい。目的地に着くことが可能になる条件としてはどちらもそれなりに当たっている。問題は因果関係ではない。[★22]

次に、なにかを実現する（たとえば目的地まで行く）ためにどのような手段を用いるか、それ自体にも問題の中心はないと考えるべきである。第3節でも述べたように、身体をなおすのと身体の機能をおぎなうのとは連続的であり、当の人にとってどちらがよいかもいちがいに言えない。なおすこととおぎなうことはどこが違うのか。身体にあるものに物理的に加えるものなく機能が獲得されればそれはなおったということになり、何かが加わったらそれはおぎなうことになるのか。しかし入れ歯もあるし、眼鏡もある。あるいは人工内耳で聞こえるようになる。脳のどこかと機械を直結させ、それで「視覚」を得られるようにしようという試みもある。これまでSFには描かれても現実的にはあまり問題にならなかったのだが、考えられなくはないし、今のところの技術では冗談のようなものしかできてはいないのだが、実際にないわけではない。

この状態は障害が「おぎなわれた」状態なのか、あるいは障害が「解消された」状態なのか。その境界はどこにあるのか。人工内耳は耳の中にある。しかし、少し不細工な機械なら身体からはみ出るだろうし、そしてはみ出たからといってまったく別ものだと言えない。大きさとか身体への近さとかが規定しているのではない。少なくとも両者は連続的だ。よく言われるように、使い慣れた道具は自らに一体化したものと感じられることがある。手段としては、自分の身体を使おうが、機械を使おうが、電子回路を頭にくっつけようが、基本的には――素朴な意味で言うのだが――物理的な身体とその外界との境界に格別の意味はない。同じなら同じであるかもしれない。

「おぎなえばよい」という障害者側の主張を一つの方向に進めていけばそうなる。「なおした方がよい」あるいは「もともと身体がうまく動いた方がよい」と「なにか別のもの（人や機械）でおぎなえばよい」とは接近する。だから障害者運動の主張は、人によっておぎなうことにとくにこだわらなければ、テクノ派からそう距離が遠いわけではない。★23

社会モデルの主張をまちがって受け取ってしまうと、環境によって対応することはよいが、なおすことはよくないことだという主張だということになってしまう。そう主張しなくてならないことはなく、むしろ別の言い方をしなくてはならない。それぞれの選択肢について、なにを支払わなければならないのか、なにが得られるかを考えるべきだと第4節で述べた。

核心的な問題、大きな分岐点は、どこかまで行けるという状態がどのように達成されるべきかにある。二つのモデルの有意味な違いは、誰が義務を負うのか、負担するのかという点にある。つまり対立は「私有派」と「分配派」（[200103-200303]〔→[200401]〕）との対立としてある。社会モデルはそれは個人が克服するべきことではないとする。問題は個人、個人の身体ではなく社会だという主張は、責任・負担がもっぱら本人にかかっていること、そのことが自明とされていることを批判する。

10　補足2・差異と平等／社会モデルと文化派

差異派と平等派があると述べた（[199802]）。例えばなおしたりおぎなったりすることは平等をもたらすのか。これは差異が現われる場所に即して考える必要がある。

機能や能力を補うことはできる、得られる「結果」において平等になる「こともある」ことをこの稿で述べた。たとえば同じところに同じ時間で、むしろより短い時間で、行けるようになることはある。ただこのことは、第一に、なおそれで得られない部分、おぎなわれない部分が残ること、というより、そうした部分が人の扱いの格差に結びつくことをなくすものではない。とくにそれはこの社会では知的な能力である。相当のことは機械が代行できる。しかし頭はいまのところ代わりがない。いや実際にはすでにかなりの程度代わりにはなっているのだが、機械が代われない部分を人間がやり、そのことによってその人間（の労働）に値段がついたりする――人間がやらなくてよいなら、そして人間を使うコストの方がかかるなら人間にやらせることはない――ということである。

第二に、補うためにその人に投入される費用を組み込んだとき、それを差し引いて障害のない人と同じになることを意味しない。例えば、手と頭と口は十分に動く人がいるが、足は動かず車椅子と車椅子で動ける環境が必要だとする。他方に足が普通についていて動く人がいる。そこで求められている仕事は同じだけこなせるとする。得られる利益は同じであり、雇われているとすると雇い主に入ってくる利益も同じである。しかし、仕事ができるように、車いすと車いすで動ける環境のためのコストがある。そして、そのコストよりもその結果産出されるものの方が大きい場合、つまり差し引きの絶対値がプラスになる場合と、プラスにならない場合とがある。前者の場合、差し引きの値がプラスになるとしても、環境整備の必要でない他の人と比べた時、かかるコストは大きいから、差し引きの値は少なくなるだろう。そのコストを雇用主が支払う場合には、市場競争のもとではその人は雇われないだろう。自らが負担する場合には雇われるかもしれないが、しかし自らの負担は大きく、その分不利益をこうむる。そして後者の場合にはその労働が買われることはない。

それで当然だと言いたいのではない。その上でどうするかを考えるべきである。所得保障、社会サービスの提供といった分配策だけで対処するという手はある。しかし、第一に分配は「最低限度」に設定されてしまうこと――その理由は別に述べる――、第二に、生活のためというだけでなく働きたい「社会参加」したいという思いはそれとして尊重されてよいこと、第三に障害をおぎなうためのコストをそれによって可能になる生産が上回る場合には生産の確保という点で益があること、以上から障害者雇用に関する政治的介入が正当化される。そのあり方は一通りではないが、一つの有効な策は、米国のADA（障害者のあるアメリカ人法）の規定に近いもので、条件整備に関わる負担を本人以外がすることにしつつ――具体的にどこが負うべきかといった議論はここでは略す――選抜に際しては当該の職務に直接に関わる能力以外を考慮してはならないとする禁止規定を置くことである。もちろんそれは、できる／できないに関わる格差を解消し平等をもたらすものではまったくない。そのためには社会的な分配が別に必要とされる。ただ、このことさえ誤解せず、雇用に関する差別禁止規定で解消されない格差は正当な格差であるなどと考えなければ、ＡＤＡ的な対応は有効な方法である。★24

以上では、ことのよしあしは別として、その人の身体にある他との人との差異そのものは残る。ただそれが社会の中でもつ意味合いは変わりうる。それは、少なくとも仕事や社会活動の中では、あまり人が気にしないものになるかもしれない。それは障害に関わるなにかの一部、「文化」の一部の変容をもたらす可能性はある。けれどもそれがその一人一人の身体の固有性やそれに関わるものをなくすとは言えないだろう。おぎなうことによる「同化」がそれを効果しうるとして、人は、こんどはこの部分でなにかしらの代償を払いながら同じになることを拒絶することもできる。★25

他方、「文化派」の危険には二つがあるだろう。一つはその境界の内外での同調と排斥に向かう力。個々の文化を強調し、他の文化との差異を強調するのはよいとして、またそこに時に現れるある種の孤立主義・分離主義もそれ自体としては批判されるべきものではないとしても、その集団の内部にあってそれに同調しない人に対してそれが抑圧的に機能する場合がある。そして、少数派であるときにはむしろその被害者となることの方が多いのだが、それが排外主義として現われる場合の問題点がある。

もう一つは、文化としてあったり、個性としてあることと、それが障害として現れることとの両立を見ないで、前者を主張するなら後者を言ってはならないかのように考えてしまうことだろう。それは、自らが暮らしやすい方向に社会をしむけていくことを拒否することになってしまうのだから、自らに対して否定的に作用してしまう。そんなことで無理をすることはない。ただそれでも、文化の保持と社会的不利への対応を両方要求しようという主張がいつも成立するのではなく、それゆえの困難さもあること、このことについては第６節に述べた。

まだ考えるべきことはいくつもあるのだが、本章では単純なことをまず確認した。できた方がよいのは、一つは、自分のことは自分でというきまりのあるこの社会においてはできることが必要されるからである。しかしそれはつまりは、人のことを手伝うのは面倒だという以外のことではない。できることは総量としてしかるべく存在すればよい。自分ができなくてはならないわけではない。「ない方がいいでしょ」という問いに「はい」と答えてもかまわないのだが、ただ、「できたらいいに決まっている」と言われるときには、できない（そしてしなくてよい）人とその周囲の人の異なりが看過されている可能性がある。いや実際看過している。だからこのことは忘れないようにしようと述べた。

★註

01　当初、実際にあった議論、具体的な言葉を紹介しながら書いていこうと考えていた。またいくつかの論考（土屋［1994b］、森［1999］等）をふまえる必要もあると考えた。しかし文章の後半を別にし、それでもなおスペースがなくなってしまった。ほとんど引用や紹介を行うことができない。ホームページ http://www.arsvi.com の「五〇音順索引」→「障害」に四〇〇字×八〇枚分ほどの引用がある。なお［199709:436-439→201305:720-725］（第9章注15～22）にいくつかの文献をあげた〔第二版で追加〕。本文に引いたシンガーの文章もそこで引用している。

この章は、二〇〇一年一月、障害学研究会関東部会での報告で配布した文章をほぼそのまま掲載したものである。この報告に対しては研究会、そしてその後も障害学のメーリングリストでいくつかの論点について議論があったのだが、それを含めて論じなおすことがここではできない。右記したホームページの「立岩」→「ないにこしたことはない、か？」にこの章の注と文献表などを置く。そこからその時に私がメーリングリストに送信したメイル、三村洋明☆02の論考等を読むことができる。
★02　そちらの方の仕事として、［199505］［200003］等。
★03　［199709:437-438→201305:723-724］（第9章注19）では「「障害」と「障害者」とは本当に不分離なのだろうか。」と始まる加藤［1991］を引いた後、次のように続けている。
「基本的な問題は、障害がことさらに取り出され、否定され、障害を持つ人に結びつけられ、その人全体が否定されてしまうことである。それに対して、その否定性を受け入れ、改善に向かう、あるいは他の部分を探す……方向があるのだが、それは述べた通り不完全なものだ。そこで逆に否定されたものを肯定すると言わざるを得ない。こうして分岐が生じてしまうのだが、実はこういう選択を生じさせているものが問題なのであり、それを無力、にすることがあくまで第一のことなのである。障害を肯定する、障害以外のものを肯定する、部分を肯定する、全体を肯定するということ自体が問題なのではない。否定性を受け入れる必要はないということなのである。」（岡原・立岩［1990:162→2012:262］）
被差別者が差別を告発し自らを主張する時、差別者が設定した範疇に拘ってしまうことは、酒井直樹［1996:211ff］等でも指摘される。けれど同時に、否定性を否定するために、「悪魔祓い」のために、例えば「自己を肯定する」「自分を好きになる」こと、そのための技が、確かに必要とされる。だから安積遊歩（安積［1993］等）らは、祓いを行う巫女である。」（［199709:438→201305:723-724］）
「肯定」のことは、一九九〇年に出版された『生の技法』（安積他［1990］、第二版（増補改訂版）が［1995］、第三版が［2012］）を書いていた時から気になっていた。
「関係せざるをえない相手として見るに、その人の全てなど決して肯定してほしくない人、肯定されたらかなわない人は確かにいると思う。また例えば、ただ肯定することによっては、両立しない二つの行為のどちらをとるか決められない。だから肯定という言葉は、ある背景・前提をもって初めて成立する言葉なのだと考える。この場合には、障害・障害者が否定されるということが不当で、それを受け入れる必要はないという判断の上で有効、有意味なのである。近年、様々に行われるカウンセリング、「情緒産業」においてどのような「倫理」の基準があるのか、ないのか、また、グループ内の論理と外の社会の中で言われることとの関係、どのようにこれらが説明されているのか興味のあるところだ。また肯定することと「本当の」自分とがしばしば結びつけられること、このこと自体もっと考えておくべきなのだ。ここでは考察を進めることができない。指摘するだけにとどめる。」（岡原・立岩［1990:163→1995:163→2012:256］）

「つまり私達はこの書で、「障害を肯定せよ」という問いかけに対して、未だ十分に問いを詰めていないし、答えていないのである。」（［199010:226→199505:226→201212:353］）

「この本の帯には「障害を肯定する」とあり、それはそれでこの本の帯としてはよかったのだが、私はそんなに簡単なことではないと考えていたし（→第9章3節）、そのことは本の中にも書いた。」（［199709:23→201305:62］）

「自己啓発セミナー」の批判として樫村［1998］。肯定することと現実の社会を生きることとの間の差異（を無視すること）が問題にされる。ピア・カウンセリングに対する批判として篠原［2000］。問題を個人の水準にもっていくことによって、関係の問題、社会の問題が背景に退いてしまわないかという、以前よりなされてきた、しかしその意味が失われてしまったわけではない指摘がなされる。

★04　千田好夫らの文章の一部を注01に記したホームページに引用した。また例えば「先天性四肢障害児父母の会」。この会は、生まれた時に手や足の指がない、少ないといった障害をもつ子どもの親の会として、一九七五年に設立された。その障害の原因は不明だったのだが、環境汚染が様々に問題にされていた時期でもあり、環境要因が疑われ、会は当初「原因究明」を訴える活動をする。ここでは、当然、その障害をなくすことが目指された。だが現に障害があって暮らしている子どもがいる時に、障害を否定的に捉えてよいのか。そうしたことを考えていくことになる。例えばその軌跡をたどってみたらよいと思う。(cf. 野辺［2000］、「先天性四肢障害児父母の会」のホームページはhttp://park.coconet.or.jp/hubonokai/)［この会とこの会についての堀［2014］他の堀智久の研究については本書60・79・356頁］

それ以外にもいくつもそういうことに関わる話を聞いてきた。例えばワクチンができたためにポリオがなくなった。それはよかったのだろうかという問いを聞いたことがある。また、フェニルケトン尿症は新生児スクリーニングによって発見されると食餌療法によって障害を回避できる。これははたしてよいことなのだろうかといった問いかけも聞いたことがある。cf.［199709:23→201305:62］

★05　土屋［1994b］の主張はこれに近い。また「出生前診断・選択的中絶」について考えた［199709］第9章で述べたのもほぼ同じことである（この主題について私自身の考察は少しも進んでいないが、そこに述べたことを短くしたものとして［200209］）。

堤の主張はその前の時期の関係者たち、親たち（古川清治、最首悟、……）の発言よりまっすぐですっきりしたものになっている。多分このことには、それが本人から言われたことであることが関わっている。自分のこととして言えるからかえってすっきりと言えることもある。安積［1993］［1999］にもそんなところがある。

★06　土屋［1994a］でこの部分が訳され検討されていて、それで私はこの文章を知った。

★07　この主題を巡る議論は何層にもなっていて、そして捩れている。

A：まず、障害者でありたくない、障害者になりたくない。なおるならなおった方がよいと思う。まずはそれだけという人にとっては、障害を肯定するっていったいなんの話をしてるの、ということになる。B：第二に、そんなことはないと言いたい気持ちの人がいる。そしてこのことの言い方もさまざまだ。そして「世間の人」もまた、実はなにかしら障害を積極的に捉えるといった主張に同調したい部分はある。もっとも双方で思っていることはかなりずれていたりもするのだが、とにかく、意外に受け入れられる部分もある。C：すると第三に、そんな調子のいいことを言って、と、それに対してさらになにか言いたい人がでてくる。

ダウン症の娘さんがいる最首悟の本にこんな一節がある。（一九七〇年代のはじめ）「必然的に書く言葉がなくなった。［…］そこへ星子がやってきた。そのことをめぐって私はふたたび書くことを始めたのだが、そして以後書くものはすべて星子をめぐってのことであり、そうなってしまうのはある種の喜びからで、呉智英氏はその事態をさして、智恵遅れの子をもって喜んでいる戦後もっとも気色の悪い病的な知識人と評した。［…］本質というか根本というか、奥深いところで、星子のような存在はマイナスなのだ、マイナスはマイナスとしなければ欺瞞はとどめなく広がる、という、いわゆる硬派の批判なのだと思う。」（最首［1998:369-370］）

ここで怒っている最首は批判Cに対してさらに怒っている。私は呉智英の当該の文章を読んでいないが、この世代の人たちは――「戦後民主主義」が怪しげに入ってきたことに対する、そして「良心的知識人」に対する敵意があることに関係するのかしないのか――「良識派」あるいは「進歩派」の「欺瞞」「偽善」を指摘してまわるという文章をよく書く。最近のものでは、安積他のBの主張に対するC小浜の批判？がある（小浜［1999］）。Cの人たちは、Bの見方が偽善的であるとか脳天気であるとか、そんなふうに思って批判するのだが、実はそのBの人たちも、あるいはその人たちの方がそのあたりはかなり自覚的に書いていたりもする。

この文章は、まずはとても優柔不断でありながら、こうした状況にさらに割り込もうとする。すると、いったい何をしているのかわからないと思われても無理はない。注01にあげたホームページを見ていただくと、その雰囲気だけでもわかっていただけると思うのでご覧ください。

★08　わずかを例示すれば、「高機能自閉」と呼ばれる世界についてGerland［1997＝2000］、本書（石川・倉本編［2002］）中のニキの章、等。盲聾の世界について福島［1997］［1999］〔その後の著書に、福島［2010］［2011］［2015］［2016］、母による本に福島令子［2009］、福島について生井［2015］〕。顔の異なりについて石井［1999］等〔本書第5章119頁〕。「痴呆性老人」がいる世界のフィールドワークとして出口［2000］［2001］〔その後著書に、出口［2016］〕、等。

★09　「第一に、――この文章では論じられないけれど――「姿」「形」自体はその個人に残る。機能を様々に補うことはできるにしても、姿やかたちはそのままあり続け、障害者は「異なる」人である――もちろん皆がそれぞれ異なるにしても、そして、やはり異なりと受け取る側がいるから異なりが現われるのであるにしても。

第二に、その「個人」の能力、同時に能力のなさが問題にされる場面がある。……」（［199802→200010:93］）

身体、身体の表現というところから「差異派」の存在意義を論じようとしている文章として倉本［1999］（cf. 倉本［2000］）。

★10　必要とされるものの「相対性」が指摘されることがある。たしかに差異自体はいくらでもあるからその中から人が取り出したものであるというのはその通りである。ではまったく恣意的なものであるか。これも恣意的という言葉をどうとるかによるが、普通の言葉の使い方としては恣意的とだけは言えない。世界が真っ暗だったら目が見えても見えなくても同じだというのはその通りだ。しかし世界は真っ暗ではない。

★11　以上ではできる人が一定数以上いた方がよいことを否定していない。それがいなくなるのだと、「少子・高齢化」でいなくなるのだと言う人もいる。とすると、それが本当かどうかが問題になる。私は本当でないと考える。［200002］で、資源が足りないからではなくて、つまりは面倒だからしたくないということなのだと述べた。とともにそれだけがあるのでないこと、それは結局国境の存在にも関わることを述べた。こんなところから、経済や雇用のあり方について、また教育や勉強のことについて略記した文章として［200002］［200103-200303］。

★12　このこと、そしてそこから考えるべきことを［200010b］に記した。損得の計算とそれに基づく決定は基本的には本人に行なわせるべきであること、けれど計算と決定を本人に行なわせさえすればそれで一件落着とはならないのがやっかいなところであること等を述べた。

★13　しかし、一人ひとりが自己決定「できる」ようになることは望ましく、そのための当人にとっての手間を計算した上ではあるが、それを促すことはよいことだと［199903］で述べた。他人にそれを委ねると他人のいいようにされてしまうから、というのが理由の一つだ。これは「教える」ことがどんなことであるかにも関わる。本稿で述べるのは、できるようになることは必要だが、しかしそれは絶対に必要なことではないといったことなのだが、教える時にはこの二つを同時に教えることになる。これはすこしやっかいなことかもしれない。「パターナリズム」について［199908］［200203］。

★14　本文に述べたことが間違っていることを言おうとして「自然」をもってくる人がいる。障害があって一人なら、「自然」の中で生存していくことは難しく、のたれ死ぬだろう。だから障害はない方がよいと言う。しかし「自然」を基準に置くことはできない。まずそれが都合のよい部分を切り取ってきた自然像ではないかという疑いがあり、またなおすことは人為の世界にありそれを肯定しつつここで自然をもってくるのは二枚舌ではないかという批判も可能だが、これらを別としても、その「自然」なるものをなぜ準拠点に置かなければならないのかが不明なのである。こうしたことを含め、所有と分配のあり方について［200103-200303］〔→［200401］〕で考察している。

★15　例えば性的な行為の介助。ホームページの「障害者と性」に関連文献等を掲載した。

★16　「私の見る風景までも、他の人達特に健全者といわれる人達とは全然別なのではあるまいか」（横塚［1975］）。注08にあげた文献を参照のこと。

★17　ここには複数性を巡る問題がある。二つのうちいずれかを切り捨てることなしには、少なくともいずれかを優先させることなしには、一つのものを十分には身につけることができないことがあるのかもしれない。例えば私は日本という国に生れたことによって、英語を習得することがない。あるいはある程度学習したとしても使いものになるほどのものではない。他方、米国に生れた人は日本語を習得することがない。両者で起こっていることを、各々の集団が独自の文化を有していると言うことはできる。同様に「聴覚障害」について。聴覚の機能がなく、音が聞こえない。そこで手話を習得する。親がどんな親であるか、どんな人達が周囲にいるか、学校教育がどんなものであるかによってずいぶんと事情は異なるだろうが、ともかく手話を習得する。それはその人にとって第一の言語となる。他方、聴覚障害がないことによって、例えば口で話し耳で聞く言語を習得する。同時に、手話を習得できない。あるいは習得しようとしても不完全にしか習得することはできない。それでも言語については、バイリンガルと言われる人が実際のところどういう人なのか私にはわからないのだが、同時に二つも可能なのかもしれず、実際、ろう者の主張にもその方向でなされているものがある。ただ、そんな場合だけでもないかもしれず、また二つの間のいずれかが自分には強くあることもあるだろう。そしてそのこと自体がわるいことだとも考えられないのだが、ときには問題も生ずる。とするとどう考えるかである。長瀬は「ろう文化」に言及し、「「文化」の概念の導入もさらなる分断の契機になりうる危険をはらんでいる」(長瀬[1998:209])と記す(その後の評価については長瀬[1999])。この点については補足・2で述べる〔クァク[2017]〕等について本書7・254頁〕

★18　なにかが自らにとって肯定的であり、そこでそれを選択しながら、しかもそのことによって生ずるマイナスの部分を補うよう求めることができるのか。できると考えるべきだろう。たしかにそれにはコストがかかる。しかしそれを否定するのは、二つの言葉を話す人たちが混在している地域で、両方を併記した看板をかけるのはお金がかかるから多数派の方一つにしなさいと言うようなものである。

★19　長瀬[1997]で人工内耳の装着に関わる親の(代理)決定の問題がとりあげられている。cf.[199709:437→201805:721-722]〔人工内耳の波及過程についての研究として田中多賀子[2013]他を本

書78頁で紹介〕

★20 「早期発見」「早期治療」と、「早期」が問題にされた。ガンの早期発見などとは違い、ここでは子供のことが問題になっている。本人がいない、あるいは小さい。そして未来のことが問われている。「早期発見」や「早期治療」が批判されたのも、それらが現実がやってくる前に、あるいは不確かな時に、行なわれることであることが関わっている。さらにここに「発達」が絡んでいる。そういう時に行なわれることは、知らない中で、おそれによって行われる。早期に発見しないと、早期に治療しないと大変なことになるからと言われる時、その大変さは想像されるしかないものとしてある。そして、発見したり治療したり、あるいはそのための薬品・機器等を供給する方が、それを仕事として行ない、その仕事を拡張しようとするものだとすれば、将来の事態を大変そうな方向で伝える可能性はある。

★21 ただ、本人の身体をなおそうとするのと、環境によって補おうとするのと、実際のところの得失がどうかは場合により、前者の方が費用がかかるわりには効果があがらないといったことがある。ここで社会は、意地になって問題とその解決を本人の側にもっていこうしているのである。そこでその不合理を指摘し、より合理的な選択を促すといった戦略がとられることがある。

★22 では障害であると規定されること、「原因」がわかることはどのような意味をもつのか。まず一つに、なにが起こっているのか、なぜそうなっているのかわからなかったものが、説明され、それでなにやら納得してしまうことはある。それは多分大切なことだ。

一つには、心がけによってとか努力してとか、そんなことではどうにもなるものではないことがわかり、自分の側に向けられてきた圧力から逃れることができる。そしてこの場面でその原因は「社会的な要因」である必要はない。むしろ例えば脳生理学的な理由であることがわかった方がすっきりするということもある。社会要因説については、とくに精神分裂病や自閉症などについて家族にその要因が帰せられ、家族がその責任を負い、努力しなくてはならないということにさせられてきたことがあった。そしてこのことは「社会モデル」の主張と対立するものではない。[200202-(2)(3)]で原因帰属についてすこし考えてみた。〔[200202-]は『現代思想』に掲載された「生存の争い――医療の現代史のために・1～3」。途中から『ALS』([200411])になった連載になってしまい、この部分はそのままになっている。〕

★23　こだわった部分はたしかにあった。

「八一年三月、広島の会員が、電動車椅子でふみきりを横断中動けなくなって、電車にひかれ死亡するという事故がおこり、それをきっかけに兵庫・広島・福岡の青い芝の会が、電動車椅子は本質的には介助者の手を抜く健全者の御都合主義だと主張して、電動車椅子を否定する方針を八一年一二月の第五回全国代表者大会に議案書修正案として提案し、受け入れられる。」([199010:212→199505:212→201212:314])

人に行わせることと機械を使うこととの二者がある時に、前者を主張する仕方にもいくつかある。そもそもそれは人が行うべきことだと言われることもあるが、この時にはなぜそもそもなのかを聞かれるだろう。人が行う方が当人にとってよい――気持ちがよい、安全である、……――ことが主張されることがある。また、人手を使わないことを手抜きだとする批判がある――ただ無害な省力化自体は否定すべきでないとすれば、ここでは単に省力化が問題にされているのではないと考えられているのか、それとも、無害であっても省力化は問題だとされているのか。障害者運動の主張とテクノロジーとの関係についての論考として石川[1999]。サイボーグについてHaraway[1991＝2000]☆03。

★24　障害・障害者と労働・雇用についての考察として[200112]。

★25　「社会モデル」の主張と「身体」への着目との間の対立については長瀬[1999:19-20]でふれられている。関連して石川准の議論がある(石川[1999])。その話の筋道はそうすっきりはしていないが、論を構成する要素自体は、「いなおること」と「おぎなうこと」、健常者的な価値を低くすることと追随すること、とそう多くない。石川は、おぎなってできるようにすることが固有性を失わせるという批判は有効だともしつつ、しかしおぎなうのとそのままであるのとどちらもありだと言う。彼には、多分まずは直観的に、どちらかしかないというのはおかしいという発想があるはずだ。そしてそれはもっともだと思う。と同時に、いなおることが、できないことに対するルサンチマンから発しうることも指摘する。それをどう考えるか。私は、人はほんとうはどう思っているのか知ろうとしてもわかるものでもないし、できること、できないことを直接に考えていくしかないだろうと考え、この文章を書いた。その位置が定まれば、動機が純粋であろうと不純であろうと、よいことはよく、よくないことはよくないことになる。それとともに、嫉妬や羨望を指摘する議論がどのような構造になっているのかを考えてみたらよい。[200103-200303:(2)]〔→『自由の平等』[200401] 第2章〕に考えたことを記した。日本の障害者運動の主張と英国等の障害学における社会モデルの提起との関係については [199802]〔『弱くある自由へ』[200010b] に収録〕でもふれた。

■本書収録に際して付した註

☆01 『障害学への招待』(420頁) に続く「障害学」の本。『障害学を語る』が二冊めとすると (420頁) 三冊めになる。石川が「まえがき」を (石川 [2002a])、倉本が「あとがき」(倉本 [2002b]) を書いている。この二つの全文はHPで読める。収録されている文章 (掲載順) とその目次は以下。

◇石川准「ディスアビリティの削減、インペアメントの変換」

1「財と権利と尊厳の分配システム」2「「ディスアビリティ」の脱構築」3「ディスアビリティの削減、インペアメントの転換」4「平等と差異のディレンマ」

◇立岩真也「ないにこしたことはない、か・1」

◇好井裕明「障害者を嫌がり、嫌い、恐れるということ」

1「嫌がられ、嫌われ、恐れられる――被差別体験から」2「障害者差別――人権侵害として整理する限界性」3「障害者フォビア――常識的理解をめぐる問題」4「虚構の感情としての障害者フォビア――ある個人的体験から」5「フォビアの一歩手前にある自分の姿を見抜く」
◇倉本智明「欲望する、〈男〉になる」
1「はじめに」2「語り出されるセクシュアリティ」3「欲望する主体としての障害者」4「〈男〉への同一化とその困難」5「むすび――性のアブノーマライゼーションにむけて」。
◇瀬山紀子「声を生み出すこと――女性障害者運動の軌跡」
1「はじめに」2「女性障害者運動のはじまり――結婚・子育て、家族をめぐる女性たちの運動」3「子宮摘出をめぐって」4「女性障害者によるピア・グループのはじまり――むかい風の実践」5「ピア・カウンセリングと女性障害者運動――対等であることを求めて」6「おわりに――声を生み出すこと」
◇ニキリンコ「所属変更あるいは汚名返上としての中途診断――人が自らラベルを求めるとき」
1「目的」2「中途で診断を受けるとは？」3「診断遅延本来の問題と付随する問題」4「方法・対象・範囲」5「用語について」6「自閉症者から見た「自閉」とは」7「自閉者同士の共感」8「筆者の場合――診断まで」9「筆者の場合――診断」、10「障害というラベリングによって安心すること」、11「未診断で成長するということ」、12「説明を求める思いを持つこと自体を否定されるとき／」、13「制裁だけを先取りしてきた歴史」。
◇寺本晃久「能力と危害」
1「生来性犯罪者説の導入と否定」2「刑罰と障害認識の変化」3「問題の拡張～優生へ」4「危害の政治学へ」。
◇杉野昭博「インペアメントを語る契機――イギリス障害学理論の展開」
1「『母よ！　殺すな』2000」／2「「障害者殺し」から社会モデル批判へ」3「「旧・社会モデル」か

ら「新・社会モデル」へ」4「イギリスから日本へ——転倒した「歴史」」目次を見ていっても、多くがたんに「できない」という水準でないところを見て書いていることがわかる。例えば好井が「フォビア」と言っているものはできないことを嫌うということ（だけ）ではない。そして寺本は「加害（性）」について論じている。

☆02　三村洋明の著書に三村［2010］、その後三村［2016］。後者は当方のサイトに収録・公開されている。三村の論は私の論に対する批判を含むが、ここでもまた応ずることができない。

☆03　『ALS』（［201412］）で、「サイボーグたちは、真の生命／生活を得んがための犠牲といった発想をイデオロギーの源泉とすることを拒む。［…］生存こそが最大の関心事である。」（Haraway［1991＝2000:339］）という箇所を引いている。

第11章　なおすことについて　[200107]

※初出は野口裕二・大村英昭編『臨床社会学の実践』（有斐閣[☆01]）。再録の仕方については第10章（298頁）と同じ。

1　はじめに[★01]

「とは何であるのか」という問いはたいてい間違っている。そこで問われている問いは実は「何をするのがよいのか」という問いであり、「なんであるのか」という問いはそれの言い換えである。さて「臨床社会学」は何をするのか。

「臨床」という言葉を聞くと、まず、なおすこと、なおす人を思うだろう。あるいは、なおさない（なおせない）にしても「ケアする」、ともかく困難な状況にある人を「援助する」。「臨床医」、「臨床心理学」。それを社会学でもやろうというのだろうか。つまり「臨床社会学」は「臨床する（ことに役に立つ）社会学」なのだろうか。あるいは「臨床についての社会学」なのだろうか。

どちらであってもよいと思う。ただ臨床についての社会学はおもしろいと思う。これは社会学がいかにも社会学であってきた部分、社会学のよいところ、少なくともよいところの一つを受け継ぐ。つまり、営みを相対化することである。とともに、そういう部外者的な視点をとりながら、同時に、ではどうしようか、考えること。それは結果として臨床に役に立ったりするかもしれない。だが、まずは冷たく捉えてみる。★02

けれど本章はその臨床（についての）社会学の成果を報告するのではない。たんに二つのことを述べるにすぎない。一つに、なおすことをめぐって、実際に起こったこと、起こっていることを忘れないうちに、覚えている人が生きているうちにきちんと記述しておくことをしたらよいのではないかと提案する。もう一つは、そこになにが示されたのか、いまとりあえず考えられることを少し考えてみる。

2 調べてみたらよいと思う

1 対立のある場面を調べること

実際の場で作動している力学がもっと記述されてよいと思う。ただ、たとえば医療であれば、かなり多くの人はある程度の医療とのつきあいというものはあって、病院や医者の雰囲気はそれなりに知っている。とはいえ、それ以上、それ以外のことはないと見切りをつけることもないかもしれず、丹念に記述していくと、知っているようで知らないことが出てくることはありうる。たとえば「会話分析」といった手法でそういう接近が始まっているのかもしれない。ただ、私たちが既になんとはなしに知っていることを超えたことを言うには、それなりの技、工夫を必要とするだろう。私は、そういう難しいことをやる前に、そんな高等な技を要する仕事でなくてよいから、してよいことがあるように思う。

それは波風が立った場、摩擦が起こった面、そこに生じた尖りや棘について、その歴史について調べることである。それらの多くは、そう昔のことではない、ここ数十年の間にあったことであり、小さな場に生じたことだ。もちろん医療・医学に限っても、大きな事件となった公害や薬害事件については、その怠業、意図的・非意図的な加害行為についてそれなりの研究があり、蓄積がある。だが起こったのはそれだけではない。一九六〇年代後半以降、それらの事件が顕在化し、医療と名がつけばなんでもありがたいことと受け取ることはないのだと人々が思いはじめたことにも関係をもちながら、様々なことがあったしあると思う。そこでは存在する事態、起こった事件そのものが考えるべき論点を示しているのだから、調べる側は、少なくともまずはただ単になにがあったのかを知るだけでよい。なにもなく思えるところからなにかを引き出してくるより面倒は少ない。

さまざまな不信、疑義、批判があった。そしてそれらを経験的、感覚的に知っている世代はあって、酒でも飲むとそんな話がでないでもないのだが、しかし文字には、少なくともまとまったかたちには、なかなかなっていない。これは、これから始めても「研究」に求められる「オリジナリティ」が簡単に手に入るということでもあるのだが、それにしても、この空白はなんなのだろう。

大きな事件が起こり小さな出来事があった。それは世界中であったことだった。ある国ではそれは「バイオエシックス」と呼ばれたりする「学問」の形成につながることにもなった。他方ではそういう流れにはならなかったところ、例えば日本という国があり、少なくとも「学問」がおおむね沈黙し、現実にも大きな変化がもたらされないままにいる間に、例えば「患者の権利」というものが、国連やらでこれこれの宣言が出されたことによって、米国でバイオエシックスという学問が成立して相当の年月がたってその学問が輸入されたことによって、入ってきたことになっている。少なくとも後の世代はそのように教えられる。

明らかに自らが暮らしている場所になにもなかったのではないのに、なぜそういう具合になったのかも含めて、調べてみる必要があるのではないかと思う。なにに文句があったのか、どこに問題を見出したのか。そういうことを調べて考えてみたらよいと思う。私は、米国のように、妙に分厚い本が矢継ぎ早に出され、それなりに社会に受容されていったことが、そういう経緯を辿らなかったことに比べて無条件によいことだとは思わない。[★03] ある言説が受容されたということはそれが受容されやすかったということであるかもしれない。他方にあったものは容易に受容されにくいものだったのかもしれない。しかしそのとき受容されなかったということは、それが大切なものでないことをそのまま意味するとは限らないだろう。そんなことも含めて調べたらよいと思う。[☆02]

2　大衆化する手前のこと

「世界的な潮流」だとされることによって、いつのまにか当たり前になることがあると述べた。もう一つ加える。もっと早い時期にあったが、まとまった言説があまりなく、そうしてそれまで相手にされなかったようなことが、「一般人」の水準に存在することになることによって、たとえば「高齢社会の到来」によって、突然この社会に生じたような外観を呈し、そしてその水準で当たり前のことになることがある。

一つには「末期医療」にかかわるところで言われるようになったことだ。つまり、病院で様々なチューブにつながれて病室にいてそれで死ぬよりは、もっとまともな状態で、たとえば自宅で、時を過ごし死を迎えたいというのである。これは「医療化」、「病院化」が進行し、普及し、たいがいの人が病院で死ぬことになったときに現われた。そしてその背景には、急性の病ですぐに亡くなる人が少なくなり、死ぬまでの相当ながいあいだ、なにかしらの障害や病を抱えて生きる人が多くなったこともある。誰もがそのような経験をする可能性があるという状態に至って、また実際にそのような体験を身近な人がするようになって、病を得ている状態もまた生活の一部であり、その生活の質を大切にすべきことが言われるようになった。

もう一つは、比べればもう少し小さな動きということになるだろうが、出産である。やはりここでも病院化が進んでほぼその完成に達したころ、これが病院で医師の主導のもとになされることの不愉快さ、不思議さが言われるようになる。自宅出産といったものはかなり趣味的なことであり、これからもそうであり続けるだろうが、ただ、それでも病院的な環境での出産について、そうでなくてならないものではないという認識はそれなりに受け入れられるものとなった。この行い、そしてそれを援助する行いはそもそもそれほど医療を必要としないのであり、必要とする場合でも、あらかじめ適切な連携を保っておけばすむことが多い。言われてみれば当たり前のことである。

こうして、多くの人に関わるものになったときに、感じられ、言われ、そしていつまのにかあたり前のことになる。これらにしても、それが具体的にいつどのように出てきたかということなるともう確かな記憶はなくなっていたりするから、それも調べて書いておいたらよいのだろう。ただ、もっと早くからあったこと、そしてどこか遠くの国に起こったのでもないことが注目されてよいと思う。

3 たとえば

どうしてそう思うのか、三つあげる。

医療社会学でも臨床社会学でもなんでもかまわないのだが、そのうちにそれはその歴史を語るようになるだろう。あるいはもう語っているのかもしれない。そうしたときに、イリイチの『脱病院化社会』(Illich [1976 = 1979])がいついつに出版されたとか、フリードソンの『医療と専門家支配』といった本(Friedson [1970 = 1992])があるとか語られるとしよう。いずれもよい本であり、影響力もあったことを否定しようというのではない。しかしそのようにしか語られないとしたらそれは違うと思う。

そして、あったことはあったときちんと記録しておかないと、提供する側の認識や学問、たとえば医療や医学は、発展史観をとり続けたままでいるだろう。いまは単純な発展史観が「古い考え」であることはある程度知られてはいることになっている。そしてもちろん、数々の失敗、誤りがあったことを認めない人はいない。しかし、ただ単にそれを一般的に認めるだけであれば、なんにでも間違いはあるとか、発展のためには失敗も必要だとかいう、それ自体としてはまちがいではない話に落ち着くだけだ。もっと具体的なそして構造的な問題はそれでは見えてこない。それはまずいと思う。

もう一つ。問題が多数派に共有されること、それはそれでけっこうなことである。ただ、そうして普及し、誰もが言うに至ったこととは違うことが、もう少し小さい規模で、しかしたしかにあったのかもしれない。そしてそれは、考えてみるとそれなりの意味をもつものであるかもしれない。とすると、そういうものを拾わないことは、そこにあったもの、そこから考えられることを消し去ってしまうことになってしまう。

前置きが長くなったがもったいぶるほどのことではない。「なおすこと」「なおること」をめぐって起こったこと、言われたこと、考えられたことを辿り、記述してみて、そして考えてみたらよいのではないか。

一つ、「なおる」(というより「なおされること」)に対する拒絶とでも言えるような強い提起があったのだが、これについて考えるのは後に回そう――ここに書くことをまず書いてみて、それとの差分があるのかどうかを考えてみたらよいと思っている。★04 ここでは、痛いのがよいかそうではないかと言えば、痛くない方がよいだろう、からだが不自由であるより自由な方がよいだろう、そういう意味でなおることはプラスであると言ってよい、というところからひとまず始めることにする。なおるならそれはそれでよい、しかし、という話だ。

脳性麻痺という障害がある。出生の前後に脳が損傷され、それによって四肢や言語に障害がもたらされる。一九六〇年代から一九七〇年代にかけてということになろうか、その「治療」、「リハビリテーション」としていくつかの方法が流行ったらしい。そのころの話を、いま四〇歳代から五〇歳代の何人かの脳性麻痺の障害のある人から聞いたことがある。小学校の頃、あるいはそれ以前にさまざまな「療育法」が流行し、その人たちはそれをやってみた、というより、その人たち自身はまだ小さかったから、親からやらされた。そしてすべて空しかった、けっきょくぜんぜんなおらなかった、かえっておかしくなったところもあったという。[★05] そしてこうしたことは脳性麻痺に限ったことではないようだ。

私に時間があったら聞き取っておきたいと思うのはたとえばこういうことについてである。ただその仕事は行われていない。[★06] 以下では、いくつか聞き齧ったことから、また少し書かれたものを読んで、そこに示されているように思う論点を列挙する。

3 場にあるもの／ないもの

1 失われるものが測られない

もちろんなおらないことはいくらでもある。ただ問題は、そのことがどこにどのように置かれたかだ。得たいものが得られなかった。その人にとってみればそれだけではない。どんなことでもそうだが、得るものがあると失うものもある。最初に確認しておくとても単純なことはこのこと、得られる利益とともに失うものもあるということ、しかし、この場では多く片方しか見られることがないということである。

なおすことのために犠牲になるもの、支払わなければならないものがある。それはまず苦痛である。実際、訓練と呼ばれるものには身体的に痛いものが多かった。そしてそこで受けた直接的な苦痛だけがコストであったわけではない。それに費やされた時間、空間があり、そのことで得られなかった時間、空間がある。まず時間がとられてしまった。その時、その人は他の場所で、例えば学校や近所の遊び場でそこにいる子どもたちと遊ぶことができたかもしれない。あるいは病院にいるかわりに仕事をすることができたかもしれない。あるいは何もしないでいられたかもしれない。特に、特別の場に生活自体が移される時、その生活は隔離された生活となる。そしてその生活はある目的のもとに置かれた生活である。医療やリハビリテーションという空間は、基本的にはなおった方がよいという空間である。その中で、なおらないことは肩身の狭い思いをすることでもある。そこで、なおらないものが発見され、できないこと、私がそういう私であることが確認されてしまう。つまり、生活が目的のないただの生活であること、私がどういう私でもない私であるということ、これらのことが奪われる。

そしてもう一つ。少なくとも生活上の便利だけを考えるのであれば、自分のからだやあたまをなおすこと以外にも方法はある。補装具とか自助具とか呼ばれるものを使ったり、人の手を借りたり、機械を使ったり、等々。どこまでが自分（のからだ）をなおすことで、どこからがそうでないのか。これはこれで考えてみるとおもしろいことかもしれず、両者は連続的だが、それでもひとまずは分けられる。足がなおらない、あるいはなおりきらないことがはっきりすれば、車椅子はどうしても必要になるのであって、両者が同列で比較されることはそう多くないかもしれない。そしてその効果だけを考えるのであれば、一般には身近なところがなおった方が、いちいち機械を動かすより自分のからだが動いた方が、手軽で面倒でないかもしれない。しかし、とくにいま述べたこと、得られるものとともに支払わなくてはならないものがあることを考えたら、両者が比較考量の対象になることはありうる。足をなおすのと車椅子に乗るのとどちらの方がよいのか。苦労なくなおるなら車椅子はいらないとして、しかし、そうでないなら異なる。その正負は場合による。

2 なおす人は見ない

すくなくともその時には、なおる可能性があるとされた。それにしても、いつまでどれだけやってみたらはっきりわかったことになるのかは一様に決まらないとしても、どうもだめらしいということは、それなりにわかったはずだ。しかしそれは続けられ、そしてやがて捨てられる。そして捨て去られたことも忘れられる。どうしてそうなるのだろうか。

なおることはとりあえずプラスのことだというところからこの章は始めるとさきに述べた。ただそのプラスをどこまで見積もるか。そのために支払う負担、マイナスをどのようなものと考え、どこまで見積もるか。このことを巡る計算間違いがあると思う。

当の人が引き受けているコストについての感覚がサービスを供給する側にはない。それはまず、コストを支払うのは自分ではないからである。そして、その人たちは、その当の人がどこでどんな暮らしをしていたのか、しているのかを知らず、何が失われるのかを見ることのできる場にいない。その人たちは、自らが行うことがうまくいったか、あるいはうまくいかなかったか、その中間のどこかを見ている。あるいはそれも見ていないことがある。どんな仕事をする人でもできれば自らの失敗を見たくはない。しかし、普通の商売なら客の評価や売り上げは気にせざるを得ないが、普通でない場所にいると、すなわち、相手に与えるものや相手が支払うものについての相手側の評価が自分の給料や地位にあまり響かない場所にいると、相手が受け取る便益（の有無、多少）自体もそう気にしないですむ。

もちろんそうではあっても自らの仕事のできぐあいは気にはなるだろうし、それが評価される場もある。ただ、自らの技量が発揮されるのは、自らが仕事の意味と考えるのは、相手にとっての正負の全体ではない。自分が関わることのない部分はそもそも考慮外のことであり、だから調べられることもない。論文ではたくさんのあるいは少数のケースについて治療を行い、その結果効果があったとかあまりなかったとか記される。記されていることはそれだけで、それ以外にその人が支払ったものが計上されることはない。

それで支払いの事実は残らない。失敗の事実は、なおす側の人にとっては、無駄なこと、後に引き継ぐ必要のないことであって、またそのようなことがあったということは不名誉なことでもある。こうして数々の療法は、結局、いつのまにか使われなくなっただけのことで、今使われている技術（として現在も残っている技術）しか書かれることのない教科書その他にはそれについての記述はない。

なおすこと以外の選択肢が考えられる場面もある。ただ、なおす人は、まずその人をなおすことを仕事にしている。例えばからだならからだから見ていって、それをなおそうとする。それが仕事なのだから当然といえば当然である。そしてなおらない場合、なおりきらない場合、その人はそこで手を引くことになり、今度はその先に対応する人が、例えば自助具を工夫するとか家を改造するとか、環境を変えることを考えることになる。これも自然な流れではあるのかもしれない。しかし、環境をなおすこと（その本人以外の身体を使うこと）とからだをなおすこととは等価であってよいはずなのであり、同じところで天秤にかかってよいはずなのである。しかしその仕事の目のつけどころ、仕事の順番がそうはなっておらず、まずその人のからだやあたまについてやれるところまでやってみて、それでどうしてもだめだったら次を考えるということになってしまう。

なおすことに対して、そしてその「専門家」に対して、なおされる側が懐疑的あるいは批判的なのはこうした体験があるからでもある。するべきことの一つに、そうした支払いや失敗についての実証的な研究があると思う。誰かがなおらなかった歴史を残しておく必要はあると思う。そしてこういうことは嫌味な学問である社会学くらいしかやらないのかもしれない。だから調べたらよいと思う。として、さて、どうすればよいのか。

3　本人に決めてもらうという案

なおすことを仕事にしている人だけがそこにいて、その人が決めるのでそうなってしまった。そしてそのなおす側が、なおす相手におけるコスト・パフォーマンスにあまりに無関心だった。それが一因である。ならば、なおす側がもっとよく見るようにするという案もある。たとえば「全人的医療」といった標語もあるにはある。ただ、それを単なる標語としている現実がきちんと存在し存続している以上は単に標語にとどまるしかない。また、部分的な関わりだからまだ我慢もできるという側面もあり、「全人」を人さまに晒さなくてはならないとするとそれも気のひけることではある。苦痛はその人が苦しいのであり、なおって益を得るのもまずはその人である、あるいはその人であるべきである。少なくとも本人が判断したり決めたりできる人であるなら、わざわざ代理してもらうことはない。その人自身の天秤にかけなかったことに基本的な問題があるだろう。

そこでよく言われるようになったことは、もたらされる利益と被る不利益について、わかっていることとわかっていないことを本人に示して、その上でどうするかその本人に決めてもらえばよいということである。このことが「インフォームドコンセント」という言葉によって言われてきたのではある。

これはたいへんもっともなことである。どんな商売でも供給者サイドは自らをわるく見せたくはないし言いたくないから、嘘を言わせないための仕掛けをきちんと作っておく等、それを実効的なものとするためにはしなくてはならないことがいくつかあるが、それがうまくいけば、よく機能するだろう。その人の生活全体から見てどうするかを決定することも、他人（たとえば「全人的医療者」）が判断するならおせっかいが生活全体に及ぶということにもなりかねないが、本人が判断するのであればよいだろう。

ただ、情報提供のあり方を変え、本人に決めてもらうだけで終わるだろうか。終わるなら、「自己決定（のための情報）」ですむ。正確な情報さえ与えればあとは問題がないことになる。しかしそれだけですまないことがいくつかある。ここでは二つをあげ、そしてその二つは、さきにそう以前のことでない「歴史」をきちんと見ておいた方がよいと記したことに関係すると考えるのだか、その前に一つ、それらにも関わることを記しておく。

ここには「未来」が関わっている。損得が予めはっきりしていれば、それはそれですっきりする。だがうまくいくかどうかわからない。しかし可能性はあるのだから、やってしまう。そして後になっても結局それが効いたのかどうか、何が効いたのか、はっきりしないこともある。絶対大丈夫だと言って、やはりだめだったとなるとこれは詐欺ということになるが、昨今の人たちはさすがにそんなことは言わない。「うまくいくかもしれないし、いかないかもしれない。どうしますか」と言う。それで本人は考えて、「ではよろしくお願いします」と言ったりする。となるとこれは本人が決めたのであり、相手の責任は問われない。これからどうなるだろうという不安を自ら引き受けなくてはならない。

このうっとうしさはかなりのものだと思う。しかしなかなかきれいさっぱりあきらめきれない。もしかするとうまくいくかもしれない。おかげでうまくいったと思われるような例がたいていいくらかはあり、その療法やそれを施す人の信奉者がいる。可能性はゼロではない。だからやってみる。コストはふくらんでいくが、それだけコストをかけたこと自体が、もう少し努力すればなんとかなるかもしれないという駆動力を与えることもある。

こうした状況に置かれることから決定的に逃れることはできないだろう。ただ、次に述べる二つに、この未来が未来であることから来る不安（と期待）が絡まる。

4　社会的利益と損失

その人をなおすのと別の選択肢が見えていないと述べたが、ただ見えていないというのではない事情がある。また、なおすことを仕事にする人が力をもっているという要因だけを考えるのでは足りず、ゆえに決定者をとりかえ当人の決定とするだけでは対処できないことがある。

まず、その人以外の人たち、「社会」にとっての損得がある――もちろん社会に与える効果といって、その社会自体が一つであるのではなくて、さまざまなのだが。まず、なおすことに向かう力、向かわせる力が社会の側にある。なんのためになおすのか。まずはその人自身のためということになるはずではある。しかしそれだけでもない。なおること、できるようになることは、人のためであることがある。たとえば風邪を引いて寝ていたいのだが仕事で呼ばれていて薬を飲んだり点滴を打たなければならないといった些細なできごと。もっと大きなところでは、とくに精神障害について問題にされてきたことだが、なされていることは、なおるためになされていることではなくて、もっぱら「社会防衛」のためだという指摘があった。また、なおすこと自体が無害化する行ないとしてなされているのではないか。たとえば精神病院への入院は、危険な存在とみなされる人を隔離するためになされていることではないか。障害者の「実態調査」なるものもそういう背景から行なわれているのではないか。これは一九七〇年代から八〇年代にかけてなされた批判の大きな部分だった。

障害全般を考えてみてもよい。例えば知的障害にしても、それはそれ自体としては苦しいものではないだろう。とすると、その状態をなくそうとすること、改善しようとするということはどういうことなのだろうか。知的な能力があると、お金が稼げるような仕事ができるとか、便利なことがいろいろとある。しかし、それは他の人に代わってもらうこともできる。ただ代わる側としてはそれは負担になる。つまり、これはコストの問題としても現われる。これを社会が気にすることがある。

私をなおすという選択と、私でないもので補う、つまり社会をなおすという選択、この二つと、その負担を自分が負うのかそれとも他人が負うのかの二つとは、そのまま完全に対応はしない。その人の身体をなおすにしても、その費用が税金や公的な保険でまかなわれるといった場合には、本人でない人も費用を負担することになる。ただ医療やリハビリテーションとしてなされる場合には、身体を動かしたりするのは自らなのだから、つねに自らはなにかしら負担をしなくてはならない。他方、自分の身体をなおすのでなく、社会の側をなおす、整える場合。この場合にもその費用を自らが負担して人を雇う、設備を整えるということはありうる。ただそれだけでなければ、社会の側がその負担を負うことになる。どちらの方がコストがかかるのかという問題もここに持ち上がる。

とすると、問いはどのような選択、決定、選択・決定のための選択肢を認め、認めないのかという問いであり、どのようなコスト計算を認め、認めないのかという問いである。さらには、だれが何をすることができ何をしなければならず、だれが何をとり何を供さなくてはならないのかという権利・義務、所有（の権利・義務）に関わる問いである。

いくつかの場合には環境を改善した方が安くあがるかもしれない。このことを言って、環境を整えることの合理性が主張されてきた。そしてそれは、高齢社会の到来によって、より多くの人がその利用者となり「規模の経済」が働くとき、より現実味を帯びてはくる。「バリアフリー」は合理的な選択となる。これは第2節2に述べた問題の「一般化」の一つの要因であり、表われである。しかしそのことは、費用や資源の問題、権利や義務の問題がなくなったことを意味しない。★07

5　価値

もう一つある。自らにおける利益と費用、自らが得るものと失うもの、これを本人が測ってそしてどうするかを決めればよいとされるのだが、その本人に判断してもらうことですむのだろうか、よいのだろうか。与えられた選択肢が問題だとさきに述べた。その選択肢のありようは自分一人でどのようにもできるのではない。それをどのようにするかが問題だとした。さらに、選択がなされる際の、その選択・選好の基準自体が問題なのではないか。つまり、今ある基準では、それが自己決定としてなされたとしても、決定はある方向に向かうだろう。それではいけないのではないかと考える立場がある。

これは決定に際して人々に与えられている初期値を問題にすることの一部である。人はなにが可能な選択肢として存在しているのか、それを前提にして選択する。そしてここでは選択肢の配置だけを問題にしているのでなく、それを選ぶ際の一人一人の価値の配置を問題にする。

つまり、両方を天秤にかけてもらって測ってもらえばよいと述べたのだが、この社会が天秤を片方に偏らせてしまっている社会なのだと言えたら、自己決定を言うだけですまない。こうすれば生きていける、としよう。その人がそのことについての情報をまったく得ていないとすれば、それは情報の問題だが（本節1～3）、しかし、こうすればというその手段、条件が現実にあることが第二の、そして情報提供とそれに基づく決定以前の問題である（本節4）。そしてその条件があり、それを知っていても、しかしそうして生きていてはならないと思っていたとしたら、そしてそれがその人の信念であるとしても、どうかということである。

これに対して、その人の価値、価値基準を問題にするのは不当な介入であって自己決定の原理自体を破壊するものだという指摘があるかもしれない。これは越権行為、おせっかいではないか。

このことについて社会学はどれだけのことを言えてきただろうか。社会学は様々な価値、様々な欲望が社会的であることを言ってきた。このこと自体が意味をもつ場合はあると思う。しかしこれでは十分ではないと、何度か述べてきた。価値の社会的被拘束性を言えたとして、それだけでは足りない。[★08] 人々が有する価値のあらかたは社会の中で育まれ引き継がれたものである。そして、そのこと自体はその価値のよしあしに関わらない。以前より社会の中にあり、引き継がれてきた価値の中にもさらに引き継がれるべき、肯定されるべき価値はあるだろう。だからその価値自体をどう考えるかを考えることになる。

自分ができるようになること、できる状態でいることに大きな価値を付与する。受け取れる（かもしれない）ものを大きく、あるいはそのために何ごとかをなすこと、挑戦することを大きくする。他方で、そのために支払うものを小さく見る。ただ安楽に暮らすことは軽くされる。ただ暮らすために他の人に他のものに頼ることは重くされる。そのことによって、なおすことの方に天秤が傾く。他方、もうそれが不可能だとされるときには、自らによって死が選ばれる。「安楽死」とよばれるものである。

そのように思うに至らせる装置が社会の中に与えられている。そのように思わなければならない必然はなく必要はない。だけでなく、そのように思わせることはまちがっていると言いうる。この価値は、またこの価値を教えることは、否定される。だから、たしかにその人が自らが決定し、その決定は正常な平静な状態でなされているとしても、その決定をその効果として見ることができるなら、そうした決定、行ない自体を止めることはできないかもしれないけれども、口をさしはさむことはできる。このように言えるその根拠は別に記したのでここでは略す。[★09]

自らのからだやあたまではできない人たち、自らのからだやあたまはなおらない人たちの運動、つまり障害者の運動は、利用者主権、自己決定を掲げ、強く主張しながら、しかし、たとえば「死の自己決定」については、それを肯定することはなかった。これは、情報と決定という解だけを見ているとよくわからないことかもしれない。矛盾しているように思われるかもしれない。しかし、人々がこの解を思いつき、それだけがすっかり一般化する以前に、もっと手前にある問題、あるいはもっと先にある問題が気づかれ、問題にされた。なおらず、できない人たちは、それに気づき、問題にせざるえないような場所にいたということである。

むろん多くの場合、自己決定の主張と、できないならできなくてよい、なおらないならなおらなくてよいというよびかけは対立の外観をとるのでなく、連続する。一九七六年、安積遊歩（純子）は、二〇歳のときに福島県郡山市で障害者運動に出合う（安積［1990:29-31］）。それ以前、鈴木絹江（本には「養護学校の先輩」とある）は、「生活保護とか年金でただ食い」することについて、青い芝の会の脳性麻痺者（白石清春そして／あるいは橋本広芳のはずだ）と二晩激論し、そして負けて、つまりただ食いが正しいことを認めて、この運動に参画した。安積はその鈴木に誘われて――「行ったらすごいことになる、おもしろいことがある、人生が変わる」と言われたそうだ――会の「花見大会」に行った。「そこで、なんと、車椅子を使っていいんだということを教えられたわけ」。ただそれだけのことではある。[03]

註

★01　本章で述べること（のとくに第2節）は、私が勤めている学校の「生活環境論」という講義（理学療法学科の学生を対象とした半期の講義のうち五回ほどを担当）で二回くらいに分けて話すことである。[04]

関連情報をホームページに掲載している。http://www.arsvi.com の五〇音順索引（↓表紙で「arsvi.com 内を検索」）から「障害学」（↓「障害を肯定する／しない～「障害者は個性」」）、「脳性麻痺」等。

★02　この国の風土においては、「ケア」とか「癒し」とか、そういうものの方が受け入れられやすいのかもしれない。しかしその危険性をきちんとみておく必要はあると思う。その危険性とはひとつに、その相手は（少なくとも常には）そんなものを求めていないかもしれないということである。私は、とにかく「消費者主権」「利用者主体」を掲げ、押し通すという、なにかしら趣きに欠けた社会運動のことを調べたり、考えたりしてきた。それはまったくみもふたもないことを主張する（ように見える。実際にはもう少し複雑である。）ただ、私はそれに理があると思った。cf.［199010］［199505］を含む安積他［1990→1995］、［200003］（［200010］に収録）。

ところで冷たいこと、相対化を指向することは、臨床的であることと対極にあるのだろうか。そうでもないだろう。社会学がやってきたことは舞台裏を明かすことである。だが舞台裏を明かすことは幻滅だけをもたらすのではない。それを信じなくてもよいことを知ることで楽になれることはある。脱魔術的であることによって治療的であることもある。

★03　このことにはいくつもの要因が考えられると思う。その運動がなにを求めて争ったのか、政治的な勢力配置がどのようなものであって、そこにどのように位置づこうとしたのか、あるいは位置づこうとしなかったのかにも関わっている。より大きなものと争おうとすると結果として実を結ばないということもある。例えば日本臨床心理学会（その後、日本社会臨床学会）といった学会で論じられたこと、争われたことはなんだったか。それを検証してみるといった作業が行なわれてよいと思う。東大病院精神科病棟で起こったこと、行なわれたことについて富田［2000］☆05。

★04　吉田おさみが書いたこと（吉田［1983］他）など☆06。

障害を個性とみる、肯定するとする主張については［200210］で（少し）検討する。

★05　文献でこのことに言及があるのは石川憲彦［1988］☆07。注01に記したホームページの（「五〇音順索引」→）「脳性麻痺」に引用を掲載している。

★06　というわけだから、「障害者と医療」等々といったテーマについて、調査（聞き取り調査・文献調査）を（場合によったらいっしょに）やってくださる人を求めています。問合せ等、TAE01303@nifty.ne.jp 立岩までお願いいたします。

★07　医療倫理・生命倫理で問題になることの多くにもこの契機が関わっている。たとえば臓器提供者側にとっての臓器移植。次に出生前診断・選択的中絶も、少なくとも生まれる（か生まれない）本人のための行ないではないだろう——そのように言いつのる者が実際にはいるのだが。不妊治療についてもこのことは言える。それはたとえば夫のために（も）なされる。可能性がなくはないという未来があり、身体的・精神的な負担があり、自分のからだをなおすのでなく、人のための行ないで（も）あり、そして生産・達成を価値とする。本章に述べる契機のすべてが入っている。性殖技術について［199709→201305］で考えた。といってもその本は、基本的には、能力＝できること、と、障害＝できないこと、について、所有について考えた本である。

本文に記した部分に議論が入ってくると、「（とはいっても）資源は有限だ、生産は必要だ（から云々）」という話に必ずなってしまう。これについては［200002］で考えた。近代社会における所有の規則（あるいはそれを維持させる人のあり方）のもとで差異と不利が解消されることがないことの障害者運動の認識については［199802］でふれた。

★08　社会学、社会科学が時代の中でとってきた位置に関わる。このことについては、［200004］［200006］。

★09　［199709］。さらに［200103-200303］〔→『自由の平等』（［200401］）〕でこれまで提出されてきた「私有派」の主張を批判し自らの論を弁護する。自己決定について［199809］［199807］［199903］［199908］、安楽死について［199801］［200010b］、そのいくつかを［200010］に収録。

本書収録に際して付した註

☆01　野口裕二・大村英昭編『臨床社会学の実践』（有斐閣）の章立ては以下。書誌情報は文献表にある。

◇野口裕二「集団療法の臨床社会学」

◇宮本真巳「臨床社会学の体験と方法——精神看護の実践・研究・教育を通して」

◇藤井達也「探究的野外調査から臨床社会学的実践へ——精神障害者福祉現場の経験」

◇木下康仁「老いとケアの臨床社会学」

◇早坂裕子「ホスピスの臨床社会学——主流医療への合流がつくりだしたもの」

◇出口泰靖「「呆けゆく」体験の臨床社会学」

◇立岩真也「なおすことについて」

◇水津嘉克「「死別」と「悲嘆」の臨床社会学」

◇石川洋明「子ども虐待防止の臨床社会学——困難と可能性」

◇新原道信「〝内なる異文化〟への臨床社会学——〝臨床の智〟を身につけた社会のオペレーターのために」

◇大村英昭「死（デス）と喪失（ロス）に向かいあう」

☆02　私が書いてきたもののたいがいが対立のある場面だ。とくだんに争いを好んでいるわけでなく、ただ、みなが肯定したり、異論なく否定されるなら、今さら書くまでもないということがある。そして人が争っている場所には争点があり、それについて二つあるいはさらにもっと数多い立場が自らを正当化し相手を批判しようと論を立てているはずだからまずはそれを追っていけばよく、楽だということがある。

☆03　鈴木［2001］、著書として鈴木［2015］。福島での運動についての書籍として青木千帆子他［2019］

刊行予定。
☆04　私は信州大学医療技術短期大学部（現在は信州大学医学部保健学科）に一九九五年四月から二〇〇二年三月まで務めていた。そこでの（この生活環境論という科目についてではないが）講義について［200508b］。
☆05「日本臨床心理学会（その後、日本社会臨床学会）」という記述は事情を知らない人にとっては不正確。日本臨床心理学会から一部の人が別れて日本社会臨床学会を結成、日本臨床社会学会はそれとして存続している。堀智久の研究がある（79頁）。東大精神科に起こったことについては『造反有理』（［201312］）にいくらかを書いた。
☆06　吉田おさみについても『造反有理』（［201312］）にいくらかを記した。
☆07　毛利子来（一九二九～二〇一七）、山田真（一九四一～）、石川憲彦（一九四六～）といった人たちから私は、すぐに役立つ育児法以外にも、学んできて、恩がある。毛利について書いたごく短い文章がある（［201807］）。山田へのインタビューが『現代思想』に掲載され、註をたくさん加えた上で稲場・山田・立岩［2008］に再録された（稲場・山田・立岩［2008→2008］）。

第12章　存在の肯定、の手前で　[201406]

※初出は田島明子編『「存在を肯定する」作業療法へのまなざし――なぜ「作業は人を元気にする！」のか』（田島編［2014］[☆01]）。再録の仕方については第10章（298頁）と同じ。

1　存在を肯定する作業療法はあるか？

それは私にはわからない。

まず、「存在」とか「存在を肯定する」というものがどんなものかだが、こちらの方はあまり難しいことは考えないことにしよう。それはごく簡単には「生きている」こと、そしてどうせ生きているからには気持ちがよい方がわるいよりはよいとして、そのことを妨げないというだけでなくそれが支持されるときに支援されるということであると、当たり前のことを言っておく。

そして次に、そのための手立て・技術といったもの、それを用いた行ないは様々、たくさんあるだろう。これはたくさんある方がよいということではない。さまざまな手立てなどいらなくてうまくやっていけるならいろいろと面倒でなくてよいということはあるからだ。ただ、なかなかそうもいかず、必要なものは実際かなりたくさんあるし、あるべきものがないのは困る。こんなことをこうするとよいという経験知がある人がいて、そして／あるいは、かくあるべしとは決まっていないことをわかっている人がいて、そんな人がいると、なにか別様に身体を動かしてみる、あるいはそれをやめることのきっかけになったりするかもしれない。ここまではやはり当たり前に言える。

すると次に、作業療法はそんなものであるのか、あることができるのかということになる。それはたぶんなんらかのかたちで広義の身体に働きかけることの一部ではあるのだろう。そこにはしないこと（しないことを促すこと）も含まれるのかもしれないのだが、それらが、よいことをその人の身体にもたらすことはありそうだし、実際あることを私たちの多くは知っている。そうした全体のなかに作業療法も位置を占めているのかもしれない。

しかし作業療法が何であるか、私は知らない。もちろん、教科書とか概説書とかそんなものを読むことはできるし、田島の博士論文が本になったもの（田島［2013］）を読むこともできるが（というか、私はその博士論文の主査を務めさせてもらったので、読んでいるが）、そうして書かれたものを読んでもやはりわからないことはいくらも残る。そして書かれていることとなされていることが同じであるとは限らない。しかし私は体験したこともない。私の知る人はあまりいいことを言わないが、それはただ私（の知る範囲）が偏っているということかもしれない。★01 結局、作業療法でどんなことをするのかわからない。

だからそれについてなにか言うこともできない。すると、それで話は終わりになりそうだ。それでこの章を書くのに困った。結局そんなことを言うことの前段の前段として、ひろい意味で「なおす」ことに関わることについて、いくらかのことを述べる。ごく初歩的なことだから、知っておいてもらいたいと思って、［2001 07］［本書第11章］等、だいぶ前から書いてきたことを繰り返すことにした。ただ、そうして書いていったら、これまで書いたことのないことを新たに書くことになった。結果、説明不足の

部分がでてきてしまった。いつになるか、補って、一冊の小さな本にしようと思う。☆02

2 痛みと死をもたらす病に

何が／何を「なおす」ことなのかである。そんなことははっきりしているように思われる。だが、複数の種類があって、各々はみな知っていることなのに、その何を指しているのか、しばしばはっきりしないことがある。［201105］［201312:326-353］等、このごろ幾度も同じことを書いているのだが——さきに本にするといったその本〔さしあたり本書〕で説明する——障害や病に関係することに、すくなくとも五つの要素がある。

まず二つは病に関わる。まず一つ、それによって死ぬことがある。というか、死をもたらす可能性のあるものが病とされる。そして普通、人は死ぬのはいやだ、すくなくともいくらか遅らせられるならよいとたいがいの人はたいがいの時には思う。そして次に一つ、苦痛、様々な種類・様相の苦痛がある。人はやはり痛いのもいやだ。それで死ぬのを遅らせたり、痛みを緩らげたりする実践とそのための技術・知がある。その一部を普通に私たちが知っている意味での医療が担っている。

もちろん激烈な痛みやちょっとした不快感や、苦痛、辛さにも様々があるのだが、ここでは細かく考えないとしよう。その痛みをとること、減らすことは、とくに狭い意味の身体由来のものについては狭義の医療者が対応することになっている。ただ、そう狭くとらなくてもそのために有効な「療法」というのが多々あってきたし、ある。感覚を遮断するといった乱暴なこともときには必要なのだが、痛みは身体に起こっていることを知らせるものでもあるから、もっと穏健で基本的なところからの対処といったものもある。

作業療法はそんなことに関わっているか、最初に述べたように知らない。普通に「リハビリ」と呼ばれるときにはそれは含まれないのだろうか。ただ、よくは知らないが、日本語で「療法」といったら、もともとは痛み・辛さを取る、減らす技、実践を指していたのではないかと思う。そしてそれは素朴に大切なことであると思う。私はこんど精神医療についての、というよりはその内部でいろいろと不平を言った人たちやその行ないについてすこし書いた本『造反有理』(［2013l2］)を出してもらったのだが、それでいくらか本を読む中で(私のその本には出てこないけれど)、初期の、今のものとは異なるのだろう、ずっと以前の作業療法と呼べば呼べるもの、あるいは実際そう呼ばれていたものが、すくなくともその「一つの」要素としては、塞いだ気持ちを気を晴らす効果のあるものとしてなされたことが記されている。

それはどのぐらいうまくいったのか、それでかえって辛くなった人もいたかもしれないとは思った。なにかしてみることで気持ちよくなる人もいるけれども、そうでない人もいそうだ。そうした見極めぐらいついたのだろうか。そんなことは気になる。身体を動かす楽しみはときにあるが、反対のこともある。そして、どうせ何かするなら自分でもなにかよいことがあってほしいと思う、あったと思いたいと思う。人が関わってくれるだけでうれしいということもあり、多くの人はお礼ぐらいは言うだろう。報告をどこまで信用してよいものかとは思う。けれども、すくなくともそれを目指すという単純なことは大切なのだと思う。それをどのように位置づけているのだろう。そんなことは思った。

そしてそうした療法は、一つめにあげた「延命」にも関わることがあるはずである。それもやはり大切なことだ。素朴には、狭義の医療が病気に対応することになっている。(実際にはそう単純でもなく、いろいろと重なる。「リハビリテーション医学」といったものもあり、手術等によって動かなくなったものを動かせるようにするといったこともある。)痛い苦しいのがそうでなくなる、その度合いが減る。どんな名称のものであれ、それはよいと私は思う。そんな単純な話をまずした。ただそれは、単純だが大切なことであって、そんなところから「療法」が遠ざかっているとすれば、そのことこそが妙なことかもしれない。

他方、できるようになることはどうか。これはすこし考えてみなければならないと思う。そのことがわかるように、以下述べる。参照文献として筆者自身の文章が続いてしまう。見苦しいが勘弁してもらいたい。

3 障害の諸相、のうちの異なり

そうと決まったものではないと思うと今述べたばかりなのだが、療法、もっと普通に知られている言葉では「リハビリ(テーション)」というと、「障害」に関わる仕事だと一般的には思われているのだと思う。ただ障害にも、現実にはすくなくとも三つの面がある。

一つに「できなくなること」がある。それに対して「できる」ようになること、そのためのことをすることが対応する。障害といえば普通にはこれが想定されているが、実際にはもう一つ「普通でないこと」がある。それに対して「普通になること」が目指されることがある。そして最後にもう一つ、ある種の障害は「加害(他害)」的であるとされ、その除去・軽減が目指されることがある。★02 さきに数えた二つに加えて三つ、計五つあることになる。

4 できる/できない

次にできる/できないことについて。なぜだか、わかることもありわからないこともあるのだが、一人ひとり、できることできないことがあり、できることの度合いが異なる。それに対する対応が何種類かある。

それらは連続しているのだが、分ければ、（1）自分でする、自分でできるようになる。そのために「学習する」とか「訓練する」とか「なおす」ことがなされる。（2）自分ができるために、自分以外の人・設備を使って、補う。（3）他人にやってもらう。この三つがある――この三つを分けて、後に述べるようにそれを二つの場面で考えてみたらよいことは、本章で初めて述べることになる。

これらは連続しているし、まったくの（1）そして（3）というものは存在しないとも言える。あらゆる人の営みが先人やともにいる人たちの力があって行なわれている。具体的にそこに人がいなくても、その人が用いる技術は他の人たちがいつの時にか考えついたもの、そしてたいがいは一度のことでなく、長い間の様々が堆積したものだ。他方、（3）について。生きることの全体をとれば、どんな時でも、最後までその人、その人の身体に能動的な部分は残る。例えば、人工呼吸器を付けて生きていても、その呼吸器は空気の出し入れを補助しているだけである。だからまったく他人にさせるということはないとも言える。それでも、どちらに近いかという程度の差はあり、その差はときに大きい。そして、リハビリ（テーション）といえば、普通の人たちが思っているところでは、（1）についてそれを「なおす」営みを指している。

それに対して「障害学」というものがあって、「社会モデル」などと言って、（2）社会がその人ができるようにするための手立てを講ずる、そのように社会を「なおす」ことを主張していることになっている。実際おおむねそんなことを言っている。すると、それと身体をなおすこととは対立するように見える。そう言われることがある。まずそれは「医学（モデル）」と対立するように言われる。次に「個人」と「社会」とを対置させ、「社会」を言うとされる。

私は対立があるときにないことにするのはよくないと思う側の人間だ。喧嘩すべきときにはやったらよろしいと思う。だが、残念ながら、というべきか、ここには実際には基本的な対立はないと言ってよいと思う。説明しておかないと誤解を招く。

まず障害学は、記してきた五つ、あるいは三つのうち「できない」ことを捉える。そのことに限れば、社会的に解消・軽減できる部分は——できることはたいがい生きるための手段であり、その手段は、本人でなく他の人ができることによってもたいがい得られるから——大きいとも言える。これは、もっと広く捉えたとき、社会をなおすことによってできることは、そんなに大きくないということでもある。痛いものは、それを人が気遣ってくれるかどうかでだいぶ変わりはするものの、痛い。寿命には大きな差はあるが、それでも死そのものを結局防ぐことはできない。それでも、五つともを合わせたときにも、「社会」ができることは、できると思われる範囲よりは大きいというのがだいたいにおいて当たっているところかと思うが、その中でも「できない」ことについては社会的に解消・軽減できる範囲が広く、そして効果的だというのが主張されたことだった。

そのことを認めた上でも、できないことに対する対応として（1）から（3）のいずれがよいかはあらかじめ決まらない。まず、なおすことと補うことの境界自体そうはっきりしたものではない。補う場合も身体の一部を補う機器が多々ある。車椅子や人工透析の機械は身体の外にある。義足は身体に付けるものだが、取り外すことはできる。人工内耳やペースメーカーは身体の中にある。そのいずれがよいか、あらかじめ決まらない。だから障害学・社会モデルが常に「社会的対応」の方が優先されるべきだと主張しているとするなら——よく読めばそこまでの主張は実際にはなされていないのだが——それはまちがっている。あらかじめいずれがよりよいとかわるいとか決まったものではない。だから、この意味では、二つあるいは三つは根本的に対立するものではないという平凡な話になる。

問題はそのうえでのことである。その平凡な話の続きを考えてみよう。まず、様々なやり方の、一つひとつの心地よさ・わるさは無視するべきではない。問題はこういう単純なところに存在するというのが私の言ってきたことであり――そう読めないかもしれないが、［199709→201305］第5章で「生殖技術」について書いたのはつまりはそういうことである――、それはさきに述べたこと、苦痛を和らげることが大切だと述べたことにも関わる。

そしてそれは、身体と技術や機器が接触し接続される直接のその場面だけではなく、もっと広く見る必要がある。すると、（2）を言うことにもっともな理由がないかといえばそんなことはない。つまりそれを言ってきた人たちは、なおすことを（例えば脳性まひの人たちであれば、自分で考えるとかそんな時期の前に）させられ、他の子が遊んでいるときに別の場所で痛い思いをし、そしてその結果、どうにもならなかったのである［66頁］。実際なおすことができない、そして／あるいは、そのために支払うものが大きすぎた。身体に対する行ない、侵襲においてその負荷がかかり、苦痛を感じるのは本人である。他方、技術の行使においては本来あってならないことだが、なおすことがもたらすプラスのものは評定されるが、それに伴う負担は計算されることが少ない。（こんな「計算間違い」もあったために、あるいはそんな間違いに気づかないあるいは無視するようなものとして、医療を先行させ偏重する態度・主義を「医学モデル」というのであれば、それは批判されて当然である。）

そして、例えば英国の障害学・障害者運動を始めた人たちに多くいたのは脊髄損傷の人たちだったのだが、そんな人たちの場合には、（例えば車椅子が使える）環境・補助があれば（今のままの身体で）自分ができることはたくさんある。そういうリアリティがあった。だからその人たちが（1）に否定的なのは、そして（2）に肯定的なのはまったくもっともなことなのである。

同時に、自分でできたことがよいこともある。まず、その方が楽なことがある。一つ、自分に一番近いのは自分ではあり、いちいち――でなくても基本的に――自分がしなくとも他人に指図するというのは面倒なことがあり、自分がたいして意識せずにできてしまった方が楽だということはある。それからもう一つ、「羞恥」という契機がある。他人が自分に近いところにいなければならないといったことがあって、それは気持ちのよくないことがある。その気持ちは減らすことができるだろうし、人により場合によってはなくすこともできるだろうが、「なくせ」と言えるようものでもないだろう。[★04] そんなわけで自分が自分のことをできるのはわるくない。

　けれどもさらにもう一度、ひどく単純なことだが――そしてあまりまじめな「学」においては言われないことだが――他人にやってもらった方が自分は楽だということはある。（自分ができたうえで他人にしてもらえばよいではないかと言われるかもしれない。それはつまり何でも家来にさせる王様のようなものだ。ただ、この社会ではできる人はそうさぼらせてもらえない。それを前提にすると、本人にとってはできないほうがよいと言えてしまうことにもなる。）たんに暮らすための手段を得ることであれば、自分ができること自体はどうでもよいということになる。この場合に、なぜ自分ができるのがよいと言えるか。できることことが楽しいということはないではない。ある。ただ辛いこともある。とすると楽なこともあるということだ。すくなくともその「可能性」を考えてみたらよい。そのことを「ないにしたことはない、か・1」（[200210]、本書第10章）に書いた。

　加えれば、私自身はあまりそんな方向のことを書いたことがないが、他人がいてしまうということは（かなり多くの人々にとっては）快でもある。補う人の存在は手段であって、「人間関係」はそれと別に作ればよいというのが一つのもっともな考え方であって、私は基本的にはそちらの側に就いてきた（[200003→200010:309-321]）。ただ、それは、それと別に人間関係を作ることが可能であることが前提になっている。しかし必ずしもそうはうまくいかないとすれば、世話になることに決まった人の方が

——人が実際にいてその人がよい人であればという条件は付くが——よい（場合がある）ことは否定できない。

では他人からみたときにはどうか。これは本人の場合よりも単純だ。その人本人にやってもらった方が、その他の人たちが手伝わずにすむのだから、費用を払わずにすむのだから、楽である。（同時に、それと「逆向き」の、贈与の心性、ケアの心性……といったものがあることを否定はしない。むしろそれは私の論全体の中では前提されている。ただここでは「現実的」に考えておく。）

このように単純に考えると、じつは誰もが知っていることなのだが、できることがよいとは、他人からみたときにには言えるが当人に即しては言えないかもしれないということになる。そして、生活できることが目的であるなら、身体をなおすことも、他人の手を借りること（借りて「自分でやる」こと）も必要ではない。たんに他人が生産したものを得られればよい。

5　補うこと／してもらうこと

こうして大きく（2）（3）をまとめて（1）と二つに分ければこんなことが言えるが、（2）と（3）を分けて三つすることもできるとした。すると、（1）も（2）も求めない、（3）他人まかせというあり方がある。（2）と（3）と分けるものは何か。これもなにか当たり前のようで、じつはそんなに考えられていないことだと思う。

（2）と（3）の区別は微妙なところがある。自分の指図で人にやってもらうといった場合は（2）といえようが、自分が稼げない（生産できない）ので他人に稼いでもらうといった場合は、生産の部分はすっかり他人（たち）に委ねることになるが、それで暮らしていければそれでかまわないということにもなる。

私たちは、消費、消費しながらの生活と、生産・労働の場面を分けて考えた方がよいということである。（しかしこのことを主題的に論じた文章を私は知らない。それほど、この単純な主題がこれまでまともに考えられたことがなかったということである。）

このごろの教科書には、「指図」することにおいて自分がしていることにする、それ以外の部分を他人にやってもらってもよいのだと、それが（経済的自立、の次のADL自立の次の、自己決定としての）「自立」であって、それを妨げるのはいけないことだ、それを支援するのがよいことだと書いてあるはずだ。

すると「指図」「決定」する意味がどの程度あるのか。決める以外のことを人がやるという場合は、（2）自分がすることを他人が手伝う場合の一つで、その自分が物理的にできる範囲が小さいなら、自分がすることは、意志伝達にとても手間がかかるといった場合——しかしこれはそう珍しいことではない——はあるのだが、物理的には極小化される。そして決めることが残る。広い意味でとれば、言葉を発してなくても、だいたいよし／あしはわかるということはある。ただそれでも、それもできないものはできない。

ここでは決めることの意味が問われることになる。それはどれほど大切か。大きくは二つ、細かくは三つ・四つの答え方がある。二つに分けたときの、一つ（A）はその結果から言う場合である。まずその人が決めるのがよいのは、（A（1）その本人がその人自身にとってよいことをわかっておりそれを実現することがその人にとって有益だからというのである。これはたいがいの場合そのとおりである。二つめ、（A（2）他人が決める場合はそうではない。（A2a）まず他人は多く本人のことを知らない。だからよい結果を与えられないことが多い。（A2b）もう一つ、他人たちの都合が入り込むことがある。この場合にも本人に対して不利な、少なくとも他に比べてよくない結果が生ずることがある。大きく二つの二つめ（B）は、結果と別に、その人の思い・意志を尊重することがその人の「存在」を尊重することだと、それを他人が行なうことはその人に対する侵害であるということになる。

ただこのことは、決めないあるいは決められないことをもってとてもたいへんなことが起こっていると考えることとは異なる。それが存在するとき、それは大切だが、しかし大切なことの（大きな、しかし）一つである。そして――決めないことを決めていると言えることもあるが――決めないこともある。世界に対する態度が尊重されるべきであるということであるとすれば――私はそう考えるべきだと思うが――決めないからだめだということにはならない。（これは「自律」を第一義的に大切だとする生命倫理学他の主流の見方とは異なるが、私はその異なった立場を採るべきだと考える。このあたりのことについては「自己決定する自立――なにより、でないが、とても、大切なもの」（［199910］）に書いた。さらにより詳しい議論を知りたい方は『良い死』（［200809］）の第1章。）

6　しかし社会は

その人だけに即して見た限りではこのように言える。ではこの社会は実際にはどのように作られているのか。私たちの社会は自分ですること――もちろん他人にさせることも認めるのだが、それは自分がなしたことを条件とし、その対価として人からの行ないとその成果を得ることが正当化される――に価値を置いているし、価値を置いているというだけでなく、そうして生産した分、あるいは能力・生産に応じた分（だけを）取ることを正当としそれを社会のきまりとしている。

だからその社会においては、「できないほうが得」ということにはならない。さきに考えたのとは異なり、（1）自分でできた方がよい。また、そのためのコストをどれだけ負担するかにもよるが、できるようになった方がよい。その人に負荷がかかるようになっている。

私は、ある条件下では実際できない方が楽なことはあるとは述べたが、できない本人が特別に楽をした方がよいと主張するものではない。けれど、基本的にできる／できないことと暮らせる条件・人への価値の付与とを別にし、できる／できないがどうであろうと暮らせればよいと考える。（「障害学」「社会モデル」の主張を――私にはその名称にとくにこだわる理由はないが――私はそのように解することができると考えている。）それは、述べたように、（1）本人自身ができるようになることを否定するものではない。私（たち）が当然と考える状態が実現された時、（1）（2）（3）のいずれをとるか、本人にとって負荷の少ない選択肢が選ばれると考える。

しかし、実際にはそのようにはなっていない。他人たちが負担しない場合に、本人に（1）に対する圧力がかかり、本人の身体に対する負荷がかかる。そしてかけてもできることには、多くの場合に、ならない。そして得たいものを得られないということになる。

さらに、同時に、（1）が一番費用がかからないと決まってはいない。ときに一番かかることであることもある。（1）も含めて社会が手を引くことがある。社会をなおすよりも個人がなおってくれた方が楽だということも一方にはあるが、逆の場合もないではないということだ。あるいは両方とも面倒だということがある。昨今では、さらにずっと以前から、力は「なおす」方にだけかかっているというわけではない。★05

そして、かつて批判された「医療モデル」がなんでもなおそうという（無謀な）主張であったとして、うまくいかないことがあるのは自明である。そのことと「なんでもなおそうとすること」の「反省」、「障害を肯定する」といった言説の流布とがつながる。できないものはできない。できないのにつきまとわれたらめんどうであり、さらにそれを医療者・セラピストの責任にされたらいやである。「障害受容（がこの人はできていない）」がそんな文脈で言われることがある（田島［2009］）。

いずれもよくない。そこで言えることは、得られるべきものは得られるべきであるという、やはり平凡なことである。

けれども実際にはやっかいな（やっかいだと思われている）問題は残っている。まず本人がしたい（したいと決めた）と言ったって、限界はあるだろうとされる。明らかにそのことを知りながら、そのことを言わず、たんに自己決定が大切だと言うなら、それは欺瞞・詐欺である。どれだけのことを請求できるのか。また社会は応ずるべきであるのか。実際には予算がこれこれなのでとか、この病院には人が一人とか二人しかいないので、しかじかしかできませんと言うこと／言われることになるのだが、もうすこし原理的に考えるとどうなるのか。それは自由とか平等とかいった基本的なことについて基本的にそして具体的に考えることを意味する。このごろ「障害者権利条約」、「障害者差別解消法」といった流れで「合理的配慮」（reasonable accomodation の訳語）といった言葉をよく聞くようになったのだが、その「合理的」とはいかほどかということである。このことについてはごく基本的なことは『自由の平等』（［200401］）で、できないことに関わるどれだけの「追加給付」を受けることができるかは『差異と平等』（立岩・堀田［2012］）に収録された私の文章で考えてみた。

その際、「できないこと」の証明が条件になるか。その必要は全面的に否定はできない。ただ――説明はその本でしているので略すが――社会サービスの提供に限っていえば、多く自己申告・出来高払いで対応できる。そしてその「量」についても、基本、そのように決定されてかまわない。そこまではやるべきことだということになる。そしてそれは現実的に十分に可能であると考える。

7　仕事の場合は境界が異なってくる

この区分は職業の場合にはまた別様に現われることになる。[★06] 例えば、ある「普通」の一人の人が一〇のことができる分、本人が同じことを行なうことを手伝う人が手伝う分が一〇に近いあるいはそれを超えるといった場合はありえなくはない。二人合わせると二〇を超えるといった場合もありうる。そして（支援を得た上でも）（同じ時間に）できる分は八とか二とかという人もいる。市場ではそういう人は雇われないだろう。しかしそれを認めていたら障害者差別はなくならないというのももっともである。ならばどうするか。「職業リハビリテーション」とは何をすることか。

ＡＤＡ（障害をもつアメリカ人法）的な障害者差別禁止法の枠組みでは仕事の「本体」（essential functions、「本質的な機能」と訳される）について一〇（以上）できる場合、というかそれ以外の部分を無視した上で選抜した場合にその人が雇用されるのであれば、雇用しないことは差別であり、雇用に際してかかる費用を（「合理的」な範囲において）負担せねばならないということになっている。ただ、実際には雇用主側の費用の負担の問題があり、そしてなぜ雇用しないかについて雇用主の側は嘘をつくことができるので、雇用は進んでいない。

次のようにする。必要な費用は基本的に全部税金から支出するものとする。それでは「大盤振る舞い」な感じがするかもしれない。しかしどうせ人は生きていて、それが仕事と呼ばれようが呼ばれまいが、なにか活動はするのだとすると、そのために必要な分はどうせ負担・支給されてよいのであり、それが職業生活であれば（なお）支給されてよいと言ってよいことになる。

ただその仕事に就くこと自体はどうか。あらゆる場合に、（２）「補い」を得つつ、自らの労働が保障されるべきか。私はそんなことが気になってきた。そして誰も考えてくれないので考えようと思っていて、いくらかのことは書いたが、まだ終わっていない。以前、長く障害をもつ小学生や中学生の教育に関わってきた北村小夜さんが、試験のときに「頭も借りればよいではないか」と書いたことがあることを本で紹介したことがある（[199709:325→201305:543]）。それにどう答えるのか。その本に記したつもりではあるが、何人もの人からどう答えるのかと問われたことがある。

　絶対的にできない人のことのほうが簡単だ。できないものはできない。それはただそういうことだ。それで暮らせるようにすればよいだけのことである。相対的にできない人のことほうが面倒だ。そして、そのことについて、全体的に考えた文章を私は見たことがない。私自身もいまあげた『私的所有論』で、そして『希望について』[200612]に収録されている「できない・と・はたらけない」[200112]にいくらかを書いたことはあるが、まだ考えるべきことはある。

　その説明は略すが、欲せられる生産されるものが手段であるなら、それは、基本的には、需要の側によって選択されてよいとする。『私的所有論』では「まずいラーメン屋」の引き合いに出してこのことを考えている宮昭夫[☆03]の文章を引いてるのだが（[199709:321→201305:538]）、まずいラーメンを食べねばならないことはない、ということである。

　すると需要されるものをもっているかどうかを判断するために必要な手段が講じられてよい、例えば言語能力、記憶・思考といった能力を測るといった試験がなされてよい。そして、ある人のその能力と別の人の能力とを、他の種々の能力から取り出し、そして区別することができるとする。（それと異なり、学校の試験がなぜあるのか、必要なのかというのはじつはかなり面倒な問題ではある。私たちは、学校の試験とくに入学試験と就職試験とを同じようなものだと考えてしまうことがあるが、基本的には別のものだと考えてよいはずである。資源が限られている場合には、同じ資源をかけた場合により大きな「伸び」を見込める人を優先するといった理屈は考えられる。ただそれはそれが目標として妥当とされる場合である。）

ただそれは、そうして売れるものがない人も含めた人々の生活・生存が成り立たなくてよいということではない。それはそれとして可能にするとしたうえでのことである。

（２）はこの社会ではいくらか微妙な位置にある。市場経済にはもともとはそんな仕組みはないが、偶然による差異――本当は狭い意味での「障害」以外にも偶然の、すくなくとも自分の作為によるといえない差異はいくらもあるはずだが、「障害」は多くの場合見えやすいということがある――については考慮・補填してあげた方がこの社会が公平に見えるということがある。また、いくらかの補助・配慮をして能力を発揮してもらった方がかえって生産的・効率的であるといったこともありうる（これは、「自分たちを税金払える人に」という標語で、例えば米国の障害者運動の一部自身が主張してきたことでもある）。そして、みなが自分が自分のことをできる（まかなえる）という状態は、もしそれが実現するのであれば、（各自自給自足ということでないなら）各自の間に自発的な交換しか必要ないということであり、それ以上何も――贈与・分配といったことを――しなくてよいということになる。あまり面倒なことを考えずに（せずに）すむので、税金を徴集したりそれを渡したりする仕事をする側にとっては面倒でない。この条件がみたされるのであれば、（補填はされるのだが）平等を肯定しながら今の社会を肯定することができる。

しかしそんな状態は望んでも実現されない。どだい無理なことであることも実際には誰もが知っている。無理なものは無理なので、無理だと言うしかない。もちろんこれは努力とか努力の成果を否定しているのではない。ただそれも含めてはっきりわかる差異はある。様々な要因・事情により、そして結局多くはわけのわからぬまま、人々は異なり、そしてそれが解消されることはない。すると自分ができない人は、必ず損をする。できた方が必ずよいことになってしまう。

たしかに人が消費するものを生産する必要はある。ただ、それだけをとってみればよいことであっても、そのために必要な本人の「支払い」がたいがいの場合にはある。支払いといっても、お金の支払いのことだけではなく、手間がかかる。そして身体に負荷がかかる。その上にやっかいなのは、あらかじめそれを計算することができない――やってみないとわからない(ときにはやってみてもわからない)――ということである。どれだけの苦労をしたらどれだけを得られるかわからない。ときにはそれを楽しめることもあるだろうが、いつもそうではない。

以上でよいということになるだろうか。ただ、所得保障だけでやっていく場合の所得の額は労働による収入のある人の所得総額を下回ることにはなる。そして働くことには「甲斐」というものもある。こうしたことを考えるなら、とくにそれを希望する限りにおいて、働けること、働けるようになることを支援することは支持されてよい。どのようにしてか。簡単に言うと、仕事をする人は恒常的に余っているので、無理して「就労支援」することは実はない。今のままでは誰かが働けるようになれば誰かが仕事を失うことにしかならない。だから、するとすれば、今ある仕事を分けることを考えるべきだということになる。

もちろん、本人が仕事ができるための支援を求めているなら、それはしてよいだろう。そして、今どきそんなに強く就労に促すといったことはなされないのかもしれない。だからそんなに心配するほどのことはないかもしれない。けれども、仕事(に関わる「支援」)のこと一つとっても、そんなことを考えていかざるをえない。

これは考えようだ。もし絶対量が足りず、その人が加わることによっていくらかでも総生産が増えるのであれば、必要ということになる。もし足りないならその場合には仕方がない。増やすための手だてを考えねばならない。「口減らし」といった過酷なこともせねばならないかもしれない。あるいは不足しているというのでないとしても、生産の総量がふえることがとにかくよいことであると考えるなら、その人にもやってもらうことがよいことになる。ただ後者もそのためにとくにその当人にかかる費用を考えるならよいことではない。そして、自分ができることのよい理由として残るのはそれぐらいしかないのだが、現実は前者ではない。幾度も書いてきたことだが、増やそうと努力する必要がなくなって久しい。あるいは、ずっと前からそんなことは不要であった。むしろ、余剰をどう処理するかの方に人間の社会は手を焼いてきたのだと言ってよいと私は考えている。☆04 述べた条件が存在しないのであれば、無理して働く人を増やさなくてもやっていけるし、やっていけるようにすることがまずよい。まずこのことは言える。

そして、職業の場合であれそうでないのであれ、「支援」の方は変わらないということになることは述べた。（あってよい）違いはここにではなく、なにをしたいかを指図して暮らすことについては誰もが必要なだけを得られるとするのに対して、職については、誰もがそれを得られるわけではないということだ。

8　常に当座できることはある

こうして以上大雑把に見てきた限りでも、いくらかやっかいなことになっている。あってよい状態と現実の状態との間に大きな隔たりがある。現実には「環境」が整っていないことはあるから、現実にせざるをえないことは、よりまっとうな状態においてする／しないことと異なっている。

そして、「支援」にあたる人たちもまた現実を所与にして動かざるをえない。それは、不利に作られている条件・状況においては、本人にとっては不利に作用する可能性がある。その仕事をするということは現実の（維持の）に加担しているとされることにならないか。だとした場合に、なおすという営みはどんなものであることができるか。存在を肯定する、少なくとも毀損しないそうした営みとはどんなものであるのか。

できる／できないことに限れば、自分の身体でできる／できないことと暮らせる／暮らせないの関係が変更されたときに、なおす／なおさないことは本人に選ばれてよいものになる。だがこのままでは、なおすことの方にドライブがかかっているということである。それは本人に不当な負荷を与えることがある。「もとどおり」のところのどこまで行けるか、という営み全般は否定されない。それはそれで「チャレンジング」なことであり、ときに楽しめることであり、結果を得られることもある。ただ、多くの場合にはそんなに楽しいゲームではない。

そのような「圧」を減らしておいたほうがよいということである。すると、本人は無理する必要がなくなる。無理する必要がなくなると、やらなくなるか。それははっきりとはわからない。そしてわからなくてもよい。（もともとの場合はもともと）別様の仕立ての身体になっているのだが、そのとき、その別仕立ての身体において新たにできることは何であるかわからない。ただ、実際そんなことが起こってしまうことはある。そしてそれは、たまたま自分が見出すものであるかもしれない。知識があったり、幾人もの人たちに関わったりした経験があって、それが役に立つこともあるかもしれない。

教科書には、たいがい立派な、とまでは言わないまでももっともなことが書いてある。しかし実際にどうなるかはそれと別だ。それをたんに理念と現実の差ということですませるわけにはいかない。必然的な「劣化」が起こる。この社会では、先述したように、例えば「障害受容ができない」は「あきらめがわるい」ことでしかないことがある。いったんできるようになることを自らが信じ、その方向に仕向けられ、その上で、技術的な理由から、あるいはときにはコスト的にこのへんであきらめてほしいということがあって、それを受け入れること、それを受け入れなかった場合には「受容できていない」と本人に帰責する言葉になってしまう。そんなことは教科書には書いてない。けれども必ずそのように使われる。これは、教科書を書く人は正しいが現場の人がまちがってそれを使っているといったことではない。

もっと大きな（間違った）常識のようなものもある。例えば、私が以前、作業療法学科・理学療法学科のある学校で働いていた時、理学療法学科の「生活環境論」という科目の授業——なぜかそれは作業療法学科にはなかった——で、次のように考えるところからもう間違いが始まっていると話した。

つまり、まず「治療」をしてみる。それがうまくいって終わりということもある。しかしそれにはたいがい限界がある。できないところが残る。そこで「リハビリ」をする。それでも残ることがある。ならば（そのことを「受容」して）「福祉制度」を使いましょう。そういう順番になる。

たしかに時間的にはその順番がよいことはある。なにかを身体が（再）獲得するのにいつでも同じだけのことをすれば同じだけの効果が得られるということはなく、時間が経てば身体の状態が固定されてしまうことがある。だからこの順序になることがあること、それが有効であることは否定しない。ただ、それはそういう事情がある場合のことであること、そうでない場合にはまた違ってくることはわかっておくことだ。

とはいえ、たしかに、現実はそう簡単には変わらない。ならばどうにもならないか。そんなことはないと思う。この仕事はお客＝クライエントのためであるという建て前はそれとしてあるのだから、それに居座り居直ることはできる。そしてその場に立ったとき、ときと場合によってはできるようになる必要はないのだと、また例えばこんな「作業」はしなくてよいのだと言うことはできる。

すると仕事がなくなるか。そんなことはない。何をしなくてよいのか、何ができるようにならなくてよいかを含め、話を聞いたりしたりすることを含め、その人にできることは、そんな職種は他にはないから、いろいろとあるはずなのだ。そしてその仕事の「アウトプット」はなかなか「計測」しにくいところがある。そのことはときにお客に危険に作用するが、それをうまく使えば、慎重に、丁寧に、その仕事を行なえるということでもある。(今はなにかと「エビデンス」を出せと言われる。ただ、実践のかなりの部分は簡単に計測できないし、それを無理に計測しようとすると無理が起こるのも実際のところだ。その「目標」「目的」「アウトカム」がはっきりしない、させないほうがよいといった場合がありうる。)すくなくとも無害である限り、損失を与えているわけではないなら、そして過分の利を得ているというわけでもないなら、今のところよくわからない仕事をする人が一人(か、もっと大きなところではもっとたくさん)いてもよいということになる。私は「全人的ケア」がいつもよいとは言えないと思う。それは余計なこともしてしまうことがある。ただ、「職分」以外のことを誰かがやってくれればよいのだが、実際にはそうはなっていないことが多い。だから「職分」をあまり気にしない人がいくらかいた方がよいこともたしかにあるのだ。

そのためにも基本的なことを考えて確認しておくということがある。じつは多くの人は以上に書いたようなことを感じてはいる。一つひとつはすこしも難しいことではない。そこを整理しようということだ。結果、なされることは同じことである場合もある。けれども距離をもつことができることがある。だからいくらかの意味があるよう思って、言葉足らずではあったが、本章を書いた。

★註

01　例えば次のように批判される。引用では「外勤」の話が「込み」になっているのだが、もっと単純に「つまらない」「よいことがなかった」といった単純な不平はもっとたくさんある。

――F病院で外勤を制限され始めたのはいつ頃から？

箕輪「平成に入る頃からかな。外勤を制限して、OTを積極的に取り入れるようになったんだ。でも、おれはOTなんか必要ないと思うよ。患者にとって少しもお金にならないし、OTに集まるのは患者だけだ。しかも、作業療法士が先生みたいに指示するし、スタッフにも監視されているし。カラオケとか囲碁とか塗り絵とか子供の遊びみたいのばかりで、大したことやってないしな。おまけに患者は、参加するのも途中で抜け出すのも自由。結局、食っちゃ寝の状態になってしまう患者も多いんだ。おれはOTが導入されたのが、患者の社会復帰が遅れた大きな原因だと思うよ

「外勤をやることで地域に馴染むことができるんだな。外の知り合いもたくさんできるし、患者の社会的な視野もそれだけ広がる。院内作業もそうだけど、朝から晩まで体動かして働くことで、ストレス解消にもなるんだ。それに、中小企業の経営者は精神障害者を安い賃金で雇うことができる。外勤は経営者と患者、双方にとってもプラスなんだよ。OTは働けない入院者や老人のためにやればいい」（織田［2012:191-192］）

「OTが保険点数化したのは、箕輪さんがF病院に収容された翌一九七四年のことである。以来、全国の精神病院が貴重な収入源とすべくこのOTに目を付け、外勤や院内作業の「労働力」をOTへと組み入れていったのは、むしろ当然の成り行きだったのだろう。

しかし、OT導入による外勤の制限が、逆に入院者の生きる道を狭めてしまったと主張するのは、箕輪さんだけではない。第二章に登場する入院歴路年の潮田良夫さんが、外勤生活を「社会と繋がっているという喜びを与えてくれるもの」として捉え、外勤から離れてからは「心にボッカリ穴が開いた日々が続いている」と嘆くように、多くの長期入院者にとって地域との交流が一番の良薬であることに変わりはない。／外勤はそのための貴重なツールだった。」（織田［2012:193-195］）

かつて日本精神神経学会は作業療法の保険点数化に反対したことがある。自分たち（医師たち）は医

療保険から収入をえているのに、別の職種の人たちについては反対するとはずいぶん勝手だと思われて当然ではある。ただ私は、今ふりかえっても、それを全面的に否定できないところがある。
「資格職と専門性」という文章（［199910］）を書いたことがある。利用者・消費者が直接に選択できるのであれば、本来は資格はいらない。しかし、その「商品」の品質を事前に直接判断できない場合があり、とくにそれが深刻な影響を与えうる場合「消費者保護」のため（だけ）に資格は正当化されうる。しかし、資格は、仕事を確保すること、他の人たちをその仕事から排除する方向にも作用することがある。（そしていずれに（より強く）作用しているか、見極めが難しい場合もある。）

そして、職と学とがセットになっている場合には、学は必然的に職に肯定的なものになる。その必然的な傾向をふまえる必要がある。本書〔田島編［2014］〕よりすこし前にでた本（［201312］）でいくらか書いたことだが、精神科の領域に「生活療法」というものがあって、それが一時期いろいろと批判されたことがある。その頃（そのことはこんどの本［201812］では取り上げられないが）生活療法ではないものとして「作業療法」を位置づけるという過程もあったはずである。それはきっと「本心」からのものではあっただろう。生活療法は日本の「国産」のものであったのに対して、作業療法はそれ以前からあるもので、さらに戦後新たになされることになった作業療法はそれとも別の系列のものであったのだから、申し開きもきちんとできることではあるのだろう。そして作業療法の方は国家資格化され、精神（科）看護は看護という名称のものとして存続することになったから、「生活療法」という名称は無用のものになったということもある。ただ実際になされていることがどれだけ変わったか。生活療法と呼ばれたものと今日精神科看護としてなされているものと、そんなに変わっていないと言う人もいる。他方作業療法は、「生活療法」は生活の全体に関わるものとして提唱されたから、その全体と異なることは確かに言える。かつての生活療法が生活の全体を管理しようとするものであったのに比べて、より「緩い」ものにはなっている。そのことは認めよう。だからといってよいということではない。しかし、その局

所的なものとしてある作業療法自体が実際にはどうかということはある。☆05
★02　とくに精神障害がそのように見られた。そのことを巡る議論・対応のあり方が種々の――政治との、専門家との間や専門家内のそして本人たちと専門家たちとの、さらに本人たちの間での――厳しい対立を生じさせた。それが精神疾患・精神障害をめぐる「現代史」がなかなか書かれなかったことに関わっていると思う。それで［201312］を書いた。ただその本でも、この「他害」の問題はほとんどまったく扱えていない。
★03　三井絹子の一九七一年の「婦長への抗議」という府中療育センターのN婦長への手紙から。
「［…］Nさんは「親しくしている人なら、男の人でもトイレをやってもらっても、いいじゃないか。」と言いましたね。［…］Nさんは男女の区別を乗り越えるのが本当だと言いましたね。だったらなぜ、現在男のトイレと女のトイレを別々にしてあるんですか。」（三井［2006:101］）
他方、安積遊歩（戸籍名が安積純子）――安積は私たちが三井への聞き取りができるように差配してくれた人でもある（そうした一連の調査が安積他［1995］［2012］になった）――は次のように記す。
「動かない手足が現実なのだから、自分のお尻を堂々と他人に預けるというのが、私たちの自立となるのだ。［…］
プライベートとか個人のテリトリーとかいう考え方は、障害をもった人の現実にはまるで役に立たない考え方であり、ときには害をもたらしさえする」（安積［2010］）
両者は矛盾しているわけではない。問題はここでも、「気にするな」といった言葉がどういう状況で、何を期待して（何を効果するものとして）発せられるかである。前者では、つまりはごく単純なことで、本人が気にしなければ（気にしないようにさせれば）面倒でない、から気にしないようにと言われている。
★04　指示だけすることが仕事であるという人を考えることはできるし、実際そんな人もいないではない。（昔の「古老」というのはすこしそういう存在であったかもしれない。知識・経験値があって、自分は動かなくても、それを伝える人として尊重されたといったことはあるだろう。それが技術その他が変化していくにつれ伝承するものが少なくなり、といった変化があったかもしれない。）ただ、それは「決定」と（仕事における）「本質的な機能」とが重なったという場合である。そして決定に関わる力や人間関係といったものの大部分は経験によって獲得されるから、そんな力や人間関係をもってしまってから重い障害をもった人の中には、決めることを商売にできる人もいるにはいる。ただ、たいがいは別の仕事が（仕事も）できることが求められる。それができない人、相対的にできない人はいる。

普通にはもっと突飛と思われることを言えば、自分の生活のためのことを指示することが「仕事」だという主張もまた可能かと思う。ただ、そういうことを頻繁にする人とそうでもない人と、しない人と、違った収入を得られるのがよいか。まず、それはよくないようには思われる。しかし、自分用の介助のための事業所をやっていて介助者の調整などしている人がいる。実際に収入を得ている。それはありうる。

★05　多田富雄という人のことを書いたことがある（[201007]〔本書に収録したのは[201709]、本書第14章〕）。著名な免疫学者であったその人は、脳梗塞で倒れて、その後リハビリテーションを受けた。同時期に、日数制限が画策され実行され、その人はそれに強く反対した。日数で打ちきるのはたしかに乱暴で、その抗議はもっともなことだった。ただ、他方、他人ごとで僭越ながら、そして詳しくはわからないのだが、書いたものを読むかぎり、多田についていえば、そうがんばらなくてもよかったようにも私には思えるところがある。そしてこの時リハビリテーション業界の大方はその「制限」に反対しなかった。業界はその仕事を常に増やそうとするといった単純な話にはならない。過剰・過小がどんなときに誰において起こるかを見ていく必要がある。さきにあげた文章の後、しばらくそうした主題について書いていたがまだまとまめられてはいない。

★06　今私がすこし調べてみているのは、今までまったくものを読んだりしたことがなかったのだが、「精神」のほうだ。すると例えば次のようなことを言う人がいる。

「中井は、世に棲む患者、働く患者という論文の中で、この点を指摘している。分裂病者に常識的な多数者の道を歩ませようとするのが間違いのもとであって、少数者には少数者なりの道があり、その人に多数者の道を強いるのは酷であるばかりか、不可能であるという。彼らには、働く患者、生産者としての道を歩くより、世に棲む患者、消費者としての生き方を教えるほうがよいというのである。また神田橋も早くから「自閉のすすめ」、「拒絶能力の養成」というような反語的な治療法を提唱してきた。他人との付き合いを断わり、自分に篭って心の平安を得たほうが回復が早いという。このような所説は、従来の生活療法の虚を突いた形で問題の所在を明らかにした。と同時に、少数者としての自覚がその人にとって必要であること、これは生活障害の現状認識、障害の受容に通ずることを示している。人によっては、パーソンズ、中井の言うような病者の役割を認めることから出発することが必要であり、また他の場合には障害者の役割への微妙な転換が求められている。障害者の役割には、障害を受容し、できるだけ自立して、社会的役割を果たし、医療からは遠ざかることが望まれている。このような転換は、人により、境遇、状況により、また病状経過の時期——急性後の回復期（再発を含めて）、慢性安定期、不安定期など——により、適応を異にすることも当然である。対象はひと色でなく、対応も変えなければならない。」（臺弘［1984 → 1991:148-149］、同じ箇所を［201312:269］で引いた、この文章で参照されている文献もそこで示した）

この文章がどのように変なのか、ねじれていておかしいのか。試験問題につかえるかもしれない。☆06

■本書収録に際して付した註

☆01　この本に収録されているのは以下。書誌情報は文献表に記した。
◇田島明子「「存在を肯定する」作業療法へのまなざし」
◇熊谷晋一郎「自己決定論、手足論、自立概念の行為論的検討」
◇立岩真也「存在の肯定、の手前で」
◇港美雪「すべての「働きたい」を肯定する地域をつくる」
◇田中順子「存在を肯定する作業」
◇玉地雅浩「あなたと私のやりとりを支え、交流し続ける身体の営み」
◇田島明子「「存在を肯定する」作業療法へのまなざし」
☆02　本書がいくらかその本に相当するが、小さくはならなかった。別にたぶん新書というかたちで短く要点を記した本を作る。
☆03　宮昭夫は視覚障害者労働問題協議会（視労協）で活動した（宮［2001］）。拙著に引いたのはその機関誌『障害の地平』に載った宮の文章。宮は二〇一二年に亡くなった。
☆04　関連する文章として［200809］（第3章「犠牲と不足について」）、［201707a］等。ここに記したことは多くの人に受け入れてもらいたいと思っているので、やはり小さな本などでにしたらよいと思っている。
☆05　田島の博士論文がもとになった書籍（田島［2013］）は力作ではある。ただそこで主に扱われているのは専門雑誌に載った論文であり、実際になされたこと／なされなかったことはまた別に見る必要がある。
☆06　『造反有理』にどこが不思議であるのかを書いた（［201312:270-276,393］）。

第13章　障害者支援・指導・教育の倫理　［201612］

※金生由紀子・渡辺慶一郎・土橋圭子編『新版　自閉スペクトラム症の医療・療育・教育』（金芳堂☆01）。再録の仕方については第10章（298頁）と同じ。

1　現況とそこで倫理を問うことについて

拙著に『自閉症連続体の時代』［201408］がある。そこで一つ、本人が自閉スペクトラム症――編集方針に従いDSM－5に則る――だと「発見」し名乗ること、自閉スペクトラム症は「脳機能障害」だとしたことがどんな意味をもつかを検討した。まず、なんだかわからなかったのがわかった気になった人がいた。そして、家族要因説から逃れられ、家族が自責の念にとらわれることがなくなった。本人も仕方のないことだとして免責を得ることができた。かえって身体への介入を防止し、社会に理解を求め自らも無駄を省くことにもなる穏当な処世術でやっていくことに一方ではたしかに結びついた。これらはよいことだった。ただ、それには各々問題・限界があることを述べた。第一に、その同じ対応術の習得が、周囲のために、そして本人たちに（そして家族に）偏って大きな度合いで求められてしまうことにもなりうる。第二に、生理的なメカニズムがわかっていないから介入がなされないということは、わかれば身体への直接的な介入に道を開くことにもなるし、実際、どこまでがわかっているかと別に、効果は見込まれるとして薬物等は使われている。なされることは、現実には部分的で乱暴なことであり、空想的には全面的で乱暴な人間の改変策になりうる。第三に、その範疇化とそれへの対応が定型化されることは、必然的にではないが、仕分けられ型通りの処遇ですませられることにつながることがある。ではどうしたらよいのか、それを検討した。ここではその一部に述べたことを略述する。より詳しい記述・説明については拙著をあたってほしい。

こうした事実（を記すこと）と「倫理」はどのように関係するか。例えば十全に検証されているとは言い難い脳障害説は、事実の水準にある。その説は今のところしかじかしても無駄だという話に結びつき、過度の介入を防ぐ機能を果たしている。親や本人の責任が問われないことにもなった。このように、事実認識が変わることでどうするかが変わるということはたしかにある。しかし仮に「効く」方法がわかったらどうなるか。原因あるいは処方の実現可能性如何とは別に、どのようにすべきか考える必要がある。事実（の変化）に実践が間違って動かされてしまう危険もある。それを防ぐためにも「べき」を考える必要がある。

拙著で考えたのも、事実認識の変化がもたらした（まず肯定的に捉えられた）ことの確認の上で、しかしその上でも残る問題についてであり、ではそれをどうするかということだった。ここではその「ではそれを」の部分だけを、ごく短く、記すことになる。規程の紙数のこともあり、以下かなり時間がかかり苦労したのだが、言い尽くせないことも、短すぎてわからないだろうところもある。不要に難しく感じることもあるかもしれない。ずっと短いものとして、『おそい・はやい・ひくい・たかい』（ジャパン・マシニスト社）九〇号特集「暮らす・学ぶ・働く「発達障害」を身近に感じたとき」所収の岡崎勝との対談「まわりにいる人が楽になる、力をぬくための心がまえ」（立岩・岡崎［2016］）等があり、そうした文章をHPに掲載してある（「立岩真也　障害者支援・指導・教育の倫理」で検索）。これらそして拙著で補っていただければと思う。

なおここでは発達障害という言葉は使わない。それが何であるか私にはわからないからでもあり、「発達」の「障害」と言うのがよいのだろうかとも思うからでもある。また私が本に書いて少し知ったつもりになっているのは主には自閉スペクトラム症の人たちのことに限られる。そしてautismという言葉に特段「症」という意味はないはずだ。それで以下字数の節約のため「自閉圏」あるいは「それ」という語を使う。

2　病・障害にある成分

「それ」をなくし・なおすのはよいことか。これを考える時に踏まえるべきことが二つある。第一、病・障害と大きく区切られるものに少なくとも五つの契機がある。第二、その各々の意味・得失が本人と（幾種類かの）周囲の人々にとって異なる。だからこれらの組み合わせを考える必要がある。詳しくはさらに記述を足して別書に記すが、まず現実はそれなりに複雑な場に置かれているということである。

第一点について。まず病と障害とおおまかにしておくが、その両者、むしろ両方の契機として、何があるか。病者は、まず一つ、①苦痛から逃れることを求めている。また一つ、②死に至ることが遅くなることを求めている。それが実現するなら、つまり病気がなおればそれでよい。それはなかなかかなわないが、状態の悪化がとどめられるなら、あるいはいくらか遅くなるなら、まだよい。

他方、障害はまず一つ③「できない」ことだが、それはそれ自体として苦痛ではなく、多くの場合に他の手段により代替可能である。そして一つ、④形・行動・生活の様式が異なることがある。これは狭義の障害（disability）については明示的に含意されないが、同じく障害と訳されることのあるdisorderが示すのはこうした側面である。発達障害の大きな部分は、生の様式の違いとでも言うべきものである。そして様式の違いのある部分は（この社会でできるとよいとされることが）できないことに結びつけられ、できないこととしての障害として現象することにもなる。そしてもう一つ、障害に（病にも）関連づけられて⑤加害性が言われることがある。以上二つに加えて三つ、計五つの契機がある。

第二点について。もう一つ大切なことは、本人と本人以外の種々の人がいて今あげた五つについても人によってその正負が異なることである。その各々について、病・障害をなおしたり、障害を補ったりすることの利益とそれに伴う損失のあり方は、本人と本人でない人にとって異なる。

医療・リハビリテーションに痛い目に会わされたたわりにはよいことがなかった障害者たちから、障害者は病人ではないという主張がなされたことがある。それは何を言ったのか。まず苦痛や死への傾性としての病とできないこととしての障害とは分けられるべきだということだ。多く障害者でもある病者は病がなおることを望んでいる。ただときに病者でもある障害者は障害がなおることを、特にそのために支払う時間や苦痛等を考えるなら、必ずしも望んではいない。できない部分がきちんと補なわれ、変わっていることが気にされないなら、本人はそう困らない。

周囲の人々はどうか。多くは、本人の病が快癒すること、すぐに死なないことを望むだろう。ただ自身がその病を苦しむのではない。また費用を気にすることもある。他方できないことについては、その人を支える手間その他がかかる。できるようになってほしいその利害はときに本人より強い。さらに本人でない人にも複数いて、置かれている場によって利害が異なる。例えばなおすことを職業にする人たちについて、なおすことをもっぱら目指すように言われる。ただこれも場合による。改善や利益を見込めないならそこから立ち去ることがある。「受容」を、つまりは諦めることを勧め、手を引くこともよくある。

以上より、本人は、病からなおりたく、他方障害についてはさほどでなく、周囲の人たちはその逆であると、大雑把に言える。

3　自閉圏はどう捉えられるか

以上から自閉圏はどのようなものだと言えるか。②まずその状態自体は命に関わらない。死に至る病ではない。①次にそれはときに苦痛や不安をもたらすものではある。ただそのための対応として薬剤等が第一に用いるのはよくないだろうことは後述する。
⑤次に「加害性」について。「アスペルガー」といった言葉が人々に知られるようになったのは犯罪（報道）を通しての部分があった。それに対して、発達障害だけでは犯罪に結びつかないという反論はなされた。その見方は信用してよいと思われ、加えて言うことがない。そして多くはより軽微な迷惑、④差異に対するとまどいや居心地の悪さに発するものがある。④の一部が迷惑として周囲に受け止められるということだ。例えば寡黙な人たちもいる一方で多弁でうるさくてかなわないといったことがある。それをどれだけ認めるかとなると、そう一般的で同時に具体的なことなど言えそうにない。ただまず、迷惑なことが相手に伝わるなら、普通にそれを伝えればよいだろう。そしてその時、これはすくなくとも幾分かはわざとやっているわけではない、悪意によってなされているのでないことを知っておくことは、被害を受けている感覚を減らすことになるだろう。それは双方に幾分かよい効果をもたらすことが多い。
それでもなお加害に関係のあることがあるとすれば、周囲とうまくいかず、衝突や鬱屈や困難があっ

てのことだろう。ならば、そのもとの状態自体をなくそうとするより、それをきっかけとした困難そしてさらに暴力に結びつく契機を少なくするべきだという当たり前の話になる。

するとニつが残る。③できないことと④変わっていることである。まず後者について。差異を巡る様々は社会の相当に大きな部分を占めている。変わっていることが受け入れられないことがある。しかし違うというだけでは、違っている方にそこに生ずる問題を軽減するための努力を求めることは正当化されない。差異に関わる好悪について、その好みをもつ側の優位は言えない。むしろ、違いに伴う困難を軽減するための対応は、多数派であるために楽ができている多数派に求められる。

例えば「共感力」に乏しいといったことが言われる。どんな意味でそう言えるのか、私にはこの問いに答える用意がない。ただ、人に対する関心が薄いということなら、それは人を憎悪することが少ないということでもある。加害的でない限り、すくなくともある人々にとっては楽な人たちでもある。それでも、事実として好みの差異は残り、その気持ちそのものを減らすのは難しいかもしれない。だとしてもどうもこれは癖のようなもので悪気があるわけではないことがわかることには一定の効果があるだろう。そしてどんな社会においても、好悪でものごとを決めることが許容されている場合・場とそうでない場合・場とがある。後者においては個々の気持ちは別に対応が求められ、それに違反することの方が問題にされる。そしてもう一つ、互いに接したくない人たちは接しないですむ策を探るという方法がある。それはなにか消極的であるように思われるが、そうではない。自分たちを好まない人たちがもしその態度を維持するのであれば、その人たちのいる場から身を引くことができ、そしてそれでも生きていけることを可能にすることが正当化される。

③について。問題とすべきは、一つに、人々の身体の状態・力能とそれによって産出されるものと、そこに生じる利得とをつなげ、自らが産出したとされるものから得られる利得をその者が受け取ること

を権利として、その範囲内で生きることを義務とする、そのような規則を有する社会としてこの社会があることだと考える。そして、それが当然の正当なこととされていること、それを価値として信じていること、信じていないとしてもそういうものだとされていることだと考える。そして、これらによって、人に大きなそして偏った負荷を与えながら（たしかに必要なものではある）生産の方に導くことであると考える。そして、そこに必ず、必要なものを受け取れず、また肩身の狭い思いをし続けなければならず、生き続けることが困難になる人が現れることが、必ず現実に起こる。そのことがよいことであるかと、またどうしようもないことであるかと考えてみるなら、そんなことはない。

とすれば一つ、自らがその個別性や他との差異を気にせず、また差異を保持しときに大切にするためにも、できる／できないに関わりなく生活ができるようにするとよい。人の種々の様態に対する好悪はあり、不都合はあるけれども、そしてその便不便や好悪はなくならず、その心性のある部分を仮に変更できないとしても、それに居直るべきではない。そして、個々の人が何を得るべきか、何がなされるべきかについては、まず誰もが思いつくことでよい。つまり、その人によいものが、おおまかには公平に得られるようにすればよい。このことによって、名づけられること、名を言うことによって必要なものを得たり、免除を許可してもらうことに関わる圧迫が減る。

同時に、必要なものを得るためには人は働かねばならない。「よくすること」は、必要なこと、その意味で望ましいことであることを認める。だが、それがどれだけを代償にし、どれだけ必要なのか。得るものの代わりに支払うものがあること、そしてそれがどれほどになるかである。がんばればできるようになるとしても、がんばらねばならない度合は人によって大きく異なる。そしてそれでもできないこともある。この当然のことを言うのは、その支払いのことを気にしない人たちがいるからだ。

4　なすべきことの実現は可能でありそれは自閉圏の出現が示している

すると、それで社会を維持していけるのかと問われる。維持していけるはずだと、いけないと言うのであればそのわけを言ってくれと応じることになる。この社会は余剰の過剰に苦しんでいる（だけ）なのだから、すなおに職そして／あるいは金を分ければよい。自閉圏の人たちが市場・市場でやっていくのが困難になってきたことだけを見ても、それは社会における余剰が示されていると、以下主張する。

人やもの、世界への関わり方が多数の人たちと異なる人はいつもたくさんいたのだろう。いくらか回顧的な人なら、変わった人たちが学級・教室や地域にいたことを、誰もが言う。どこにもいつでもいたし今もいる。その出現率に変化はないのかもしれない。

しかし近代社会において必然的に障害が損な場所に置かれることに加え、さらに発達障害が目立ったこととして次第にこの社会に現われたのは現代の社会・経済が関わっている。産業構造の変化が、グローバリゼーションと呼ばれる現象を伴い起こってきた。まず、とくに第一次産業・第二次産業における生産性の向上、生産拠点の海外移動に伴い、全体として労働人口の過剰の度合いが甚しくなる。「途上国」の多くではさらに失業率が高いが、それはまた別の要因（とくに技術を含む生産財に関わる格差による競争力の弱さ）が働いていると考えられる。ただ関連はしている。労働力がある限り、そして産業が入り込める条件があれば、生産はそちらに流れていく。農業であれ工業であれ、人間がしなくてもよくなったり世界の他の地域で行なわれるようになり、黙々と行なうような仕事が減っていく。それでも残される仕事として、技術開発などに関わる領域には人づきあいのあり方と関係なくできることもあるにはあり、そうした部分で才能を発揮する人たちのことが語られたりすることがある。ただ、そうした仕事の多くも既に集団的な仕事となっている。そんな部分も含めて、この社会に残るのは、種々の対人的なサービス業となる。「先進国」に残されるのは、人を気遣う仕事、「感情労働」になる。他方、煩わしい人間関係があまり作用しない仕事として残される仕事の多くは、国際競争を背景としてその労働条件が規定されるといった事情もあり、厳しい条件のもとに置かれる。するとそれが上手でない人たちが目立つことになり、括り出されることになる。そして「特別支援」の対象になる。その「支援」に一定の効果はあるだろう。ただ、全体的・平均的には、その就労・生活には厳しいものがある。

こう述べるとなにか暗い話のように受け取られる。しかしそのように受け取ることはまったくない。この社会は「余計な」仕事を人にさせるしかないほど余裕のある社会である。だから基本的には無理してそこに適応する必要はなく、それでも各自が十分にやっていけるようにすることができる。ただ、今の社会の仕組みのもとで個々の人は苦労する。うまく合わないものに合わせようとするが、もとから不得意だから当然そううまくはいかない。それでも「特別支援」の場は就職へのいくらかの経路、つてをもっていること他によっていささか有利なこともある。それをあてにするか、「普通」の道を行くか、本人や親は悩むことになる。

こうして見てくれば、問題が「臨床」において解決されないことがわかるだろう。倫理について考え述べるとはそういうことだ。「現場」で解決できないことを解決できるかのように言うことこそが、そんな臨床の倫理を語ることが、非倫理的・反倫理的なことがある。現場・臨床で、教育の場（だけ）で解決されないことがあることがわかる方がよい場合がある。以上では基本的に社会の方を変えることが先であることを述べ、その理由を（簡単に）述べ、それが実現可能であることを述べた。その上で、同時に、では「臨床」「現場」はどうあるべきか。

5　基本的に同じことが現場についても言える

自ら自閉という規定を受け入れることで、自らがわかり、処世の術を得、無理なことについて責任を負わされることから逃れられたことを拙著で追った。どこに「病巣」「病因」があるのかは別として、病気や障害であることを示すことは、今起こっていることが自分自身ではどうにも仕方のないことを示す意味においてよいことである。風邪だから、うつ病だから仕事を休むことについて周囲の了解を得られる。それでできずに辛いことをせずにすむ。さらに家族に原因があるとする説が否定されるなら、家族が責められずにすみ、自責の念に囚われることがなくなることがある。そしてその「本体」はなくせないものだとされるなら、それ自体はそのままに、その上で様々工夫のしようがあることもある。以上はよいことである。では、めでたしということで話は終わるのか。

拙著では本人たちが見出した技を本人が使うという場面を主に見た。処世術集を使い、それが有用であることを言った本人たちがいた。その使い方は比較的安全に思える。自分の処世術を選んで使えるのなら、その本人への加害性が比較的小さいはずだからである。それで手引きは自らの手段としてうまく使える人たちに歓迎される。ただ他方には、自らで言葉を発しない、解しない人、うまく操れない人たちもいる。小さい子どももいる。さらに自閉圏の人たちの多くはそうした「加減」がうまくない人たちでもあるらしい。すると、それは他人たちにさせられるというものになる。他人たちのためであることもある。本人や家族やその周囲にどれだけの、どのようなことが課せられるか、力関係が違ってくれば、かかる力も変わってくる。何を介入とその制限の基準とするか。

本人の意志決定に依拠できない場合、通常「本人の最善の利益」が持ち出される。しかしその得失は「この社会」での得失である。人は真空に生きるのでないから、この社会でうまくやっていけることは無視できない。しかしそれでも今の社会（での最善・次善……）を基準に置くことは正当化されない。この社会が能力と差異について間違った応対をしている社会であるなら――そうであることをさきに説明した――、その社会に適応するようにさせることもまた正しいこととは言えないのである。

多数派に近づくことがそのまま望ましいことでも正当なことでもないという認識は基本に置かれる。その癖・様式に対応するための策については、本人が周囲に合わせねばならないわけでないことを確認した上で、本人と周囲とどちらがどの程度負荷を負うかを考えその按分を決めることになる。成り行きにまかせれば多数派に有利になる。間に生ずる摩擦でより大きな負荷を与えられているのは多くの場合、本人とその近くにいる人だが、それは公平を欠くので是正されねばならない。そのことを計算しながら按配することになる。一般論としてはそのように言える。

6　もとからなくすことは正当化されない

今のところ脳を「なおす」ことは目指されてはいない。それはまずその「治療法」も、そして脳のどこがどうなのか知られていないことによる。それでそう「根本的」なことがなされているわけではない。そして本人たちもそれを望んでいない。むしろ、どうしようもない脳の機能障害なのだからということにして、いろいろと余計なことをされることから逃れられてよかったということがあった。

しかし、もし「治療」ができるようになったらどうか。それが望ましくないことであるなら、（それほど確かなことがわかっていないのに）脳の機能障害だ、脳が原因だと言ってしまうことについて警戒的な人がいるのも当然のことである。また既にかなり強い薬が子どもたちに使われるといった実態もある。原因の実際、また「治療」の実現可能性とは別に、どのように考えるか。

脳の作動に直接働きかけようとするといったことはできる限り控えるべきだとなるだろう。これはこうした技術の全面的な否定ではない。ただ、この生の様式を「なくす」ことが基本的に正当化されてないことを既に述べた。医療的対処として受け入れられるのは、その性質・様式そのものというより、周囲との摩擦、そこに生ずる負荷による心理的な混乱・落ち込み等「二次障害」と呼ばれるものへの対処になる。しかしここでも、その対処を受けいれるのは当人である点でまず不均衡がある。現在の技術としても、普通に考えても、身体への直接的介入によって他の部分も損傷される可能性は大きい。既にかなりのことが行なわれており、それが問題にされていることはそう知られていない。心配する人たちがいるのにはもっともなところがある。

苦痛や不安は感覚や感情に関わるものなのだが、例えば薬でその苦しみの局所だけを狙うことはなかなか難しい。実際に起こるのは多く感覚や感情全般の鈍麻といった事態である。そして実際の不安や苦痛はどうしようもなく身体に内在し逃れ難いものというより、それを回避し軽減するための、大きくまとめてしまえば社会的な対応がある。当座をしのぐための処方はまずは肯定されるとして、もっとその人が生きている場が別様であれば、しなくてよいことであるかもしれない。家族旅行の時にリタリンを処方することはあるが、普段はほとんど使わずに済むといったことをときに聞くが、例えばそんなことだ。そして多くは細々とした具体的な方法がいくらかある。とすれば、まずはそれを試してみることの方がよいとされよう。癖・様式そのものを危険なくなくせるようには思えない。そしてなくさなくとも、社会はやっていけてきたし、やっていける。もとからなくすのはやめた方がよい。

7　分けることについて

その人たちに別の場所を用意することが常に不当であるとは言えないだろう。例えば人がたくさんいてうるさいことが辛いその子にとって、今の学校・学級は耐えがたいものだろう。そこに居続けさせることは暴力として作用することがある。

だが実際には、分離は明らかに別の、つまり周囲の事情によってなされている。その場の秩序に適応しない人にいられると面倒だ、その人を除いた方が円滑にものごとが運ぶだろうという思惑が働いている。

ただその時、それが本人のためだとされる。「そもそも違う」こと、障害が「客観的」に「実在」することは、区分けし特別に扱うことの口実に使われることがある。判定・選別の基準があると、それが分離を自然のものと見えさせる。しかしまず、その差異が実際に存在すること、判別可能であること自体は、分離を正当化しない。次に、本人のため、について。いまの例えば学校という場が、その人自身にとってよくない場であることは、その場から離すことを正当化しない。その人たちは、人間の全部、そして全体が嫌いなのではない。かなり嫌いであるとしても、例えば人との間のうるさい関係が辛い人たちが多いなら、その性向に配慮すればよいということだ。違うことがわかった上で、いっしょの空間にいられることとし、そこで、その人にとってほどよい距離を置けるようにすることもできる。

多く問題になるのは「集団性」「同調性」を要求される場合・場面でのことである。そこからの逸脱が周囲に影響する。だがその集団性自体少なくとも常には必要ではない。例えば学校という制度・仕組のもとで不要なことをしていることを正当化せねばならないのは、その仕組を維持・支持している側の人たちである。

すると、能力を高めるために特別な場が適しているとも言われるだろう。まずそれが実際に本当か、そして次に、本当によいことかという問いがある。二つともに肯定的に答えるとして、しかし、そのよいことが本人に、そして世界にどれほど必要か、それほどたくさんは必要でない、できるようになるための本人の負荷と得られるものを天秤にかけるなら、能力の向上はどこまでも追求するべきものとはならないだろう。それでも社会はやっていけているしやっていける。さきにこのことを述べた。

そして、多数派のためにも統合が正当化される。この社会で学校はよしあしを別に特別な場である。つまり長い時間を一緒に過ごす場所として設定されているため、様々な他人たちがいることを知る場所、知ってしまえる場所である。すると、距離をとる自由を与えながらも、なお様式の違った人たちがいられるような場所とし、各種の人たちがいることをすくなくとも知ることが、すくなくとも一時期、求められる。拙著『私的所有論』（[199709→201305]）第8章中の「他者があることの経験の場——例えば学校について」でこのことを書いた。

8 教育・療育

教育や療育と呼ばれるものについてはどうか。過去・現在の各種療法・教育法がどんなものか私は知らない。ただ不思議には思う。狭義での療育の「現場」に限らず、普通に考えても、相当長く考えても、何をすべきか／すべきでないのかすぐにわからないように思われるのだが、多くではそれはわかっているかのようである。「支援」の実践のあり方に敏感であるべき専門家たちが、遠慮のせいか、この国に流通している理論・実践の是非に直接原言及することが少ないように思う。そして「流れ」は、ときどき、いつのまにか（舶来のものの流入によって）変わっているといった具合のようだ。それはよくないと私は考える。だから基本的なところから考えるべきだと書いてきた。

なかなか具体的な解が容易に決まらないそのわけは論理的に言える。これは構造的な必然である。つまり、あってよい世界における身の処し方と、そうではない現にあるこの世においてひとまず相対的に得で楽ができる処世の方法とは同じでないということだ。だから、具体的に「支援」としてすべきことが定まらないことがあるのは当然である。そしてこのように理解することは、必ずしも消極的なことではない。この二つの違いと位置関係をわかっておくことで、本人も、その関係者も、支援者の側も、いくらか楽になることがある。

合わない世界に本気で合わせようとすると、そもそも得意でないのだからそううまくいかず、自己評価も低くなる。ではすっかりその工夫をやめてしまうか。場合によってはそれもあるだろう。しかし世間の渡り方をいくらか知り使えるようになると楽になることはある。とすれば容易な範囲でいくらか取得するようにしたらよい。そしてそれは本人だけでは難しい。子どもは自らが産み落とされた世界で世界はこんなものだと思ってしまう。しかしこの世はあなたにとってよい世ではないこと、それを本来背負いこむことはないことを教える責務がある。できることはよいことだが、そして皆にそう言わないと皆がさぼるかもしれないからできるようになるとよいと言うには言うが、本当はあなたができなくてもたいして困りはしない。そのことも言う責務がある。

そして、自閉圏の人たちは、こういう二枚舌を使ったり理に適っていないことを行なうのが得意でない人たちかもしれないのだが、それでもそんな器用なことがそう大変ではなくできるならだが、いろいろと工夫したりして暮らす自分の姿は世を忍ぶ仮の姿だとわかっていた方がよい。自分で選ぶあるいは他人から勧められる処世術はこの社会で楽に生きるための手段以上のものではないことをわかっておいた方が楽になる。

それは気休めにすぎないか。そうでもない。一方で美しいが空疎な夢を見ながら現状に我慢しろということではない。「現場」でのとりあえずの対応が、その現場の、さらにはより大きな場の固定を生じさせることになったらよくない。だが必ずそうなるわけではない。現状をなんとかこなしながら、全体をよりましな状態にしていくことは可能である。本人も、仮の適応術を受け入れつつも、実は自分は別の側に属していると思う、別のところにいようとすることはできる。

9　マニュアルの使い方

体験が集積され知られるようになったことで、他人たちにとってもその人へのよりよい対応の方法がわかることがあった。ただ努力すればよいのではなく、ある部分は仕方のないことと割り切ったり、ある部分はしかじか工夫すれば今よりうまくいくことがわかる。こうした周囲の対応は、本人たちにとっても自らだけが工夫してどうなるのでもないし、またそれは不当なことでもあるから、よいことだったとまずは言える。しかし一律の対処、画一的な扱いが懸念された。それをどう考えるか。

行動に際してのはっきりとした具体的なマニュアルは確かに役に立つ。とくに型が定まっている方が安心するという人たちにとってそうだとされる。またその人に関わる人たちにとっても、対応の「範型」があることは個別性を大切にすることと底から対立するものではない。経験の集積に基づき有効とされる類型化された対応が有効でありなされた方がよいことがあることと、その限界の認識、個別性の理解、個別の対応の必要性の理解とは、本来は両立する。定型化された対応はしばしば安直だが、それ自体はわるいことではない。まず一般的な方法で対応し、それで余裕のできた部分で個別の対応に時間をかけることもできる。定まったことを手早くすませられるなら、それで余った時間と力で個別の対応もていねいに行なえるということだ。すると両方が大切だという平凡な話になる。まずはそのようにしか言いようがない。

しかし、診断し、病名・障害名をつけ、対応することへの警戒・批判がある。批判者たちは、本人たちの思いや主張を尊重することを大切にしようとしてきたのだが、本人たち（の一部）が診断を肯定するようになっても、その肯定を認めた上でなお、その危険を言ってきた。そして、一人ひとりの個別性や、一人ひとりと個別に向き合うこと、つきあい続けることの大切さを言ってきた。それは泥臭くも思えるし、その個的な関係を築ける可能性について過度に楽観的であるようにも思える。また実際にはひどくたいへんなことをしようとしているように思える。

しかしそれでもこのことを言い続けてきた。両方が大切だというその両方のバランスがどのようになるのか、それを懸念したということだ。対処法は本人にとっても必要なことであり、さらに他人たちが接し方をわきまえてくれれば生きやすくなる。と同時に、それは他人たちのためのものでもある。様々な処遇法は、他人たち、「社会」にとって、ことを荒立てないために、場をうまく収めるために、社会をうまくもっていくためのことでもあってきた。そのこと自体が問題なのではない。双方にとってうまくことが運ぶなら問題はない。けれどいつもそうはいかない。現実には、ある範疇の障害と判定されることによって、それに効果があるとされる決まったことがなされ、それでよしとされる。手早く多くを処理しようとするなら、せざるをえないなら、手間をかけることを控える。そしてそれでうまくいかないと、それはこちらの対応のせいではないと放棄されることがある。結果かえって本人には負荷のかかる場合がある。誰がその方法を使ったり使わなかったりするかによって、そのバランスが変わってくる。この社会では不利に作用してしまうと見立てた、正しく見立てた人たちが、個別性にこだわってきたということだ。

それはわかる。わかった上で、以上の注意・留意事項をふまえつつ、ツールを手放すことにはならない。まずはそう言うしかしない。ただ、それはただ両方が大切だという同じ話に戻ってくることではない。本章では、まず、自閉圏をどのように捉えることができるかを述べた。そして差異に対する対応をせねばならないのはまず多数派であるとした。そして、侵襲的な行ないは基本的なしない方がよいと述べた。分離を正当化することにもならないことを述べた。そして処方、療法、教育の位置づけについて述べた。それは、第一のもの、まず正しいこととしてなされるべきものではない。むしろそうでないことが自覚され、また教えられるなら教えられるべきである。そして、規程通りにすることも、個別性を重視することも、そもそも介入そのものが、以上述べてきた全体のなかにごく限定的なものとして位置づくものであることが確認され、そして実際にそのような実践がなされるべきであるとなる。ただその「論証」は本章ではごく短いものだった。筆者がこれまで書いてきた長いものを見ていただければ、そしてそれでも納得されないのであれば、さらに説明させていただければと思う。

■本書収録に際して付した註

☆01　『自閉症スペクトラムの医療・療育・教育』（若子・土橋編［2005］）の新版。構成は以下。各章の著者は一人である章もあるが、多くの人が関わっている章が多いので、ここでは章名だけを列挙する。

第1章　自閉スペクトラム症の定義と分類
第2章　自閉スペクトラム症の医療
第3章　自閉スペクトラム症の療育
第4章　自閉スペクトラム症の教育

第14章　リハビリテーション専門家批判を継ぐ　［201708］

※多田富雄『多田富雄コレクション3　人間の復権——リハビリと医療』に解説として収録。再録の仕方については第10章（298頁）と同じ。

1　批判の相手はかつて褒め讃えた人であったこと

この巻[☆01]に収められた文章は、二〇〇六年、リハビリテーションの上限設定に反対し、その運動の前に立った多田の文章であり、最後の一つ以外は『わたしのリハビリ闘争』（多田［200712］）に収録されている。この本が出されることによって十年ほど前にあったその記録が残ることはよいことだ。[☆02]

多田が強く批判したのは医療にかける予算を削減しようとする当時の小泉首相、厚労省の役人といった政治に関わる人たちだったが、それだけではない。自分もその一人である研究者、そしてその人たちの学界・業界に批判は向けられた。ここで多田は遠慮していない。はっきりとものを言う。あのようなできごとに対するために、一つに多田のような直接的な怒りは必要だ。私はまったくそう思っている。

その上で、すこし別のことを書く。それが、かっこよい多田は多田で言うべきことは言ってもらって、私のような者の仕事だとも思っている。そしてそれは、多田のようにすっきりした文章にはならない。『現代思想』が多田を特集した号（二〇一〇年七月号、特集：免疫の意味論——多田富雄の仕事）に、たしか私だけその事件と多田との関わりについて、かなり長い文章を書いた（[201007]）。その時、多田についてそしてその出来事に関わるHP上の頁を作り、今回増補した。それらをまとめて電子書籍で提供することにした（立岩編［201707］）。この文章の二〇倍ほど、薄くはない本一冊分の量がある。できればご覧いただきたい。また、この種の文章で細かに文献表示をしたり文献表をつけたりするのも普通ではないとは思うが、ここでは行なう。さらに月単位の表示も意味のある場合があるので、例えば多田［200712］等と表記する。

多田はリハビリテーションの専門家を批判した。しかしそれは最初からのことではない。

一九九五年、鶴見和子が脳卒中で左半身麻痺になるが、機能が改善せず、苦しく、困っていた。一九九七年一月、鶴見の歌集を読んだという上田敏から速達が来る。上田は一九三二年生まれ、長らくリハビリテーション学界・業界の有力者であってきた。上田が関わりその弟子筋の大川弥生が勤める会田記念病院への入院を勧められ、そこでリハビリテーションを受け、機能は改善された。そのことに鶴見は感謝し、上田の著書に感心もした。『脳卒中で倒れてから』（鶴見［199805］）、『歌集 回生』（鶴見［200106］）でも感謝を記している。『回生を生きる——本当のリハビリテーションに出会って』（鶴見・大川・上田［199805］、没後出された増補版が鶴見・上田・大川［200708］）、上田と鶴見の往復書簡の本『患者学のすすめ』（鶴見・上田［2003］）等で「本当の」リハビリテーションが語られている。こうして救われたことは、多田と鶴見の対談の本『邂逅』でも話されている（多田・鶴見［200307:34-47］）。こうしてこの時、この人たちは感謝し感謝されており、まったく仲よくしている。このことを押さえておく必要があると思う。

多田が脳梗塞で倒れるのは二〇〇一年。リハビリテーションに励むが、二〇〇六年四月の診療報酬改定でリハビリテーションが基本発病後一八〇日までに制限されることが伝えられると、四月八日の『朝日新聞』に「リハビリ中止は死の宣告」を投稿・掲載（多田［200604］）。以後、反対運動の先頭に立つ。そして鶴見は同年七月に亡くなる。八月刊行の『環』に載った文章（鶴見［200608］）でリハビリテーションを打ち切られたことを嘆き、多田は鶴見の死はその打ち切りによるものだと断ずる。（私はその頃、今も続いているウェブサイト（arsvi.com）の運営に関わっていて、その時に出回った集会の案内やアピール等を掲載するぐらいのことはしていた。鶴見の死も聞いた。また今も終わっていない連載で多田たちの活動に言及している（立岩［2005-（17）］、二〇〇七年二号）。）☆03

この問題は国会でもとりあげられる。官僚は二〇〇三年七月に設置された「高齢者リハビリテーション研究会」の報告書（高齢者リハビリテーション研究会［200401］、市販もされ、また厚生労働省のＨＰにかつて掲載されていたが、現在はあったはずの場所にない）において専門家たちが日数制限を支持していると答弁した。

その研究会の座長が上田であり、また大川は委員だった。多田たちは、その研究会の議事録には日数制限の話は出てこないことを言い、政府を批判するとともに、にもかかわらずこの研究会（のメンバー）が沈黙していることを批判する。三つ引用する。

リハビリ打ち切りを黙認した、厚生労働省の無責任な御用団体、「高齢者リハビリテーション研究会」の文書の「はじめに」にも、「リハビリテーションは、単なる機能回復訓練ではなく、心身に障害を持つ人々の全人間的復権を理念として、潜在する能力を最大限に発揮させ、日常生活の活動を高め、家庭や社会への参加を可能にし、その自立を促すものである。したがって、介護を要する状態となった高齢者が、全人間的に復権し、新しい生活を支えることは、リハビリテーションの本来の理念である」とある。厚生労働省が、今度の改定で参考にしたという、「高齢者リハビリテーション研究会」の公式文書である。打ち切りを黙認してしまった現実と、何とかけ離れた主張を、ぬけぬけと書いているものである。（多田［200611a］→多田［200712:84-85］）

何よりも、厚労省にリハビリ打ち切りの口実を与えたといわれる、「高齢者リハビリテーション研究会」と称する医学者の責任を問わなければなりません。自分がいってもいないことを根拠にされて、こんな制度が作られたのに、黙ったままなのです。私は実名をあげて告発しようと思います。（多田［200704］→石牟礼・多田［200806:108-109］）

この措置が決められたのは、「高齢者リハビリ研究会」の専門家によって、「効果の明らかでないリハビリが長期間にわたって行われている」という指摘があったからだと言われている。これも真っ赤な嘘であったことが後日わかった。［…］そんな形で都合よく利用されていても、専門家と称する「高齢者リハビリ研究会」のメンバーのリハビリ医は、一言も反対しなかった。腰抜けというほかない。

この「高齢者リハビリ研究会」は、日本のリハビリ医学の先駆者である上田敏氏が座長を務めている。鶴見和子さんに発病一年後からリハビリを実施し、何とか歩行機能を回復させた功績があるのに、一般患者には、半年で打ち切るという案に合意したとは考えられない。またそんな証拠はどこにもなかった。それなのにこの偽の合意が、このように患者を苦しめていることに対し、一言も反対の声を上げないのは、学者として、また医師としての良心に恥じないのだろうか。（多田［200712:18-19］→多田［201707:124］）

この研究会の他、「日本リハビリテーション病院・施設協会」、「全国回復期リハビリテーション病棟連絡協議会」、「日本リハビリテーション医学会」(上田は一九八六〜八七年に会長)、「日本医師会」といった組織、そして幾人かの人の名前があげられる。例えば「こんな事態になっても、日本医師会はずっと押し黙ったままです。腰抜けといわれても仕方ありません。リハビリテーション医学会の学者も、初めは知らんふりでした。私たちが騒ぎ立ててから、やっと昨年の末になって、気のぬけた声明を出しただけです。職責者として、また専門家として、恥ずかしくないのでしょうか。」(多田[200704]→石牟礼・多田[2008:108])。この後「何よりも」と続き、右の引用の二つめにつながる。それらを紹介していくと量が多く、長くなる。さきに紹介した立岩編[201707]に収録した。

政府は予算削減を画策し実施してしまったのだが、権限をもっているその政府・官庁に学界・業界が文句を言えないことが批判される。さらに「回復期」のリハビリテーションの収入を得るために「維持期」の予算削減を受け入れているのだといった指摘もなされる(多田[200909]→多田[201005:65-66])――これは大切なところだがここでは紹介・検討できない。そして「研究会」については、報告書にはよいことが書いてあるのだが、それと反することが会議で言われたとされているのに議事録にはそんな部分は存在しない、であるのに反対していない、それがよくないという言い方になっている。

ただ、その報告書は、研究会の座長であり構成員である上田や大山によってたいへん肯定的に捉えられていて、自らが紹介などしている。会議の議事録には出てこないとしても、報告書を作ったその委員の報告書を紹介する文章には「無駄」についての言及もある。例えば大川は「報告書の内容の全体的印象を述べると、「全人間的復権」という本来のリハビリテーション(以下、リハと略す)の理念の実現に向けて、リハの原点を正面からみすえた画期的な提言と言うことができよう」と賞賛(自賛)する。そしてその同じ文章で「漫然と長期的にリハが行なわれ、「訓練人生」という本来のリハとは逆のものをつくり、また財源の面でもマイナスになっていた」と述べる(大川[200404])。

つまり、決まった路線が前もってある審議会、それを受けて事実上官庁で作られたような報告書の類はたしかによくあるが、この委員会、この報告書はそうでもない。研究会のメンバーが知らないうちに出た報告書といったものではなかった。むしろ自らの主張が描かれたものとして捉えられ自賛されている。政府答弁において研究会の中で言われたとされることが、議事録にはないとしても、委員の(問題が起こる前の)文章には出てくる。多田たちが批判したそのことを大川(たち)は言っているのだ。

2 相手はどんなところにいる人たちなのか

だから、かつて鶴見(ら)の賞賛の対象であった人(たち)は、ただ黙っているということではない。一番単純な、必要であり大切であるが、予算を削減したい政治勢力によってそれが後退させられているのに、何も言えない学者・学会が批判されるべきだというだけではない。それをどう見るかである。すこし複雑だ。そしてそのすこし複雑なことを知っておかねばならない、そこから考えねばならないと私は思ってきた。仕方なく必要なのは、多田において展開され、そしてこの社会に受容されているような立派な知ではなく、その対象のあり様につきあわざるをえない、もっとせこい、こすい、分析的な知性だと思ってきた。リハビリテーションを巡り、なおすことを巡って、その専門家とその周囲に起こったことの中のまず知っておくべきことの、その項目だけをあげる。

じつは、リハビリテーションを限定的なものとするべきだという主張は、障害を有する「本人」たちからなされた[本書93頁]。つまり、リハビリテーションをさせられてよいことがなかった人たちが、その害から身を護るために、期限を区切った限定的なものとし、そのことによって害を少なくしようとしたのである。それは専門家たちに対する批判としてであり、リハビリテーションを行なう人たちはそこで批判の対象になった。世のほとんどすべての人と同じく多田もそれを知ることはなかっただろう。

そして、上田らは医者だから、それ（「普通の」リハビリテーション）を推進する立場であり続けるのだが、上田は学界の先頭にいて、「世界の新しい動向」を知り、例えば「自立生活運動」、リハビリテーション批判を理解していることを示す立場にいる。といっても、すべての人に寛容であったわけではない。なおすことに「極端に」否定的に思われる人、体制を攪乱するような言葉を言う人は強く非難した。私が『現代思想』での連載で引用したのは——そこには大学闘争（紛争）の受け止め方が関わっているのだが——最首悟に対する批判だった（立岩［200510-（57）］、二〇一〇年八月号、立岩編［201707］に収録☆04）。ただ、そう攻撃的でない人・組織には寛容になる。親の会や作業所の全国組織にも関わり、そうした活動に理解を示す人ということにもなる。「社会モデル」的なもの言いを受け入れ、環境を整える必要、社会をよくする必要もある、狭義のリハビリテーションは全体の一部であることを認める。そしてたしかに狭義のリハビリテーションに限界はある。そのことを認めた方が、狂信的でなくまともである。なおらない人には受け入れてもらうこと（障害受容）を勧めることにもなる〔本書70頁〕。

この人（たち）はこんな立ち位置にいる。二〇〇六年の事件が起こるその前の幸福な時期においては、その人たちやその言論は肯定されてよかったのか。リハビリテーションは「全人的復権」であるという。全人的復権とは「あらかじめ」よいこと、よいに決まっていることである。だから文句は言わないとしよう。そして人間・社会の全体を良くしていくその全体の中で「所謂」リハビリテーションはその一部である。そのことを当の専門家も認めている。しかし例えばこの委員会は、広義の、「全人的復権」のリハビリテーションをリハビリテーションとしそれを論ずる場であるとされ、その中に（狭義の普通の）リハビリテーションをどのように配置するのかを（実質的に狭義の）リハビリテーション業者・学者が設計するという具合になっているのだ。ある部分を他のやり方の方がよいとして手放すのだが、手放しながら全体に関わるというそういう位置どりをしている。

これは単純な間違いではある。二つのリハビリテーションは違うのだから、狭い方の専門家が広い全体を担当する権限はもちろんない。そのことをまず確認しよう。だから、「全人的」とか言ってもらって感心している場合ではないということである。「よいもの」「全体的なもの」に安心するのでなく、このような形而下的な言葉や実践の配置、取り違え、そうしたものに敏感であらざるをえないということである。

そうして冷たく、しかし普通に考えていくと、鶴見がひどい目にあったのも、たんにリハビリテーションを職とする人たちの腕がわるいということであったかもしれないということだ。「しれない」ではなく、鶴見の本を読んでいけば、はっきりとこのことは言える。限定された仕事をきちんとできればよい、のだができない、できるような体制がない。他方で仕事がきちんとできる人、腕の立つ理学療法士等々もいる。このことも多田が述べている通りだ。読み取るのはまずここだ。ただ、このことをきちんと指摘しているのは、私の知る限りは、杉野昭博ぐらいだ（杉野［200706］、［200510-（57）］で紹介、立岩編［2017］に収録）。そして、事実上の特別の権限があることによって、よりよい、しかし本来は「普通の」（普通であるべき）誰に対してもなされるべき技術の提供が、一九九七年一月以降鶴見に対してなされた（だけ）であるという可能性はある。歌集を出して自らの様子を知らせられる人もそうはいないし、それを読んでその人が入れる病院を（事実上有する権限によって）手配できる人もそうはいない。また多田は東京大学の名誉教授であり、附属病院を利用し、その病院の施設・処遇がよくないことを感じ、率直にそれを指摘できる。これもまた、当然誰によろうとなされてよいことだが、実際には難しい。

私はなぜここにこんなことを書いているのか。一つ、多田が闘った相手、闘った状況についてどうしたらよいのか、どんな筋で、どんな道を行くか、私も気になってきた。細切れにされた科学に対して、なにか全体的な認識を対置するといったことがあって、多田もそうした脈絡で評価され、それはけっこうなことだと思いつつ、別のこともしなければと思ってきた。

3　すくなくとも私が教わること

ではどれだけのことをするのか、それを決めるのは誰か。あるいはどのような場合にどれだけのことをすればよいのか。そう考えていくと、それはより歯切れのわるいものになるだろうか。そうかもしれない。私ははっきりした単純な批判もあってよいと思う。二〇〇六年の多田のような批判がなければならないと思う。ただ、「同時に」、一つひとつを点検していくような仕事が要る。

まず、「現場」に「漫然と」リハビリテーションがなされてきたという認識が存在していたことは事実であり、それを全部否定することはないと私は考える。職業にしている人が、もうこれ以上は不要だと思うことはある。その判断はときに間違えるが、ときには当たっているだろう。すると無駄な仕事をしていると思える。ならば別のことをしようと思うのにはもっともなところがある。ただ、それを制度として制限するのがよいかは考えどころだ。こう言うと、それはよくない、規則で縛るのはよくないとすぐに返す人がいるだろう。ただ、さきに述べたように、制度として限度を付すべきだと主張した人たちがいたこと、現場に委ねていたらまずいと思った人たちがいたことを知ると、違ってもくるだろう。制限を主張した人たちは、供給する側が自らの収入・利益のために不要なことを行ない続けることを懸念したのでもある。とすると、そんなことにならないように、しかし限度を付すのが乱暴なら、そこにどんな仕組みを足すのか何を減らすのかと検討していくことになる。

そしてリハビリテーションが「時間つぶし」のために使われているとして、「もっとましな時間つぶし」を提供できないかという問いはある。さらに、仮に時間つぶしであったとして、それはどれほどよくないかという問いも成立する。

「自己決定」が(なにより)大切だと、上田(たち)は、何十年も言ってきたはずだ。しかし、その同じ人(たち)が、(本人が望んでも)無駄なものはあると言い、言うだけでなく、実際それを制約することに疑問を抱いているようでもないのだ。このようなことにまずはきちんと驚かねばならないと思う。それは二〇〇六年の事件において露見したことではない。自己決定が大切だが、例外はいろいろある、といった話になっていて、その「幅」の中で、実質的にどこまでを認めどこからを認めないかを差配できてしまう。狭義のリハビリテーションだけをしていた時に比して、かえってその差配の力が強まっている可能性もある。さきに述べたのはそのことだ。

しかも、こうした現実に対置すべきは、二つあるなら一つをとる、例えば自己決定一本で行くということでは「ない」ということが、厄介でしかし大切だ。本人が言うとおりでいつもよいと考えるか。私はそうは考えない。こういうはっきりしないところを、しかしはっきり考えていく必要がある。

人の多くは、また一人の人の大きな部分は「よくなる」ことを求めていて、それは多田の本を読んでもまったくもっともなことだと思う。よくなりたいとまっすぐに言われると、医療はいらないと応える人はそうはいない。では何がどのように要るのか。そういうことを考えるのが社会科学、規範理論の仕事だと私は思う。ただ、例えば医療社会学と呼ばれるものが「医療化」「病院化」を批判だけしているのであるとすれば、それはあまり使えない。「障害学」も「社会モデル」の受け取りようによっては使えないかもしれない。だから、ただ哲学的であったり免疫学的であったりする知に社会科学的な知を対置すればよいということでもない。

その時、多田の文章はべつように読める。例えば痰を出せないとかそんなことの辛さ、苦しさが伝わってくる。多くの人がそんな経験をしているが、なかなか文字にするのは難しい。比べて多田の文章はよく書けているように思う。その記述は貴重なものだと思う。そしてその辛さはなんとかした方がよいし、そしてできなくはないだろうと思う。そして実際できなくはない。

他方、これは多田を取材したテレビ番組（NHKスペシャル「脳梗塞からの〝再生〟——免疫学者・多田富雄の闘い」、二〇〇五年十二月四日放映）を見たときも思ったことだが、発話への執着はすこしわかりにくいところがあるように思える。多田はPCを覚え、トーキングエイドを使うようになった。言語療法士のもとで訓練するのだが、声を出せるようになるのはかなり難しそうだ。他人ごとながら、そこにそれまで熱心になるのなら、別のことをやったらどうかと思った。しかし多田はそれを望んでいる。ならばどうぞ、ではないか。私も、無駄であっても、そして実際にほぼ無駄に終わったのではあるが、それでよいと思う。ただ、よいと言った上で、それまで十分にいろいろなことができてしまってきた人に、そこはそうがんばらなくてよいのではないかと言うことはできるだろうと思った。

それより何に感心したかといえば、そのテレビ番組にその場面があるのだが、彼がウイスキーにとろみ剤でとろみをつけて飲んでいるその姿にだった。その時のことは番組を作ったNHKのプロデューサーが著書に書いている。多田も「受け」を考え取材に応じ、この場面が撮られるからと妻に懸命に交渉し、いつもは高くて飲めないバランタインの三〇年ものを獲得したのだと言う（上田［2010:143-146］）。

私たちの「生存学創生拠点」（いまは「生存学研究センター」と言っている）がかつて、二〇〇七年に文部科学省のCOE（卓越した（研究）拠点！）に応募した時、多田にその代表者になってもらおうという話があったことを［201007］に書いた。それは一つに多田がもうしぶんなく立派で著名な学者であったからだが（後に立派で著名でなくともよいということがわかり、内部調達ということになって私が代表になった）、もう一つは、とろっとしたウィスキーを飲んでいるのがよかった、みなに評判がよかったからだった。

こうして多田の書いたものを読んでいくと、私たちは身体をなおしたり、別の手段を使ったり、何もしなかったりすることをどのように配置し、誰からどんな力を借り、どんな金をどのように使って生きていくかについて示唆を得ることができる。

その「リアル」を読んでいくと、その多田が過去に書いてきた生死・死生についての文章はどう見えるか。多田は、倒れる前から、生死・死生についていろいろと語ったり書いたりしている。私は二〇一〇年の原稿を書く時に多田の山折哲雄や柳沢桂子との対談の本などを読んだ。多田は博識であって、専門分野に近いところでは「アポトーシス」の話などされると、なるほどそういうことかと思う。また、能に詳しく自らも作品を作ってしまう多田は、古いギリシアの詩の翻訳などをしてしまう中井久夫などとともに、もう私たちは絶対無理、な感じのする正しい文化人でもあって、その方面でも様々に書いていて、やはり感心することがある。ただまず、細胞はその死に向かうようにできているといった話があって、そしてそれは本当であるとして、その事実、その知が私たちが死ぬまで生きていることに何かをもたらすと思うのはなにか倒錯したことではないかと――これは多田のものを読んだ時に限らず思うことなのだが――思った。そして、結局、それらは、わりあい普通に考えつきそうなこと、考えつき言われてきたことを言っていると私は思った。人間は話す存在だから人である、から話そうとするのだと、人は歩行する存在である、から歩行しようとするのだといった類の話も、多田はわりあいたくさん書いている。「である」は普通は「べき」を導出しないのだが、自然科学的な「真理」がときにそのように使われてしまうことがあって、そのことには注意した方がよかろうとも思った――この話は［201007］でもう少し長くしている。そして、このこととは別に、そして多田の教養と関係なく、普通の話だなと思った。

ただその意外に普通な感じは、本人が倒れてから少し変わっていったようにも思う。教養ある立派な人であるから、あるいはそのことと関係なく、淡白で潔くもあったのが、生に執着するようになったように思う。われながらそうだと多田自身が書いてもいる。

そのこと自体はよくもわるくもないことだ。ただ、どちらを実際のこととして信用するかとなると、私は半身不随がどういうことであるか、痰のつまりがどういうことであるか、それを書いていく多田を信用する。

本書収録に際して付した註

☆01　二〇一七年に「多田富雄コレクション」が藤原書店から刊行された。1は『自己とは何か――免疫と生命』、2は『生の歓び――食・美・旅』、3が『人間の復権――リハビリと医療』、4が『死者との対話――能の現代性』、5『寛容と希望――未来へのメッセージ』。
☆02　『わたしのリハビリ闘争』(多田［200712］)のために書き下ろされた「はじめに　総括、弱者の人権」は今度の藤原書店の本に当初収録される予定もあったが、結局収録されなかった。そんなこともあるから、現在入手困難な文章をさらにこの資料集にいくつか収録することにする。この文章では上田が座長を務めた「高齢者リハビリテーション研究会」は以下のように書かれている。
「都合よく利用されても、専門家と称する「高齢者リハビリ研究会」のメンバーのリハビリ医は、一言も反対しなかった。腰抜けというほかない」(多田［200712:18］)。
☆03　また多田が代表を務めた会の「声明文」(リハビリ診療報酬改定を考える会［2006］)などをこち

らのサイトに掲載するなどにした。

☆04　連載で引用したのは以下。

「ここで、やや旧聞に属するが、一〇数年前の学園紛争の時代にしばしば学園を風靡した「労働力修理工場論」について一言触れておきたい。これは学園紛争が医学部からはじまったこともあって、医学・医療への根源的な批判として、当時の「新左翼」の論客たちが展開した議論であって、リハビリテーション界の一部にもかなりの影響を与えたものである。それは医療はすべて、そしてなかでもリハビリテーションはとくに、もっぱら資本家の利益のために、傷ついた労働力を修理し使えるようにし、ふたたび資本家によって搾取されるために社会に送りかえすものだ。したがって、それは権力への加担であり、犯罪的であるとの主張である。今聞くとまるで嘘のように幼稚な議論であるが、当時は若い医学生、リハビリテーション関係職種の学生の心を少なからずゆるがせたものである。当時私はこれについて、小文を発表したことがあるが、その一部をここに再録しておきたい。」（上田［1983:38］）

その「小文」は上田［1971］（その紹介はＨＰ→「上田敏」）。ついでに以下を引用しておく。

「医者は患者を待ちかまえているだけでよいのか。患者は公害とか労災とかでむしばまれるかも知れない。その患者を治療して、再び労働力を搾取しようとする元の社会に帰さざるを得ないのであれば、医者という存在は、全く資本主義の矛盾を隠蔽し、ゆがみの部分を担って本質をかくす役割をになっているだけではないか。

では医者になることを拒否するのかといえば、そういう形で問題は立てられない。いわば否定の否定として二転三転して医者になろうとする。しかし同時に受身的な医者になることを拒否して闘争を続けたときに、結果として医者になれないかもしれない。

自分は医者になってもならなくてもよい。けれど、闘争はまさに続くんだ。その闘争は医療の分野でだ。そこから自分が抜けたら、だれがやるのか。自分たちこそ医者になるんだ。このようなねばりつく運動形態が、どんなにラジカルであろうと、それは革命的敗北主義からも玉砕主義からも抜け出た運動であることは自明なのだ。」(最首［1969:101-102］)

「理系闘争委員会は、現代社会において科学は、それが平和のためであれ、戦争のためであれ、すべて資本家の財産、私有物として存在していると考える。そして科学は一面、労働者人民を抑圧するとともに、他方において労働者人民が自己を含めた社会の矛盾を解明する武器となる両刃の剣であるといういわゆる「科学の二面性論」は、科学者が発明した論理にすぎないと、はげしく攻撃する。」(最首［1969:102］)

Ⅳ

ブックガイド

障害学？の本・1（医療と社会ブックガイド・24）［200302］

※『看護教育』の連載での一部を再録した。註（★01等と表記）は再録にあたって新たにつけた。

この欄を書かせていただくようになってはや三年目、しばらく医療から外れることになるが、そして以下は私も関わっている本の紹介ではあって多分に広告的なものになってしまうが、乞御容赦。

「障害学」というものが存在する、ことにしてしまっている。『障害学への招待』の後、倉本智明・長瀬修編『障害学を語る』（倉本・長瀬［2000］）が出版された。そして昨秋『障害者の主張』が出た。真ん中のものは講演集だから、書き下ろしの論文集としては二冊目ということになる。

まず、ただたんに章立てを紹介する。ホームページには各著者についてのデータや序文・あとがき等を掲載しているのでどうぞ。

一九九九年三月に刊行された『障害学への招待』（石川准・長瀬修編［1999］）[☆01]。長瀬修「障害学に向けて」、石川准「障害、テクノロジー、アイデンティティ」、立岩真也「なにより、でないが、とても、大切なもの——自己決定する自立、について」、玉井真理子「「障害」と出生前診断」、市野川容孝「優生思想の系譜」、森壮也「ろう文化と障害、障害者」、金澤貴之「聾教育における「障害」の構築」、倉本智明「異形のパラドックス——青い芝・ドッグレッグス・劇団態変」、花田春兆「歴史は創られる」、山田富秋「障害学から見た精神障害——精神障害の社会学[☆02]」。

そして昨秋、二〇〇二年一〇月に刊行された『障害学の主張』。石川准「ディスアビリティの削減、インペアメントの変換」、立岩真也「ないにこしたことはない、か・1」、好井裕明「障害者を嫌がり、嫌い、恐れるということ」、倉本智明「欲望する、〈男〉になる」、瀬山紀子「声を生み出すこと——女性障害者運動の軌跡」、ニキ・リンコ「所属変更あるいは汚名返上としての中途診断——人が自らラベルを求めるとき」、寺本晃久「能力と危害」、杉野昭博「インペアメントを語る契機——イギリス障害学理論の展開[☆03]」。

◇◇◇

どれからでも、どの章から読んでもらってもよいのだが、まず最初の本である『障害学への招待』。自分たちではこれは出すべき本、重要な仕事だとは思ったが、そう売れるとは考えていなかった。けれど意外に売れた。今出ているのがたしか第六刷[☆04]で、それはこの手の本では珍しい。さてそれはどんな本であるのかだが、ここでは少し遠回りしながら、だんだんと紹介していこう。

もう忘れた人もいるかもしれないけれど、この前年、一九九八年の秋に乙武洋匡の『五体不満足』(乙武[1998])が出て、ベストセラーになった。内輪で売れたと喜んだ『招待』の三〇〇倍より出たはずだ。本人も誰もそれがその翌年にかけ一番のミリオンセラーになると思いはしなかった。彼の友人から、こんな本が出るからホームページで紹介してほしい旨のEメイルをいただき、宣伝文を掲載したくらいだ。

みなさん読んだはずなので紹介の必要はないだろう。『ロスアンジェルス・タイムズ』からなぜこれが日本で受けているのか言いなさいという（日本語の）電話取材があって、ファックスで返信しますと言って送ったことがある〔[199907]〕。はたして実際の紙面に載ったのか確認していないが、次のように書いた（口答でコメントするとまったく違ったニュアンスの文章になることがあるので、できるだけ文書を送るようにしている）。

「「五体満足でないと不幸だ」というきまりごとに日本人もまた息苦しさを感じているのではあり、そこに、乙武さんが「五体不満足であることは不便であるだけだ」と言い、実際にそのように暮らす姿を示したことは、ある種の解放感をもって受け止められたのだと思う。と同時に、彼は十分にハンサムであり、頭がよくて、その意味で現代の社会の価値を脅かすことにならない。このちょうどよいバランスがベストセラーの一因になっていると思う。」

こちらはおまけですと言ってもう一つの版も送った。「さんざん苦労し困難を乗り越えた末の成功物語という従来の描かれ方はもう流行らないと思っている人々にとって、彼の青春の記は、さわやかで軽々とした、しかし障害があることはやはり大変だろうと思う自らにとっては十分に立派な、克服的でない克服の物語として受け取られることになる。」

私も根性がねじれているのかもしれないのだが、そしてこの本の明るさは小浜逸郎（『「弱者」とはだれか』、小浜［1999］）あたりからいちゃもんをつけられることにもなるのだが、しかし、障害があるのは不便だが不幸ではないというメッセージは、やはりまず「まる」、ではないか。そしてそのとき私が思ったのは、このことが言われたのは最初ではないということだった。そして、そんなふうにまず言い切ってしまうところから、障害者の運動の歴史が新しく始まって展開してきた。前回まで紹介してきた精神病・精神障害の人たちのしてきたこと、その人たちの本もその流れの中にある。そして「障害学」とやらもそれと無縁ではない。

今までずっと言ってきたことが、しかしあまり聞いてもらえなかったことが、どうしてえらく受けたのだろう。上に引用した私の文章は、そのことだけに関わっている。それは不思議なことでもあるが、一味足せば、あるいは減らせば、それなりに広範な人々に、こういう乗りを受け入れたい部分があるということだとも言える。そしてそれはよいことだと、当然のことだと私は思う。

とすると、足したもの、引いたものにどんな意味があるのか、ないのか。乙武以前の人たちは、ただ言い方が下手だったのだろうか。

だが、そう簡単には引き算してしまえそうにないこともある。例えば人は人に対し常に無害であることはできないのだが、それが精神障害と結びつけられることがある。それは乱暴な結びつけ方だが、その乱暴さをどう言えばよいかはなかなか厄介だ。(このことにすこし関係する文章を青土社『現代思想』一月号掲載の「生存の争い・9」に書いた([200202][05])。特集は「トランスナショナル・フェミニズム」。そして医学書院『精神看護』一月号の特集が「「反社会性人格障害者」という人」。)

そして身体のこと。乙武は先天性四肢切断症で、たしかに十分に本格的な身体障害者だ。ただ、すこし慣れるとそう異形の者という感じはしなくなる。過剰なものはない。むしろ「普通」の人から手足を引いて、そしてさっぱりさせた感じだ。これは例えば脊髄損傷等の中途障害で車椅子に乗っている人が、やはり「普通」の人が車椅子に乗っているだけという感じであるのにも似ている。ドラマなどでも出てくる人はたいていそういう人たちだ。脳性まひで身体がそっくり返っていたり、捻じ曲がっていたりしている人は登場しない。また、役者が真似しようと思ってもできないところがある。そのような部分はどうなるのだろう。広く受けはしなかったが、むしろそこにこだわったというか、その部分を押し出したというか、そんな人たちが実はいた。それはどういうことだ。

というようなことを考え出してしまうなら、それは既に障害学をしていることなのである。

◇◇◇

私のようにただ考えていたいことを考えているだけでは「学」という印のついた旗は上がらず、集団はできない。旗を上げるには面倒なことを引き受ける人が必要になってくる。この場合には長瀬修がその役割を果たした。彼は私と似たような年の人で、国会議員の秘書だとか青年海外協力隊員だとかさまざまな活動・仕事をしながら、収入は通訳等でなんとかという、つまりはフリーターをしてきたのだが、昨年から東京大学先端科学技術研究センターで特任助教授の職を得ている。[☆06]（ここには後に紹介する〈盲ろうの大学（助）教授〉福島智〔本書327頁〕がいて、二人は通称「バリアフリー部門」という研究室をやっているのだ。）

まったく知らないその長瀬という人のオランダからの本の注文のEメイルをもらって、『生の技法』という本（後で紹介）を送ったことがある。彼はその本も使って、日本の障害者運動のことを書いた修士論文をオランダの大学院に出し、一九九五年に日本に戻ってきた。それでまた電話がかかってきて、私が住んでいた松本に訪ねてきてくれた。どんな話をしたかよくは覚えていないのだが、「障害学disability studies」というものが米国や英国にはあって、なかなかおもしろいこと、ただそれを輸入しようというわけではなく、すでに日本にも様々蓄積はあるのだから、そんな仕事をしてきた人、関心をもっている人に呼びかけて、まず本を一冊作ろうというような話だったのではなかったか。

そして彼は私の先輩でもある静岡県立大学の〈全盲の社会学者〉石川准にも相談し、執筆者として何人かに声をかけ、メイリング・リストを作った（それは今では出入り自由のMLになっていて、私のHP↓石川のHP経由でも登録できる）[☆07]。こうして本作りが始まった。

本書収録に際して付した註

☆01　一つひとつの書誌情報は文献表にある。
第1章「障害学に向けて」長瀬修
第2章「障害、テクノロジー、アイデンティティ」石川准
第3章「なにより、でないが、とても、大切なもの——自己決定する自立、について」立岩真也
第4章「「障害」と出生前診断」玉井真理子
第5章「優生思想の系譜」市野川容孝
第6章「ろう文化と障害、障害者」森壮也
第7章「聾教育における「障害」の構築」金澤貴之
第8章「異形のパラドックス　——青い芝・ドッグレッグス・劇団態変」倉本智明
第9章「歴史は創られる」花田春兆
第10章「障害学から見た精神障害——精神障害の社会学」山田富秋
おわりに

☆02　この二冊の間に、一九九八年度に東京都障害者福祉会館が主催して実施した福祉講座「障害学へのお誘い」の講演録として『障害学を語る』(倉本・長瀬編［2000］)が刊行されている。
まえがき　長瀬修
第1章「障害学・ディスアビリティスタディーズへの導入」長瀬修
第2章「平等派でもなく差異派でもなく」石川准
第3章「米国の障害学」アドリアン・アッシュ(Ash, Adrienne)／長瀬修・訳
第4章「障害(ディスアビリティ)の共通性」ヴィク・フィンケルシュタイン(Finkelstein, Victor)

／長瀬修・訳
第5章「英国の障害者運動」ニック・ダナファー（Danagher, Nick）／長瀬修・訳
第6章「障害学と文化の視点」倉本智明
第7章「ろう文化とろう者コミュニティ」木村晴美
第8章「手助けを得て、決めたり、決めずに、生きる――第3回日本ALS協会山梨県支部総会での講演」立岩真也
あとがき　倉本智明

私の担当した章は、当初の予定を変更し、担当した講義の再録ではなく別の講演の記録にした。後に『良い死』（[200809]）の序章「要約・現況」の1「要約と前置き」の2「急ぐ人のために・2――短い版手助けをえて、決めたり、決めずに、生きる――第3回日本ALS協会山梨県支部総会での講演」として収録した。

題名や著者名に「障害学」があるものを検索したものに、いくつかを、整合性のある基準などなく、足してとりあえず作ったリストが以下。普通の意味での「障害学」の本ではないものも含まれる。またあげられるべきものがここにはあがっていない。障害者運動、障害者政策の関連の二〇一二年までのものについては［201212］にある程度あげてある。翻訳については本書440頁。

◇安積純子・尾中文哉・岡原正幸・立岩真也　1990　『生の技法――家と施設を出て暮らす障害者の社会学』
◇安積純子・岡原正幸・尾中文哉・立岩真也　1995　『生の技法――家と施設を出て暮らす障害者の社会学　増補改訂版』
◇福島智　1997　『盲ろう者とノーマライゼーション――癒しと共生の社会をもとめて』
◇石部元雄・柳本雄次編　1998　『障害学入門』、福村出版

◇石川准・長瀬修編　1999『障害学への招待――社会、文化、ディスアビリティ』
◇倉本智明・長瀬修編　2000『障害学を語る』
◇石部元雄・柳本雄次編　2002『ノーマライゼーション時代における障害学』
◇石川准・倉本智明編　2002『障害学の主張』
◇田中耕一郎　2005『障害者運動と価値形成――日英の比較から』
◇倉本智明編　2005『セクシュアリティの障害学』
◇前田拓也　2005『介助現場の社会学――身体障害者の自立生活と介助者のリアリティ』
◇津田英二　2006『知的障害のある成人の学習支援論――成人学習論と障害学の出会い』
◇星加良司　2007『障害とは何か――ディスアビリティの社会理論に向けて』
◇後藤吉彦　2007『身体の社会学のブレークスルー――差異の政治から普遍性の政治へ』
◇倉本智明編　2010『手招くフリーク――文化と表現の障害学』、生活書院
◇鈴木良　2010『知的障害者の地域移行と地域生活――自己と相互作用秩序の障害学』
◇野崎泰伸　2011『生を肯定する倫理へ――障害学の視点から』、白澤社
◇福島智　2011『盲ろう者として生きて――指点字によるコミュニケーションの復活と再生』
◇安積純子・尾中文哉・岡原正幸・立岩真也　2012『生の技法――家と施設を出て暮らす障害者の社会学　第3版』
◇津田英二　2012『物語としての発達／文化を介した教育――発達障がいの社会モデルのための教育学序説』
◇川越敏司・川島聡・星加良司編　2013『障害学のリハビリテーション――障害の社会モデルその射程と限界』、生活書院
◇秋風千恵　2013『軽度障害の社会学――「異化&統合」をめざして』

◇堀智久　2014『障害学のアイデンティティ――日本における障害者運動の歴史から』
◇小川喜道・杉野昭博編　2014『よくわかる障害学』
◇障害学研究会中部部会編　2015『愛知の障害者運動――実践者たちが語る』
◇頼尊恒信　2015『真宗学と障害学――障害と自立をとらえる新たな視座の構築のために』
◇あべやすし　2015『ことばのバリアフリー　情報保障とコミュニケーションの障害学』
◇榊原賢二郎　2016『社会的包摂と身体――障害者差別禁止法制後の障害定義と異別処遇を巡って』
◇田中耕一郎　2017『英国「隔離に反対する身体障害者連盟（UPIAS）」の軌跡――〈障害〉の社会モデルをめぐる「起源の物語」』
◇矢吹康夫　2017『私がアルビノについて調べ考えて書いた本――当事者から始める社会学』
☆03　その目次は329頁に掲載した。私が担当した章は本書に収録した（第10章）。
☆04　二〇一八年九月には第十刷になっている。
☆05　[200301a]。『加害について』（立岩編［201609-］）に収録した。構成は「裏切ることについて」、「様々な場での争い」、「争いを誘発するもの」、「危険／確率」、「適度な距離にある無知と歪曲」、「この年と近過去」、註・文献。
☆06　現在は立命館大学衣笠総合研究機構生存学研究センター客員教授。編書に石川・長瀬編［1999］、倉本・長瀬編［2000］、長瀬・東・川島編［2008］［2012］、Addlakha et al. eds.［2009］。共著にMatsui et al.［2012］、訳書としてGallagher［1995 = 1996］、Lane［1999 = 2007］、長瀬監訳［2013］。
☆07　この時には石川が勤務する静岡県立大学のサーバーを使っていたが移行。そんなことがあって連番は幾度かリセットされていて、これまでの累計数は不明。管理人は今は私がつとめている。

障害学?の本・2（医療と社会ブックガイド・25）［200303］

前回から「障害学」を紹介することにしてしまったのだが、さて「病気」と「障害」とはどんな関係になっているだろう。そう考えるほどのことでもないのだが、最近これにいささか関係することがあった。

障害者に対する福祉サービスがこの四月から「支援費制度」というものに移行することになる。そのどさくさに紛れてというか、ホームヘルプサービスについて国がお金（基準額の半分）を出す時間の上限を設定しようとしていることが一月になってわかった。これは特に今回とりあげる本に出てくる人たちにとっては言葉通りの意味で死活問題だったから、薬害エイズの時以来の数の人が厚生労働省前に連日集まって抗議行動を行う事態になった（ことの顛末については私のHPをどうぞ[☆01]）。

ただ脳性麻痺など「普通の身体障害者」で丸一日介助が必要な人はそう多くはない。一番困るのは、在宅で暮す「難病」ＡＬＳ（筋萎縮性側索硬化症）の人たち――この人たちについてまだ『現代思想』に書いていて当分終わる気配はない――だろうと思った。実際、ホームヘルプの時間が減らされて「最初に死ぬのは私です」と、この件をとりあげた一月三〇日放映のＮＨＫ教育「にんげんゆうゆう」で、取材に対して語ったのは橋本みさおさんだ（彼女についてもＨＰを参照のこと[☆02]）。

つまり、言うまでもないことながら、病気になって困るのは痛いことやあるいは死ぬかもしれないことであるとともに、一つには不自由になることだ。病気と障害とは陸続きでつながっている。（それにしては今回のことへの病気関係者?の関心はいま一つ、と思わないではない。）

ただ障害者は「私は病人ではない」と言うことがある――他方、病気の人は障害者であると言われたくないように見えることがある。そして障害学でも「医療モデル」というのはよく槍玉に挙げられる。

医療モデル vs ○○の、○○に入るものはいくつかある。一つは「生活モデル」だ。これは（身体の器官の異常だけみる）医療・医学（だけ）ではなく（人を生活において捉える）看護とか、リハビリテーションとか、福祉とか（が大切）という文脈で言われることが多いだろう。

ただ、治療ではなくて、看護やリハビリテーションや福祉ならOKかというと、そうでもなかったりするのがなかなか難しいところでおもしろいところである。例えば障害学では「社会モデル」という対置の仕方をする。障害者というすぐ福祉、リハビリということになって、研究もそういうところからなされるのだが、それらのすべてから、すくなくともいったん、離れてみようという志向をもっている。では、医療や福祉が問題解決、事態の改善を志向するのに比べ、障害学が傍観者的であるかというとそうではない。むしろ、人により場合により温度差はあるが、実践的、批判的な志向はかなり強い。だから、いったん離れるのにも離れずにはいられないというところがあるということである。それはどういうことなのだろう。このあたりの概説は前回紹介した『障害学への招待』（明石書店）の長瀬の書いたところを見ていただければよいし、私の考えはやはり前回紹介の『障害者の主張』（同）に収録された文章の後の方に少し記した。

ただそれは、実際のところを整理した結果なので、そのもとのところがわからないとやはりなかなか伝わってはこない。私は以前、看護やリハビリテーション志望の学生向けの「社会福祉学」といった講義をもっていたとき、まず『生の技法』の第1章、安積（あさか）遊歩（純子）「〈私〉へ――三〇年について」を読んでもらうことにしていた。

◇◇◇

いちおうこの本全体を紹介しておく。この本は「自立生活」と呼ばれたりするものについて書かれた本である。それは、副題の通り、家族に世話になることをやめて、かといって福祉施設に入ることもせずに、地域で生きていこうとする人たちの暮しのことである。これは一九七〇年代に始まって全国に広がっていくのだが、東京の西の方、三多摩と呼ばれる地域にそんな暮しをしようという人たちが集まってきていて、その人たちの活動・運動が活発だった（それには、ボランティア――当時は介助のかなりの部分をボランティアによっていた――の供給源である大学が多くあったという事情もある）。

どうもこれはおもしろいということになって、一九八五年から聞き取り調査を始めた。やがてこの動きには過去があることがはっきりしてきた。それで、一九七〇年代からの動きを、障害者団体の機関誌等を探し出して調べたりした。そんな部分も加え、今から考えればかなりの時間をかけて（当時は職もなかったし、時間をかけることができた）、一九九〇年に出版した、というか出版社に原稿を持込み、出してもらった。初版三刷の後、一九九五年に増補改訂版が出て〔二〇〇三年三月〕現在第七刷になっている〔二〇一二年に第三版（安積他［2012］）〕。

そこには、うるわしくもあるが双方にとって息苦しいものでもある家族と本人の関係のこと、様々に改善されるべきしかし改善されても施設は施設である施設のこと、介助（介護）における人間関係のこと、自立生活プログラムと呼ばれる試みのこと、この生活・運動の歴史的な展開、介助に関わる制度の推移と現状の紹介とどこから誰から介助を得るかについての考察、等がある。

九五年の増補改訂版では、私たちが調査していた八〇年代後半、ぼつぼつ各地で始まった「自立生活センター」の活動が、九一年に全国組織も発足して活発で重要なものになってきたことも受け、その活動を紹介しその意義を考察した章等を加えた。手前味噌だがよい本だと思う。前々回〔［200301b］〕紹介した『自立生活運動と障害文化』（全国自立生活センター協議会編［2001］）は個々の人や組織について書かれた文章が集められているのだが、こちらはその全体を捉えようとしたもので（その捉え方が偏ったものであることは認めよう)、両方合わせて読んでいただけたらよい。

最初に記した支援費制度、ホームヘルプサービスについての行動でも、他の全国的な障害者団体といっしょに、先頭に立って、連日厚生労働省の前に集まり、官僚との交渉に当たったのはこの人たちだった。細々としたものだった運動が大きくなったことを、またなだらかではないだろう今後の道程のことを思った。

◇◇◇

さて安積遊歩(戸籍名は純子でこの本では純子になっている)。彼女は一九五六年福島県生まれで、骨形成不全という障害がある。私が初めて会った一九八五年には東京都の国立市に住んでいて、今でも住んでいる。最初の単著は『癒しのセクシー・トリップ——わたしは車イスの私が好き!』(安積[1993])。他はHPに掲載〔本書61・324頁〕。

『生の技法』の第一章の方は一人称の語りの形をとっている。彼女の約三〇年が語られている。親に連れられ病院に通って、よくわからないまま手術を何度も受けたが、痛いだけでよいことはなかったこと、病院が横にある寄宿制の養護学校に入るが看護師が厳しくて辛かったこと、等々。医療・看護にとってうれしいことはすこしも書いてない。かといって「特殊教育」を含む福祉業界がよかったという話になっているわけでもまったくない。それが全体の一部であることをまずは認めよう。しかしそういう人が一人いることはまず事実であり、そしてそういう人は、私は聞き取りして思ったのだが、たくさんいる。(この辺をきちんと押えておいた方がよいと述べたのが、昨年〔二〇〇二年〕の六月号(第十七回、[200206])で紹介した『臨床社会学の実践』所収の「なおすことについて」、本書第11章として再録。)さてこれはどういうことなのかと考えると、最初に記した「医療モデル」vs……という話につながる。

ただそれはたくさんのことが語られている中の一つだ。なにより、人生が変わることについて語られる部分が幾つかある。米国に半年行った時の話もその一つなのだが、その前、一九七六年、二〇歳の時、彼女はその日付を覚えているのだが、福島青い芝の会という小さな組織の花見大会（と当地では言うのだそうだ）に、もう一人その前に人生が変わってしまった人（本には名前が出ていないが前掲の『自立生活運動と障害文化』に「「障害者は生きているのが仕事だ」ってね」が載っている鈴木絹江である）にかどわかされて、行くのである（28-30頁）。この辺りが私にはおもしろく、重要であるに違いないと思われ、講義で、朗読しても感じが出ないのでそのまま読んだりはしないのだが、なにがしかの熱情とともに、紹介してきた。

そしてさらにその二〇年後、一九九六年に宇宙（うみ）と名付けられた女の子が生まれる。その宇宙さんも骨形成不全で二人は骨形成不全親子をやっている。出産の前後のことは、九六年、九七年と二度NHK教育テレビの番組でも放映されたからご覧になった人もいるだろう。そしてその後のことは、九九年に出版された二冊目の単著『車椅子からの宣戦布告——私がしあわせであるために私は政治的になる』（安積［1999］）に描かれている。

本書収録に際して付した註

☆01　『〈障害者自立支援法案〉関連資料』（立岩・小林編［2005］）、「共助・対・障害者——前世紀末からの約十五年」（［201212b］）。

☆02　この翌年、『ALS——不動の身体と息する機械』（［200411］）を出してもらった。この本の何箇所かに橋本は出てくる。

「ニキリンコの訳した本たち・2」[☆01]のはずのところ、お知らせがあって、別の本を紹介する。

昨年〔二〇〇三年〕の秋、「障害学会」という学会が設立されて、この〔二〇〇四年〕六月一二日と一三日に静岡県立大学で大会がある。私のHPにも情報がある。今回紹介する石川准はこの学会の初代の会長でもあり、私も会員で、二日目に私と彼は話をする。対談のようなかたちをとることになると思う。[☆02]そんなこともあって、紹介することにした。興味のある方で、その日に静岡に来ることのできる人はいらっしゃい。

「障害学」については既に幾度か紹介してきた。石川准・長瀬修編『障害学への招待――社会、文化、ディスアビリティ』（石川・長瀬編［1999］）、石川准・倉本智明編『障害学の主張』（石川・倉本編［2002］）は第24回で取り上げた。ニキ・リンコも『主張』の方に「所属変更あるいは汚名返上としての中途診断――人が自らラベルを求めるとき」を書いている。

これらの本の編者でもある石川には『アイデンティティ・ゲーム――存在証明の社会学』（石川［1992］）、『人はなぜ認められたいのか――アイデンティティ依存の社会学』（石川［1999］）の二冊の著書があったのだが、それに加えて最近、医学書院から『見えないものと見えるもの』が、「ケアをひらく」シリーズの一冊として出された。

「社会学者にしてプログラマ、全知にして全盲、強気にして気弱、感情的な合理主義者」

よくできているこの本の帯（裏の方）にこう紹介されている石川は、その自分自身のことを含め、いろんなことを書いているのだが、帯の表には「だから障害学はおもしろい」とある。

「〇〇学（会）」など立ち上げてしまうと、「（学問であるからには）何であるかはっきりしなさい」というのと、「学だなんて言って、偉そうに」という反応と両方あり、両方ごもっともではあるのだが、私はすこし脱力したところから始めてよいと思っている。

障害についてよくある話は、なおすか、それがうまくいかなければ、受容しなさい、というものである。なおればそれは医療の側の手柄でもある。それが無理でも受容してくれれば扱いに困らず、これはこれでやはり都合がよい。その図式にはまらないと、「この人は障害受容がうまくいっていない」ということになる。

だが実際にはそう都合よくはいかないはずだ。あるいはそんな割り切り方（割り切られ方）では本人がかなわないところがある。私が思うに、おもしろいのは、また必要でもあるのは、こういう業界的な都合のよさから身を引き離し、無理やり話を終わらせてしまうことをやめて、起こっていることをきちんと見ること、考えられることを考えてみることだ。その営みに「障害学」という名前をつけてもわるくはないだろう。「学」といっても、女性学とかカルチュラル・スタディーズとかクィア・スタディーズとか、このごろ「〇〇 studies」と名のつくものは、そう行儀のよいものでも威厳や権威に満ちたものでもない。

「業界の学」から離れてみる試み、障害学を、一つに、そんなふうに考えてみてもよい。そしてこの本がいる場所もそんな場所だ。（これは社会学者にとってはそう難しいスタンスではない。私らはお気楽な人たちなのである。）

例えば、この本は「障害」という主題からいったん切り離すこともできる「感情」についての本でもある。感情が仕事とつながっている場合とそうではない場合と、それぞれについて考えるべきことがあり、石川は両方について考えているのだが、「感情労働」はその前者ということになろう。これも石川がずっと書いてきた主題である。彼は感情労働が論じられるときよく引かれるホックシールドの『管理される心――感情が商品になるとき』(Hochschild［1983 = 2000］)の共訳者でもある(もう一人は室伏亜希)。この「ケアをひらく」のシリーズにも、武井麻子『感情と看護――人とのかかわりを職業とすることの意味』(武井［2001］)がある。

石川の論の内容は紹介できないが、一つはっきりしているのは、やはりここでも業界的に簡単な話の収め方はしていないことだ。つまり、感情労働をしているから、それだけたいへんだ、その仕事に社会的評価が必要だという話にはなっていない。そんな話ではかえってその仕事のおもしろさも伝わらない、感情を求められつつ感情から離れることを求められる、このことの不思議さを考える方がおもしろいではないかと言うのだ。

◇◇◇

さて話戻って、障害とは何かができないことでもある。できない人はよくない人だとされると、できない人=障害者は浮かばれない。そこで、できることはたいしたことではないと言う。するとそれは「ルサンチマン」に発している、負け惜しみではないか、と言われるかもしれない。そう言われると、なんだか悔しい気もするし、当たっているような気もする。さてどう考えればよいか。

それは「アイデンティティ」、「存在証明」についてずっと考えてきた石川の主題でもあった。彼がやってきたことは、まず、社会的に負に評価されるものをある人が有しているとき、そのままではよいことがないその人はどう出るか、ありうる出方を書き出すことだった。例えば、否定されているものをひっくり返して肯定するとか、あるいはそれはあきらめて別の部分で勝負するとか。次に、その出方の正負、損得を記述する。例えば、別のもので勝負するといったって、それもできなければどうなるんだとか、わざわざ別のものをもってこなくてはならないこと自体苦しげなところがあるとか。

今回の本は、石川が今まで書いてきたことを短く要約しつつ（だから以前の本を読んできた人の方がすんなりわかるかもしれない）、さらに論を進めているところがあるし、その論のもとのところをはっきり言っているところがある。

つまり、やはりいい仕事をしたら褒めてほしい、褒めてほしいから仕事をするというところはあるではないか、と言う。

もちろんこう言われて一番簡単な応対は、たしにそんな部分は私にもある、それはわるくない、と答えることだろう。ただ、もう少しそれをていねいに考えて言ってもよいかもしれない。

私は私で、この問い、「能力主義」と呼ばれたりするものをどう考えるかという主題にかかずらわってきた。『自由の平等』という今度の本でもそれを考えている。石川もこの本（のもとになった雑誌連載）での私の論に言及している。だいぶ趣の違った2冊ではあるが同じところを考えてもいる。

一つに、ことの是非について考えてみたらよいと私は思った。これは、事実や事実の「相対性」を示す仕事からは外れるのだが、それをした方がよいと思った。そのことを、そしてそこから何が言えるかを、「ほんとはうらやましいんだろう」と言ってくる人に何が言えるかを、第2章「嫉妬という非難の暗さ」で書いた。

まず、人の役に立つことはよいことで、それを評価し褒めることはあるだろうし、よいとしよう。また、それで人がやる気になるなら（評価すること自体は「ただ」でもあるから）有益だろう。

次に、しかし、このことと「受け取り」の問題とを直結させることはしない方がよいだろう。（直結させると、評価される仕事をしたのだからたくさん褒美をもらって当然だとなり、ただほめてあげるだけではすまなくなる。ここには「分配」の問題がある。障害という主題は価値や生活の様式の問題には回収しきれない。どちらか言えばこれまで文化的側面？を論じてきた石川も今度の本では、後半、分配・平等を論じている。）

では評価すること自体はどうか。まず、私は、わりとシリアスな場面を考えてきた。できないこと、できなくなることが死を決意させ行わせることがある。「安楽死」はそのような行いだ。と言うと、そこまで「存在証明」という語を強く用いていない、できることが評価されるのもあまり強いとよくない、ほどほどでよい、と石川は言うかもしれない。程度問題だと。たぶんそれで正解だ。しかし、もう少しそれを詳しく言ったらどういうことか、程度問題とはどういう問題か。そんなことを6月には少し論じてみたいと思う。

本書収録に際して付した註

☆01　Gerland［1996＝2000］、Solden［1995＝2000］を紹介した。次の回「ニキ・リンコの訳した本たち・2」では岡野・ニキ［2002］他を紹介した。

☆02　「「見えないものと見えるもの」と「自由の平等」」という題の対談として『障害学研究』の創刊号に収録された（石川・立岩［2005］）。

『障害の政治』(医療と社会ブックガイド・66)[200612]

何回か「障害学」に関係する本を紹介した。その後もいくつも関連の本が出て、だいぶたまっている。今回はひたすら書名だけを列挙しよう、と思ったが、それはまた後で。今回は一冊だけ。

その前に雑誌の特集。前々回に「自立支援法」関連の本を紹介したが☆01、『現代思想』(青土社)の〔二〇〇六年〕十二月号が「自立」の特集。私は白石嘉治さん(共編著に『ネオリベ現代生活批判序説』(白石他編[2005])と対談させてもらっている(立岩・白石[2006])。また十一月号が「ハリビリテーション」の特集。多田富雄さん(著書『免疫の意味論』(多田[1993])他)がリハビリテーションを十八か月で打ち切る政策に怒っている〔多田[200611a]、本書第14章・404頁〕。ついでにもう一つ、十月号の特集は「脳科学の現在」。

◇◇◇

英国の障害学の翻訳書が二冊出ている。今年翻訳が出たのがマイケル・オリバーの『障害の政治――イギリス障害学の原点』(Oliver[1990=2006])。もう一冊はコリン・バーンズ他『ディスアビリティ・スタディーズ』(Barnes; Mercer; Shakespeare[1999=2004]☆02)。

今回は前者について。著者☆03は一九六二年に頚椎を損傷。グリニッジ大学で障害学を担当、現在は退職している。英国障害学会の学会誌Disability and Societyの編集に携わり、脊椎損傷者協会、イギリス障害者協議会等の障害当事者団体の運営にも関与。「障害学の主要なメンバーが障害当事者運動とコミットし、両者が連動しながら展開されているところに、イギリス障害学の特徴を見てとることができる。」(pp.237-238、横須賀俊司の「訳者あとがき」より)英国での運動の展開については、前回、書名だけ紹介した田中耕一郎『障害者運動と価値形成――日英の比較から』(田中[2005])に紹介されているからご覧ください。

さて私は、一九九〇年に出たもとの本をいちおう持ってはいた。ペーパーバックで、薄い本で、階段があって投票所の建物に入れそうにない車椅子の男性の写真という、たいへんべたなメッセージを伝える表紙の本だった。それに比べると、訳書は倍ほどに——たいていそうなるのだが——厚くなり、表紙はなんだかきれいで、すこし異なった印象を受ける。

この本はけっこう有名な本で、よく言及される。中でもよく引かれるのは、「社会モデル」の説明として、国勢調査局の調査の質問のリストとそれに対する代替案のリスト（p.29）例えば前者では「あなたの健康問題／障害は、現在の仕事に何らかの影響を及ぼすものですか?」、後者では「物理的環境または他の人の対応が原因である仕事上の問題を抱えていますか?」。ここは以前紹介した『障害学への招待』（明石書店）でも、さっきあげたもう一冊の英国の本でも引かれている。たしかにわかりやすい。

ここは重要なところでもあるから、上記の本のいずれかは読んでもらうのがよい。そこから考えるべきこともある。だが、それはそれとして、とりあえず当然のこと、とするならば、どこを読むか。

以前、英語版を買ってぱらぱらとみた時には、なにか懐かしいような感じがした。だいたい賛成だが、とくになにか新たに教えてもらうようなことが書いてあるようには思えなかった。この連載がなければ、また現在大学院（の隣の研究科の科目）で「障害学研究」といったものを担当していなかったら、この訳書を端から読むこともなかったように思う。

しかし、このたび読んでみた。読んでみると、書かれていることについて、本当なんだろうかなどと考えながら読むとけっこう使えるようにも思った。それは、この本がわりあい「大風呂敷」の話をしようとしていること、そして「なぜ」を説明しようとしていることと関わっている。

つまり著者は、資本主義と障害者、といった捉え方をする。そういう理解・論法は、かつては日本でも様々に（学問として成立したというわけではないが）あったように思い、だから懐かしい感じもしたのだが、そういえば、このごろそういうものを、日本の障害学近辺でも他でもあまり見かけない。それはそれでさびしいことだ。

今年〔二〇〇六年〕出してもらった本（『希望について』［200607］）に、これからはもっと「天下国家」について考えよう、みたいな文章を幾つか収録したのだが〔［200607］他〕、著者はその「体制」の話をする。それにはもちろん、英国障害学の社会運動との連接という要因もある。ただ実践的な志向をもった論のすべてがそういう大きな話に行くとは限らない。一部がそんなことを言うのだ。そして、話を大きくすると、ではどうするかも大きな話になり、容易に実現しそうにない話になってしまう。しかし、そもそも実践的な志向が強いから、変革は手放したくない。そこで、なかなか難しく、悩ましい話になってしまう。そこでこの本の場合は、「新しい社会運動」という、新しいものとして登場してからずいぶんの時間が経ってはいる運動論をもってきたりもする（第8章「無力化の政治——新しい社会運動」）。

この方法論は、体制も幾度か変容してきたことにも対応する。第7章「無力化の政治——その存在可能性」では、一九七〇年代の福祉国家再編以降が扱われている。ただ今回はそれ（次の数え方だと第三段階）はおいて、もっと手前のところ、第3章「障害と資本主義の到来」から一部を。

◇◇◇

「第一段階の経済的基礎である農業や小規模な工場では、大半の障害者は生産過程に組み込まれて、完全に参加ができなくても、部分的に貢献することができた。封建時代の障害者は薄幸の個人と見なされていたが、社会から隔離されることはなかった。第二段階で産業化が進むにつれて、［…］障害者の大半は生産過程から排除されるようになったのである。」（p.62、もっと長い引用は私のHP）

どうも乱暴な話ではないかとも思える。技術の進歩が身体系の障害者に対してはプラスに働くのではないかといったこともすぐに思いつく。また、過去がその後よりもよかったというのも本当なのだろうかという疑問も感じる。どうも私たちは、資本主義がなにをもたらしたという話をそのまま信じないような癖をつけてしまったのかもしれない。

ただ、考えてみると、資本主義という名称が最適であるかどうかは別に、基本的には、この理解は当たっているのではないかと思える。著者自身はあまり展開していないが、幾つか要因が考えられる。まず、生産と生活とがあまり分離していない社会と異なって、生産だけがなされる場が成立すると、その生産能力において半端な存在はどう遇せられるか。また、生産力が高まるに応じて労働力に余剰が生じていくといった要因の作用。そんなことを考えていくと、資本主義が俺たちを、という話もありそうに思える。

ただ、もっと素朴な基本的なところで、仕事ができなければ（できなくさせられていれば）稼げないという仕組みのことについてはこの人はどう考えるのだろう。稼げるにしても、補っても残る差異があるなら、差は残るだろう。それはどうするのだろう。そんな疑問は、この種の議論をする人たちに対しても残る。社会に批判的なこの人たちにしてもどこを自らの立ち位置と定めているのかわからないところがある〔本書第3章・83頁〕。

そんなところを残しつつ、次に施設化と医療化の話が続く。

施設化について。「就労可能であるにかかわらず仕事に就こうとしない人々を、就労できない人々と分離することが重大な問題として浮上したのである。」（p.73）

「施設へと人々を社会から引き離すことでイデオロギー的気運が生まれ、部分的にせよ、その結果、障害は恥ずべきものへと変化した。」（p.74）

これだけだと、ここも乱暴な感じだが、しかし、ここもそうでもないと思う。そしてこうした理解は「人道主義」の発展という通常の理解を全面的に否定するわけではなく、むしろそれを含めた説明を提供するはずだ。紙数の制約から私の言い方も乱暴になってしまうが、とにかく、とりあえず生きている人を殺すわけにはいかないとしよう。そこでどうしようかとなって、話が続いていくということだ。次に、いったんできて、それが制度のもとに置かれるなら、あまりにひどければ批判され、いくらかはましなものになっていく。すると、当初の期待のようには安くあがらないことにもなる。それが「脱施設化」にも関わってくる。リハビリテーションの期間制限もそんなことと無関係ではない。障害者の社会運動は、脱施設を主張し、医療やリハビリテーションにも懐疑的・批判的であった。ところが、別の人が同じことを言うように見えることがある。いったいどうなっているのかと考えるためにも、なぜそれはあるか、社会の何とそれは関わっているのかと考えることは必要なのだ。

次に「医療化」。（続く[☆04]）

本書収録に際して付した註

☆01　その回は「「社会人（院生）」の本・1」というものだった（HPに全文収録）。それと別に『障害者自立支援法とケアの自律――パーソナルアシスタンスとダイレクトペイメント』（岡部耕典［2006］）、『障害者自立支援法』時代を生き抜くために』（岡崎伸郎・岩尾俊一郎編［2006］）を紹介した。

☆02　この本は二〇一〇年に第二版が出ている（Barnes; Mercer［2010］）。初版の編者の一人であったトム・シェクスピアは編者から外れている。シェクスピアは障害学主流？　を批判したということになっている本（Shakespeare［2006］）で少し話題になった。ただそれほど重要な提起をしているとは私は思わなかった。
　二〇一〇年の九月にコリン・バーンズ氏とアリソン・シェルダン氏が来日し、立命館大学大学院での集中講義をしてくれた。また障害学会の大会（会場・東京大学駒場キャンパス）で講演を行なってくれた。それを機会に、この国で考えられ言われ書かれてきたことを整理し提示すること、同時に、かの国の障害学において言われてきたことを検討しておく必要もあるだろうと思った。そこで、きわめて取り急ぎ、まったく不十分なものではあるが、九つの短文を書いて（［201009a］〜［201009i］）、HPに掲載し、英語とそして韓国語に翻訳してもらい、やはりそれをHPに掲載し、来日される方々にも読んでもらうことにした。

　またこの頃から韓国と運動家・研究者との交流が始まった。日本から韓国に行ったり、韓国から日本に来ていただりしたのだが、その時の報告・議論のためにも、まずある程度のことを知ってもらってよいとも思って、当時の留学生にコリア語の頁を作ってもらいもした。

ただ、国際交流・国際連帯は研究においてより、社会運動においてはるかに先んじており、すでにずいぶんな蓄積がある。このことについても研究がなされてしかるべきだが、やはりとても少ない。日本リハビリテーション協会他の活動についてのインタビュー――奥平真砂子［2018］、メインストリーム協会（兵庫県西宮市）の活動他についてインタビュー――井上武史［2018］、廉田俊二［2018］がまず行なわれた。権藤眞由美が研究している（権藤［2019］）。

☆03　オリヴァーの単著にOliver［1983］［1990］［1996］［2009］、共著書にOliver；Sapey［2006＝2010］。

☆04　他に翻訳書として以下（訳書の発行年順）。

◇Swain, John; French, Sally; Barnes, Colin; Thomas, Carol　2004　Disabling Barriers: Enabling Environments, 2nd ed. = 2010　竹前栄治監訳、田中香織訳『イギリス障害学の理論と経験――障害者

の自立に向けた社会モデルの実践』
◇Oliver, Michael; Sapey, Bob　2006　Social Work with Disabled People, Third Edition＝2010　野中猛監訳・河口直子訳、『障害学にもとづくソーシャルワーク――障害の社会モデル』
◇堀正嗣監訳　2014　『ディスアビリティ現象の教育学――イギリス障害学からのアプローチ』（熊本学園大学付属社会福祉研究所社会福祉叢書24）
◇Ouellette, Alicia　2011　Bioethics and Disability: Toward a Disability-Conscious Bioethics＝2014　安藤泰至・児玉真美訳、『生命倫理学と障害学の対話――障害者を排除しない生命倫理へ』
◇Lane,Harlan 1999 The Mask of Benevolence:Disabling the Deaf Community＝2007　長瀬修訳、『善意の仮面――聴能主義とろう文化の闘い』

あとがき

はっきりと言えるはずだと思うことと、そうでないことと、両方がある。思えないのは、一つに、苦や死や差異や加害について、ほんとうに言えることなどあるのだろうかということだ。一つに、私は建前《たてまえ》は大切だといったことを言っていて（189頁等）、実際そのように思っているのだが、それでも、ためらいを感じることはある。第6章・第7章などはそんな気持ちが背景にもあって、迷いはしたが、結局、なくすことはしなかった。こんなものでも、ないよりはあった方がよいとは思った。

私たちは言論の堆積のその上に生きている。いくらかでも知れば、それがどの辺で行き止まるかがわかる。わかるような気がする。そしてもう一つ、言葉が届かないところはあることもわかっている。そのうえでも言うことがさらにあれば、本書ではごく簡単に記したことの続きを、よりことの本体の方に向けて、書くことがあるかもしれない。

ただそれでも本書を作った。その一つは、今述べた、そうしたためらいのある部分だってあってよいということだが、もう一つは、ごく単純に言えること、わかってもらってよいことも、他方でたくさんあると思ったからだ。なにか高尚な議論をしているかのようなのだが、実はそんなはなく、もっとずっと普通に考えて言っていったほうがもっとずっとすっきりする。そうでないから無駄に混乱している。

そのように思うことがたくさんあった。そこで――意図したというわけではないのだが――繰り返しをいとわず述べた。単純なことでも、繰り返されるうちに飲み込めるということがあると思う。ためらう部分がありながら、本書は、普通にまっとうなことを言っており、ものを調べたり考えて言ったり、ことを変えていこうとする時に役に立つと思う。

本書ⅠとⅡは『現代思想』での連載（[200510-]、二〇〇五年十月号で開始、二〇一八年十二月号で一五二回、一覧はＨＰに掲載→「立岩真也　現代思想連載」で検索）の一部を使って作られた。「「社会モデル」・序」「「社会モデル」・1」「「社会モデル」・2」（第五七～五九回、二〇一〇年八～十月号）。「生の現代のために・1」（第九七回、二〇一四年三月号、一部は使わず、また「生の現代のために・2」～「4」は使わず）、「生の現代のために・5」「生の現代のために・6」（第一一四～一一五回、二〇一五年三～四月号、一部は使わず）。「『障害／社会』準備の終わりから3」「どこから分け入るか」「不如意なのに／だから語ること」「「星加良司『障害とは何か』の1」「「星加良司『障害とは何か』の2」「社会科学する（←星加良司『障害とは何か』の3）」「「労働の場の編成等：星加良司『障害とは何か』の4」「榊原賢二郎『社会的包摂と身体』」（第一三七～一四四回、二〇一七年九～二〇一八年四月号）。「非能力の取り扱い・1」「『不如意の身体』に加えた部分」「非能力の取り扱い・2」（第一四九～一五一回、二〇一八年九～十一月号）。

以上がもとになっているが、構成も内容について、かなり大きな変更、加筆を加え、削除した部分もある。研究の方向・方法について述べた部分、史実（サリドマイド、スモン、水俣病、原発……）で今年のもう一冊の本（[201812]）にも収録しなかった部分等についての部分は、やはり再構成したうえで、別の本でと思う。

本書は科学研究費研究「病者障害者運動史研究――生の現在までを辿り未来を構想する」（基盤B、二〇一七～二〇一九年度）の成果でもあります。『現代思想』連載の担当・栗原一樹さんと本書の編集を担当してくださった青土社の瑞田卓翔さんに感謝いたします。

二〇一八年十月

立岩真也

立岩真也（たていわ・しんや）
1960年生まれ。立命館大学大学院先端総合学術研究科教授。社会学専攻。単著に『私的所有論』（勁草書房、1997／第2版、生活書院、2013）、『弱くある自由へ　自己決定・介護・生死の技術』（青土社、2000）、『自由の平等　簡単で別な姿の世界』（岩波書店、2004）、『ALS　不動の身体と息する機械』（医学書院、2004）、『希望について』（青土社、2006）、『良い死』（筑摩書房、2008）、『唯の生』（筑摩書房、2009）、『人間の条件　そんなものない』（理論社、2010／増補新版、新曜社、2018）、『造反有理　精神医療現代史へ』（青土社、2013）、『自閉症連続体の時代』（みすず書房、2014）、『精神病院体制の終わりに　認知症の時代に』（青土社、2015）など。共著に『税を直す』（村上慎司・橋口昌治、青土社、2009）、『ベーシックインカム　分配する最小国家の可能性』（齋藤拓、青土社、2010）、『差異と平等　障害とケア／有償と無償』（堀田義太郎、青土社、2012）、『わらじ医者の来た道　民主的医療現代史』（早川一光・西沢いづみ、青土社、2015）、『相模原障害者殺傷事件　優生思想とヘイトクライム』（杉田俊介、青土社、2017）ほか。

不如意の身体

病障害とある社会

2018年11月16日　第1刷印刷
2018年11月30日　第1刷発行

著者――立岩真也

発行者――清水一人
発行所――青土社
東京都千代田区神田神保町1-29 市瀬ビル〒101-0051
［電話］03-3291-9831（編集）　03-3294-7829（営業）
［振替］00190-7-192955
印刷所――双文社印刷
製本所――双文社印刷

装幀――水戸部功

ISBN978-4-7917-7119-6 C0030　　Printed in Japan

文献表(著者名アルファベット順)

※ http://www.arsvi.com(「生存学」で検索)にはこの文献表に対応するページがある。書名で検索すると出てくる。そこから、著者や本の価格等についての情報が得られる。オンライン書店から本を買うこともできる。ホームページで全文を読める※を付した文章へのリンクもある。本書の電子書籍では本文・註・文献表の各々の文献から直接、当該の文献についての、あるいは全文収録のページにリンクされている。

※〈 〉内の数字は、本書でその文献が言及されている頁数を表わす。

※[Chinese]・[English]・[Japanese]・[Korean]と記載のある文献はその中国語・英語・日本語・コリア語の翻訳をHP上で読むことができる。

※本文・註における文献表示、文献表の書式は、基本的には「ソシオロゴス方式」を使っているが、一部については変則的になっている(序・7頁)。

Abberley, Paul 1987 "The Concept of Oppression and the Development of a Social Theory of Disability", Disability, Handicap & Society 2-1:5-19 〈255〉

阿部あかね 2015 「精神医療改革運動期の看護者の動向」, 立命館大学大学院先端総合学術研究科2014年度博士学位論文 〈157-158〉

安部 彰・堀田 義太郎 編 2010 『ケアと/の倫理』, 立命館大学生存学研究センター, 生存学研究センター報告11

あべ やすし 2015 『ことばのバリアフリー 情報保障とコミュニケーションの障害学』, 生活書院 〈428〉

Addlakha, Renu; Blume, Stuart, Devlieger, Patrick J.; Nagase, Osamu; Winance, Myriam eds. 2009 Disability and society: a Reader, Orient Blackswan 〈428〉

秋風 千恵 2013 『軽度障害の社会学――「異化&統合」をめざして』, ハーベスト社 〈34, 133, 427〉

Altham, J. E. J. ; Harrison, Ross eds. 1995 World, Mind, and Ethics: Essays on the Ethical Philosophy of Bernard Williams, Cambridge University Press

天田 城介 2010 『〈老い衰えゆくこと〉の社会学 増補改訂版』, 多賀出版 〈178〉

―――― 2011 『老い衰えゆくことの発見』, 角川学芸出版 〈178〉

天田 城介・立岩 真也・大谷 いづみ・小泉 義之・堀田 義太郎 2009 「生存の臨界・Ⅲ」(座談会), 『生存学』1:236-264(発売:生活書院) 〈31〉

青木 千帆子・瀬山 紀子・田中 恵美子・立岩 真也・土屋 葉 他 2019 『(題名未定)』 〈355〉

有馬 斉・天田 城介 編　2009 『特別公開企画「物語・トラウマ・倫理――アーサー・フランク教授を迎えて」』, 立命館大学生存学研究センター, 生存学研究センター報告 5〈137〉
有吉 玲子　2013 『腎臓病と人工透析の現代史――「選択」を強いられる患者たち』, 生活書院〈141〉
浅田 美江・児玉 和夫／編集：五味 重春　1989 『脳性麻痺　第 2 版』, 医歯薬出版〈71〉
安積 純子　1990a 『「障害は私の個性」――共に生き, 共に学ぶ』, 神奈川県高等学校教職員組合・高等学校教育会館, 神高教ブックレット 16〈213〉
――――　1990b 「〈私〉へ――三〇年について」, 安積他[1990:19-36 → 1995:19-36]〈352, 430〉
安積 純子・尾中 文哉・岡原 正幸・立岩 真也　1990 『生の技法――家と施設を出て暮らす障害者の社会学』, 藤原書店〈→ 2012〉
――――　1995 『生の技法――家と施設を出て暮らす障害者の社会学　第 2 版』, 藤原書店〈→ 2012〉
――――　2012 『生の技法――家と施設を出て暮らす障害者の社会学　第 3 版』, 生活書院・文庫版〈93, 324, 381, 424, 426-427, 430-431〉
安積 遊歩　1993 『癒しのセクシー・トリップ――わたしは車イスの私が好き！』, 太郎次郎社〈213, 324, 326, 432〉
――――　1999 『車椅子からの宣戦布告――私がしあわせであるために私は政治的になる』, 太郎次郎社〈213, 326〉
――――　2010 『いのちに贈る超自立論――すべてのからだは百点満点』, 太郎次郎社エディタス〈61, 381〉
Ash, Adriennen　2000 「米国の障害学」, 倉本・長瀬編[2000]〈425〉
Barnes, Colin　1991 "Disabled People in Britain and Discrimination," London: Hurst and Co., in Association with the British Council of Organisations of Disabled People
Barnes, Colin; Mercer, Geoffrey; Shakespeare, Tom　1999 Exploring Disability : A Sociological Introduction, Polity Press = 2004　杉野昭博・松波めぐみ・山下幸子訳『ディスアビリティ・スタディーズ――イギリス障害学概論』, 明石書店〈439〉
Barnes, Colin; Mercer, Geoffrey ed. 2010 Exploring Disability, 2nd Edition, Polity Press〈57, 443〉
Bérubé, Michael　1996 Life as We Know It: A Father, a Family, and an Exceptional Child, Pantheon〈173, 176〉
Bobath, Karel　1980 A Neurophysiological Basis for the Treatment of Cerebral Palsy, 2nd edition, Mac Keith Press = 1985　寺沢 幸一・梶浦 一郎 監訳 『脳性麻痺の運動障害――評価と治療の考え方』, 医歯薬出版株式会社〈72〉
Brechin, Ann ; Liddiard, Penny ; Swain, John eds.　1981 Handicap in a Social World, Hodder and Stoughton
Chambliss, Daniel F.　1996 Beyond Caring: Hospitals, Nurses, and the Social Organization of Ethics, The University of Chicago Press = 2002　浅野 祐子 訳, 『ケアの向こう側――看護職が直面する道徳的・倫理的矛盾』, 日本看護協会出版会

〈135〉
Cohen, G. A.　1993　"Equality of What? On Welfare, Goods, and Capabilities", Nussbaum and Sen eds.[1993:9-29]〈290〉
Coker, M. ; Shakespeare T. eds.　2002　Disability / Postmodernity: Embodying Disability Theory, Continuum
Coleridge, Peter　1993 Disablity, Liberation and Development, Oxfam GB. = 1999　中西由起子訳『アジア・アフリカの障害者とエンパワメント』，明石書店〈95〉
Crow, Liz　1992　"Renewing the Social Model of Dbility", Coalition July: 5-9〈57〉
――――　1996　"Including All of Our Lives : Renewing the Social Model of Disability", Morris ed.[206-226]〈40, 57〉
Danagher, Nick　2000　長瀬修訳,「英国の障害者運動」, 倉本・長瀬編[2000]〈426〉
出口 泰靖　2000　「「呆けゆく」人のかたわら(床)に臨む――「痴呆性老人」ケアのフィールドワーク」，好井・桜井編[2000:194-211]〈328〉
――――　2001　「「呆けゆく」体験の臨床社会学」，野口・大村編[2001:141-170]〈328, 355〉
――――　2016　『あなたを「認知症」と呼ぶ前に――〈かわし合う〉私とあなたのフィールドワーク』，生活書院〈328〉
Dickens, Charles　1843　A Christmas Carol, http://www.stormfax.com/dickens.htm〈290〉
DPI 日本会議編　2016　『合理的配慮、差別的取扱いとは何か――障害者差別解消法・雇用促進法の使い方』，解放出版社〈243〉
――――　2017　『障害者が街を歩けば差別に当たる？！――当事者がつくる差別解消法ガイドライン」，現代書館〈243〉
Driedger, Diane　1988　The Last Civil Rights Movement, Hurst & Company, St.Martin's Press = 2000　長瀬修訳『国際的障害者運動の誕生――障害者インターナショナル・DPI』，エンパワメント研究所，発売：筒井書房〈95〉
Dworkin, Ronald　1981a "What is Equality? Part 1: Equality of Welfare", Philosophy & Public Affairs 10:185-246 → Dworkin[2000:11-64]〈193〉
――――　1981b "What is Equality? Part 2: Equality of Resources", Philosophy & Public Affairs 10:283-385 → Dworkin[2000:65-119]〈193〉
――――　2000　Sovereign Virtue. The Theory and Practice of Equality, Cambridge: Harvard University Press = 20021010 小林 公・大江 洋・高橋 秀治・高橋 文彦 訳『平等とは何か』，木鐸社
江原 由美子　1985　『女性解放という思想』，勁草書房〈236〉
Finkelstein, Victor　1980　Attitudes and Disabled People: Issues for Discussion, New York: International Exchange of Information in Rehabilitation〈288〉
――――　1981　"To Deny or Not to Deny Disability", Brechin, Liddiard & Swain eds.[1981:34-36]〈225, 288〉
――――　2000　長瀬修訳，「障害(ディスアビリティ)の共通性」，倉本・長瀬編[2000]〈425〉
――――　2001　"The Social Model of Disability Repossessed," paper presented to

Manchester Coalition of Disabled People, December 1, 2001.〈288〉
Foucault, Michel　1975　Surveiller et punir: Naissance de la prison, Gallimard = 1977　田村俶訳,『監獄の誕生――監視と処罰』, 新潮社〈239, 253〉
――――　1976　La volonte de savoir (Histoire de la sexualite I), Gallimard = 1986　渡辺守章訳,『知への意志――性の歴史 I』, 新潮社〈129〉
Frank, Arthur W 1995 The Wounded Storyteller: Body, Illness, and Ethics, The University of Chicago Press = 2002　鈴木 智之訳,『傷ついた物語の語り手――身体・病い・倫理』, ゆみる出版〈137〉
Friedson, Eliot　1970　Professional Dominance : The Social Structure of Medical Care, Atherton Press = 1992　進藤 雄三・宝月 誠 訳,『医療と専門家支配』, 恒星社厚生閣〈340〉
藤井 達也　2001　「探究的野外調査から臨床社会学的実践へ――精神障害者福祉現場の経験」, 野口・大村編[2001:53-81]〈355〉
藤井 輝明　2003　『運命の顔』, 草思社〈119〉
――――　2004　『さわってごらん、ぼくの顔』, 汐文社〈120〉
――――　2005　『この顔でよかった』, ダイヤモンド社〈120〉
――――　2006　『笑う顔には福来る――タッチ先生の心の看護学』, 日本放送出版協会〈120〉
――――　2008　『あなたは顔で差別をしますか――「容貌障害」と闘った五十年』, 講談社→ 2011　『笑顔で生きる――「容貌障害」と闘った五十年』, 講談社＋α文庫〈120〉
藤井 輝明・亀澤 裕也　2011　『てるちゃんのかお』, 金の星社〈120〉
藤井 輝明・石井 政之 編　2001　『顔とトラウマ――医療・看護・教育における実践活動』, かもがわ出版〈119〉
福島 令子　2009　『さとし わかるか』, 朝日新聞出版〈327〉
福島 智　1997　『盲ろう者とノーマライゼーション――癒しと共生の社会をもとめて』, 明石書店〈327, 426〉
――――　1999　『渡辺荘の宇宙人――指点字で交信する日々』, 素朴社〈327〉
――――　2010　『生きるって人とつながることだ！――全盲ろうの東大教授・福島智の手触り人生』, 素朴社〈327〉
――――　2011　『盲ろう者として生きて――指点字によるコミュニケーションの復活と再生』, 明石書店〈327,427〉
――――　2015　『ぼくの命は言葉とともにある―― 99 歳で失明、18 歳で聴力も失ったぼくが東大教授となり、考えてきたこと』, 致知出版社〈327〉
――――　2016　『ことばは光』, 天理教道友社〈327〉
船木 祝　2016　「弱い立場の人々を支える社会の倫理についての一考察――「強さの倫理」と「弱さの倫理」」,『人体科学』25-1:130-22〈210〉
古井 透　2003　「リハビリテーションの誤算」,『現代思想』31-13(2003-11):136-148〈61, 71, 74〉
古井 透・古井 正代　2003　「リハビリ再考――「がんばり」への呪縛とその OUT COME」, 障害学研究会関西部会第 19 回研究会〈74〉

二日市 安　1979 『私的障害者運動史』，たつまつ社〈71, 94〉
――――　2001 「やれるときに、やれるだけのことを」，全国自立生活センター協議会編［2001:177-87］〈92-93〉
Gallagher, Hugh G.　1995　By Trust Betrayed: Patients, Physicians, and the License to Kill in the Third Reich, Vandamere Press = 1996　長瀬修訳，『ナチスドイツと障害者「安楽死」計画』，現代書館〈428〉
Gerland, Gunilla　1996　En riktig manniska, Stockholm, Cure, ISBN 91-972641-0-5 = 1997　A Real Person = 2000　ニキ リンコ 訳，『ずっと「普通」になりたかった』，花風社〈327, 438〉
Goffman, Irving　1963　Stigma: Notes on the Management of Spoiled Identity, Prentice-Hall = 1970　石黒毅訳 ,『スティグマの社会学――烙印を押されたアイデンティティ』，石黒毅訳 , せりか書房，= 1980　石黒毅訳，『スティグマの社会学――烙印を押されたアイデンティティ』，せりか書房，= 2001　改訳版，せりか書房〈132〉
権藤 眞由美　2019 「（未発表）」〈444〉
後藤 弘子 編　1999 『少年非行と子どもたち』，明石書店
後藤 吉彦　2007 『身体の社会学のブレークスルー――差異の政治から普遍性の政治へ』，生活書院〈427〉
――――　2009 「『介助者は、障害者の手足』という思想――身体の社会学からの一試論」，大野・小川編［2009:221-238］〈96〉
萩野 亮・編集部 編　2012 『ソーシャル・ドキュメンタリー――現代日本を記録する映像たち』，フィルムアート社
浜岡 剛　2001 「リベラルな社会における障害者の未来―― H.S.Reinders, The Future of the Disabled in Liberal Society の紹介」，『京都市立看護短期大学紀要』25:125-134〈207〉
花田 春兆 「歴史は創られる」，石川・長瀬編［1999:257-284］〈421, 425〉
Haraway, Donna J.　1991　Simians, Cyborgs, and Women: The Reinvention of Nature, London: Free Association Books and New York: Routledge = 2000　高橋さきの訳，『猿と女とサイボーグ：自然の再発明』，青土社〈332, 335〉
Hasegawa, Yui; Masuda, Hideaki; Nishida, Miki; Kirihara, Naoyuki; Kawaguchi, Yumiko; Tateiwa, Shinya　2017/12/09　“Achieving Independent Lives for People with ALS Connected to Artificial Respirators through the Process of Accepting Care from Non-Family Members”, The 28th International Symposium on ALS/MND, The Westin Boston Waterfront, Boston〈290〉
橋爪 大三郎　2004 「「刑法」とは何か」，呉・佐藤編［2004］〈159〉
早川 一光・立岩 真也・西沢 いづみ　20150910 『わらじ医者の来た道――民主的医療現代史』，青土社〈95〉
早坂 裕子　2001 「ホスピスの臨床社会学――主流医療への合流がつくりだしたもの」，野口・大村編［2001:112-139］〈355〉
樋口 恵子　1998 『エンジョイ自立生活――障害を最高の恵みとして』，現代書館〈213〉

日木 流奈　1998a『命のメッセージ はじめてのことば――わからんちんのコチコチ大人へ』，大和出版〈74〉
――――― 1998b『月のおくりもの――何があっても大丈夫よ』，大和出版〈74〉
――――― 1998c『月のメッセージ――あなたはあなたのままでいい』，大和出版〈74〉
――――― 2000a『ひらけ扉――ふりそそぐ光の道』，大和出版〈74〉
――――― 2000b『伝わるのは愛しかないから』，ナチュラルスピリット〈74〉
――――― 2000c『月のつぶやき――大いに自分を愛そうよ』，大和出版〈74〉
――――― 2000d『流奈詩集――あなたの幸せがみんなを幸せにする』，大和出版〈74〉
――――― 2002 『ひとが否定されないルール――妹ソマにのこしたい世界』，講談社〈74〉
――――― 2004 『自分を完全肯定できますか――「ひとりヨシヨシ」で生きる』，講談社〈74〉
樋澤 吉彦　2008 「心神喪失者等医療観察法における強制的処遇とソーシャルワーク」，『Core Ethics』4:305-317〈157〉
――――― 2011 「心神喪失者等医療観察法とソーシャルワークとの親和性について」，『生存学』3:155-173〈157〉
――――― 2017 『保安処分構想と医療観察応対正――日本精神保健福祉士協会の関わりをめぐって』，生活書院〈157〉
Hochschild, Arlie Russell　1983　The Managed Heart: Commercialization of Human Feeling, University of California Press = 2000　石川准・室伏亜希訳，『管理される心――感情が商品になるとき』，世界思想社〈436〉
堀 正嗣 監訳　2014 『ディスアビリティ現象の教育学――イギリス障害学からのアプローチ』（熊本学園大学付属社会福祉研究所社会福祉叢書 24），現代書館〈445〉
堀 智久　2007 「障害の原因究明から親・子どもの日常生活に立脚した運動へ――先天性四肢障害児父母の会の 1970/80 年代」，『社会学評論』58-1(229):57-75 →杉野編［2011］〈60, 79〉
――――― 2008 「障害をもつ子どもを迎え入れる親の実践と優生思想」
――――― 「先天性四肢障害児父母の会の 1970/80」，『ソシオロゴス』32(ソシオロゴス編集委員会)〈60〉
――――― 2011 「専門性のもつ抑圧性の認識と臨床心理業務の総点検――日本臨床心理学会の 1960/70」，『障害学研究』7:249-274〈79〉
――――― 2013 「専門職であることの否定から専門性の限定的な肯定あるいは資格の重視へ――日本臨床心理学会の 1970/80 年代」，『社会学評論』64-2(254):257-274
――――― 2014 『障害学のアイデンティティ――日本における障害者運動の歴史から』，生活書院〈326, 356, 428〉
星加良司　2002 「「障害」の意味付けと障害者のアイデンティティ――「障害」の否定／肯定をめぐって」，『ソシオロゴス』26:105-20〈57〉

——— 2003 「『障害の社会モデル』再考——ディスアビリティの解消という戦略の規範性について」,『ソシオロゴス』27:54-69〈57〉
——— 2007 『障害とは何か——ディスアビリティの社会理論に向けて』,生活書院〈5, 32, 39-41, 57-58, 62, 92, 215-232, 256-293, 427〉
——— 2013 「社会モデルの分岐点——実践性は諸刃の剣？」,川越・川島・星加編[2013:20-40]〈250〉
Hughes, Bill & Paterson, Kevin 1992 "Personal and Political: a Feminist Perspective on Researching Physical Disability", Disability, Handicap and Society 7-2:157-66〈57-58〉
——— 1997 "The Social Model of Disability and the Disappearing Body: Towards a Sociology of Impairment", Disability & Society 12-3:325-40〈57〉
ヒューマンケア協会地域福祉計画策定委員会 1994 『ニード中心の社会政策——自立生活センターが提唱する福祉の構造改革』,ヒューマンケア協会〈95〉
市川 浩 1975 『精神としての身体』,勁草書房〈31〉
——— 1984 『＜身＞の構造——身体論を超えて』,青土社〈31〉
市野川 容孝 「優生思想の系譜」,石川・長瀬編[1999:127-158]〈421, 425〉
伊芸 研吾 2016 「障害とは何か——ケイパビリティアプローチの視点から」,『開発協力文献レビュー』6〈211〉
飯田 亘之 編 1994 『プラクティカルエシックス研究』,千葉大学教養部倫理学教室
飯野 由里子・川越 敏司・川島 聡・杉野 昭博・中根 成寿・星加 良司 2013 「ディスカッション——「社会」に開かれた障害学の可能性」,川越・川島・星加編[2013:131-179]〈250〉
池原 毅和 2011 『精神障害者法』,三省堂〈37〉 [119]〈159〉
生井 久美子 2015 『ゆびさきの宇宙——福島智・盲ろうを生きて』,岩波書店〈327〉
Illich, Ivan 1976 Limits to Medicine: Medical Nemesis, The Expropriation of Health, London: Boyars = 1979 金子嗣郎訳,『脱病院化社会——医療の限界』,晶文社〈92, 340〉
稲場 雅紀・立岩 真也 20081130 「アフリカ／世界に向かう」,稲場・山田・立岩[2008:14-148]〈292〉
稲場 雅紀・山田 真・立岩 真也 2008 『流儀——アフリカと世界に向い我が邦の来し方を振り返り今後を考える二つの対話』,生活書院〈356〉
稲原 美苗 2017 「障害とスティグマ——嫌悪感から人間愛へ」,『思想』1118:42-54〈210〉
稲毛 和子 2018 「「存在意義の獲得」——線維筋痛症患者のエピファニー体験から」,『障害学研究』13:249-272〈135〉
井上 彰 2017 『正義・平等・責任——平等主義的正義論の新たなる展開』,岩波書店〈211-212〉
井上 武史 2018 インタビュー 2018/05/18 聞き手：立岩真也〈444〉
石部 元雄・柳本 雄次 編 1998 『障害学入門』,福村出版〈426〉
——— 2002 『ノーマライゼーション時代における障害学』,福村出版〈427〉

石井 政之　1999 『顔面漂流記――アザをもつジャーナリスト』，かもがわ出版〈119, 328〉
――――　2001 『迷いの体――ボディイメージの揺らぎと生きる』，三輪書店〈119, 133〉
――――　2003 『肉体不平等――ひとはなぜ美しくなりたいのか？』，平凡社新書〈119〉
――――　2004a『顔面バカ一代――アザをもつジャーナリスト』，講談社文庫〈119〉
――――　2004b『顔がたり――ユニークフェイスな人びとに流れる時間』，まどか出版〈120〉
――――　2005 『人はあなたの顔をどう見ているか』，ちくまプリマー新書〈120〉
石井 政之・藤井 輝明・松本 学 編　2001 『見つめられる顔――ユニークフェイスの体験』，高文研〈119〉
石井 政之・石田 かおり　2005 『「見た目」依存の時代――「美」という抑圧が階層化社会に拍車を掛ける』，原書房〈120〉
石島 健太郎　2018 「介助者を手足とみなすとはいかなることか―― 70 年代青い芝の会における「手足」の意味の変転」，『障害学研究』13:169-194〈96〉
石川 洋明　2001 「子ども虐待防止の臨床社会学――困難と可能性」，野口・大村編［2001:223-255］〈355〉
石川 准　1992 『アイデンティティ・ゲーム――存在証明の社会学』，新評論〈434〉
――――　1999 『人はなぜ認められたいのか――アイデンティティ依存の社会学』，旬報社〈332, 434〉
――――　1999 「障害、テクノロジー、アイデンティティ」，石川・長瀬編［1999:41-77］〈420, 425〉
――――　2000 「平等派でもなく差異派でもなく」，倉本・長瀬編［2000］〈425〉
――――　2002a「まえがき」石川・倉本編［2002:003-009］〈230, 333〉
――――　2002b「ディスアビリティの削減、インペアメントの変換」，石川・倉本編［2002:17-46］〈251, 333, 421〉
――――　2004 『見えないものと見えるもの――社交とアシストの障害学』，医学書院〈434〉
石川 准・倉本 智明 編　2002 『障害学の主張』，明石書店〈268, 327, 420-421, 427, 430, 434〉
石川 准・長瀬 修 編　1999 『障害学への招待』，明石書店〈333, 420, 427-428, 430, 434, 440〉
石川 准・立岩 真也　2005 「「見えないものと見えるもの」と「自由の平等」」（対談），『障害学研究』01:030-062　（2004/06/13 対談の再録）〈438〉
石川 憲彦　1988 『治療という幻想――障害の医療からみえること』，現代書館〈67, 71, 353〉
石川 達三・戸川 エマ・小林 提樹・水上 勉・仁木 悦子　1963 「誌上裁判　奇形児は殺されるべきか」，『婦人公論』48-2:124-131 →立岩編［2015］〈122〉
石牟礼 道子・多田 富雄　200806 『言魂』，藤原書店〈407-408〉

伊東 香純　2018a「障害者運動と消費者運動――精神障害者の世界組織の発足過程から」，『人間科学研究』37: 63-74〈35〉
――――　2018b「対立したままでの連帯――精神障害者のグローバルな草の根運動の組織構造」，『Core Ethics』14:1-10〈35〉
――――　2018c「精神障害者の社会運動のグローバルな広がり――狂気を誇りにする運動を中心に」，東アジア障害学セミナー〈35〉
岩波書店編集部 編　1984 『現代世界の危機と未来への展望』，岩波書店〈165〉
岩崎 晋也　2004 「障害者施策における差別禁止戦略の有効性と限界性」，『社会政策研究』4:51-72〈287〉
岩田 靖夫　198510 『アリストテレスの倫理思想』，岩波書店〈170〉
――――　19940426 『倫理の復権――ロールズ・ソクラテス・レヴィナス』，岩波書店〈170〉
人工呼吸器をつけた子の親の会＜バクバクの会＞　2010 「対談「『医療的ケア』が繋ぐもの」――バクバクの会のこれまでの活動について」〈75〉
――――　2011, 2012 「人工呼吸器をつけた子の親の会＜バクバクの会＞の成り立ちと現在　第一部・第二部」（公開インタビュー），『季刊福祉労働』133:8-31, 134〈95〉
廉田 俊二　2018 ［インタビュー　聞き手：権藤 眞由美］〈444〉
甲斐 更紗　2013 「高齢聴覚障害者の自分史構築と語り」，『立命館人間科学研究』27:61-74〈77〉
――――　2015 「日本における手話と聴覚障害教育」，『生存学』8:195-206〈77〉
穐山 富太郎　1986 「脳性麻痺のリハビリテーション」，上田・大川・明石編［1986:233-251］〈73〉
――――　2001 『脳性まひ・精神遅滞の予防と家庭療育』，医歯薬出版〈73〉
穐山 富太郎・川口 幸義 編　2002 『脳性麻痺ハンドブック――療育にたずさわる人のために』，医歯薬出版〈73〉
神島 裕子　20130910 『マーサ・ヌスバウム――人間性涵養の哲学』，中央公論社〈172〉
金生 由紀子・渡辺 慶一郎・土橋 圭子 編　2016 『新版　自閉スペクトラム症の医療・療育・教育』，金芳堂〈385〉
管 孝行　1982 『関係としての身体』，れんが書房新社〈31〉
金澤 貴之　1999 「聾教育における「障害」の構築」，石川・長瀬編［1999:185-218］〈421, 425〉
柏葉 武秀　2008 「倫理学は障害学に届きうるのか――リベラリズムとディスアビリティ」，障害学会第5回大会　於：熊本学園大学〈208〉
――――　2010 「リベラリズムと障害者」，『応用倫理』3:34-44〈166, 172, 208〉
――――　2011 「配分的正義と障害学――ケイパビリティ・アプローチの再検討」，『西日本哲学年報』19:73-90〈208〉
――――　2016 「障害は除去されるべき特質なのか」，『宮崎大学教育文化学部紀要』33・34:47-58〈208〉
片山 知哉　2010 「養育関係内における多文化主義――子どもの文化選択をめぐ

る規範理論への予備的考察」，安部・堀田編［2010:145-166］〈212〉
――――― 2011a「ネオ・リベラリズムの時代の自閉文化論」，『生存学』3:106-116〈212〉
――――― 2011b「文化の分配、所属の平等――デフ・ナショナリズムの正当化とその条件」，『障害学研究』7:185-218〈212〉
――――― 2014 「所与の選択――こどもの文化選択をめぐる規範理論」，立命館大学大学院先端総合学術研究科 2013 年度博士学位論文〈213, 254〉
加藤 秀一 1991 「リプロダクティヴ・フリーダムと選択的中絶」，『年報社会学論集』4:1-12〈324〉
加藤 秀一 編 2010 『生――生存・生き方・生命』，岩波書店，シリーズ自由への問い・8
葛城 貞三 2017 「滋賀における難病患者運動の歴史 1983 年～ 2015 年」，立命館大学大学院先端総合学術研究科 2017 年度博士学位論文〈111〉
――――― 2018 『(題名未定)』，生活書院〈111〉
川越 敏司 2013 「障害の社会モデルと集団的責任論」，川越・川島・星加編［2013:52-76］〈212〉
川越 敏司・川島 聡・星加 良司 編 2013 『障害学のリハビリテーション――障害の社会モデルその射程と限界』，生活書院〈57, 207, 250, 427〉
河合 翔 2011 「アテトーゼ型脳性麻痺における“不随意運動”の身体論的考察――過剰適応と癒着化からの自由」，大阪大学大学院人間科学研究科 2010 年度修士論文〈94〉
川本 隆史 1995 『現代倫理学の冒険――社会理論のネットワーキングへ』，創文社〈166〉
川本 隆史 編 2005 『ケアの社会倫理学――医療・看護・介護・教育をつなぐ』，有斐閣
川島 聡 2011 「差別禁止法における障害の定義――なぜ社会モデルに基づくべきか」，松井・川島・長瀬編［2011:289-320］〈57〉
――――― 2013 「権利条約時代の障害学――社会モデルを活かし、越える」，川越・川島・星加編［2013:90-117］〈250〉
木村 晴美 2002 「ろう文化とろう者コミュニティ」，倉本・長瀬編［2000:120-152］〈426〉
木下 康仁 2001 「老いとケアの臨床社会学」，野口・大村編［2001:084-109］〈355〉
桐原 尚之 2016 「精神障害による辛さの社会モデル」，障害学会第 13 回大会報告〈134〉
北田 暁大 2003 『責任と正義――リベラリズムの居場所』，勁草書房〈180〉
北島 加奈子 2018 「インペアメントの意味――アイデンティティとの関係に着目して」，『Core Ethics』14:35-45〈57〉
――――― 2019 「(題名未定)」〈57〉
北村小夜が語り，北村小夜と語る集い実行委員会 編 『おもちゃ箱をひっくり返した――ひとりの女・教師の半生』，現代書館〈95〉
Kittay, Eva Feder 1999 Love’s Labor: Essays on Women, Equality, and Dependency,

Routledge = 2010　岡野 八代・牟田 和恵監訳,『愛の労働あるいは依存とケアの正義論』, 白澤社〈173, 212〉
小浜 逸郎　1999 『「弱者」とはだれか』, PHP 新書〈327, 422〉
小林 敏昭　2011 「可能性としての青い芝運動――「青い芝＝健全者手足論」批判をてがかりに」,『人権教育研究』19:21-33(花園大学人権教育研究センター)〈96〉
小泉 義之　2006 『病いの哲学』, ちくま新書〈31〉
――――　2012 『生と病の哲学――生存のポリティカルエコノミー』, 青土社〈31〉
小泉 義之・安部 彰・堀田 義太郎　2010 「ケアと生存の哲学」(鼎談), 安部・堀田編[2010:14-76]〈31〉
小泉 義之・立岩 真也　2004 「生存の争い」(小泉義之との対談),『現代思想』32-14(2004-11):36-56 →松原・小泉[2005]〈137〉
高森 明　2018 「イギリス「障害者」政策史(1)――ナショナル・ミニマム構想における「雇用不能者」」,『障害学研究』13:140-166〈107〉
高齢者リハビリテーション研究会　2004 『高齢者リハビリテーションのあるべき方向――高齢者リハビリテーション研究会報告書』, 社会保険研究所〈406〉
熊谷 晋一郎　2009 『リハビリの夜』, 医学書院〈71〉
――――　2012 「戦後のリハビリ史」, 中邑・福島 智編[2012:229-231]〈71〉
――――　2014 「自己決定論、手足論、自立概念の行為論的検討」, 田島編[2014:15-35]〈96, 384〉
――――　2016 「事件の後で」,『現代思想』44-19(2016-10)〈75〉
倉本 智明　1999 「異形のパラドックス――青い芝・ドッグレッグス・劇団態変」, 石川・長瀬編[1999:219-255]〈328, 421, 425〉
――――　2000 「障害学と文化の視点」, 倉本・長瀬編[2000:90-119]〈328, 426〉
――――　2002a「欲望する、＜男＞になる」, 石川・倉本編[2002:119-144]〈333, 334, 421〉
――――　2002b「あとがき」, 石川・倉本 編[2002]〈328〉
倉本智明 編　2005 『セクシュアリティの障害学』, 明石書店　[139]〈61〉
――――　20100715 『手招くフリーク――文化と表現の障害学』, 生活書院〈427〉
倉本 智明・長瀬 修 編　2000 『障害学を語る』, エンパワメント研究所, 発売：筒井書房〈333, 420, 427-428〉
呉 智英・佐藤 幹夫 編　2004 『刑法三九条は削除せよ！　是か非か』, 洋泉社, 新書 y〈159〉
栗原彬・小森陽一・佐藤学・吉見俊哉 編　2000 『語り：つむぎだす』(越境する知・2), 東京大学出版会
黒田 浩一郎 編　19950425 『現代医療の社会学』, 世界思想社
草山太郎　2005 「介助と秘めごと――マスターベーション介助をめぐる介助者の語り」, 倉本編[2005]〈61〉
クァク・ジョンナン　2017 『日本語手話とろう教育――日本語能力主義をこえて』, 生活書院〈77, 254, 330〉
Lane, Harlan 1999 The Mask of Benevolence:Disabling the Deaf Community = 2007　長

瀬 修 訳,『善意の仮面——聴能主義とろう文化の闘い』, 現代書館〈428〉
LeWinn, E. B. 1969 Human Neurological Organization, Charles C. Thomas = 1983 つくも幼児教室編訳,『ドーマン法の基礎——発達評価の理論と方法』, 風媒社〈71〉
前田 拓也 2005 「パンツ一枚の攻防——介助現場における身体距離とセクシュアリティ」, 倉本編[2005]〈61〉
——— 2009 『介助現場の社会学——身体障害者の自立生活と介助者のリアリティ』, 生活書院 [138]〈61, 91, 427〉
増田 洋介 2019 「(未発表)」 [150]〈94〉
松原 洋子・小泉 義之 編 2005 『生命の臨界——争点としての生命』, 人文書院
松枝 亜希子 2008 「向精神薬への評価——一九六〇年代から八〇年代の国内外における肯定的評価と批判」,『Corethics』4:465-473〈97〉
——— 2009 「抗うつ剤の台頭——一九五〇年代〜七〇年代の日本における精神医学言説」,『Core Ethics』5:293-304〈96〉
——— 2010 「トランキライザーの流行——市販向精神薬の規制の論拠と経過」,『Core Ethics』6:385-399〈96〉
——— 2018 「戦後日本における大衆薬の分化過程についての歴史的考察——安全性と効果の政治学」, 立命館大学大学院先端総合学術研究科 2018 年度博士学位論文〈96〉
——— 2019 『(題名未定)』〈9〉
松井 彰彦・川島聡・長瀬修 編 2011 『障害を問い直す』, 東洋経済新報社〈428〉
Matsui, Akihiko; Nagase, Osamu; Sheldon, alison; Goodley, Dan; Sawada, Yasuyuki; Kawashima Satoshi eds. 2012 Creating a Society for all: Disability and Economy, Disability Press, University of Leeds〈428〉
松本 学・石井 政之・藤井 輝明 編 2001 『知っていますか? ユニークフェイス一問一答』, 解放出版社〈119〉
McMurrin, Sterling M. ed. 1980 Tanner Lectures on Human Values, Volume 1, Cambridge University Press.
三橋 修 1982 『翔べない身体——身体性の社会学』, 三省堂, 294p.〈31〉
三村 洋明 20100120 『反障害原論——障害問題のパラダイム転換のために』, 世界書院〈335〉
——— 2016 『反差別論序説草稿 第三版』 ※〈335〉
港 美雪 2014 「「すべての「働きたい」を肯定する地域をつくる」, 田島編[2014:63-81]〈384〉
三井 絹子 2006 『抵抗の証 私は人形じゃない』,「三井絹子 60 年のあゆみ」編集委員会・ライフステーションワンステップかたつむり, 発売:千書房〈61, 381〉
見附 陽介 2016 「社会的排除と身体制度——「障害の社会的構成」に関するもう一つの視点について」,『障害学研究』11:132-155〈58〉
三輪 妙子 編 1989 『わいわいがやがや女たちの反原発』, 労働教育センター
宮 昭夫 2001 「視労協がやってきたこと、考えてきたこと」, 全国自立生活セ

ンター協議会編［2001:89-97］〈384〉
宮本 真巳　2001　「臨床社会学の体験と方法――精神看護の実践・研究・教育を通して」，野口・大村編［2001:25-51］〈355〉
宮原 浩二郎・荻野 昌弘 編　1997　『変身の社会学』，世界思想社〈132〉
森 正司　1999　「障害個性論――知的障害者の人間としての尊厳を考える」　※〈213, 323〉
森 壮也　1999　「ろう文化と障害、障害者」，石川・長瀬編［1999:159-184］〈425〉
森岡 正博 編　1994　『「ささえあい」の人間学』，法藏舘
森戸 英幸・水町 勇一郎 編　2008　『差別禁止法の新展開』，日本評論社
森戸 英幸　2008　「美醜・容姿・服装・体型――「見た目」に基づく差別」，森戸・水町編［2008］〈133〉
Morris, Jenny　1991　Pride Against Prejudice, The Women's Press〈40, 41, 57〉
――――　1992　"Personal and Political: a Feminist Perspective on Researching Physical Disability", Disability, Handicap and Society 7-2:157-66〈57〉
Morris, Jenny　ed.　1996　Encounters with Strangers: Feminism and Disability, The Women's Press〈42〉
長瀬 修　1996　「＜障害＞の視点から見たろう文化」，『現代思想』24-5:46-51（臨時増刊：総特集＝ろう文化）
――――　1997　「ろう児の人工内耳手術の問題点」，『生命倫理』8〈330〉
――――　1998　「障害の文化、障害のコミュニティ」，『現代思想』26-2（1998-2）:204-215〈330〉
――――　1999　「障害学に向けて」，石川・長瀬編［1999:11-39］〈57, 330, 332, 420, 425〉
――――　2000　「障害学・ディスアビリティスタディーズへの導入」，倉本・長瀬編［2000］〈425〉
長瀬 修・東 俊裕・川島 聡　2008　『障害者の権利条約と日本――概要と展望』，生活書院〈428〉
――――　2012　『増補改訂　障害者の権利条約と日本――概要と展望』，生活書院〈428〉
長瀬 修・桐原 尚之・伊東 香純 編　2017　『障害学国際セミナー 2016 ――法的能力（障害者権利条約第 12 条）と成年後見制度』，生存学研究センター報告 29
長瀬 修 監訳・石川 ミカ 訳　2013　『世界障害報告書』，明石書店〈428〉
永山 昌彦　2018　「（インタビュー）」［150］〈75〉
中河 伸俊・渡辺 克典 編　2015　『触発するゴフマン――やりとりの秩序の社会学』，新曜社〈132〉
中邑 賢龍・福島 智 編　2012　『バリアフリー・コンフリクト――争われる身体と共生のゆくえ』，東京大学出版会
中村 うさぎ・石井 政之　2004　『自分の顔が許せない！』，平凡社新書〈119〉
中西 正司　2014　『自立生活運動史――社会変革の戦略と戦術』，現代書館〈213〉
中西 正司・上野 千鶴子　2003　『当事者主権』，岩波新書〈213〉
日本臨床心理学会　編　1987　『「早期発見・治療」はなぜ問題か』，現代書館〈79〉

日本社会臨床学会 編　2000　『カウンセリング・幻想と現実』，現代書館
新原 道信　2001　「"内なる異文化"への臨床社会学——"臨床の智"を身につけた社会のオペレーターのために」，野口・大村編［2001:255-284］〈355〉
ニキ リンコ　2002　「所属変更あるいは汚名返上としての中途診断——人が自らラベルを求めるとき」，石川・倉本編［2002:175-222］〈334, 421, 434〉
西倉 実季　2009　『顔にあざのある女性たち——「問題経験の語り」の社会学』，生活書院.〈121, 254〉
————　2011　「顔の異形は「障害」である——障害差別禁止法の制定に向けて」，松井・川島・長瀬編［2011:25-54］〈121, 254〉
————　2018　「「統合」「異化」の再検討——容貌障害の経験をもとに」，『障害学研究』13:56-72〈134〉
西沢 いずみ　2019　『（題名未定）』〈95〉
新田 勲　2001　「障害者に生まれて幸福だったと自分を偽るな。本音で生きろ！」，全国自立生活センター協議会 編［2001］〈213〉
野辺 明子　1982　『どうして指がないの？』，技術と人間〈60〉
————　1993　『魔法の手の子どもたち——「先天異常」を生きる』，太郎次郎社〈60〉
————　2000　「障害をもついのちのムーブメント」，栗原他編［2000:105-129］〈60, 326〉
野口 裕二　2001　「集団療法の臨床社会学」，野口・大村編［2001:1-23］〈355〉
野口 裕二・大村 英昭 編　2001　『臨床社会学の実践』，有斐閣〈336, 355〉
野島 那津子　2017　「診断のパラドックス——筋痛性脳脊髄炎／慢性疲労症候群及び線維筋痛症を患う人々における診断の効果と限界」，『保健医療社会学論集』27-2:77-87〈244〉
野崎 泰伸　2011　『生を肯定する倫理へ——障害学の視点から』，白澤社〈32, 427〉
————　2015　『「共倒れ」社会を超えて——生の無条件の肯定へ！』，筑摩書房〈32〉
Nozick, Robert　1974　Anarchy, State, and Utopia, New York: Basic Books = 1992　嶋津格訳，『アナーキー・国家・ユートピア』，木鐸社〈287〉
Nussbaum, Martha C.　19950406　"Aristolle on Human Nature and the Foundations of Ethics", Altham ; Harrison eds.［1995:86-131］〈210〉
————　2000　Women and Human Development, Cambridge U. P.〈172, 176, 212〉
————　2006　Frontiers of Justice: Disability, Nationality, Species Membership, Harvard University Press = 2012　神島 裕子 訳，『正義のフロンティア——障碍者・外国人・動物という境界を越えて』，法政大学出版局〈172-173, 21〉
Nussbaum, Martha C. & Sen, Amartya eds.　1993　The Quality of Life, Clarendon Press
大庭 健・鷲田 清一 編　2000　『所有のエチカ』，ナカニシヤ出版
織田 淳太郎　2012　『なぜ日本は、精神科病院の数が世界一なのか』，宝島社新書〈379〉
小川 喜道・杉野 昭博 編　2014　『よくわかる障害学』，ミネルヴァ書房〈428〉

荻上 チキ・立岩 真也・岸 政彦　2018　「事実への信仰――ディテールで現実に抵抗する」，『現代思想』2018-2　[142]〈291〉
岡部 耕典　2006　『障害者自立支援法とケアの自律――パーソナルアシスタンスとダイレクトペイメント』，明石書店〈443〉
岡部 耕典 編　2017　『パーソナルアシスタンス――障害者権利条約時代の新・支援システムへ』，生活書院〈91〉
岡原 正幸　1990　「コンフリクトへの自由――介助関係の模索」，安積他[1990:121-146 → 1995:121-146 → 2012:191-231]〈91〉
岡原 正幸・立岩 真也　1990　「自立の技法」，安積他[1990:147-164 → 1995:147-164 → 2012:232-257]〈324-325〉
岡村 青　1988　『脳性マヒ者と生きる――大仏空の生涯』，三一書房〈94〉
岡野 高明・ニキ リンコ　2002　『教えて私の「脳みそ」のかたち――大人になって自分の ADHD、アスペルガー障害に気づく』，花風社〈438〉
岡崎伸郎・岩尾俊一郎 編　2006『「障害者自立支援法」時代を生き抜くために』，批評社〈444〉
大川弥生 2004　「高齢者リハビリテーション研究会報告を読む」，『週刊医学界新聞』2581　※〈409〉
奥平 真砂子　2018　インタビュー　2018/06/30　聞き手：立岩真也・権藤真由美　於：東京〈444〉
Oliver, Michael　1983　Social Work with Disabled People, Macmillan〈56, 444〉
――――　1990　The Politics of Disablement, Macmillan = 2006　三島 亜紀子・山岸 倫子・山森 亮・横須賀 俊司 訳，『障害の政治――イギリス障害学の原点』，明石書店〈38, 439, 444〉
――――　1996a Understanding Disability : From Theory to Practice, Macmillan.〈57, 92, 444〉
――――　1996b "Defining Impairment and Disability: Issues at Stake", Barnes & Mercer ed.[1996;29-54]
――――　2009　Understanding Disability: From Theory to Practice, Second Edition, Palgrave Macmillan〈444〉
Oliver, Michael; Sapey, Bob　2006　Social Work with Disabled People, Third Edition, Palgrave Macmillan = 2010　野中 猛監訳・河口 直子訳，『障害学にもとづくソーシャルワーク――障害の社会モデル』，金剛出版〈444-445〉
大村 英昭　2001　「死(デス)と喪失(ロス)に向かいあう」，野口・大村編[2001:285-315]〈355〉
大野 道邦・小川 信彦 編　2009　『文化の社会学――記憶・メディア・身体』，文理閣
尾上 浩二　2016　「相模原障害者虐殺事件を生み出した社会　その根底的な変革を」，『現代思想』44-19(2016-10):70-77〈75〉
大野真由子　2011a「「認められない」病いの社会的承認を目指して――韓国 CRPS 患友会の軌跡」，『Core Ethics』:11-22〈135〉
――――　2011b「難病者の就労をめぐる現状と課題―― CRPS 患者の語りからみ

える『制度の谷間』とは」,『障害学研究』7:219-248〈135〉
―――― 2011c「難病者の「苦しみとの和解」の語りからみるストレングス・モデルの可能性――複合性局所疼痛性症候群患者の一事例を通して」,『人間科学研究』23:11-24(立命館大学人間科学研究所)〈135〉
―――― 2012 「複合性局所疼痛症候群患者の支援に関する一考察――「認められない」病いの現状と課題」, 立命館大学先端総合学術研究科博士論文〈1355〉
―――― 2013 「慢性疼痛と「障害」認定をめぐる課題――障害者総合支援法のこれからに向けて」,「『障害学国際セミナー 2012 ――日本と韓国における障害と病をめぐる議論』, 生存学研究センター報告 20〈135〉
長田 弘　1971 『ねこに未来はない』, 昌文社→ 1975　角川文庫〈210, 213〉
大澤 真幸 編　2000 『社会学の知 33』, 新書館
乙武 洋匡　1998 『五体不満足』, 講談社〈421〉
Ouellette, Alicia　2011　Bioethics and Disability: Toward a Disability-Conscious Bioethics, Cambridge University Press = 2014　安藤 泰至・児玉 真美 訳,『生命倫理学と障害学の対話――障害者を排除しない生命倫理へ』, 生活書院〈445〉
Pogge, Thomas W.　2008 World Poverty and Human Rights: Cosmopolitan Responsibilities and Reforms, Second Expanded Edition, Polity Press = 2010　立岩 真也 監訳／安部 彰・池田 浩章・石田 知恵・岩間 優希・齊藤 拓・原 佑介・的場 和子・村上 慎司 訳,『なぜ遠くの貧しい人への義務があるのか――世界的貧困と人権』, 生活書院〈292〉
Ranjchman, J. & West, C. eds. Post-Analytic Philosophy, Columbia University Press
Rawls, John　1971　A Theory of Justice.　Harvard University Press, = 1979　矢島鈞次・篠塚慎吾・渡辺茂訳,『正義論』, 紀伊國屋書店〈165〉
―――― 1975　"A Kantian Conception of Equality", Cambridge Review 96(2225, February 1975): 94-99 → Ranjchman & West eds.[1985:201-213], → Rawls[1999]〈165-166〉
―――― 1984　藤原保信訳,「秩序ある社会」, 岩波書店編集部編[1984]〈165-166〉
―――― 1992　Handout in Rawls' Lecture on "Political Philosophy" (mimeography), Harvard University〈166〉
―――― 1993　Political Liberalism, Columbia University Press〈166〉
―――― 1999a A Theory of Justice Revised Edition, Harvard University Press = 2010 川本隆史訳,『正義論　改訂版』, 紀伊国屋書店〈165〉
―――― 1999b Collected Papers, Freeman, S. ed., Harvard University Press
―――― 2001　Justice as Fairness: A Restatement, Harvard University Press = 2004　田中 成明・亀本 洋・平井 亮輔 訳,『公正としての正義　再説』, 岩波書店〈166, 170, 208-209〉
―――― 2005　Political Liberalism, Expanded Edition, Columbia University Press〈166〉
Reinders, Hans S.　2000　Future of the Disabled in Liberal Society: An Ethical Analysis, University of Notre Dame Press〈207〉

Rieff, David 2008　Swiming in a Sea of Death: A Son's Memoir, Simon & Schuster, Inc. = 2009　上岡 伸雄 訳,『死の海を泳いで――スーザン・ソンタグ最期の日々』, 岩波書店〈136〉
リハビリ診療報酬改定を考える会　2006　「声明文」(二〇〇六年六月三〇日)→多田[200712:69, 21]〈416〉
立命館大学生存学研究センター 編　2014　『日韓研究交流活動 2013 報告書』, 立命館大学生存学研究センター
――――　2016　『生存学の企て――障老病異と共に暮らす世界へ』, 生活書院〈113, 137〉
Roemer, John E.　1996　Theories of Distributive Justice, Harvard University Press = 2001　木谷忍・川本隆史訳『分配的正義の理論――経済学と倫理学の対話』, 木鐸社〈193, 290〉
最首 悟　1969　「玉砕する狂人といわれようと――自己を見つめるノンセクト・ラジカルの立場」,『朝日ジャーナル』1969-1-19:99-103(非常事態宣言下の東大・その 2)〈418〉
――――　1998　『星子が居る――言葉なく語りかける重複障害の娘との二〇年』, 世織書房〈327〉
齋藤 有紀子 編　2002　『母体保護法とわたしたち――中絶・多胎減数・不妊手術をめぐる制度と社会』, 明石書店
坂井 めぐみ　2018　「日本における脊髄損傷医療の歴史的研究――脊髄損傷『患者』の生成と変容」, 立命館大学大学院先端総合学術研究科 2017 年度博士論文〈78〉
酒井 直樹　1996　『死産される日本語・日本人――「日本」の歴史－地政的位置』, 新曜社〈324〉
榊原 賢二郎　2016　『社会的包摂と身体――障害者差別禁止法制後の障害定義と異別処遇を巡って』, 生活書院〈52 93, 209, 211, 233-240, 251-256, 274, 427〉
――――　2018　「立岩真也『社会的包摂と身体』書評へのリプライ」,『障害学研究』14〈252〉
坂本 徳仁　2011　「障害者差別禁止法の経済効果」, 坂本・櫻井編[2011:179-188]〈96〉
坂本 徳仁・櫻井 悟史 編　2011　『聴覚障害者情報保障論――コミュニケーションを巡る技術・制度・思想の課題』, 生存学研究センター報告 16
佐藤 久夫　2013　「障害者権利条約実行のツール――社会モデルか統合(ICF)モデルか」, 川越・川島・星加編[2013:118-130]〈57〉
佐藤 純一　1995　「医学」, 黒田編[1995:2-32]〈239〉
佐藤 幹夫　2005　『自閉症裁判――レッサーパンダ帽男の「罪と罰」』, 洋泉社〈139, 149, 158〉
――――　2007　『裁かれた罪裁けなかった「こころ」―― 17 歳の自閉症裁判』, 岩波書店〈139, 158〉
盛山 和夫・土場 学・野宮 大志郎・織田 輝哉 編　2005　『〈社会〉への知／現代社会学の理論と方法(上)――理論知の現在』, 勁草書房

Sen, Amartya　1980　“Equality of What?”, McMurrin ed.［1980］→ Sen［1982:353-369］〈166〉
――――　1982　Choice, Welfare and Measurement, Harvard University Press
――――　1987　The Standard of Living, Cambridge University Press〈288〉
――――　1992　Inequality Reexamined, Clarendon Press = 1999　池本幸生・野上裕・佐藤仁訳，『不平等の再検討――潜在能力と自由』，岩波書店〈193, 288〉
先天性四肢障害児父母の会　1999　『これがぼくらの五体満足』，三省堂〈60〉
――――　2003　『わたしの体ぜんぶだいすき』，三省堂〈60〉
先天性四肢障害児父母の会　編　1982a『シンポジウム先天異常 I ――人類への警告』，批評社〈60〉
――――　1982b『シンポジウム先天異常 II ――いのちを問う』，批評社〈60〉
瀬山 紀子　20021031　「声を生み出すこと――女性障害者運動の軌跡」，石川・倉本編［2002:145-173］〈334, 42〉
Shakespeare, Tom　2006　Disability Rights and Wrongs, Routledge〈443〉
――――　2010　“The Social Model of Disability”, Davis ed.［2010:266-273］〈57〉
品川 哲彦　2007　『正義と境を接するもの――責任という原理とケアの倫理』，ナカニシヤ出版〈212〉
進藤 雄三・黒田 浩一郎 編　1999　『医療社会学を学ぶ人のために』，世界思想社
篠原 睦治　1986　『「障害児の教育権」思想批判――関係の創造か、発達の保障か』，現代書館〈71, 325〉
白石 嘉治 他 編　2005　『ネオリベ現代生活批判示序説』，新評論〈439〉
白田 幸治　2014-2016　「福障害の社会モデルは精神障害を包摂しうるか――社会の生きづらさか病のつらさか」，日本学術振興会特別研究員奨励費報告〈134〉
志澤 佐夜 編　2010　『「共に学ぶ」教育のいくさ場――北村小夜の日教組教研・半世紀』，現代書館〈95〉
障害学研究会中部部会 編　2015　『愛知の障害者運動――実践者たちが語る』，現代書館〈428〉
Silvers, Anita　1998　“Formal Justice”, Silvers et al.［1998］〈207〉
Silvers, Anita ; Wasserman, David ; Mahowald, Mary B.　1998　Disability, Difference, Discrimination, Rowman & Littlefield〈207〉
Singer, Peter　1993　Practical Ethics, 2nd Edition, Cambridge Univ. Press = 1999　山内友三郎・塚崎智監訳　1993　『実践の倫理　新版』，昭和堂〈62, 301〉
Solden, Sari　1995　Women with Attention Deficit Disorder: Embracing Disorganization at Home and in the Workplace, Underwood Books = 2000　ニキ・リンコ訳，『片づけられない女たち』，WAVE 出版〈438〉
Sontag, Susan　1978　Illness as Metaphor,　Farrar, Straus and Giroux = 1982　富山 太佳夫 訳　『隠喩としての病い』，みすず書房 → 1978, 1989　Illness as Metaphor ; Aids and Its Metaphor, Farrar, Straus and Giroux = 1992　富山 太佳夫 訳，『隠喩としての病い　エイズとその隠喩』，みすず書房〈136〉
――――　1989　Aids and Its Metaphor,　Farrar, Straus and Giroux = 1990　富山 太佳夫 訳　『エイズとその隠喩』，みすず書房→ 1978, 1989　Illness as Metaphor ; Aids

and Its Metaphor, Farrar, Straus and Giroux = 1992　富山 太佳夫 訳，『隠喩としての病い　エイズとその隠喩』，みすず書房〈136〉
――― 2003　Regarding the Pain of Others, Farrar, Straus and Giroux = 20030708　北条 文緒 訳，『他者の苦痛へのまなざし』，みすず書房〈136〉
Stone, Deborah A.　1984　The Disabled State, Temple University Press〈107〉
Sudnow, David　1967　The Social Organzation of Dying, Prentice-Hall = 1992　岩田 啓靖・志村 哲郎・山田 富秋 訳，『病院でつくられる死――「死」と「死につつあること」の社会学』，せりか書房〈134〉
杉原 努　2010　「障害者雇用における合理的配慮――経緯と日本への導入視点」，立命館大学大学院先端総合学術研究科 2010 年度博士論文〈96〉
杉本 健郎／立岩 真也(聞き手)　2010　「「医療的ケア」が繋ぐもの」（インタビュー），『現代思想』38-3(2010-3):52-81〈62〉
杉野 昭博　2002　「インペアメントを語る契機――イギリス障害学理論の展開」，石川・倉本編[2002:251-280]〈56, 334, 421〉
――― 2007　『障害学――理論形成と射程』，東京大学出版会〈39, 56, 57, 411〉
杉野 昭博 編　2011　『障害者と福祉』（リーディングス 日本の社会福祉・7），日本図書センター，[amazon]／[kinokuniya]　※　[150]〈38, 79〉
水津 嘉克　2001　「「死別」と「悲嘆」の臨床社会学」，野口・大村編[2001:197-222]〈355〉
鈴木 絹江　2001　「「障害者は生きているのが仕事だ」ってね」，全国自立生活センター協議会編[2001]〈355, 433〉
――― 2015　『放射能に追われたカナリア――災害と障がい者の避難』，解放出版社〈355〉
鈴木 良　2010　『知的障害者の地域移行と地域生活――自己と相互作用秩序の障害学』，現代書館〈427〉
Swain, John; French, Sally; Barnes, Colin; Thomas, Carol　2004　Disabling Barriers: Enabling Environments, 2nd ed., Sage = 2010　竹前 栄治 監訳 田中 香織 訳　『イギリス障害学の理論と経験――障害者の自立に向けた社会モデルの実践』，明石書店〈444〉
多田 富雄　199304　『免疫の意味論』，青土社〈439〉
――― 199512　『生命へのまなざし――多田富雄対談集』，青土社
――― 199702　『生命の意味論』，新潮社
――― 199909　『独酌余滴』，朝日新聞社
――― 200604　「「リハビリ中止は死の宣告」」，『朝日新聞』2006-4-8 →多田[200712:43-46]，多田[200707:127-129]〈406〉
――― 200611a「患者から見たリハビリテーション医学の理念」，『現代思想』34-14(2006-11)（特集：リハビリテーション)→多田[200712]〈407, 439〉
――― 200611b「老人が生き延びる覚悟――往復書簡・第三信」，『環』27 →石牟礼・多田[200806:42-58]
――― 200612　「リハビリ制限は、平和な社会の否定である」，『世界』2006-12 →多田[2007:111-124]

——— 200704 「ユタの目と第三の目——往復書簡・第五信」,『環』29 →石牟礼・多田[2008:95-114]〈407-408〉
——— 200707 『寡黙なる巨人』, 集英社〈407〉
——— 200712 『わたしのリハビリ闘争——最弱者の生存権は守られたか』, 青土社〈404, 407, 416〉
——— 200803 「死に至る病の諸相」,『現代思想』36-3(2008-3):40-47(特集:患者学——生存の技法)→多田[201005:140-156]
——— 200909 「疑念を招く李下の冠——冠落葉隻語・15」,『読売新聞』2009-3-3 夕刊→多田[201005:63-66]〈408〉
——— 201005 『落葉隻語　ことばのかたみ』, 青土社〈408〉
——— 201605 『多田富雄のコスモロジー——科学と詩学の統合をめざして』, 藤原書店(編集:藤原書店編集部)
——— 2017a (20170510 『自己とは何か——免疫と生命』(多田富雄コレクション 1), 藤原書店〈416〉
——— 2017b『生の歓び——食・美・旅』(多田富雄コレクション 2), 藤原書店〈416〉
——— 2017c『人間の復権——リハビリと医療』(多田富雄コレクション 3), 藤原書店〈404, 416〉
——— 2017d『死者との対話——能の現代性』(多田富雄コレクション 4), 藤原書店　(解説:赤坂 真理)〈416〉
——— 2017e『寛容と希望——未来へのメッセージ』(多田富雄コレクション 5), 藤原書店〈416〉
多田 富雄・鶴見 和子　200306 『邂逅』, 藤原書店〈405〉
多田 富雄・山折 哲雄　200004 『人間の行方——二十世紀の一生、二十一世紀の一生』, 文春ネスコ〈415〉
多田 富雄・柳沢 桂子　200404 『露の身ながら——往復書簡いのちへの対話』, 集英社〈415〉
田垣 正晋　2007 『中途肢体障害者における「障害の意味」の生涯発達的変化——脊髄損傷者が語るライフストーリーから』, ナカニシヤ出版〈35〉
田垣 正晋 編　2006 『障害・病いと「ふつう」のはざまで——軽度障害者どっちつかずのジレンマを語る』, 明石書店〈34, 133〉
田島 明子　2006a「リハビリテーション臨床における「障害受容」の使用法——臨床作業療法士へのインタビュー調査の結果と考察」,『年報筑波社会学(第二期)』1:78-100〈137〉
——— 2006b「リハビリテーション領域における「障害受容」に関する言説・研究の概括」,『障害学研究』2〈137〉
——— 2009a「「寝たきり老人」と／のリハビリテーション——特に一九九〇年以降について」,『生存学』1:308-347〈137〉
——— 2009b『障害受容再考——「障害受容」から「障害との自由」へ』, 三輪書店〈137, 369〉
——— 2013 『日本における作業療法の現代史——対象者の「存在を肯定する」

作業療法学の構築に向けて』，生活書院〈358, 384〉
――――　2014a「「存在を肯定する」作業療法へのまなざし　まえがき」，田島編［2014:1-13］〈34〉
――――　2014b「「存在を肯定する」作業療法へのまなざし　あとがき」，田島編［2014:137-149］〈137, 384〉
田島 明子 編　2014　『「存在を肯定する」作業療法へのまなざし――なぜ「作業は人を元気にする！」のか』，三輪書店　［138］〈137, 357, 380〉
――――　2015　『障害受容からの自由――あなたのあるがままに』，シービーアール〈137〉
高橋 隆雄・浅井 篤 編　2007　『日本の生命倫理――回顧と展望』，九州大学出版会，熊本大学生命倫理論集 1
高谷 清　2003　『こころを生きる――人間の心・発達・生涯』，三学出版〈200〉
武井 麻子　2001　『感情と看護――人とのかかわりを職業とすることの意味』，医学書院〈436〉
竹内 章郎　1999　『現代平等論ガイド』，青木書店〈208〉
滝本 太郎・石井 謙一郎 編　2002　『異議あり！「奇跡の詩人」』，同時代社〈74〉
玉地 雅浩　201406　「あなたと私のやりとりを支え、交流し続ける身体の営み」，田島編［2014:109-136］〈384〉
田中 順子　201406　「存在を肯定する作業」，田島編［2014:83-108］〈384〉
玉井 真理子　1999　「「障害」と出生前診断」，石川・長瀬編［1999:109-126］〈421〉
田中 耕一郎　2005　『障害者運動と価値形成――日英の比較から』，現代書館〈427, 439〉
――――　2017　『英国「隔離に反対する身体障害者連盟（UPIAS）」の軌跡――〈障害〉の社会モデルをめぐる「起源の物語」』，現代書館〈56, 109, 428〉
田中 紗織　2002　「障害と道徳――身体環境への配慮」，千葉大学文学研究科 2001 年度修士論文〈208〉
田中 多賀子　2013　「日本の聴覚障害教育における人工内耳の受けとめ方の変遷 ―― 1980 年代から 2000 年代（2009 年まで）の小児人工内耳受容史」，『生存学』6:50-72.〈78, 330〉
立岩 真也　198707　「個体への政治――西欧の 2 つの時代における」，『ソシオロゴス』11:148-163〈253〉
――――　198712　「FOUCAULT の場所へ――『監視と処罰：監獄の誕生』を読む」，『社会心理学評論』6:91-108〈253〉
――――　199010　「はやく・ゆっくり――自立生活運動の生成と展開」，安積他［1990:165-226 → 1995:165-226 → 2012:258-353］〈93-94, 332, 353〉
――――　199412　「労働の購入者は性差別から利益を得ていない」，『Sociology Today』5:46-56 →立岩・村上［201112］〈248〉
――――　199505　「私が決め，社会が支える，のを当事者が支える――介助システム論」，安積他［1995:227-265］〈324, 35〉
――――　199505b「自立生活センターの挑戦」，安積他［1995:267-321］
――――　199709　『私的所有論』，勁草書房〈→ 201305〉

———— 199801 「都合のよい死・屈辱による死——「安楽死」について」,『仏教』42 →立岩[200010:51-63]〈354〉
———— 199802 「一九七〇年——闘争×遡行の始点」,『現代思想』26-2(1998-2):216-233 →立岩[200010:87-118]〈95-96, 269, 320, 328, 333, 354〉
———— 199805 「近代／脱近代という正しさ／危うさ」, 日本保健医療社会学会シンポジウム「医療における近代と脱近代」, 於：東京学芸大学〈115〉
———— 199807 「空虚な〜堅い〜緩い・自己決定」,『現代思想』26-7(1998-7):57-75(特集：自己決定権)→立岩[200010]〈354〉
———— 199809 「未知による連帯の限界——遺伝子検査と保険」,『現代思想』26-9(1998-9):184-197(特集：遺伝子操作)→立岩[200010:197-220]〈531〉〈191, 354〉
———— 199903 「自己決定する自立——なにより、でないが、とても、大切なもの」, 石川・長瀬編[1999:79-107]〈329, 354, 425〉
———— 199907 「(乙武洋匡『五体不満足』に関するコメント)」,『Los Angels Times』〈422〉
———— 199908 「子どもと自己決定・自律——パターナリズムも自己決定と同郷でありうる, けれども」, 後藤編[1999:21-44]〈329, 354〉
———— 199910 「資格職と専門性」, 進藤・黒田編[1999:139-156]〈380〉
———— 200002 「選好・生産・国境——分配の制約について」,『思想』908(2000-2):65-88, 909(2000-3):122-149〈328, 354〉
———— 200003 「遠離・遭遇——介助について」,『現代思想』28-4(2000-3):155-179, 28-5(2000-4):28-38, 28-6(2000-5):231-243, 28-7(2000-6):252-277 →立岩[200010]〈285, 294, 324, 353, 365〉
———— 200004 「正しい制度とは、どのような制度か？」, 大澤編[2000:232-237]〈354〉
———— 200006 「こうもあれることのりくつをいう——という社会学の計画」,『理論と方法』27:101-116(日本数理社会学会、特集：変貌する社会学理論)→立岩[200508]〈354〉
———— 200010 『弱くある自由へ——自己決定・介護・生死の技術』, 青土社〈95, 328, 353-354, 364〉
———— 200010b「死の決定について」, 大庭・鷲田編[2000:149-171]〈329, 333, 354〉
———— 200011b「たぶんこれからおもしろくなる」,『創文』426(2000-11):1-5 →立岩[200607:17-25]
———— 200011 「手助けを得て、決めたり、決めずに、生きる——第３回日本ALS協会山梨県支部総会での講演」, 倉本・長瀬編[2000:153-182]→立岩[200809:20-33]〈426〉
———— 200103-200303 「自由の平等」,『思想』922(2001-3):54-82, 924(2001-5):108-134, 927(2001-8):98-125, 930(2001-11):101-127, 946(2003-02):95-122, 947(2003-03):243-249 →立岩[200401]〈320, 328-329, 333, 354〉
———— 200104 「書評：石井政之『迷いの体——ボディイメージの揺らぎと生

きる』（2001 年，三輪書店）」，『週刊読書人』2382:6〈134〉
――――　200105　「書評：石井政之『迷いの体――ボディイメージの揺らぎと生きる』，『ターミナルケア』（三輪書店）〈134〉
――――　200107　「なおすことについて」，野口・大村編［2001:171-196］【本書第 11 章】〈6, 61, 65, 67, 92, 336, 355, 358〉
――――　200112　「できない・と・はたらけない――障害者の労働と雇用の基本問題」，『季刊社会保障研究』37-3:208-217 →立岩［2006］〈96, 159, 232, 290, 332〉
――――　200202-「生存の争い――医療の現代史のために・3」，『現代思想』30-2（2002-2）:150-170, 30-4（2002-4）:51-61, 30-7（2002-6）:41-56〈332, 423〉
――――　200203　「パターナリズムについて――覚え書き」，『法社会学』56（日本法社会学会）〈329〉
――――　200204　「医療社会学の本・2 ――ゴッフマン『アサイラム』」（医療と社会ブックガイド・15），『看護教育』2002-04 →立岩［201511:308-312］〈132〉
――――　200206　「臨床社会学」（医療と社会ブックガイド・17），『看護教育』43-6（2002-6）:494-495 →立岩［201511:344-349］〈432〉
――――　200209　「確かに言えること と 確かには言えないこと」，斎藤編［2001］〈326〉
――――　200210　「ないにこしたことはない、か・1」，石川・倉本編［2002:47-87］【本書第 10 章】〈6, 49, 54, 59, 62-63, 79, 92, 203, 207, 229, 250, 298, 333, 353, 365, 421〉
――――　200301a「生存の争い――医療の現代史のために・9」，『現代思想』2003-1 →立岩編［201609］〈157, 428〉
――――　200301b「サバイバーの本の続き・3」（医療と社会ブックガイド・23），『看護教育』44-1（2003-1）:48-49〈431〉
――――　200302　「障害学？の本・1」，『看護教育』44-2（2003-2）:132-133　【本書Ⅳ】〈420〉
――――　200303　「障害学？の本・2」，『看護教育』44-3（2003-3）:214-215　【本書Ⅳ】〈429〉
――――　200401　『自由の平等――簡単で別な姿の世界』，岩波書店〈51, 136, 194, 212, 267-268, 271, 279, 290, 320, 329, 333, 354, 370, 437〉
――――　200402　「問題集――障害の／と政策」，『社会政策研究』4:8-25〈180, 291〉
――――　200405　「障害学の本・再度」（医療と社会ブックガイド・38），『看護教育』45-5（2004-5）【本書Ⅳ】〈434〉
――――　200407　「摩耗と不惑についての本」（医療と社会ブックガイド・40），『看護教育』45-7（医学書院）→立岩［201708］
――――　200411　『ALS ――不動の身体と息する機械』，医学書院〈34, 79, 332, 433〉
――――　200412　「社会的――言葉の誤用について」，『社会学評論』55-3（219）:331-347 →立岩［200607:236-281］〈120, 251, 276, 335〉
――――　200505　「死／生の本・5 ――『性の歴史』」（医療と社会ブックガイド・

49),『看護教育』46-05:(医学書院)→立岩[201708]〈129〉
―――― 200508 「共同連のやろうとしていることはなぜ難しいのか、をすこし含む広告」,『共同連』100 →立岩[200607]〈290〉
―――― 200508b「学校で話したこと―― 1995 ～ 2002」, 川本編[:307-332]〈356〉
―――― 200508c「こうもあれることのりくつをいう――境界の規範」, 盛山他編[2005]
―――― 200510- 連載,『現代思想』33-11(2005-10):8-19 ～〈271, 406, 410-411〉
―――― 200511 「書評:佐藤幹夫『自閉症裁判――レッサーパンダ帽男の「罪と罰」』」,『精神看護』08-06(2005-11):110-116 →立岩[201510]〈372, 401〉
―――― 200607 『希望について』, 青土社〈107, 291, 439〉
―――― 200612 「『障害の政治』――医療と社会ブックガイド・66」,『看護教育』47-11(2006-12)【本書Ⅳ】〈439〉
―――― 200612b「政策に強い障害学も要る」,『障害学研究』2(シンポジウムの記録)〈291〉
―――― 200703 「障害の位置――その歴史のために」, 高橋・浅井編[2007:108-130]
―――― 200708 「多言語問題覚書――ましこひでのり編『ことば/権力/差別――言語権からみた情報弱者の解放』の書評に代えて」,『社会言語学』7 (英訳版あり)〈254〉
―――― 200711-201709 「もらったものについて・1 ～ 17」,『そよ風のように街に出よう』75:32-36 ～ 91:60-67〈87, 115, 250〉
―――― 200801 「働いて得ることについて・案――連載 28」,『現代思想』36-1(2008-1):32-43〈271, 294〉
―――― 200807-201005 「身体の現代・1 ～ 19」,『みすず』2008-7 ～ 2010-5
―――― 200809 『良い死』, 筑摩書房〈59, 91, 128, 132, 136, 137, 368, 384, 426〉
―――― 200810 「楽観してよいはずだ」, 上野・中西編[2008:220-242] *〈293, 294, 296〉
―――― 200810b「争いと争いの研究について」, 山本・北村編[2008:163-177][139]〈135-136〉
―――― 200811 「繰り返しすぐにできることを述べる」,『神奈川大学評論』61:66-74(特集:「『生きにくさの時代』のなかで――ソリダリティへの眼差し」)〈115〉
―――― 200903 『唯の生』, 筑摩書房〈31, 128, 207〉
―――― 200903b「「目指すは最低限度」じゃないでしょう?」, 立岩・岡本・尾藤[2009:9-47]〈292〉
―――― 200909 「軸を速く直す――分配のために税を使う」, 立岩・村上・橋口[2009:11-218]〈273〉
―――― 201001 「ただ進めるべきこと/ためらいながら進むべきこと」, Special Education and Multi-Knowledge Convergence 於:韓国・大邱大学 [English][Korean] ※
―――― 201001b "On "Undominated Diversity"", The Second Workshop with

Professor Philippe Van Parijs ［Japanese］ ※〈133〉
──── 201003 「思ったこと＋あとがき」，Pogge［2008 = 2010:387-408］［English］ ※〈292〉
──── 201003b「この時代を見立てること」，『福祉社会学研究』7:7-23（福祉社会学会，発売：東信堂） ※
──── 201004 「BIは行けているか？」，立岩・齊藤［2010:11-188］〈133, 246, 291, 294〉
──── 201007 「留保し引き継ぐ──多田富雄の二〇〇六年から」，『現代思想』38-9（2010-7）:196-212 →立岩編［201707］〈55, 63, 207, 382, 405, 414〉
──── 201007b「どのようであることもできるについて」，加藤編［2010］〈207〉
──── 201008 『人間の条件──そんなものない』，理論社，よりみちパン！セ〈→ 201805〉
──── 201009 「障害者運動／学於日本・1 ──始まり」 http://www.arsvi.com/ts/20100091.htm ［English］［Korean］ ※〈444〉
──── 201009b「障害者運動／学於日本・2 ──人々」 http://www.arsvi.com/ts/20100092.htm ［English］［Korean］ ※〈444〉
──── 201009c「障害者運動／学於日本・3 ──税を使い自ら運営する」http://www.arsvi.com/ts/20100093.htm ［English］［Korean］ ※〈444〉
──── 201009d「障害者運動／学於日本・4 ──ダイレクト・ペイメント」http://www.arsvi.com/ts/20100094.htm ［English］［Korean］ ※〈444〉
──── 201009e「障害者運動／学於日本・5 ──障害学／障害学会」 http://www.arsvi.com/ts/20100095.htm ［English］［Korean］ ※〈444〉
──── 201009f「障害者運動／学於日本・6 ──京都で・生存学」 http://www.arsvi.com/ts/20100096.htm ［English］［Korean］ ※〈444〉
──── 201009g「障害者運動／学於日本・7 ──韓国の人たちと」 http://www.arsvi.com/ts/20100097.htm ［English］［Korean］ ※〈444〉
──── 201009h「障害者運動／学於日本・8 ──「生命倫理」との関わり」http://www.arsvi.com/ts/20100098.htm ［English］［Korean］ ※〈444〉
──── 201009i「障害者運動／学於日本・9 ──女性たち」http://www.arsvi.com/ts/20100099.htm ［English］［Korean］ ※〈444〉
──── 201010 「なんのための「緩和」？」，『日本医事新報』〈49〉
──── 201012 「ためらいを一定理解しつつ税をなおす」，『生活協同組合研究』2010-12（419）:13-21〈212〉
──── 201105 「障害論」，戸田山・出口編［2011:220-231］〈32-33, 102, 158, 358〉
──── 201108 "On "the Social Model""，Ars Vivendi Journal1:32-51 ※〈32,55,102〉
──── 201109-「好き嫌いはどこまでありなのか──境界を社会学する 1～」，河出書房新社 HP ※〈58, 117, 121, 133〉
──── 201206 「差異とのつきあい方」，立岩・堀田［2012］〈282-283, 290, 294〉
──── 201207 「これからのためにも、あまり立派でなくても、過去を知る」，

『精神医療』67:〈35〉
———— 201207b「『精神』——社会学をやっていることになっている者から」，萩野・編集部編［2012:190-197］→立岩［2015:393-398］
———— 201209　「書評：松井彰彦・川島聡・長瀬修編『障害を問い直す』」，『季刊社会保障研究』48-2（Autumn 2012）:240-243
———— 201212　「多様で複雑でもあるが基本は単純であること」，安積他［2012:499-548］〈91, 253, 426〉
———— 201212b「共助・対・障害者——前世紀末からの約十五年」，安積他［2012:549-603］
———— 201301　「素朴唯物論を支持する——連載 85」，『現代思想』41-1（2013-1）:14-26〈100, 271〉
———— 201305　『私的所有論　第 2 版』，生活書院〈32, 51, 55, 79, 85, 96, 101, 105, 121, 147-149, 156, 170, 77, 204, 210, 215, 253, 265, 326, 354, 364, 372, 398〉
———— 201305b「ごく単純な基本・確かに不確かな境界——第 2 版補章・1」，立岩［201305］〈207〉
———— 201305c「いきさつ・それから——第 2 版補章・2」，立岩［201305］〈96〉
———— 201312　『造反有理——精神医療現代史へ』，青土社　［138］〈32, 65, 138, 144, 151, 356, 358, 360, 380-384〉
———— 201403　「障害者差別禁止の限界と可能性」，立命館大学生存学研究センター編［2014:17-25, 26-33］（pp.26-33 はコリア語訳）〈96〉
———— 201404　「この問いはかなりきっちり考えて複数の答しか出ない」，『日本労働研究雑誌』646（2014-5）:3〈96〉
———— 201406　「存在の肯定、の手前で」，田島編［2014:38-62］【本書第 12 章】〈384〉
———— 201408　『自閉症連続体の時代』，みすず書房〈22, 29, 32, 60, 102, 104, 135-136, 152-153, 201, 220, 241, 251, 385〉
———— 201410　「そもそも難病って？だが、それでも難病者は（ほぼ）障害者だ」，難病の障害を考える研究集会〈243, 296〉
———— 201511　『精神病院体制の終わり——認知症の時代に』，青土社〈132, 146, 149-151〉
———— 201602　「生きて在るを学ぶ——「生存学」という未来へのアーカイブ」（インタビュー），『考える人』2016 年冬号 :42-45　特集：病とともに生きる〈4, 70〉
———— 201603　「補章」，立命館大学生存学研究センター編［2016］〈34, 70〉
———— 201609　On Private Property, English Version,　Kyoto Books〈212〉
———— 201609b「七・二六殺傷事件後に」，『現代思想』44-17（2016-9）:196-213 →立岩・杉田［2017］（「精神医療の方に行かない」と改題）〈4, 138, 157〉
———— 201609c「成年後見制度に代わるもの」，障害学国際セミナー 2016「法的能力（障害者権利条約第 12 条）と成年後見制度」→ 2017　長瀬他編［2017］　※〈213〉
———— 201612　「障害者支援・指導・教育の倫理」，金生他編［2016］　【本書第

13 章】〈6, 35, 201, 385〉
――――― 201701 「精神医療の方に行かない」，立岩・杉田[2017]〈213〉
――――― 201707 「高額薬価問題の手前に立ち戻って考えること」，『Cancer Board Square』3-2:81-85(253-257)〈292, 384〉
――――― 201707b「障害(学)は近代を保つ部品である、しかし」，東アジア障害学セミナー・報告要旨〈101, 115〉
――――― 201708 立岩真也『生死の語り行い・2 ――私の良い死を見つめる本 etc.』，Kyoto Books [139]〈128-130, 404〉
――――― 201709 「リハビリテーション専門家批判を継ぐ」，多田[201709] 【本書第 14 章】〈6, 55, 76, 382〉
――――― 201710 「近代は続く、そして障害は近代だから正当なものとして存在する差別であり、同時に近代を保つ部品である、が」，於:韓国・順天郷大学〈102, 207〉
――――― 201710b「考究と協力の方向を展望する」，於：韓国・順天郷大学〈115〉
――――― 201710c「成年後見制度後見に代わるもの」，明治安田こころの健康財団編『研究助成論文集・第 52 号』 ※〈213〉
――――― 201804 「でも、社会学をしている」，若林・立岩・佐藤編[2018]〈97, 249,291〉
――――― 201805 『人間の条件――そんなものない 増補新版』，新曜社〈44, 61, 205, 259, 292, 330〉
――――― 201807 「毛利子来さんのこと――何がおもしろうて読むか書くか 第 6 回」，『Chio 通信』7(『Chio』1219 号別冊)〈356〉
――――― 201810 "On unhappy" vs. "No, we are happy "?"", The 8th East Asia Disability Studies Forum(EDSF) 2017 於：台北市・台湾大学[Chinese] [Japanese]〈207〉
――――― 201812 『病者障害者の戦後――生政治史点描』(仮題)、青土社〈20, 30, 32, 77, 79, 102, 108, 115, 141, 171, 380, 448〉
――――― 201812b「書評：榊原賢二郎『社会的包摂と身体――障害者差別禁止法制後の障害定義と異別処遇を巡って』」、『障害学研究』〈140, 200〉
立岩 真也・天田 城介 2011a「生存の技法／生存学の技法――障害と社会、その彼我の現代史・1」，『生存学』3:6-90〈69〉
――――― 2011b「生存の技法／生存学の技法――障害と社会、その彼我の現代史・2」，『生存学』4:6-37〈93〉
立岩 真也・有馬 斉 2012 『生死の語り行い・1 ――尊厳死法案・抵抗・生命倫理学』生活書院〈128〉
立岩 真也・堀田 義太郎 2012 『差異と平等――障害とケア／有償と無償』，青土社〈100, 128, 294, 370〉
立岩 真也・村上 潔 2011 『家族性分業論前哨』，生活書院〈107〉
立岩 真也・村上 慎司・橋口 昌治 2009 『税を直す』，青土社〈100, 212〉
立岩 真也・岡本 厚・尾藤 廣喜 2009 『生存権――いまを生きるあなたに』，同成社〈292〉

立岩 真也・岡崎 勝　2016　「まわりにいる人が楽になる、力をぬくための心がまえ」,『おそい・はやい・ひくい・たかい』90:46-50〈387〉
立岩 真也・齊藤 拓　2010　『ベーシックインカム――分配する最小国家の可能性』, 青土社〈100, 128, 266〉
立岩 真也・白石 嘉治　2006　「自立のために」(対談),『現代思想』34-14(2006-12):34-57〈439〉
立岩 真也・杉田 俊介　2017　『相模原障害者殺傷事件――優生思想とヘイトクライム』青土社〈4, 122〉
立岩 真也・山森 亮　2010　「ベーシックインカムを要求する」(対談),『現代思想』38-8(2010-6):38-49〈294〉
立岩 真也 編　20150531-　『与えられる生死：1960 年代――『しののめ』安楽死特集／あざらしっ子／重度心身障害児／「拝啓池田総理大学殿」他』, Kyoto Books〈96, 217〉
――――　201604-『青い芝・横塚晃一・横田弘：1970 年へ／から』, Kyoto Books〈96〉
――――　201609-『加害について』, Kyoto Books〈96, 428〉
――――　201610-『社会モデル』, Kyoto Books　[138] [140] [144]〈57, 96, 251〉
――――　201611-『精神』, Kyoto Books〈96〉
――――　201612-『自己決定／パターナリズム』, Kyoto Books〈96〉
――――　201710-『リハビリテーション／批判――多田富雄／上田敏／…』, Kyoto Books〈405, 408, 411〉
立岩真也・アフリカ日本協議会 編　2007　『運動・国境―― 2005 年前後のエイズ／南アフリカ＋国家と越境を巡る覚書　第 2 版』, Kyoto Books〈273〉
立岩 真也・小林 勇人 編　2005　『＜障害者自立支援法案＞関連資料』, Kyoto Books〈263, 433〉
天畠 大輔　2012　『声に出さない　あ・か・さ・た・な――世界にたった一つのコミュニケーション』, 生活書院〈88〉
――――　2013　「天畠大輔におけるコミュニケーションの拡大と通訳者の変遷――「通訳者」と「介助者」の「分離二元システム」に向けて」,『Core Ethics』9:63-174　※〈88〉
――――　2019　「(題名未定)」, 審査中〈88〉
天畠 大輔・黒田 宗矢　2014　「発話困難な重度身体障がい者における通訳者の「専門性」と「個別性」について――天畠大輔の事例を通して」,『Core Ethics』10:155-166〈88〉
天畠 大輔・村田 桂一・嶋田 拓郎・井上 恵梨子　2013　「発話障がいを伴う重度身体障がい者の Skype 利用：選択肢のもてる社会を目指して」,『立命館人間科学研究』28:13-26〈88〉
天畠 大輔・嶋田 拓郎　2017　「発話困難な重度身体障がい者における「他者性を含めた自己決定」のあり方――天畠大輔を事例として」,『障害学研究』12:30-57〈88〉
寺本晃久　2002a「犯罪・障害・社会の系譜」, 好井・山田編[2002:206-227]〈157〉
――――　2002b「能力と危害」, 石川・倉本編[2002:223-249]〈157, 334, 421〉

戸田山 和久・出口 康夫 編　2011 『応用哲学を学ぶ人のために』，世界思想社
富田 三樹生　2000 『東大病院精神科の 30 年――宇都宮病院事件・精神衛生法改正・処遇困難者専門病棟問題』，青弓社〈353〉
遠山 真世　2004 「障害者の就業問題と社会モデル――能力をめぐる試論」，『社会政策研究』4:163-82〈287〉
豊田 正弘　1996 「「障害個性」論批判」，『わだち』37:14-37
Tremain, S.　2002 "On the Subject of Impairment", Coker & Shakespeare eds.［2002:32-47］〈57〉
――――　2017　Foucault and Feminist Philosophy of Disability, University of Michigan Press〈57〉
土屋 貴志　1994a「"シンガー事件"後のシンガー――『実践的倫理学』第 2 版における障害者問題の扱い」，飯田編［1994:135-146］〈91, 323, 326〉
――――　1994b「障害が個性であるような社会」，森岡編［1994:244-261］〈62, 326〉
津田 英二　1996 「障害者差別解放過程の理論化のために」，『生涯学習・社会教育学研究』20:31-9〈287〉
――――　2006 『知的障害のある成人の学習支援論――成人学習論と障害学の出会い』，学文社〈427〉
――――　2012 『物語としての発達／文化を介した教育――発達障がいの社会モデルのための教育学序説』，生活書院〈427〉
鶴見和子　199805 『脳卒中で倒れてから――よく生き よく死ぬために』，婦人生活社〈405〉
――――　200106 『歌集 回生』，藤原書店〈405〉
――――　200608 「老人リハビリの意味」，『環』26 →［2007:169-171］〈406〉
――――　200701 『遺言――斃れてのち元まる』，藤原書店
鶴見 和子・大川 弥生・上田 敏　199805 『回生を生きる――本当のリハビリテーションに出会って』，三輪書店〈405〉
――――　200708 『回生を生きる――本当のリハビリテーションに出会って　増補版』，三輪書店〈405〉
鶴見 和子・上田 敏　200307 『患者学のすすめ――"内発的"リハビリテーション 鶴見和子・対話まんだら 上田敏の巻』，藤原書店〈77, 405〉
――――　201601 『患者学のすすめ〈新版〉――"人間らしく生きる権利"を回復する新しいリハビリテーション』，藤原書店〈77〉
堤愛子　1988 「ミュータントの危惧」，『クリティーク』1988-7 → 1989　三輪編［1989］〈59, 63〉
――――　1989 「「あたり前」はあたり前か？――「障害者」が生まれるから「原発に反対」は悪質なスリカエ論法だ！！」，『地域闘争』1989-12:32-35〈59, 63〉
上田 真理子　2010 『脳梗塞からの〝再生〟――免疫学者・多田富雄の闘い』，文藝春秋〈410〉
上田敏　1971 「リハビリテーション医学の諸問題」，『新しい医師』1971-3-1〈417〉
――――　1983 『リハビリテーションを考える――障害者の全人間的復権』，青木書店，障害者問題双書〈72, 417〉

――――― 1994 『目でみるリハビリテーション医学　第2版』，東京大学出版会〈74〉
上田 敏・大川嗣雄・明石謙 編／津山直一 監修　1986 『標準リハビリテーション医学』，医学書院〈73〉
上田 敏・鶴見 和子　201601 『患者学のすすめ　新版――〝人間らしく生きる権利〟を回復する新しいリハビリテーション』，藤原書店〈77〉
植村 要　2011- 「ドーマン法」，http://www.arsvi.com/d/d09.htm　※〈74〉
――――― 2014 「視力回復手術を受けたスティーブンス・ジョンソン症候群による中途失明者のナラティブにおける「治療」についての障害学的研究――当事者性を活用したインタビュー調査から」，立命館大学大学院先端総合学術研究科2014年度博士論文〈78, 113〉
上野 千鶴子・中西 正司 編　2008 『ニーズ中心の福祉社会へ――当事者主権の次世代福祉戦略』，医学書院〈213〉
上農 正剛　2003 「医療の論理、言語の論理――聴覚障害児にとってのベネフィットとは何か」，『現代思想』31-13(2003-11):166-179〈78〉
――――― 2009 「聴覚障害児医療の再検討」，立命館大学大学院立命館大学大学院先端総合学術研究科博士論文〈78〉
――――― 2010 「人工内耳は聴覚障害者の歌を聴くか？」，『現代思想』38-3:152-166〈78〉
Union of the Physically Impaired Against Segregation (UPIAS)　1976　Fundamental Priciples of Disability ※〈38-39, 57〉
臺弘(台弘)　1984 「生活療法の復権」，『精神医学』26(8):803-841 →臺[1991:135-159]　※〈383〉
――――― 1991 『分裂病の治療覚書』，創造出版〈383〉
Van Parijs, Philippe 1995 Real Freedom for All-What (if Anything) Can Justify Capitalism? Oxford University Press = 2009 後藤 玲子・齊藤 拓 訳，『ベーシック・インカムの哲学――すべての人にリアルな自由を』，勁草書房〈133〉
若林 克彦　1986 『軌跡――青い芝の会・ある脳性マヒ者運動のあゆみ』，脳性マヒ者の生活と労働・4〈94〉
若林 幹夫・立岩 真也・佐藤 俊樹 編　2018 『社会が現れるとき』，東京大学出版会
若子 理恵・土橋 圭子 編(篠田 達明 監修)　2005 『自閉症スペクトラムの医療・療育・教育』，金芳堂〈402〉
Wasserman, David　1998 "Distributive Justice", Silvers et al.[1998]〈207〉
渡辺 克典 編　2017 『知のフロンティア――生存をめぐる研究の現場』，ハーベスト社〈113〉
渡辺 邦夫　2011 「ヌスバウム「相対的ではない徳――アリストテレス的アプローチ」の要点と批評」，「貢献する気持ち」研究レポート集　※〈210〉
――――― 2012 『アリストテレス哲学における人間理解の研究』，東海大学出版会〈210〉
――――― 20130607 「倫理、身体、教育――反相対主義的徳倫理の構築に向けて」，

「貢献する気持ち」研究レポート集　※〈210〉
矢吹 康夫　2017　『私がアルビノについて調べ考えて書いた本――当事者から始める社会学』，生活書院〈253, 428〉
山田 真・立岩 真也(聞き手)　2008　「告発の流儀――医療と患者の間」(インタビュー)，『現代思想』36-2(2008-2):120-142 →稲場・山田・立岩［2008］〈356〉
山田 富秋　1999　「障害学から見た精神障害――精神障害の社会学」，石川・長瀬編［1999:285-］〈425〉
山口 真紀　2008　「「傷」と共にあること――事後の「傷」をめぐる実践と議論の考察」，立命館大学大学院先端総合学術研究科博士予備論文〈137〉
――――　2009a「「証言」をめぐる倫理への問い――語ることの負担から」，天田・有馬編［2009:47-51］〈137〉
――――　2009b「〈自己物語論〉再考――アーサー・フランクの議論を題材に」，『Core Ethics』5:351-360　※〈137〉
――――　2012　「書評　出来事を思う「位置」と「距離」――宮地尚子『環状島＝トラウマの地政学』みすず書房，2007年」，『Core Ethics』8　※〈137〉
山本 勝美　1999　『共生へ――障害をもつ仲間との30年』，岩波書店〈95〉
――――　2018　「(インタビュー)」〈79〉
山本 崇記・北村 健太郎 編　2008　『不和に就て――医療裁判×性同一性障害／身体×社会』，生存学研究センター報告3〈137〉
横塚 晃一　1975　『母よ！　殺すな』，すずさわ書店〈269, 329〉
――――　1981　『母よ！殺すな　増補版』，すずさわ書店
――――　2007　『母よ！殺すな　第3版』，生活書院
――――　2010　『母よ！殺すな　第4版』，生活書院
頼尊 恒信　2015　『真宗学と障害学――障害と自立をとらえる新たな視座の構築のために』，生活書院〈210, 428〉
吉田 おさみ　198101　『"狂気"からの反撃――精神医療解体運動への視点』，新泉社〈355〉
――――　1983　『「精神障害者」の解放と連帯』，新泉社〈353〉
好井 裕明　2002　「障害者を嫌がり、嫌い、恐れるということ」，石川・倉本編［2002:089-117］〈333, 421〉
好井 裕明・桜井 厚　編　2000　『フィールドワークの経験』，せりか書房
好井 裕明・山田 富秋 編　2002　『実践のフィールドワーク』，せりか書房
吉本 隆明　1976　『最後の親鸞』，春秋社→吉本［1987］〈210〉
――――　1987　『宗教』，大和書房，吉本隆明全集撰5
吉村 夕里　2009　『臨床場面のポリティクス――精神障害をめぐ(以降随→更新履歴参照のこと)時更新るミクロとマクロのツール』，生活書院〈244〉
吉野　靫　2013　「性同一性障害からトランスジェンダーへ――法・規範・医療・自助グループを検証する」，立命館大学大学院先端総合学術研究科2012年度博士論文〈135〉
――――　2019　『(題名未定)』，青土社〈135〉
全国自立生活センター協議会 編　2001　『自立生活運動と障害文化――当事者か

らの福祉論』，発行：全国自立生活センター協議会，発売：現代書館〈431〉

雑誌

『現代思想』 1996年4月臨時増刊号　総特集：ろう文化〈439〉
――――― 1998年2月号　特集：身体障害者〈96〉
――――― 2003年11月号　特集：争点としての生命〈74〉
――――― 2006年10月号　特集：脳科学の現在〈439〉
――――― 2006年11月号　特集：リハビリテーション〈439〉
――――― 2006年12月号　特集：自立を強いられる社会〈439〉
――――― 2008年3月号　特集：患者学――生存の技法
――――― 2010年3月号　特集：医療現場への問い――医療・福祉の転換点で〈75〉
――――― 2010年7月号　特集：免疫の意味論――多田富雄の仕事〈404〉
――――― 2016年10月号　緊急特集：相模原障害者殺傷事件〈75〉
『生存学』1～9　2009～2016年　発行：立命館大学生存学研究センター，発売：生活書院〈93〉
『生存学研究』 2017～　発行：立命館大学生存学研究センター〈93〉